新编21世纪新闻传播学系列教材

—— 广告学与媒介经营管理系列 ——

新媒体广告

黄河 等 著

第2版

New Media Advertising

中国人民大学出版社
·北京·

内容简介

新媒体的成长史也是新媒体的广告化生存史。

《新媒体广告》基于中国本土背景和本土特色，系统梳理中国新媒体广告的发展历程，并融合大量前沿典型的案例，全面、客观、精练地阐述了各类新媒体广告的表现形式、运作方式、发展规律。

全书既是对新媒体广告新近发展历程的回顾，更是对广告新潮流、新问题的回应。作者结合新媒体时代内容营销、关系营销、场景营销、精准营销、跨媒体营销、智能营销等营销趋势，对新媒体广告的演进、伦理与法规、目标消费者、创意与文案等内容做出系统的梳理；同时基于新媒体的发展方向、最新特质、典型案例，介绍了搜索引擎广告、微博广告、微信广告、移动App广告、短视频广告、门户网站广告、视频网站广告、电子商务网站广告、户外新媒体广告和OTT广告的形式、特征和运作要点。

第2版的主要改动如下：增加全新章节“新媒体时代的消费者”和“短视频广告”；“门户网站广告”由之前的独立一章压缩成一节列入“其他新媒体广告”；其他各类新媒体广告形式更换及补充了行业发展数据、广告的新形式、广告运作的新案例；与时俱进地对新媒体广告的发展背景、演进趋势、新问题与新挑战进行增补。

本书强调人本、对话、关系、价值等新媒体广告运作的核心理念，希望读者体味到运用广告与人沟通的美妙。

作者简介

黄河　中国人民大学新闻学院教授，博士生导师，教育部人文社会科学重点研究基地中国人民大学新闻与社会发展研究中心研究员，中国人民大学国家发展与战略研究院研究员，中国人民大学“杰出学者”青年学者。北京市青年教学名师。主要研究领域为新媒体传播、新媒体营销、环境传播和风险沟通，长期参与中国石化、南方电网、中国华能、华侨城等多家企业的品牌战略规划、品牌管理制度建设、品牌传播方案设计与危机应对，主持多项国家级、省部级课题，著有《移动互联时代的政府形象传播》《中国网络广告十七年（1997—2014）》等著作10余部，在《新闻与传播研究》《国际新闻界》《现代传播》《新闻大学》等专业期刊发表论文70余篇。

总序

中国人民大学出版社策划出版的“新编21世纪新闻传播学系列教材”，是一套在新闻传播学领域内，皋牢百代，卢牟六合，贯穴古今，笼罩中外，密切联系新闻传播工作的实际，广泛吸收新闻传播学的最新研究成果，高掲遐揽，取精用宏，供21世纪的高等院校新闻传播院系教学使用的系列教材。

20世纪初以来的100年，是世界新闻传播事业飞速发展的100年。这100年来，随着科学技术的不断发展，继报纸、期刊、通讯社之后，广播、电视、网络和多种新媒体相继问世，新闻传播的媒介日趋多元化，新闻传播的手段日趋现代化，“地球村”变得越来越小，新闻传播事业对世界政治、经济和文化的影响则变得越来越大。

这100年，也是中国新闻事业飞速发展的100年。尤其是中国改革开放以来，发展得尤为迅猛。

进入21世纪以后，中国新闻事业发展的势头更为迅猛。报纸、期刊、通讯社、广播电台、电视台的数量在宏观调控下，虽无大变化，但软硬件的实力都有了很大的提高。据2011年12月出版的《中国新闻年鉴》的最新统计数字，2010年全国共出版报纸1 939种，平均期印数2.14亿份。共出版期刊9 884种，平均期印数1.63亿份。全国共有广播电台227座，电视台247家，广播电视台2 130家，教育电视台44家。广播综合人口覆盖率为96.78％，电视综合人口覆盖率为97.62％。

另外2012年1月中国互联网络信息中心（CNNIC）发布的《第29次中国互联网络发展状况统计报告》显示，截至2011年12月底，中国网民规模已达到5.13亿，互联网普及率达到38.3％。其中，手机用户数量为3.56亿，博客和个人空间用户数量为3.19亿，微博用户数量为2.5亿，社交网站用户数量为2.44亿，网络视频用户数量为3.25亿。中国居民中具备上网条件和技能的人已经基本转化为网民，大专及以上学历人群中互联网使用率已达96.1％。中国网站总数为230万个，网页数量为866亿个。

这样大的发展规模，这样快的发展速度，在世界和中国新闻事业史上都是空前的。

回顾既往，盱衡未来，新闻传播事业在21世纪还将保持旺盛的发展势头。新闻传播，作为上层建筑中意识形态的一个重要组成部分，在全面准确地宣传党的基本理论、基本路线和基本方针以及各项决策，反映人民群众的伟大业绩和精神风貌，以及推动改革开放和社会主义现代化建设等方面，必将继续发挥重要的作用。

与新闻传播事业的发展相配合，这100年来，为中国的新闻战线培养和输送人才的中国新闻教育，也有了相应的发展。中国的新闻教育起始于20世纪初，迄今有近百年的历史。中华人民共和国成立前的30年，虽然先后在个别院校中设立了新闻系或新闻专科，但规模都不大，设备也不够完善，在校学生人数，最多的时候不超过400人，30年间累计培养出来的毕业生还不到3 000人。中华人民共和国成立后，为了给中华人民共和国的新闻事业培养人才，新闻教育有了新的发展，但到20世纪60年代中期为止，全国的新闻教育机构也还只有14家。当时全国只有343家报社、78座广播电台和13家电视台，革命老区来的新闻工作骨干正当盛年，足以支撑大局，新闻系和新闻专业的学生统招统分，基本上能够满足中央和省市以上新闻单位梯队建设方面的需要。“文化大革命”爆发后，新闻事业进入低谷，新闻人才的培养也被迫中辍。拨乱反正之后，新闻事业有了飞速的发展，但新闻工作的人才却出现了断层，明显供不应求，因而极大地推动了新闻教育的发展。中国的新闻教育得以重整旗鼓并得到空前迅猛的发展，主要是改革开放以来的这30多年的事情。30多年来，中国新闻教育和中国新闻事业同步发展。截至2011年，全国设有新闻传播学类院、系、专业的高校已由改革开放之初的两三所增加到800所以上，各种类型和层次的专业教学点已不下1 000个。新闻专业的教学已从单一的大学本科教育，发展到博士生、硕士生、本科生、大专生、成人教育、函授教育等多层次的格局，不少院系还设置了新闻传播学方向的博士后流动站。改革开放之初，全国在校新闻系科学生总共只有500来人，现在仅在校本科生就有16万人左右，硕士和博士研究生3万人左右，办学层次、办学规模、办学水平都有了很大的提高。进入21世纪以后，随着新闻传播事业的加速发展和新闻战线人才需求的不断增加，中国的新闻教育还将有更大幅度的发展。

一般说来，新闻教育质量的高低，起决定作用的主要是两个因素：一个是师资，一个是教材。两者之间，教材的作用更大。这是因为，师资的多少和良窳，往往受办学主客观条件的限制，而教材一旦完成，就可以直接嘉惠于学子，风行四海，无远弗届。进一步说，一部好的教材，不仅可以满足教学的需要，培养出一大批人才，而且还可以同时拥有一定的学术含量，推动新闻传播学研究的发展。1919年出版的徐宝璜的《新闻学》，1927年出版的戈公振的《中国报学史》，就是这方面的很好的例子。这两本书都是作者在高等学校从事新闻学理论和新闻史教学时作为教材编写出来的，出版之后，立即引起世人的关注和推崇，一再重版，历久不衰，至今仍然是公认的新闻学理论和新闻史方面的传世之作和经典之作。正因为这样，新闻教育的前辈们，历来十分重视教材的建设。中华人民共和国成立初期的十来年，坊间出版的新闻学方面的书籍，绝大部分是教材。改革开放以后，新闻传播学研究空前繁荣，新闻学方面的书籍大量问世，但教材仍然在其中占了很大的比重。这些教材，覆盖了新闻传播学的方方面面，经过出版家和众多作者们的长期努力，门类和品种基本配套齐全，曾经为同时期的新闻教学做出过重要的贡献。但是，随着时间的推移和新闻工作实际的飞速发展，这些教材的体例日显陈旧，观点和内容也亟待调整和更新。一些属于学科前沿和科技含量较高的新开课程的教材尚付阙如，使现有的教材出现了不少缺口。在21世纪已经到来之际，集聚力量，重新编写出一套体系完整，门类齐全，能够为21世纪的新闻教育和新闻人才培养服务的新闻传播学的系列教材，已经成为人们的共识和新闻业界与新闻教育界的迫切需求。

呈现在读者面前的，就是应这样的需求产生的一套系列教材，它将涵盖新闻学、传播学两个二级学科的方方面面内容，满足新闻、广播、电视、广告、媒体经济、新媒体等多个专业的教学需要。负责这些教材编写工作的，是中国人民大学、复旦大学、北京大学、清华大学、中国传媒大学、中国青年政治学院等多所著名院校长期从事新闻传播学方面教学与研究工作的专家学者，其中有相当大的一部分编写者是相关学科的国家级的学术带头人，堪称一时之选。收入本系列的教材中，既有国家级重点教材，也有部级重点教材，其他的也是经过严格筛选的精品，所以，本套系列教材的质量是有保证的，其权威性也将得到社会的认同。

21世纪是一个高度信息化的时代，是信息经济和知识经济占主导地位的时代。信息经济和知识经济有两大支柱，一是以高科技为代表的传播技术产业，二是从事新闻和信息产品生产的媒体产业。新闻传播学作为将这两大领域有机联结的桥梁，在今后的国家建设和社会发展中必将发挥越来越重要的作用。中国人民大学出版社经过精心策划，隆重推出这套系列教材，是具有高度的前瞻性和战略眼光的。在这里，我谨代表编委会和全体作者向中国人民大学出版社表示由衷的感谢。

这套系列教材开始策划于20世纪的最后一年，21世纪初起陆续问世，迄今已编写出版了50余种。在体例和内容的创新和开拓等方面，远远超过同时期出版的同类教材。其中有些教材，还根据整个新闻传播理论与实践的发展和新闻传播学教学与研究的发展，陆续做了必要的补充和修订，重新出版，实现了内容的与时俱进。

这批教材的问世，将会为新闻传播事业和新闻教育事业的发展和繁荣、为21世纪新闻传播人才的培养做出它应有的贡献。这是出版者和全体作者共同的一点希望。是为序。

方汉奇

2012年3月

于中国人民大学宜园

第2版前言

新媒体广告的突飞猛进甚至比新媒体本身的日新月异更让人感到惊讶。

在我国，自1997年至今，新媒体广告经历了一个从无到有、从单纯模仿到自主创新、从鲜有问津到不可或缺、从业界新军到行业主导力量的巨变过程。在这个过程中，广告的边界日渐延展，广告的主体愈发多元，广告的运作更加智能，广告的格局不断更迭，甚至广告专业如何设计、广告课程体系怎样调整、广告人路在何方等广告教育的现实问题也遭遇迷茫和困惑。在这种背景下，以新媒体广告为切入点探讨营销思路、营销原则和营销策略的进化，分析广告在创意、交易、运作、规制等方面的变化，了解广告在营销传播活动中扮演的全新角色，既是大势所趋也是问题倒逼。从这个角度来说，这本《新媒体广告》与其说是新媒体广告知识的介绍，倒不如说是对广告新潮流、新问题、新方向的回应。

即便自本书第1版出版至今也不过三年时间，但很多当时的“新事物”现在也已变得陈旧甚至淡出行业视野，一些当初还颇为稚嫩或尚是雏形的应用、形式或方法如今却成为行业主流。因而相较第1版，本书在结构和内容上都有很大幅度的调整，这主要体现在：

第一，鉴于新媒体时代催生出全新的消费需求、消费场景、消费模式与消费群体，以及消费者在营销活动中的主动权和掌控力越来越强，我们特别增加了一章“新媒体时代的消费者”。

第二，在5G等技术的推动下，短视频行业发展迅速，“视频社会化时代”来临，具有原生性、沉浸感、协同创意、即看即买等特质的短视频广告和直播广告得到爆发式增长并引领了移动广告的发展方向，由此我们又新增了“短视频广告”一章。

第三，作为最早的新媒体广告形式，门户网站广告和搜索引擎广告曾经多年主导着新媒体广告的市场，然而如今门户网站广告随着门户网站的衰落也日渐式微，因此本书将其由之前的独立一章压缩成一节列入“其他新媒体广告”。搜索引擎广告则因为搜索引擎自身的标配地位，智能化发展和垂直化、生态化转型而依然保持活力，修订时我们更替了三分之二的章节呈现这些变化。

第四，微博广告、微信广告、移动 App 广告、视频网站广告、电子商务网站广告、户外新媒体广告、OTT 广告等新媒体广告尽管也推陈出新，但其基本特征、相对优势、运作思路、运行方式并没有发生根本性变化，故而本书第2版在结构上未做改动，重点更换及补充了行业发展数据、广告的新形式、广告运作的新案例。

第五，与时俱进地对新媒体广告的发展背景、演进趋势、新问题与新挑战进行增补，比如在第一章的“新媒体时代营销的新变化”部分新增“营销活动的‘品效合一’导向及智能化变革”，在第二章的“机遇中变革的主导期”一节从多个方面强化了对新媒体广告主导地位的阐述，在第三章根据新颁布的法律法规增加“互联网信息服务提供者的权利和义务”，在第五章的“新媒体广告创意的特点”部分补充“创意更契合程序化运作需求”和“创意表现更具个性特征”等内容。

需要说明的是，虽然“新”是本书修订时考虑的关键，但我们并没有刻意地求“新”或一味地补“新”，而是以夯实基础理论和优化知识体系为根本，追求通过结构的调整和内容的更新，让读者更为清晰地把握新媒体广告特有的演变规律，更加系统地掌握新媒体广告不同以往的运作机制，并由此更好地以动态、超前的眼光理解营销传播的价值。

新一版的《新媒体广告》共有十一章，从结构上看大致可分为两个部分。

前五章是对新媒体广告的综述。第一章首先对新媒体的概念及发展脉络做出介绍，随之总结了新媒体时代营销的新规则和新思路，新媒体广告的运作皆依循这样的规则和思路。第二章展示了新媒体广告二十余年的发展历程，我们将这一历程分为起步期、调整期、跨越期、猛进期和主导期五个阶段，读者能够由此了解新媒体广告的多元影响因素，形成针对新媒体广告更为立体的印象。第三章从伦理和法律法规两个方面谈了新媒体广告规范及制约的要素，之所以把这一章放到靠前的位置，一是符合国际上广告学教科书的惯例，二是希望学生在接触新媒体广告伊始就明白有责任和不逾矩是所有广告活动开展的前提。第四章介绍了消费者行为模型和新媒体时代值得关注的消费行为和消费群体，旨在凸显消费者是营销活动的起点和核心。第五章提炼了新媒体广告创意表现的共性特点和相较于传统广告的差异化策略。

后六章以主要的新媒体广告载体为划分依据，分别对搜索引擎广告、微博广告、微信广告、移动 App 广告、短视频广告和其他新媒体广告（门户网站广告、视频网站广告、电商网站广告、户外新媒体广告、OTT 广告）进行阐述。由于不同的新媒体对于广告主而言具有不同的营销价值，因此这几章均首先讲述各类新媒体的特点，继而结合这些特点阐释它们相对独特的营销价值，再分别呈现其广告形式、运作要点和效果监测方式。

为了更好地将理论与实践结合，以及更真实地反映新媒体广告的发展状况，本书汇集了大量典型的、有影响力的、最新的案例。此外，出于尽可能生动表达的考虑，我们又添加了大量图片，在此向这些图片的创作者致以真诚的谢意。

对于这部《新媒体广告》，我们还想强调的是，与那些侧重操作层面之“术”的广告学教材不同，它更注重理念和原则层面的“道”。我们特别希望读者通过它体味到运用广告与人沟通的美妙，了解到广告运作的使命和底线，认识到广告应该是高级的、有良好价值观的、能如实反映时代精神的、可以让世界变得更美好的。“通过广告你可以发现一个国家的理想。”英国小说家诺曼·道格拉斯在100年前讲的这句话如今仍然掷地有声，提醒我们远离粗鄙、自尊自爱。

本书的很多知识源于他人的研究成果，感谢那些在营销、广告、传播领域不停探索的专家学者。当然，书中如有任何问题皆由我们担负责任，恳请广告界同仁和读者批评、赐教。

感谢本书第1版的另外两位作者，北方工业大学文法学院广告学系的江凡老师和大连理工大学人文与社会科学学部新闻与传播学系的王芳菲老师。在新媒体广告的研究上，我们已有多年的合作，并于2014年一起撰写了国内第一本系统梳理互联网广告发展脉络的著作《中国网络广告十七年（1997—2014）》。《新媒体广告》既可算作这本书的延续，同时也是我们近年在广告教学研究中的心得和成果的集中呈现。如果能持续更新，我们相信《新媒体广告》还会具备较强的史料价值。

中国传媒大学广告学院的王昕老师，中国劳动关系学院文化传播学院的刘琳琳老师，中国社会科学院新闻与传播研究所的曾昕老师，以及中国人民大学新闻学院的博士研究生杨小涵、程睍、邵逸涵也都加入了《新媒体广告》第2版的撰写队伍，正是他们在各自研究领域长期的深耕和对新媒体及广告行业前沿的积极探究，让这本书理论与实践并进，专业与趣味并重。

我的研究生贾挺、康宁、田以丹、尚佳、万怡汝、牟娟参与了本书第1版或第2版的资料收集、案例分析、文字校对等工作，感谢他们付出的努力。

感谢中国人民大学出版社的翟江虹女士，当初她与我一起设计这本书的情景历历在目，她的真诚、职业和耐心是这部教材得以付梓、再版的重要因素。

感谢所有关心和帮助我的人，我的世界因你们而美好！

黄　河

2022年2月

目录

第一章

新媒体与新营销

新媒体广告以新媒体为载体，其发展状态与新媒体的演进密不可分，一定程度上说，新媒体的成长史也是新媒体的广告化生存史。① 因此，在详细阐述新媒体广告之前，我们需要首先对新媒体的概念、类型、特点等做出简要介绍。当然，作为营销的重要组成，新媒体广告的运行方向、运营理念、运作方式也与新媒体时代的营销大势相适应，故而对新的营销潮流进行总结梳理，也有助于我们更好地理解新媒体广告。

第一节 新媒体的界定与发展脉络

由新技术驱动且为人的传播和交往不断创造更多可能的新媒体，具有以人为本、开放融合、互动智能和分享协作四大特质。自 1994 年中国全面进入互联网时代以来，新媒体的“连接”基本要素和“连接”方式不断演进，推动着新媒体从由机器连接构成的“终端网络”发展成为多元网络融合而成的“网络社会”。

一、 新媒体的概念和类型

虽然“新媒体”早已不是新鲜的概念，但由于其变化快、特质多、形式杂，所以无论是学界还是业界，对新媒体的界定都难以达成一致甚至大相径庭。基于文献分析可以发现，在多年的研究历程中，对新媒体的界定先后大致有四个视角②：

一是新媒介形式代名词视角。在我国新媒体研究的初期，“新媒体”虽然已经成为一个固定用语，但大多只是新的媒介形式的代名词，而非对某类媒介本质属性的总结表述。

二是以旧论新视角。在 1998 年 5 月联合国新闻委员会将继报刊、广播、电视之后出现的互联网和正在兴建的信息高速公路定义为“第四媒体”后，研究者开始从“新”字的语义角度，对何为新媒体做出经验上的判断，把“新媒体”看作“相对的概念”。不过，由于缺乏对新媒体核心要素与本质属性的抽象过程，使得“新媒体”更多的只是一

---

① 黄河，江凡，王芳菲．中国网络广告十七年（1997—2014）［M］．北京：中国传媒大学出版社，2014：序 6.

② 黄河，刘琳琳，王芳菲．新媒体管理［M］．北京：中国传媒大学出版社，2015：2－7.

个称谓而非内涵与外延都比较清晰的概念。

三是技术视角。进入21世纪后，不少研究者以数字技术、网络技术、信息处理技术、移动通信技术等新技术为内核，强调“新媒体”本身的特性及其对人们传播和交往带来的可能（即可供性）。如有研究者提出的，在信息生产的可供性、社交可供性和移动可供性上水平越高的媒体，往往就越是“新”的媒体。[①]

四是传播性质与社会功能视角。如今，新媒体更深刻地影响着人与机器、人与信息、人与人、人与社会、人与世界的关系，而从传播性质与社会影响视角对“新媒体”做出的定义也多了起来，例如“新媒体是所有人对所有人的传播”“新媒体即关系”“新媒体是公用媒介”。

因为本书阐述的核心是依附于新媒体的广告，出于业界既有的新媒体广告分类习惯的考虑，我们将新媒体定义为与传统的报刊、广播、电视相对的，在信息的采集、制作、发布等各个环节全方位运用数字技术，通过互联网或移动互联网向受众或用户提供信息服务的新兴媒体。以媒体形态进行划分，新媒体主要有门户网站、搜索引擎、社交媒体（包括微博、微信、SNS等）、视频网站、电子商务网站、移动应用程序（App）等类别，而通过互联网传输信息的OTT电视、运用各种新技术或与互联网连通的户外媒体也属于本书讨论的新媒体范畴。

二、新媒体的特征

即时传播、超文本、信息量大、表现形式丰富、兼容性强、虚拟空间等是人们对于新媒体特征的普遍认知，但这些特征大多属于新媒体的自然属性或物理属性，有些只是表面现象[②]，随着新媒体的发展及人们认识的深化，那些最能反映新媒体演进逻辑和方向的特质也得到了挖掘和提炼。例如：黄升民提出资源的丰富替代稀缺、行为的互动替代单向、渠道的平台替代管道这一互联网发展思维。[③] 喻国明将互联网的演进特质概括为“连接”与“开放”。[④] 彭兰从产品/产业及文化的角度总结了新媒体的“基因”：从产品和产业角度看，当今新媒体的核心要素是终端、内容、关系（人与人的关系的连接）与服务（包括电子商务、在线教育、在线医疗、在线金融等服务），即新媒体是终端网络、内容网络、关系网络与服务网络四者的交织；从文化的角度看，新媒体不再是传统媒体那般神圣的、受人顶礼膜拜的“庙堂”，而是一个能容纳各色人等的“江湖”，这个“江湖”具有开放、分权、共享、容错、戏谑的特征。[⑤]

在笔者看来，新媒体最核心的特征体现在如下几个方面：

第一，以人为本。新媒体时代受众及用户的地位与作用得到极大的增强，无论是阿

---

① 潘忠党，刘于思．以何为“新”？“新媒体”话语中的权力陷阱与研究者的理论自省：潘忠党教授访谈录［J］．新闻与传播评论，2017（1）：2－19．

② 谭天．新媒体新论（第二版）［M］．广州：暨南大学出版社，2013：18－19．

③ 黄升民．冷眼看寡头，热血写春秋［J］．广告大观（媒介版），2014（2）：1．

④ 喻国明．用互联网逻辑实现媒体转型［J/OL］．（2014－06－06）［2018－04－03］．http：//www.1cnmedia.com/hot/hygc/9142.html．

⑤ 彭兰．再论新媒体基因［J］．新闻与写作，2014（2）：5－8．

里巴巴在IPO上市时选择网店店主、快递员、用户代表等普通人作为“敲钟人”，微博、微信等社会化媒体凭借“草根”的力量取得爆发式发展，还是若干个“得‘长尾’得天下”的实例，都突出地体现了新媒体在尊重“个体”的前提下，一切依靠用户、一切服务用户的人本特质。

第二，开放融合。苹果 App Store、SNS 网站、视频网站、微博和微信等新平台、新媒体的兴起都离不开其开放的特质。新媒体平台越是开放，越是构建了庞大的关系网络和汇集了丰富多元的内容和服务，就越有价值、越有竞争力。同时，也正是因为开放，新媒体业务、终端、平台、数据层面的融合会是一个始终持续的过程，新媒体的发展理念、运作流程、组织架构、运营思路和资本融通需要不断调整和优化以满足融合的要求。

第三，互动智能。互动通常指代信息传播者与接受者双方之间的交流。由于新媒体用户对信息拥有选择权和控制权，能够依据兴趣改变信息传播的内容和形式，他们既是信息内容的生产者和传播者，也是接受者和使用者，这意味着传受双方的主客关系也可以随时转换。智能化是由现代通信与信息技术、计算机网络技术、行业技术、智能控制技术汇集而成的针对某一个方面应用的智能集合，它是新媒体所追求的高级形态。[①] 无论是终端的“泛媒化”，人机交互更贴近人类行为模式[②]，还是信息感知能力的增强，都是智能化的表现。

第四，分享协作。维基百科、百度知道、知乎等问答社区离不开世界各地的每一位愿意分享知识、经验和见解的网民；各类网站上由网民自发创造分享的海量的签到、评论、攻略、图片、视频等信息（即 UGC，user generated content，用户生成内容）成为人们获取资讯、进行娱乐的重要来源和设计自身生活路线的主要参照；“众包”和“众筹”的思维渗入娱乐、金融、新闻出版、营销传播等方方面面……新媒体生态圈中的终端、内容、用户、服务等每一个环节都彼此依赖、共生共荣。

三、 新媒体的发展脉络

1994 年，我国开始建设中国公用互联网（ChinaNET）、中国教育和科研网（CERNET）、中国科技网（CSTNET）和中国金桥信息网（ChinaGBN）四大骨干网，这标志着中国全面进入互联网时代[③]，揭开了新媒体在我国发展的序幕；而在全球范围内，新媒体从互联网的雏形——1969 年建立的 ARPANET（阿帕网）算起，至今已经走过了 50 多年。在数十年的演进过程中，新媒体发展轨迹的本质是在技术推动下的“连接”基本要素和“连接”方式的变化——不同的“连接”要素组成了不同类型的网络，每一种要素的变化，都成为引发新媒体变革和演进的一个动力。以此为视角，新媒体的发展由机器连接构成的“终端网络”逐渐演化为多元网络融合而成的“网络社会”。[④]

---

① 谭天．新媒体新论（第二版）［M］．广州：暨南大学出版社，2013：17.
② 彭兰．智能化：未来媒体浪潮：新媒体发展趋势报告（2016）［J］．国际新闻界，2016（11）：8－26.
③ 彭兰．中国网络媒体的第一个十年［M］．北京：清华大学出版社，2005：19.
④ 彭兰．“连接”的演进：互联网进化的基本逻辑［J］．国际新闻界，2013（12）：6－19.

（一）前 Web 时代：机器连接构成的“终端网络”

这是在万维网被提出之前的时代，主要指以阿帕网为代表的计算机网络，旨在解决如何将分散至各地的计算机主机相互连接的问题，继而逐渐编织出一张庞大的“终端网络”。

1969 年，出于对安全形势的考量，美国国防部建立了阿帕网，该计算机网络采用了没有中心交换点的“分布式”结构，每一个网络中的节点都有多条途径通往其他节点，网络中的计算机可以通过任一路由而不是固定路由发送信息，从而保证了整个网络的安全性。

随着接入的主机数量不断增多，阿帕网出现了不同网络之间、软硬件和型号不同的计算机之间无法实现真正互联等问题，研究人员开始了对旨在促进异构网络互连的网络协议的设计工作，这直接导致了 TCP/IP 协议（transmission control protocol/internet protocol，传输控制协议/因特网互联协议）的出现。而随着采用 TCP/IP 协议的计算机不断增多，该协议逐步成为世界范围内的通用协议，IP 网络也变成计算机网络的主流，这亦是我们现在所说的 internet（互联网），它最初主要在政府机构、科研院所之间使用。直至 20 世纪 90 年代初，蒂姆·伯纳斯-李提出了万维网（WWW，world wide web）的设想——WWW 技术利用互联网传送超文本信息（包括文字、图像、声音、视频等的多媒体信息），同时借助超链接将网络中的信息相互连接起来，并通过一种图形化的界面（网络浏览器）来实现操作，这使得互联网的使用更加简单、便捷，促进了互联网在全球范围内的普及[①]。其后，Web 时代正式来临，在终端网络的基础上，更多元的网络得以出现。

（二）Web 1.0 时代：超链接形成的“内容网络”

如果说在前 Web 时代实现了终端的连接和信息的共享，但信息本身还只是作为孤立的“数据包”被人们在机器间传送；那么发展至 Web 1.0 时代，则由超链接技术促成了内容的“连接”，从而满足了用户基于浏览器和 HTML 网页浏览、搜索、获取信息的需求。

其中，超链接（hyperlink）是网络信息传播中的一个特殊手段，指在一个计算机文档的特定区域能引入其他文档或程序。[②] 超链接技术的产生改变了网络上信息的结构方式，带来了信息之间的连通——在传统的媒体中，文本或节目都是以线性、封闭的结构传达的，人们对信息的接收也只能沿着特定的顺序进行；而在网络中，基于超链接技术的信息之间的关系可被视作网状的、交互的，存在于不同电脑上、不同网站上的各种信息均可以相互关联。

与此同时，网站也大多采用分层结构对其内容加以展示，即类似于一个层层剥笋的过程，将信息逐级进行呈现；而“链接”或“不链接”某种内容，则完全取决于网站及

---

① 彭兰．网络新闻编辑教程［M］．武汉：武汉大学出版社，2007：1.

② 董天策．网络新闻传播学（第二版）［M］．福州：福建人民出版社，2004：15.

其编辑，这也在无形之中赋予了网站相当的话语主导权。

（三）Web 2.0时代：个体连接构成的“关系网络”

Web 2.0作为2003年之后互联网的热门概念之一，是相对于Web 1.0而言的新一类互联网应用及服务的统称，主要包含两个层面。其一，互联网的底层技术变革，如P2P（“点对点”），即网络用户之间不通过服务器等中间实体便可以进行直接的交流或信息交换；RSS，即简易信息聚合技术，可促使用户实现个性化的信息订阅；Widget技术，是一小块可以在任意一个基于HTML的Web页面上执行的代码，可以让用户在某个页面中实现各种内容与服务的自由组合；等等。其二，各类社交媒体的出现，尤以博客（包括播客）、维基应用、SNS服务、微博等为代表。

新的服务及应用使得Web 2.0相对Web 1.0而言发生了两个重要的变化。第一，以人为中心。在Web 2.0时代，每个用户都有了信息生产的权利，此时个体取代内容成为互联网的基础单元，成为网络传播的节点，每一个节点基于网络的连接和信息的生产、分享、互动行为而产生了种种社会关系，这些关系又继而连成了一个复杂的“关系网络”。第二，关系网络与内容网络逐渐融合。随着Web 2.0的发展，用户对各类社交媒体应用的依赖逐步提升，日渐习惯于借助互联网开展的交流与交往方式，此时个体获取、生产、分享内容的目的，“也往往不在于内容本身，而在于以内容为纽带、为媒介，延伸自己在网络社会中的关系”[①]。第三，信息传播格局从去中心化向再中心化发展。通过参与内容的生产与传播，Web 2.0环境下的每个网络节点都拥有了一定的传播力甚至影响力，理论上具备了去中心化的潜力。但同时，这一模式也在个体用户层面加速了网络话语权力的分化，推动形成了新的信息中心，即以网络意见领袖、UP主[②]等为代表的向用户提供优质内容、拥有大量关注者的网络内容生产者。

（四）Web 3.0时代：多元网络融合的“网络社会”

Web 3.0是针对Web 2.0提出的新理念，用于概括互联网发展过程中某一阶段可能出现的各种不同的方向和特征。

就目前的发展看，Web 3.0对Web 2.0有如下深化：其一，互联网的持续发展促进了以电子商务、在线教育、在线医疗、在线办公为代表的服务网络的兴起，在互联网站向媒介平台[③]的演进趋势中，服务网络与内容网络、关系网络正加速融合。典型的如旨在为用户提供社交服务的微信，不仅上线了微信公众号这一类似于媒体的内容生产平台，还于2014年起逐步接入了支付理财、生活服务、交通出行、购物消费等多样化服务。其二，物联网的发展改变了整个终端网络的性质，促进了一切物体都有可能成为终端的

---

① 彭兰．Web 2.0在中国的发展及其社会影响［J/OL］．（2007-01-12）［2018-03-18］．http：//media.people.com.cn/GB/5276763.html.

② UP主指在视频网站、网络论坛等互联网平台或社区上传视频、音频的人。UP为upload的简称，意为上传。

③ 媒介平台是新兴媒体的媒介组织形态，它是一种介于市场与媒体之间的中间性组织，它本身并不生产内容，只是为运营内容提供一个服务平台。

“泛终端”时代来临，其中以VR、AR、MR为代表的新的终端技术又带来了新的感知社会的方式，并且基于此形成了新的网络关系和社会关系。其三，大数据、人工智能和区块链技术的运用，拓展了互联网信息网络的基本连接方式，信息之间的关联在人工强加的超链接外，还将出现信息之间、信息与人之间内在关系的智能关联，以此为基础，网络对人类的服务更加精准、自然和安全。

无论未来发展趋势如何，如今Web 3.0在融合了终端网络、内容网络、关系网络、服务网络的基础上，不仅促使互联网架构出的虚拟社会融入了更多现实社会的要素，也带来了新媒体向经济、文化、社会等现实社会领域的全方位渗透，从而推动着网络社会的到来——“信息时代的支配性功能与过程日益以网络组织起来。网络建构了我们社会的新社会形态，而网络化逻辑的扩散实质地改变了生产、经验、权力与文化过程中的操作与结果。”①

第二节　新媒体时代的新营销

随着数字技术的飞速发展，层出不穷的新兴智能媒体和遍布各处的高速网络深刻地改变着人们的生活和工作方式、企业的运营理念和模式、市场和产业的环境及格局……正是因为这些营销主体、客体、渠道、环境等方面的诸多变化，营销又有了新的理念与思路。

一、营销：创造、传递及传播价值

营销（marketing）是一项有组织的活动，它包括创造、传播和传递顾客价值与管理顾客关系的一系列过程，从而使利益相关者和企业都从中受益②，简言之，营销就是在满足顾客需要的同时获得利润。在运作上，营销活动旨在“为消费者设计合适的产品”，营销者在选择目标市场、把握顾客价值的基础上，通过创造、传递和传播较高的顾客价值，获得、保持和增加顾客。③其中，目标市场是企业根据消费者在人文、心理以及行为上的差异进行市场细分后选定的某部分或几部分的消费者作为企业市场策略所追求的销售目标；顾客价值则可以理解为针对营销对象的功能利益和情感利益。

由于营销行为涉及企业、顾客、社会三者的利益关系，这就需要企业在效率、效果和社会责任方面，以某种思想为指导进行营销活动。随着时代的推进，企业面临的宏观环境、具体的行业竞争环境都在不断地发生变化，营销活动的指导思想从起初的生产观念、产品观念、推销观念逐步转化为营销观念（见表1-1）。

---

① 卡斯特．网络社会的崛起［M］．北京：社会科学文献出版社，2003：567.

② 参考美国市场营销协会（AMA）对营销的定义，https：//www.ama.org/AboutAMA/Pages/Definition-of-Marketing.aspx。

③ 科特勒，凯勒，洪瑞云，等．营销管理（亚洲版·第5版）［M］．吕一林，王俊杰，译．北京：中国人民大学出版社，2010：5.

表 1-1　几种指导营销活动的观念

观念类型	对消费者的认知	核心特征
生产观念	偏好“可以买到”且“价格低廉”的产品	注重提高生产效率，扩大分销覆盖面
产品观念	偏好制作精良、高质量、多功能和具有某些创新特色的产品	注重产品的精细度和独特性
推销观念	商品同质程度较高，消费者的购买选择余地较大	积极推销和大力促销，将产品卖给更多消费者，从而赢得更多利润
营销观念	消费者不关注不符合需求的产品	识别目标市场的需求和欲望，并且比竞争对手更有效、更有利地传送目标市场所期望满足的东西，为消费者设计合适的产品

在上述的转变过程中，企业营销的目标已从自身赢利为主转变为企业、消费者与社会利益的有机结合，因此，企业通过媒体向消费者传播价值、与之沟通就成了营销的关键环节。

二、从 4P 到 4C 再到 4R

价值能否被有效地创造、传播和传递，有赖于一些重要的因素，比如经典的 4P 理论所阐释的四方面内容。围绕这些因素设计组合策略，是各企业展开营销活动的指南和达成营销目标的保障。随着市场环境的变化及营销理论的不断丰富和完善，在 4P 的基础上又延展出 4C 和 4R 等理论。

（一）从销售者出发的营销 4P

美国营销学学者杰罗姆·麦卡锡在 1960 年出版的《基础营销》中提出了营销的四大要素：产品（product）、价格（price）、渠道（place）和促销（promotion），这一体系也被称为 4P。营销的 4P 是一种从销售者出发的观点，即卖方用于影响买方的营销体系（或组合）。

其中，“产品”代表企业提供给目标市场的产品和服务的组合，包括产品质量、性能、设计等；“价格”代表顾客购买商品时的价格，包括价目表所列的价格、折扣、支付方式和期限等；“渠道”代表企业为将其产品送达目标市场（或目标顾客）所进行的各种活动，包括中间商的选择、仓储、运输及物流等；最后“促销”代表企业为宣传介绍其产品的优点和说服目标消费者购买其产品所进行的种种活动，包括销售促进（如优惠券、现金返还、赠品）、公共关系、广告等（见表 1-2）。

表 1-2　营销的 4P

营销要素	包含内容
Product	产品种类，质量，设计，性能，品牌，包装，规格，服务，保证，退货
Price	目录价格，折扣，支付方式，付款期限，信贷条件
Place	覆盖区域，商品分类，位置，存货，运输
Promotion	销售促进，公共关系，广告，直接营销，人员推销

（二）以消费者为核心的营销 4C

20 世纪 90 年代，美国营销专家罗伯特·劳特朋提出用新的 4C 体系取代 4P 体系。这 4C 指的是顾客（customer）、成本（cost）、便利（convenience）和沟通（communication）。4C 体系伴随着营销理念的变化而产生，是站在消费者的立场重新反思营销活动的诸方面，是对传统 4P 理论的发展和深化。

该理论的主要观点是：

首先，顾客是企业一切经营活动的核心，企业对顾客需求的重视是第一位的。

其次，成本包含生产经营全过程的成本，包括企业生产成本、消费者购买成本（如购物时间的耗费、体力和精力的耗费、存在的风险以及机会成本等）等。4C 体系中的“成本”是 4P 体系中“价格”的延伸，4C 理论还认为产品的定价不应仅从生产者角度进行，也要将消费者的“接受”价格列入决定性因素。

再次，便利就是方便顾客，维护顾客利益，为顾客提供全方位的服务。4C 理论强调企业提供给顾客的便利比渠道更重要。这一理论认为便利原则应贯穿于销售的全过程：在产品销售前，企业应及时向顾客提供有关产品性能、质量、使用方法的信息；在顾客购买商品时，应给予其最大的购物方便，如免费送货、免费停车等，新媒体时代有的企业还直接开发用于手机等移动媒体的销售客户端以方便消费者随时、随地购买；在产品销售后，企业还要及时处理顾客反馈，保障维修或履行退换承诺等。

最后，沟通强调企业应重视与顾客的双向沟通，以积极的方式适应顾客的情感，建立基于共同利益之上的企业顾客关系。双向沟通有利于协调矛盾、融合感情以培养忠诚的顾客。忠诚的顾客既是企业稳固的消费者，也是企业最理想的推销者。

（三）注重关系构建的营销 4R

2001 年，美国营销学学者唐·舒尔茨又在营销 4C 理论的基础上进一步提出了关注关系、竞争和品牌的 4R 营销组合体系。4R 即关联（relevancy）、反应（reaction）、关系（relation）、回报（reward）。

关联，即企业需要通过某些有效的方式在业务、需求等方面与顾客建立关联，形成一种互助、互求、互需的关系，把顾客与企业联系在一起，成为在信息、利益及价值等方面的“共同体”。

反应，即在相互影响的市场上，营销者面临的核心问题不在于如何控制、制定、实施营销计划，而在于如何站在顾客的角度及时倾听其希望和需求，并对之快速做出反应、给出答复，以满足其需求。

关系，即在消费者地位提升、消费主动性和与企业互动均增强的时代，企业抢占市场的关键在于与顾客建立长期而稳固的关系。相应地，企业应在理念上实现转换：从一次交易转变为建立友好合作关系，长期拥有顾客；从着眼于短期利益转向重视长期利益；从顾客被动适应企业单一销售转向顾客主动参与到生产过程中来；从相互的利益冲突转变为共同的和谐发展；从管理营销组合变成管理企业与顾客的互动关系。沟通是建立这种良性关系的重要手段。

回报，即企业应追求一定的、合理的市场回报以维持市场关系并为企业的营销注入动力。回报可来自两个方面：一是对成本的控制；二是对顾客需求的创造和满足，企业通过为顾客提供价值来获得顾客给予的金钱、信任、支持、赞誉、忠诚、合作等物质和精神回报，从而实现双赢。

三、新媒体时代营销的新变化

数字技术的发展使得“传播”活动与“营销”活动呈现出一体化趋势，二者界限日益模糊，正如唐·舒尔茨所言“营销即传播，传播即营销”[①]。新媒体时代的营销正是以新媒体平台为传播和购买渠道，把相关产品的功能、价值等信息传送给目标受众，并在其脑海中形成记忆和好感，从而实现品牌宣传、产品销售的目的。

本部分将从传播的视角，围绕媒体、消费者和企业这三类营销活动的重要参与者以及营销活动本身，对新媒体时代营销的一些新变化做出总结。

（一）媒体变化对于营销的意义

媒体是企业向目标消费者传播价值的主要工具。但媒体对于企业营销的意义不仅仅体现在对消费者进行产品及服务相关信息的告知、劝服、提醒等传播沟通层面，还更为深入地体现在媒体变革所引发的消费变革、营销变革乃至社会文化的变革，例如社交媒体对人们交流方式、关系构建、共同体形成等方面的作用。

新媒体时代，媒体领域呈现了层出不穷、交错融合和联动发展三个特点。

层出不穷是指媒体的新技术层出不穷（如虚拟现实、增强现实、竖屏视频等）、新形式层出不穷（如短视频应用、直播平台等）、新应用层出不穷（如移动媒体的各类应用程序）。

交错融合指的是无论新兴媒体还是传统媒体，在数字技术的影响下都渐渐向着“无所不能”的融合方向发展，接入网络的任意终端都能满足用户在信息资讯、休闲娱乐、互动社交、生活消费等方面的需要。

联动发展则是指各类媒体从各自为战转向打破界限、互相联合，充分发挥各自的优势为共同的营销目标服务，如统合手机屏、电视屏和电脑屏的“三屏合一”传播模式。

媒体环境的这些特点对营销的意义体现在：

其一，为消费者构建了从室内到户外、从静态到移动、从完整到碎片的“无缝连接”的立体式媒体接触空间，利于企业更有效地捕捉、对接目标消费者。

其二，利于满足消费者多元且不断变动的媒介使用需求，从而维持并增强其对各类媒体的关注及使用黏性，这意味着企业向消费者传播信息的时间得到拓展、程度得到加深。

其三，消费者的媒介选择大大增加，他们由以往被动接收信息的受众角色向主动搜索、选择、分享的用户角色转变，如何以尊重、平等的姿态吸引消费者主动探求信息变

---

① 邵华冬，陈怡，等．广告主数字媒体营销传播［M］．北京：中国传媒大学出版社，2016：10.

得重要。

其四，基于新媒体用户媒介使用行为及消费行为的大数据让企业能更精准地将信息传播给目标消费者；借助微博、微信、短视频平台、网络社区等新平台，企业得以直接面对消费者，二者的持续互动所打造的关系网络和共同体成为企业未来营销竞争的重要基础。

其五，依靠兴趣、品味、审美、情感、志向等元素，企业能够以较低的成本把世界范围内的“碎片化”消费者在各类新媒体平台上规模化地聚合起来。

其六，媒体之间的互补、联动多于竞争和替代，打破媒体界限的跨媒体营销成为可能，企业可结合目标人群的生活路线图设计沟通导线和传播场景，与消费者沟通并持续对话。

知识窗

三位一体的媒体

广告界因媒体变得越来越复杂而感到焦虑。媒体渠道越来越多，消费者总是以意想不到的方式在这些媒体间穿梭，他们会从电视跳到脸书（Facebook），从脸书跳到文本信息，从文本信息跳到谷歌，从谷歌又跳到 foursquare（一家基于用户地理位置信息的手机服务网站），从 foursquare 又跳到 iPod……变来变去，这些都让广告策划者焦头烂额。

品牌该怎么做呢？如何从混乱的媒体世界和无穷无尽的数据通道里抽身？一种新兴的看待媒体的方法出现了，这种方法非常简单、实用，并且具有战略性。最近在广告界讨论最多的就是将所有的媒体分为三类：付费媒体、自有媒体和赢得媒体。

付费媒体：付费植入，能够推广一个产品或网页、一段内容和其他任何广告商愿意花钱去博人眼球的东西。其扮演的角色是为自有媒体提供养分，创造出赢得媒体的催化剂。

自有媒体：任何资产都属于品牌，可以是一个网站、一个社交网络、一个著名的社区、一个应用或一段非常简单的品牌内容广告。其扮演的角色是与潜在客户和赢得媒体建立长期关系。

赢得媒体：与品牌有关的消费者行为和对话。其扮演的角色是倾听和回应，它通常是熟练地使用和协调自有媒体与付费媒体后产生的效果。

通常，付费媒体将流量导向自有媒体，推动自有媒体的参与度并且创造话题。而一个有趣的自有媒体或者是自有媒体上的某一段有趣的内容都会推动赢得媒体的话题，赢得媒体的话题反过来又会将更多的流量引向自有媒体，自有媒体反过来又促使进一步的会话，有效的自有媒体内容也刺激付费媒体广告更加奏效。付费媒体、赢得媒体和自有媒体之间的关系并不是线性的，这三种类型的媒体以一种动态的方式一起合作，并且当消费者真正参与其中时，这三种媒体能发挥最大的力量，进一步推动消费者和品牌的关系。

资料来源：伯彻．网红的秘诀：付费媒体、自有媒体、赢得媒体［M］．伍家陞，译．北京：北京联合出版公司，2016：2－16.

（二）将“消费者”还原为“生活者”

消费者是企业服务的对象，营销的成败需要由消费者的认知度、美誉度、忠诚度以及一系列行动来评判。因此，对于企业而言，其营销战略的设计与战术的开展必须根据消费者的新变化、新特征、新需求做出适时的调整和优化。

随着物质产品的丰富、生活水平的提高，消费者拥有多种形态、多种层次的消费选择，他们的自我意识、个性化需求逐步凸显，越来越关注自身的物质与精神世界生活。同时，消费者的媒介选择大大增加，新媒体使他们获取信息和表达自我的渠道更加多元，他们在享受个性化服务的同时，更强调个人被尊重、信任与关爱①，希望得到确实的幸福与美好。基于这样的变化，更多的企业愈发认同这样一句话——“世间本无消费者，有的只是用心生活的人！”。

如果把人看作消费者，企业面对的就是按社会人口统计指标、消费行为、消费心理等加以细分的一群人，他们和企业难以产生除交易之外的更多关联；若是将人看成生活者，那么企业面对的则是渴望关怀、期待支持、希望交流的情感丰富的朋友、伙伴或邻居，除了交易，二者还会产生情感、结下友谊、彼此关注、相互支持。

如果将上述的观点细化，则可表现为：

在内涵上，生活者的视角关注“充满情感的人生体验”，消费者的视角关注“购买”“使用”“持有”和“处理”。

在传播方式上，生活者的视角重点在尊重和平等基础上的倾听、沟通和支持，而消费者视角则侧重单向的告知、提示与说服。

在品牌活动执行中，生活者视角以价值的创造和情感的交流为重心，而消费者视角则以产品或服务的推广与售卖为重心。

在品牌活动目的上，生活者视角希望营销者和生活者彼此成为生活中可信赖的伙伴，而消费者视角则期待产品或服务更多地被购买和使用。

综上所述，生活者视角的营销活动是要企业以尊重的态度，通过对话和关系构建来促进人们对企业的认知、认同和认可。认知——生活者视角的营销活动能帮助企业在人们心中形成积极的品牌联想；认同——生活者视角的营销活动能通过信息传播彰显企业的价值观、时代精神和人文关怀，从而引发人们的共鸣；认可——生活者视角的营销活动能有效捆绑政府、媒体、投资者及公众对企业的信任，只要信任关系建立，企业会获得来自方方面面的支持，即使遭遇危机，亦可能因这份信任获得谅解甚至发展的机遇。

观念一旦转化，企业需要做的就是持续、细致地洞察生活者的心灵，了解并管理新媒体时代生活者的信息接触点，然后结合新的传播格局、新的传播语境、新的传播语法，与生活者分享和共创品牌价值。

（三）企业拥有新的营销观

在新媒体时代，20 世纪八九十年代所流行的“一则广告就能救活一个企业”“广告

---

① 丁俊杰，陈刚．广告的超越：中国 4A 十年蓝皮书［M］．北京：中信出版社，2016：153.

投得越多企业销售越旺”“大媒体大营销才能出效果”等营销观念，早已被更为多元而成熟的营销观所取代。

各类企业开始调整内部组织结构，以努力适应新媒体时代的环境变化，更加看重投入产出，关注短期营销战术与长期营销战略的匹配，愿意选择更符合自己行业和产品特点且更易与目标消费者沟通的媒体，更为在意用整合营销的思路调整和分配营销预算，同时在新的营销产品的尝试方面也表现得更主动——据 TopDigital 对 108 个品牌主的调研数据，2015 年有 71.36%的品牌主表示数字营销支出占公司整体营销支出的 41%以上，而他们在移动端的数字营销投放比例也超越 PC 端，未来这一趋势还将更加显著①。

总体而言，新媒体时代企业营销的关键词可以用价值共创、对话与关系、讲故事进行概括。

近年来，很多成熟企业的品牌运作已从最初的提供出处保障、展示商品价值，过渡到塑造形象价值、挖掘体验价值，并进一步跨越到共创价值的阶段。换句话说，之前的品牌运作是“形容词式”的，企业希望消费者更多地听到、理解和记住自己的品牌信息；而品牌价值共创则是“动词式”的，其重点在于企业吸引消费者参与，并对消费者的行为进行鼓励和支援，由消费者亲自表达对企业品牌的感悟。

对话与关系是相对于先前企业营销传播单向灌输、“狂轰滥炸”的思路而提出的。在 Web 3.0 时代，企业能够实现与消费者“零距离”的沟通，消费者不仅需要获得对其消费决策有用的信息，也希望在社交媒体造就的公共空间里面寻求与企业人格化的相遇——企业不是一个冷冰冰的产品制造和销售的机构，而应是有情感、有温度、有理想、懂关怀的人。企业只有“人格化”，才容易与消费者（生活者）互相倾听、深度交流，并随之构建良性的信任关系，而这种关系对企业品牌资产的塑造非常重要。目前，许多企业或与公关公司合作，或通过自建的方式开设官方微博、微信公众号，在社交媒体平台上频频发声、展示个性、保持互动、借势造势，取得了不错的效果。

讲故事是企业希望让自己的品牌感性起来且能够引起消费者更广泛的共鸣而采取的营销策略。纽约广告研究机构与美国广告协会经过 3 年的调研发现，相比普通的产品定位广告，消费者更喜欢那些讲述品牌故事的广告。② 内容营销专家乔·普利兹认为，“优秀的营销内容是有生命的。它是品牌讲述的故事，是意志和情感的延伸”③。目前较为流行的讲故事方式是制作微电影等网络视频广告，如凯迪拉克推出的《66 号公路》、尊尼获加的《语路》系列微电影、网易云音乐的《音乐的力量》等。这类视频具备易于激起用户共鸣与互动的特征，更适合给当下有“碎片化阅读”习惯的消费者讲故事④，“润物细无声”地将品牌个性、企业理念等抽象概念渗透进消费者的头脑中。不过值得注意的是，企业故事的急剧增多也会造成消费者在信息获取方面的不堪重负，对此，企业应更

---

① TopDigital 发布《2015—2016 数字创新白皮书》[EB/OL].（2016－05－30）[2018－03－19]. http://www.sohu.com/a/78332573_334205.

② GRANAT P. Earned media's day has come and PR must take advantage [J]. PRWeek，2011，14 (4)：28－30.

③ ROSE R，PULIZZI J. Managing content marketing [M]. Cleveland：Content Marketing Institute，2011：56.

④ 何梦祎. 视觉文化语境下微电影广告的品牌形象传播：以陌陌品牌重塑广告为例 [J]. 广告大观（理论版），2015 (10)：53－59.

多地尝试充当营销传播平台的搭建者与引导者，鼓励受众对营销内容进行挖掘、深化、重塑与再创造，进而自主传播，以增强他们对相关信息的参与感和卷入度，强化并巩固营销效果。

知识窗

数字营销的关键转变与新规则

奥美互动关系营销亚太区总裁肯特·沃泰姆在其与伊恩·芬威克教授合著的《奥美的数字营销观点》一书中，提出了应对数字营销趋势的十二项关键转变与新规则，主要内容如下：

消费者不再是温顺的媒体目标或旁观者，而是积极的创意者、贡献者和评论者，消费者洞察尤为关键。

正是因为消费者的参与度越来越高，营销才必须将工作的重心从提高曝光量转移到创造消费者持续的参与感上来，鼓励他们参与其中、主动响应并相互交流。

因为有数字媒体的存在，营销者可以分别和每个用户展开对话沟通，同时必须学会判断什么样的数字渠道组合才能迎合营销的需求。

消费者在使用媒体时，有着时间、空间、规模、格式和自我创造的自由，营销者必须精通于创作出消费者真正想要的内容，以便参与者能产生持续的兴趣，而不是单纯地通过购买媒体来传播大众信息。

营销者必须推出鼓励消费者参与贡献的策略，并给出可以让消费者轻松个性化地创意的素材，由消费者创造和品牌有关联的内容。营销者将扮演鼓励与提供奖赏的角色。

媒体渠道的激增、信息的爆炸式增长给消费者带来接收和选择的压力。消费者通常不喜欢收到推送的信息和没有选择余地的单向关系。营销者和参与者的信息传递只能建立在自愿的基础上，并且依据每个参与者的喜好而调整。随着数字世界的进化，营销者会发现自己的工作就是为消费者搭建互动的平台。

媒体和创意在数字渠道中密不可分，过去那种将两者分离的想法在数字时代已不再可行。消费者自发性的主动搜索是一股正在成长的主流力量，这些搜索表达的意向为营销者提供了更多有关消费者兴趣和倾向的信息，营销者需专注于将消费者的意图转变为持续不断的对话。

如今的消费者不再追随权威，他们更愿意从一大群同类中找出看似公正的意见——信息民主化意味着消费者的个人意见将不再被数量有限的传统新闻媒体束缚，在消费者比公司反应更迅速的数字世界里，营销者必须成为公众讨论中的重要参与者，运用各种可能的数字工具去影响而非支配话题的方向。

整合营销追求广告信息的一致性，但消费者更在意自己的个人信息、喜好与需求是否被营销者察觉，这就需要用统合营销的方式关注消费者体验的连续性。消费个体数据的运用将使营销者和顾客间产生持续的对话。

面对快速变化的消费者，运用消费数据建立一个循环学习消费者的模型非常重要。由于数据的空前丰富和重要地位，营销者需要一个能将数据转化成可用信息的明确计划——这将是数字营销的核心，可对消费者的心理与行为做更仔细的刻画。

以历史资料为决策基础的“后视镜”营销是不够的，实时优化成为营销的标准已是无法避免的趋势。营销人员应采用实时的数据分析，以事实为导向，对数字营销活动做出迅速、连续的修正。

数字营销是一种更可靠且更具可测性的营销模式，营销者能不断将营销最佳化，并剔除造成迟缓和没效率的部分。优化可发生在数字营销的各个角落，如创意作品、信息传播、搜索引擎的使用、网站架构、渠道选择及营销活动的绩效。

资料来源：沃泰姆，芬威克．奥美的数字营销观点：新媒体与数字营销指南［M］．台湾奥美互动营销公司，译．北京：中信出版社，2009：43.

（四）营销活动的“品效合一”导向及智能化变革

新媒体不仅改变了营销活动的参与者，也改变了营销活动的底层逻辑。虽然我们总是希望将营销的各种要素有机地组合，然而事实却是传统的营销活动往往以传播产品和品牌信息为核心，与聚焦商业信息变现及产品触达的销售活动不仅难以顺畅联动，反而常被割裂为企业与消费者接触的两个不同渠道：前者旨在改变消费者的认知、情感和态度，后者则致力于促成消费者的购买行为。不过，随着以电子商务为代表的商业模式兴起，信息展示渠道与产品购买渠道被打通，实现“品效合一”成为可能——营销活动不仅可以提升品牌的知名度、认知度和美誉度，也能够推动效果的可见转化，例如点击量、购买量、销售额的提升。换言之，新媒体时代的营销活动不仅要保持长期、稳定、一致的信息输出，以形塑和维持企业的品牌形象，还应综合考量投入和产出，根据效果进行动态调整。①

要实现营销活动的效果导向，离不开以物联网、大数据、虚拟现实等为代表的智能媒介技术对营销活动流程的重塑。营销活动的智能化变革突出地表现在受众调查、内容创作、广告投放和效果监测四个环节，如今的营销活动呈现出立体化、规模化、精准化和实时化的特征。

其一，受众调查立体化。对目标受众需求、偏好、期待等特征的全面把握是开展营销活动的基础，智能化技术在这一环节的引入不仅提高了受众数据的覆盖广度，也延伸了数据分析的时间纵深度。一方面，智能营销活动的数据收集克服了传统问卷调查样本量小、主观性强、数据结构僵化等弊端，在各网络终端设备的赋能下，所有消费者的生活方式、行为轨迹、性格偏好等特征被分别记录、全面整合并实时更新；另一方面，聚合而成的数据也不只用于描述目标受众的现有行为，而是借助机器算法、深度学习等智能技术的处理对目标受众的未来行为轨迹和消费趋势做出预测，成为后续环节决策和调整的重要依据。

其二，内容创作规模化。围绕着核心创意进行内容生产是传统营销活动的核心步骤，在很大程度上决定着该次活动的效果。有别于以往以专业广告人为主、以经验为依据的创意生产，智能时代的内容创作是人类智慧与机器学习相结合的成果。基于既有营销创

① 丁俊杰．“品效合一”是非辨［J］．中国广告，2019（9）：101－102.

意素材库和消费者数据库，机器可通过深度学习在掌握文案、图片、视频等多媒体设计和组合规则的基础上，输出匹配不同消费者的创意内容，化传统的小规模单一内容制作为大规模个性化内容生产，创作周期得以大幅缩短，“千人千面”得以实现。

其三，广告投放精准化。创意内容生成后，企业需为其选择与消费者接触的渠道，程序化广告投放是实现这一过程的重要工具。凭借丰富的媒介资源、多样的用户标签、及时的数据反馈，程序化广告初步实现了个人定制型的广告投放。更进一步，当智能技术与广告投放深度融合，创意内容与目标受众对接的精准程度将再次提升——基于对消费者的立体化洞察和对媒介环境的智能化识别，广告投放系统能够自动生成契合受众偏好的广告创意素材，并综合考量广告预算与广告效果分配媒介资源。[①] 经由此种投放，企业的营销活动不仅可以精准锁定目标受众，而且能够根据不同受众的画像匹配乃至为其定制差异化的创意内容。

其四，效果监测实时化。受到媒介技术和媒体特征的影响，传统营销活动的运作流程呈现出明显的线性特征，作为最终阶段的效果评估因而显得有些滞后。这一时间差随着智能技术的应用被逐渐消弭，目标受众在接收广告后的所有行为——包括无意识的浏览和有意识的互动反馈——都会被各网络终端设备实时记录，整合分析后呈现出广告投放的实际效果。同时，这些行为数据也会反馈至受众调查、内容创作和广告投放环节，用以实时更新消费者画像、完善广告创意和调整投放策略，推动智能营销活动全链路的同步优化与动态循环。

四、新媒体营销的主要思路

针对上述变化，业界在进行营销或运用新媒体开展营销活动时，特别注重内容的打造（内容营销）、关系的构建（关系营销）、场景的营造（场景营销）、传播的定向（精准营销）和媒介的融合（跨媒体营销）。

（一）内容营销

内容营销（content marketing）是指企业在聆听消费者需求的基础上，通过制作和发布多种形式的，对消费者有价值、有针对性、能使其产生共鸣的品牌化内容，如电子杂志、报告、微博、视频等，将内容的访问者和浏览者转变成营销的参与者、购买者[②]，并在互动过程中建立和完善品牌的一种营销战略[③]。内容营销的理念早已有之。上百年前，很多品牌就通过有价值的内容来吸引消费者和维护顾客关系，如1900年，米其林公司将地图、加油站、旅馆、汽车维修厂等关于汽车旅行的信息集结起来，出版随身手册《米其林指南》并免费提供给消费者。

---

① 姜智彬．媒介技术演化下广告运作流程的变迁研究［J］．湖北大学学报（哲学社会科学版），2021（1）：154－162＋173.

② 汉德利，查普曼．内容营销：网络营销的杀手级武器［M］．王正林，等译．北京：电子工业出版社，2011：5－6.

③ 周懿瑾，陈嘉卉．社会化媒体时代的内容营销：概念初探与研究展望［J］．外国经济与管理，2013（6）：61－72.

在新媒体时代，依靠内容获得目标受众的认同、与粉丝及其他支持者形成长期互惠的社群、建设极富人格魅力的品牌，已经成为许多企业的重要营销策略甚至是首选营销策略。对于如何才能引爆内容营销，美国营销实战家马克·舍费尔列出以下 6 个“密码”①：

1. 品牌建设

企业首先需要把自己人格化，没有人愿意与冷冰冰的机构交流，他们交流的对象是一个活生生的人。企业要有完整、真实的人格，与他人积极联系、给予回应、帮助别人、为之服务，告诉人们自己与他们相似，并且简化信息——简明就是更加开放和真诚。

2. 开发粉丝和联络意见领袖

内容营销的核心并不是内容的创作、发布、覆盖，而是发展壮大企业的粉丝群体。在内容另一端的人不只是你的用户或目标受众，他们是一群活生生的人，他们可能正在经历痛苦、喜悦，也可能只是在照看了一天的小孩之后感到疲惫。也许就在建立联系的那一刻，他们刚好在某个方面需要你。企业应该将重心放在培养真正忠实的粉丝上，向粉丝表明自己的尊重、感激和长期的信任，甚至可以说，爱。另外，联络意见领袖也是必需的，这能帮助企业获得可靠的支持、快速的驱动、社会认同、知名度、接触新渠道的机会、新兴市场的曝光度。

知识窗

社群运营的诀窍

要有趣。没人关心你的产品和服务，人们真正关心的是他们自己，以及你怎样解决他们的问题。人们还想要娱乐，想分享一些不同寻常的东西。

创建尽可能“小”的粉丝群。取悦普罗大众成功的可能性不大，企业需将目标瞄准尽可能少而精准的受众群。

建立平等的交流。作为内容创作者，你的目标不是要表现得很聪明，也不是要让自己凌驾于粉丝之上，你的目标是与粉丝进行平等的交流。

只对具体的个人说。受众不是笼统的而是具体的个人，每天要工作、要生活的个人，企业必须珍惜他们的时间，尽力去提供有价值的东西。

发布内容要有情感共鸣。实时回应受众的反馈，你就可以在行动中做到与受众反馈同步，收获情感共鸣。

不要在“应该”的时候发布内容。人们分享的是情绪，当你唤醒这种情绪的时候，人们才会有所反应。

永远不要把粉丝（对你的关注）当作是理所当然的。没有人非读你的内容不可，内容创作者与粉丝和受众之间是一种价值交换，要思考内容对他们来说是否有价值，是否有用，能不能引起共鸣，能否帮到他们，能否让他们显得更聪明、消息更灵通或是得到启示和快乐。

联系社群。在你的内容开始获得评论的时候，社群效应还不会发生，当这些评论者

---

① 舍费尔．热点引爆内容营销的 6 个密码［M］．曲秋晨，译．北京：中国人民大学出版社，2017：34.

开始彼此交流的时候，这种神奇效应才会出现。你要与那些能影响别人购买决策的人沟通。

实际。让内容对粉丝来说是真实、有用的，这样能使粉丝成为与你一起生活和成长的老朋友。

打造共同梦想。想要改变世界，颠覆现状？这需要建立非同一般的关系。你需要让人与你梦想一致。

给他们一切。在这样一个嘈杂、充满了竞争的世界，你必须将你的一切献给粉丝。

3. 为内容嵌入分享基因

《纽约时报》支持的研究发现，人们克服冷漠、分享他人内容主要出于五个原因①：

实用性。人们分享内容最主要的原因是将有价值、有意思的内容带给他人。超过90%的参与者称，他们会仔细考虑分享的内容对接收者有哪些用处。

告诉他人自己是个怎样的人。近70%的参与者称，他们分享内容是为了让别人更好地了解自己，了解自己所关心的事物。其中一名参与者回复道："我尽量分享一些能够强化我个人形象的内容——体贴、理性、和善、投入、热爱某些事物——呈现出我所希望的样子。"

强化和培养关系。约80%的参与者在网上分享内容是为了与一些人保持联系，这是他们的唯一纽带；超过70%的人是为了能与有共同兴趣的人建立关系圈。

自我成就感。70%的参与者愿意分享内容是为了增加他们的参与感。分享并获得积极的回应，让他们觉得自己很受重视。

讨论理想或是品牌。超过80%的参与者称分享内容是为了和他人一起讨论他们所认同的某一理想、某个公司或某个观点。

此外，《纽约时报》的研究还将喜欢分享内容的人总结为六种类型②，这些人易于在互联网上形成社群。

利他型：利他型的人是那种想让人觉得自己有用、可依靠的人。他们体贴且消息灵通，分享内容的主要方式是发邮件。

事业型：事业型的人希望被人们认为是有价值且积极向上的。他们会分享那些显得自己更有智慧、消息灵通的内容，分享的主要平台是LinkedIn。

追求时尚型：追求时尚的人认为分享内容是生活的一部分。这群人不太喜欢使用邮件，他们喜欢用Twitter和其他社交媒体平台。这群年轻人希望被人看作有创意、能够引领潮流的人。

回旋镖型：回旋镖型的人靠他们从博文上获得的反馈来证明自己有价值。他们通过分享内容赚取眼球，希望自己的形象具有启发性。他们经常使用Twitter和Facebook。

连接型：连接型的人是社交花蝴蝶，他们喜欢将各种人和思想汇集在一起。他们是规划的制定者，通常比较懒散、有创意、有思想。他们最常使用邮件和Facebook来分享内容。

---

① 舍费尔．热点引爆内容营销的6个密码［M］．曲秋晨，译．北京：中国人民大学出版社，2017：42-43．

② 同①59．

选择型：人如其名，选择型的人并不跟社会大众分享内容。他们会有选择性地将内容分享给那些能从内容中受益的人。选择型的人通常使用邮件。他们足智多谋、细心、消息灵通，且希望被人认为是有用的、聪明的人。

4. 分发、广告、推广和搜索优化

企业自说自话很容易被怀疑，得到强大的第三方网站的认可是推广内容、吸引新粉丝、打造可信度最重要、最有效的手段。而通过付费广告来增加曝光度，能显著提升每条内容的影响力和接触面。此外，营销者应在社交媒体与自己的同行、同事以及最坚定的支持者联系，尽可能让他们来讲述你的故事。最后，进行搜索优化，让人们找到你和你的内容。

5. 权威性

要增强网站（或领域）的权威性。最重要的内容不会排在搜索的首位，最重要的网站才会。提升内容质量、建设外部链接、保持稳定性等是增强网站权威性的重要方法。

6. 社会认同和社交标记

在人们想做深思熟虑的决定，却又缺乏所需的事实依据时，社会认同的力量就显得尤其强大。在这种情况下，转发、评论、点赞、阅读数等社交标记可能比依靠真正的知识和经验打造出来的真实权威更加重要。为了打造社会认同、提升内容的信誉度，营销者可以运用请求客户推荐、请朋友和家人帮忙宣传及评论、发动员工、收集别人称赞你的推文等策略。

案例链接

野兽派花店在微博上的“内容营销”

与传统的品牌广告投放不同，内容营销在完善品牌化内容信息的基础上，更注重与消费者的互动以及邀请消费者参与到营销活动中来，并在这一过程中提升品牌形象而不仅仅是产品销量。

在此方面，野兽派花店的运作可资借鉴。野兽派花店创立于 2011 年底，最初仅仅是一个在微博上卖花的账号，没有实体店也没有淘宝店，凭着微博上的几张花卉礼盒的图片和 140 个字以内的文字传播，便逐步为众多人所知晓，之后不仅开了实体店，更将业务拓展至香氛蜡烛、配饰等更多领域。而它的成功要义，就是依靠“内容”——野兽派花店自创立起便不提供产品目录，消费者只需在微博私信中将自己的情感故事告诉店员，就会有设计师根据故事搭配鲜花，做成独一无二的花束；随后，其官方微博还会以匿名的方式将这些情感故事发布出来，并配上相应花束的照片（见图 1－1）。

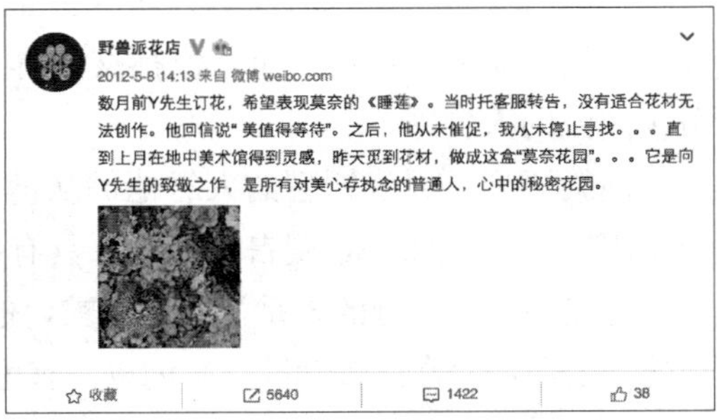

图 1－1　野兽派花店微博讲述的“莫奈花园”故事

凭借这样的营销方式，在不到一年的时间内，野兽派花店的微博就已经拥有了超过 18 万的粉丝。在很多粉丝看来，这一个个故事就是一段段荡气回肠的感情。于是有不少人（特别是文艺青年）被其吸引，不仅成为故事的倾听者、共鸣者，还成为故事的男女主角，逐步发展成为其忠实的顾客。

（二）关系营销

关系营销（relation marketing）的理论是在传统营销理论显现出诸多缺陷的状况下产生的新营销理论之一，它是指企业吸引、保持和增强与消费者、企业内部成员、渠道合作伙伴等利益相关者之间的承诺、信任、相互依赖等关系，从而达到促进销售增长、提升客户忠诚度与口碑、达成与利益相关者的合作等营销目的。

然而需要注意的是，近年来大量社交媒体的出现和发展，不仅改变了人们的信息获取方式和媒体使用习惯，也令企业的关系营销处于新环境。其一，新媒体环境下，对企业的生存和发展具有影响力的主体更加复杂和多元。在传统媒体时代，精英阶层出身的意见领袖对消费者的态度、观念乃至消费决策具有重要影响作用，相应地，在电视、报纸、广播上刊登广告和新闻，并邀请明星、名人、专家等进行推荐和代言成为彼时企业主要的传播方式。而在社交媒体时代，除了这些传统的意见领袖外，草根大号、普通网民、社会组织等多元主体均可通过其在社交媒体上的信息发布、分享等行为对企业的生存和发展构成影响，成为企业需要重新思考与定位的“利益相关者”。其二，企业与消费者的沟通在获取新渠道的同时，也面临挑战与机遇。如前所述，由于在社交媒体平台上“关系网络”与“内容网络”相互嵌套，信息如果不能通过各类社交工具进入消费者的社交网络，将很难引起他们的感知和注意；而进入社交网络的信息，又可能基于用户的转发与分享等行为，形成病毒化扩散的趋势，令企业传播得到事半功倍的效果。

在此种背景下，“关系营销”的理论和实践不断发展。营销学者玛丽·史密斯将社交媒体时代的关系营销称作“关系营销 2.0”，并将之阐释为“真正关心所有人，建立稳定的、双赢的关系，这些关系包括与潜在客户、现有客户、战略联盟、媒体联系人、关键影响人士的关系，甚至还有与竞争对手的关系”①。具体而言，此时企业既需要正确利用各类社交媒体，同时也需要将营销的落脚点进一步下放在“关系”层面——通过把握营销的关键节点，以更高的真诚度，“关注整个世界和世界中的所有人”，秉持“平凡人就是新的大人物”的观念，与社交媒体平台上的各类群体建立良好的关系，倾听他们的需求，为他们量身打造营销活动，最终达到促进他们产生消费欲望、向社交圈分享企业的营销信息、持续信任企业等营销目的。

案例链接

小米手机的社会化营销经验

“2012 年 9 月 5 日，小米召开了产品发布会，当天百度搜索指数就达到了 150 多万，后来 30 万台手机在这一天 12 点开放的时候，有 377 万人次前来抢购……”这是小米科

① 史密斯．关系营销 2.0：社交网络时代的营销之道［M］．北京：人民邮电出版社，2013：前言 2.

技的联合创始人黎万强分享的一组数据，而在谈及小米手机的运营经验时，他认为是一系列社会化媒体的成功运作引发了品牌势能。这具体包括如下几个方面：

1. 找准社区

做社会化营销的前提在于选择和产品特征相符的一个或多个社区（如论坛、微博、微信、QQ 空间等）。小米在创立之初，考虑到其第一个产品是手机的 MIUI 系统，使用它具有很高的门槛，因而小米选择了较为专业的论坛而不是大众化的微博作为第一个社区。

随后，小米团队开始了“泡论坛”的历程，在一些知名安卓论坛里“灌水”、发广告、寻找资深用户。这些努力最终吸引了 1 000 多人，小米从中选出了 100 人作为超级用户，参与 MIUI 的设计、研发、反馈等工作。这 100 人成为 MIUI 操作系统的“星星之火”，也是最初的“米粉”。至 2013 年 7 月，小米手机论坛总用户数达到 707 万、日发帖 12 万、帖子总数达到 1.1 亿，相当于一个小型门户的流量规模。①

随着公司不断发展，小米也逐步向其他社会化媒体渠道拓展，并将其功能进行了细分：论坛是一个方便呈现品牌的场所，微博很适合做拉升，QQ 空间适合做活动，而微信则可被视作客户平台。

2. 建构参与感

小米在社会化媒体平台主要通过“话题＋活动”的方式来建构消费者的参与感。

其中，话题营销的要义在于结合社会化媒体的表述方式，进行“反对高大全，娱乐化表述”。比如在 2012 年 5 月小米手机青春版发售的时候，小米便在微博上发布了一个名为“＃我们的 150 克青春＃”的预热话题，一上线就吸引了网民的好奇：为什么是 150 克呢？接下来，小米以卡通形象“米兔”为主人公的一系列关于大学时代经典场景（如站军姿、学生会、网吧通宵等）的青春插画，以及一部由小米创始人雷军及其合伙人主演的青春微电影，引发了微博网民关于“青春”话题的一波讨论。最后，小米揭晓了谜底，这 150 克其实是小米手机青春版的重量；同时，雷军为自己的产品做代言进行了产品发布，当天的微博转发数量超过 200 万，吸引的网民评论也达到 100 万。

在活动层面，小米则一方面在线上推出对消费者具有“极大的娱乐化”或是“极大的利益诱惑”的活动。以论坛上的“智勇大冲关”活动为例，其采用令用户比拼谁更了解小米手机的一些参数的形式，来激发用户的荣誉感和成就感，从而获得了 1 800 万人次的参与；另一方面在线下设置“米粉同城会”“米粉节”等活动，不仅增进了公司与忠实用户之间的联系，同时也鼓励小米用户之间相互交流、一起去参加公益活动。

3. 鼓励全员公关

小米认为，比花钱做公关更难的，是让员工有最大的热情去面对这个公司、面对用户、面对自己的产品。为了达到这个目的，小米鼓励所有的工作人员泡论坛、微博、微信等，运用自己的社交媒体与用户直接接触。这同时也使得小米的重度用户能够很清楚

① 深度分析：小米社会化的营销策略［EB/OL］.（2017－09－29）［2018－03－22］. https://baijiahao.baidu.com/s?id=1579815525617755144&wfr=spider&for=pc.

地知道手机的各项功能都是谁做的，他们也可以将自己对产品的诉求更直接地反馈到具体的设计人员那里。

资料来源：虎嗅网．小米告诉你什么才是社会化营销灵魂！[EB/OL]．(2013-10-27) [2018-03-22]．https://www.huxiu.com/article/22113/1.html.

（三）场景营销

场景营销（context marketing）是在洞察目标受众心理和行为的基础上，了解他们在什么时间、什么地点（包括虚拟空间）、做什么事、遇到什么情况、产生什么心理、希望什么支持或改变，并据此设定或创造场景将广告信息或产品功能加以融合。

"场景"的概念是伴随移动互联网和移动终端的发展而进入人们的视野的。2014年罗伯特·斯考伯和谢尔·伊斯雷尔提出，移动设备、社交媒体、大数据、传感器和定位系统快速普及，成了构成场景时代的五种技术力量，改变了"作为消费者、患者、观众或者在线旅行者的体验"以及"大大小小的企业"①。之后，"场景"及"场景营销"成了学界和业界关注的热点。

"场景"通常可被理解为一种人为建构且"被建立"的环境②，其不仅指向空间位置，同时也涵盖与人们特定的行为模式、心理特征相关的情景或氛围环境。它由空间与环境、用户实时状态（如身体、行为、需求数据）、用户生活习惯、社交氛围这四个基本要素构成。③ 按照此种思路，可依据用户使用媒体的场景、场景的界面、场景的功能等维度对场景的类型加以划分（见表1-3）。

表1-3 不同维度下场景类型的划分

分类维度	场景类型	描述
使用媒体的场景	固定场景	人们在相对静止的状态下所处的空间环境，是与人们日常活动规律相关联的环境
	移动场景	人们活动中不断遇到的环境，意味着快速切换的时空
场景的界面	现实性场景	基于现实界面形成的建构于现实生活中的场景形态，如电影院、车站、家庭、教室、餐厅、旅游景点等
	虚拟性场景	主要依托于新型科学衍生的新媒介技术为受众提供满足其媒介预期的虚拟界面环境，包括线上聊天室、朋友圈、Instagram等，以及通过电影、戏剧、音乐搭建出的虚拟传统界面
	现实增强场景	依托人工智能、AR、VR等技术建构的场景，是现实性场景与虚拟性场景相结合的产物
场景的功能	实用性功能场景	满足用户生理需求、安全需求等基本生活需求的场景，如餐厅、酒店、家庭、线上支付平台、线上点餐系统等
	社会性功能场景	满足用户社交需求、尊重需求、自我实现需求等更高层次需求的场景，如酒吧、教堂、音乐会场、社交软件平台等

资料来源：喻国明，梁爽．移动互联时代：场景的凸显及其价值分析[J]．当代传播，2017(1)：10-13.

① 斯考伯，伊斯雷尔．即将到来的场景时代[M]．北京：北京联合出版公司，2014：11.
② 喻国明，梁爽．移动互联时代：场景的凸显及其价值分析[J]．当代传播，2017(1)：10-13.
③ 彭兰．场景：移动时代媒体的新要素[J]．新闻记者，2015(3)：20-27.

案例链接

宿务太平洋航空让人们在下雨天来一次“阳光旅行”

图1-2　人们扫描地上的二维码就能进入订票网站

作为菲律宾的第二大航空公司，宿务太平洋航空是本地航空业采取“低价、超值”策略的先锋。2001年11月，宿务太平洋航空开通香港航线，面对激烈的竞争环境，这家公司实施了一次非常有创意的场景营销。

季风气候使香港多阴雨、少晴天，面对总是湿漉漉的环境，人们从心底想逃到阳光明媚的地方晒一晒。宿务太平洋航空使用防水喷漆在马路上喷出二维码，晴天的时候这个二维码是隐形的，一下雨就显现出来，二维码下方的文字告诉正在阴雨天气中烦闷不已的大众：菲律宾现在是大晴天！（It's sunny in the Philippines）大家只要拿出手机，扫描“雨代码”，就能马上进入宿务太平洋航空的官方网站（见图1-2），即时买票来一场说走就走的“阳光旅行”。活动期间，宿务太平洋航空的官网订票量增长了37%。

资料来源：民航资源网．创意无限！这家低成本航空带你雨中寻找阳光［EB/OL］.（2015-11-09）［2018-03-11］. http：//news. carnoc. com/list/328/328517. html.

（四）精准营销

2004年，查宾和布里巴赫在其合著的《精准营销：吸引、保留高获利顾客并倍数获利的新法则》中，首次提出了精准营销的概念。精准营销（precision marketing）是指捕获、管理和分析消费者的相关数据，在分析结果的基础上洞悉营销战略的要点，之后再将这些战略要点付诸实施，以促进企业与消费者进行更为有效和有利的互动。① 2005年，营销专家菲利普·科特勒来到中国宣讲精准营销的重要性，这促进了精准营销的概念在中国的快速普及。

在我国的广告界，精准营销往往特指精准广告，即依托于数据采集与分析技术，基于对消费者的人口属性、生活轨迹、兴趣喜好、消费习惯等数据的洞察和捕捉，通过一定的广告交易平台将广告呈现给企业的目标消费群体，从而实现“给正确的人看正确的广告”的营销目的，并进而促进后续消费行为的达成及营销效果的改善。

随着新媒体及大数据、云计算等相关技术的发展，有研究者认为精准营销又在如下三个层面得到进一步深化②：

第一，更准确地锁定目标人群并对其精准画像。基于数据采集、挖掘和分析技术，

① ZABIN J，BREBACH G. Precision marketing：the new rules for attracting，retaining，and leveraging profitable customers［M］. Hoboken，NJ：John Wiley & Sons，Inc. 2004：2.

② 周丽玲，刘明秀．新媒体营销［M］. 重庆：西南师范大学出版社，2016：33-34.

企业可以对消费者的网页浏览痕迹、网络搜索行为、网络消费行为等数据加以分析，把握其个人特征（如年龄、性别、地理位置）以及购买偏好、购买特点等信息，这不仅能够定位、锁定对其产品有潜在需求的目标人群，而且还能对目标人群进行精准“画像”，从而针对目标人群的特征进行定向投放，达到刺激消费、传播品牌的目的。

第二，基于用户需求改善产品。企业可以针对消费者的数据信息，分析他们对产品的潜在需求，并有意识地将之用于指导产品的生产环节。如美国视频网站Netflix在生产电视剧《纸牌屋》前，先对其数据库进行分析，这包括网站3 000万付费用户的收视习惯、400万条评论信息、300万次行为信息（如主题搜索、暂停、回放）等，从中了解了其用户在影视题材、演员、导演、播出方式等方面的喜好——发现大部分用户都喜欢BBC剧、导演大卫·芬奇、演员凯文·史派西，以及喜欢一次性观看所有剧集。据此，Netflix花1亿美元买下《纸牌屋》的版权，并请来了用户喜欢的导演和演员进行创作，最终一炮而红。①

第三，提供对未来的预测和决策的依据。大数据技术能够基于对数据的统计和分析，再结合一定的数据模型，预测未来某个时间的走势，从而为企业的决策提供依据。如一项调查显示，87%的美国财务服务和医疗保健管理人员表示，有效处理大数据这一副产品，能够促进他们获取见解和回答问题的能力。②

案例链接

精准营销助力泡泡玛特挖掘和渗透“天生好玩”人群

成立于2010年的潮流文化娱乐公司泡泡玛特（POP MART）发展迅速，是潮玩盲盒行业的引领者。为进一步渗透目标人群、加深消费者与品牌的关联度、提升会员人群的体量与活跃度，2020年9月，泡泡玛特借天猫超级品牌日活动之机，以“天生好玩”为主题实施线上线下联动的营销方案。这一方案包括三个阶段：

在第一个阶段，挖掘“天生好玩”新人群。结合天猫新品创新中心的数据洞察及消费者调研，泡泡玛特锁定了三大目标人群：Z世代、都市白领、精致妈妈，他们的消费动机分别对应悦己解压、个性圈层及治愈陪伴。为加强对这三类人群的渗透，泡泡玛特通过分析他们的跨类目和跨品牌偏好，圈选了部分用户进行针对性营销。例如从Z世代精选出潮鞋控、音乐人、设计师、游戏玩家等用户。

在第二个阶段，创造好玩的产品。Z世代的深层需求在于展示自我、宣扬独特的生活方式、投射亲密关系等，相应地，泡泡玛特设计出面向Z世代的Dimoo社会大学系列，力求让产品展露“年少轻狂不止一种活法”的生活态度，以抖音、微博等内容平台向年轻人传递品牌精神，并通过“分期免息”的方式使年轻消费者零压力买整套，最终该系列首发售出7万件。于都市白领而言，其深层需求在于社交分享、礼物馈赠、情感

---

① 杨晓艳．大数据是如何捧红《纸牌屋》的？[EB/OL]．(2017-05-03)[2018-03-22]．http://36kr.com/p/5073252.html.

② 中国广告门户网．eMarketer：数字和传统营销渠道日益融合[EB/OL]．(2013-12-21)[2018-03-22]．http://www.yxad.com/News/hangyedongtai/News_90898.shtml.

互动等，由此，擅长 IP 运营的泡泡玛特首次与高达联名合作推出 Molly 高达限定手办，为这一类目标人群提供精神盔甲，2 900 个手办 5 秒售罄。对精致妈妈来说，其深层需求包括缓解压力、生活犒赏、情感满足等，故而更在意盲盒的艺术设计感。在此次品牌日活动中，得益于其设计，泡泡玛特推广的具有哥特风格的 Skullpanda 密森古堡系列就打动了精致妈妈这类人群，活动当天一秒售空 6 万件。最终，Skullpanda 新品系列成交迅速超过 1 000 万元，成为玩具大类超品日成交第一名（见图 1－3）。

图 1－3　Dimoo 社会大学、Molly 高达限定、Skullpanda 密森古堡手办

在第三个阶段，策划好玩的事。围绕“好玩”的品牌初心，泡泡玛特借势天猫营销 IP，在没有传统送礼节点的 9 月，营造出专属于泡泡玛特的“双十一”节日氛围。具体而言，除了发布“天生好玩，玩心在线”品牌主题 TVC，提出打破无聊、常规、万物皆可收藏的宣言（见图 1－4），泡泡玛特还通过互动小游戏等玩法提升互动体验——以 Skullpanda 密森古堡系列形象打造的“守护天使之城”小游戏在整个超品日互动期间吸引了近 40 万玩家，人均停留时长达 353 秒（见图 1－5）。此外，泡泡玛特天猫店铺还通过尖货抽签、购物金、分期免息、满赠、双券认购①等多种营销方式展开创意联动。与此同时，“天生好玩”同名主题展落地济南万象城和杭州滨江龙湖天街商场，另有包含了 Dimoo 等 IP 潮酷画面的“好玩”电梯间出现在北京、杭州、佛山等城市的十多个商场。

图 1－4　“天生好玩”品牌主题 TVC 截图

① 尖货抽签是天猫小黑盒（根据大数据挑选优质货品以呈现给消费者的一种产品）针对限量款商品推出的营销方式，接入了以数据安全为基础的防黄牛机制，参与抽签的消费者拉上好友后每人最多将有 4 次抽签机会，以相对更为公平的方式原价抢到潮流单品。双券认购是泡泡玛特在此活动中首创的营销手法，如用“1 元＝40 元优惠券”的方式提前锁定销售和用户。

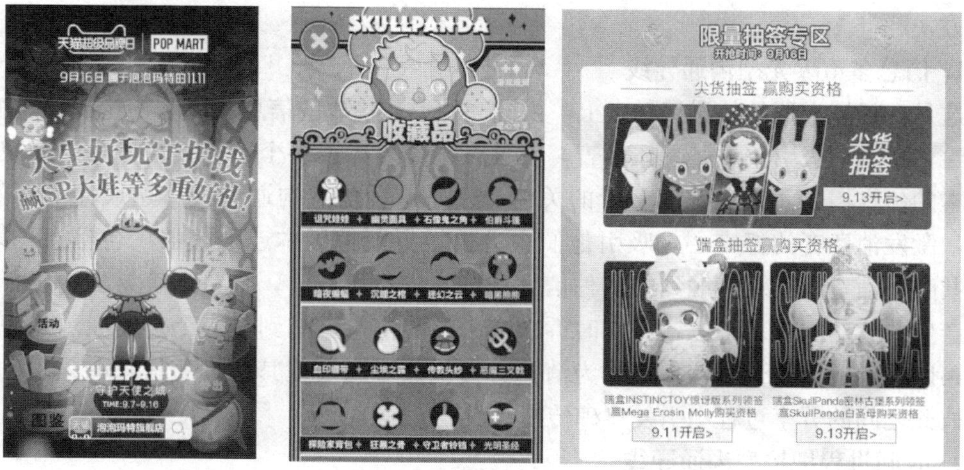

图 1-5 “守护天使之城”小游戏截图和尖货抽签页面

最终，泡泡玛特通过天猫超级品牌日实现了品牌近 6 个月的销售新高，活动期间累计成交额达 4 237 万元，获得天猫玩具大类超级品牌日历史成交量第一的战绩。

资料来源：金融界．超 4 200 万 泡泡玛特天猫超级品牌日破历史纪录［EB/OL］．（2020-09-22）［2021-01-25］. https://baijiahao.baidu.com/s? id=1678514424510481586&wfr=spider&for=pc；阿里妈妈．一场活动盲盒成交额达 4 200万，这个年度黑马带火潮玩赛道［EB/OL］．［2021-01-25］．https://www.alimama.com/index.htm#！/big-event/event-detail? key=mAwards&id=10012&tab=3。

（五）跨媒体营销

跨媒体营销（cross media marketing）是在观察和分析消费者媒介接触特点的基础上，找寻到不同形态的媒介之间的关联，并按照核心的创意思路来设计沟通导线，从而实现跨越各媒介界限、融合各传播平台、贯通各媒介接触点的信息传播与沟通目的的策划手法。

按照日本电通公司的观点，跨媒体营销或跨媒体沟通有如下四方面的特征[①]：

第一，营销的起点在于对消费者和媒体的重新洞察，包括消费者的心理特征及媒体接触特点、不同形态的媒体之间的核心关联等。

第二，在信息传播时，同时考虑传播的“广度”（到达率和接触频次）和“深度”（目标消费者的参与程度）。

第三，设计营销传播的“导线”（scenario），以某些信息接触为契机，有效引导目标消费者的行为——自主获取信息并产生行动（参与、购买、分享等）。

第四，基于“信息接触点的构思”来设计营销传播活动，有意识地将目标消费者的各个信息接触点融入设计的“导线”之中。

跨媒体营销成功的关键在于对引导目标消费者行为变化的沟通导线的巧妙设计和合理规划。那么，如何才能规划出一条行之有效的沟通导线呢？这里，我们可以参考如下

---

① 电通跨媒体沟通开发项目组．打破界限［M］．苏友友，译．北京：中信出版社，2011：28-30.

三种方式①。

1. 信息多重曝光型沟通导线

这是在目标人群的信息接触点上，由同一种形式构成的信息和广告衍生出多种变化，展示给消费者以吸引关注。具体而言，就是在多个媒体或多个渠道上传播关于品牌的不同版本的信息，以此来激发消费者的关注心理。这种信息沟通方式可达成如下的效果：第一，激发消费者的好奇心，吸引他们主动去搜寻其他版本或形式的广告信息；第二，唤起共鸣，消费者在对接触到的多种信息和广告进行比较时，会更加容易从中选择出自己能产生共鸣的内容；第三，可同时诉求多个核心信息，达到从多个角度展示品牌的目的；第四，通过多样化的信息曝光为消费者提供探寻和发现其他类型信息的乐趣，并在他们彼此之间的分享过程中引发口碑传播。

2. 时间进程把控型沟通导线

这是按照时间顺序有意识地改变营销活动所要传达的核心信息，并通过持续的相关性引起消费者关注的方法。具体有两种实现方式：其一，以变化为前提的连续剧型，即借助于消费者对逐渐发生的变化所产生的期待心理，来维持消费者对营销传播的信息的长期热切的关注；其二，变化完全无法预料的意外型，即以“惊讶”作为设计的着眼点，给消费者以预想不到的冲击，借助于这种心理上的落差来唤起受众的关注。

3. 媒体分类诱导型沟通导线

这是通过设置“诱饵”引起消费者兴趣之后，在其他媒体上展开其他信息的传播，从而进一步诱导消费者的方法。这一方式可采用如下的操作过程：将一个信息有意识地分割并分布在不同的媒体上，令消费者也想知道其余的信息，从而实现促使他们直接产生后续行动的目的。日本集英社的漫画杂志《Jump SQ.》在推广创刊号时就运用了这种方法。

案例链接

《Jump SQ.》的跨媒体沟通

2007 年，日本的一家综合出版社——集英社准备推出月刊漫画杂志《Jump SQ.》。为了引发读者的关注，进而扩大读者群、提升销量，集英社采用了以电视、互联网、手机及户外广告为核心媒介的跨媒体沟通方式。这主要包括如下步骤。

首先，电视和网络联动，提示“请不要搜索”。

在创刊三周前的时候，集英社在电视媒体上投放广告，但广告的内容却是告诉大家不许上网检索这本杂志，这反而激起了人们的好奇心理。而在同一时期，当人们在杂志官方网站的搜索栏输入《Jump SQ.》时，便会发现这个关键词被画上了×符号，同时会被告知：“来自集英社的请求，请不要在网络上搜索即将创刊的《Jump SQ.》。”

这进一步刺激了人们的检索欲望。很多人心怀好奇地使用搜索引擎去寻找《Jump SQ.》，却在访问后发现，官网已经被关闭，网站内容只有对无法浏览《Jump SQ.》深

① 电通跨媒体沟通开发项目组．打破界限［M］．苏友友，译．北京：中信出版社，2011：44－49.

表歉意的相关信息。

在看到这一信息后，一般读者会对平淡的网站内容感到失望而离开。而目标消费者——漫画爱好者们却会做出不同的反应："明明昨天还存在的官网突然被关闭了，这其中肯定有点什么。"为了一探究竟，他们会在网站上继续等待。果然，静观 20 秒后，网页发生了变化：预定将在创刊号中登场的漫画人物在 flash 动画中跳了出来，并在编辑部的致歉信中转来转去，做出不同的动作；而这个动画会每隔 20 秒便更换一次。

看到这些内容，更加坚信自己预感的漫画爱好者会接着看到"请尝试搜索一下其他内容"的文字，并继续开始搜索。但仅搜索一次是不够的，只有搜索三次《Jump SQ.》后，网站才会弹出隐藏页面，上面写着"对于你坚持不懈的热情和耐力，我们彻底服了"，并且会出现即将在《Jump SQ.》创刊号上发布的作品的详细介绍、相关漫画家创作动向的视频，以及其他具有附加价值的相关信息等丰富内容。出于优先获得杂志内容的心理优越感，这部分漫画爱好者会把他们发现的"被隐藏了的信息"迅速在网络上分享，这马上就在互联网上掀起了口碑传播的风暴：越来越多的人涌向《Jump SQ.》网站。

接下来，由手机网站和公交广告配合，扩大口碑的连锁反应。

漫画爱好者在隐藏页面看到杂志相关内容的同时，也会发现一个可提前读到一期漫画的手机网站链接。随即，他们开始用手机主动关注杂志，并将自己觉得有意思的内容再用手机转发给朋友。于是，手机也很快成了口碑传播的工具。

同时，集英社又在电车山手线上设计了一个车站连载式"漫画接力"的活动：在山手线的每一个车站都刊登一个即将在《Jump SQ.》上连载的漫画家的作品（各站内容不相同），而如果沿途看一遍，则可以看完创刊号的完整的故事。这样，又激发不少读者每一站都下车去看，再向朋友分享信息。于是，信息的传播范围进一步扩大了。

通过上述巧妙的设计，此次跨媒体沟通活动的效果非常惊人：2 周内，杂志的活动网站获得 400 多万的点击量；有 3 万多个博客发布过关于这个网站的信息；50 万本创刊号在 3 天内售罄，不得不紧急追加 10 万本！

资料来源：电通跨媒体沟通开发项目组．打破界限［M］．苏友友，译．北京：中信出版社，2011：11－17.

本章小结

本书讨论的新媒体，是指与传统的报刊、广播、电视相对的，在信息的采集、制作、发布等各个环节全方位运用数字技术，通过互联网或移动互联网向受众或用户提供信息服务的新兴媒体。

以媒体形态进行划分，新媒体主要有门户网站、搜索引擎、社交媒体（包括微博、微信、SNS）、视频网站、电子商务网站、移动应用程序等类别，而通过互联网传输信息的 OTT 电视、运用各种新技术或与互联网连通的户外媒体也属于本书讨论的新媒体范畴。

除了即时传播、超文本、信息量大、表现形式丰富、兼容性强、虚拟空间等普遍认知外，新媒体最核心的特质体现在以人为本、开放融合、互动智能和分享协作这四个方面。

新媒体时代，媒体领域呈现的层出不穷、交错融合和联动发展三个特点，为营销提供了更多可能。企业的营销思维也在不断进步，由从销售者出发的4P到以消费者为核心的4C，再到注重关系构建的4R，“传播”活动与“营销”活动呈现出一体化趋势，二者界限日益模糊，正如唐·舒尔茨所言“营销即传播，传播即营销”。而最核心的转变在于：面对新媒体时代消费者的新变化，企业应当以“生活者”视角，以尊重的态度，通过对话和关系构建来促进人们对企业的认知、认同和认可；持续、细致地洞察“生活者”的心灵，了解并管理新媒体时代生活者的信息接触点，然后结合新的传播格局、新的传播语境、新的传播语法，与生活者分享和共创品牌价值。如今，“品效合一”成为营销活动的重要导向，营销活动在受众调查、内容创作、广告分发和效果监测等环节的智能化变革有助于“品效合一”的达成。

具体而言，新媒体时代企业营销的关键词可以用价值共创、对话与关系、讲故事进行概括；这需要企业在营销活动中，通过内容的打造、关系的构建、场景的营造、传播的定向和媒介的融合，实现新媒体时代的新营销。

问题讨论

1. 观察一下身边有哪些新出现的媒体，已有的媒体又有什么样的新变化。
2. 新媒体时代的受众和以前相比有什么变化？你如何理解“生活者”？
3. 针对自己周围的同学或其他群体做一个小调查，分析其内容分享的动机和喜好。
4. 新媒体时代进行社群培育和维护的策略是什么？请举一实例进行分析。
5. 选择一个效果良好的跨媒体营销实例，分析其运作特点。

第二章

新媒体广告的演进

参照我国 2015 年修订的《中华人民共和国广告法》以及 2016 年施行的《互联网广告管理暂行办法》的相关规定，我们将新媒体广告定义为通过各类新媒体渠道（包括网站、网页、互联网应用程序等互联网媒介），以文字、图片、音频、视频或者其他形式，直接或者间接地推销商品或者服务的商业广告。

我国第一条互联网广告出现于 1997 年，这可视作新媒体广告的发端。经过 20 余年的发展，新媒体广告的形式已丰富多样。若是按照演进过程划分，除了最初的按钮广告、横幅广告、文字链广告，以及后来的电子邮件广告、关键词搜索广告、富媒体广告、视频广告、植入广告，还有随着移动应用程序日渐兴起的开屏广告、插屏广告、信息流广告等。如果以触发方式及呈现形式划分，新媒体广告大致可分为展示类（品牌图形广告、富媒体广告、视频贴片广告）、搜索类（通用搜索广告、垂直搜索广告）、交互类（微信摇一摇或滑动式朋友圈广告、短视频定制创意社交话题广告）和其他类（分类广告、电子邮件广告、植入广告等）。

从一个广告界的“新兵”快速成为广告行业的主导形态，新媒体广告更加契合第一章提到的内容营销、关系营销、场景营销、精准营销、跨媒体营销等诸多营销新趋势，有着传统媒体难以媲美的特点和优势，这主要体现在：

第一，聚合受众。越来越多的人将注意力从传统媒体转向网络新媒体，新媒体广告面向的受众不仅规模大而且黏着度高。

第二，精准定向。基于新媒体用户的属性、位置数据、使用数据、交易数据等，新媒体广告更易锁定目标受众，实现精准投放。

第三，投放便捷。借助于广告交易平台、广告投放系统，广告主能够实现快速排期、实时竞价、即时投放，从而更好地把握商机。

第四，自主掌控。竞价排名广告、网盟广告、信息流广告、公众号广告等投放门槛低，大量中小广告主均可自主投放，而借助自办的官方微博、微信公众号，广告主又能根据需要发布更多元的商业信息。

第五，互动吸引。不同于传统媒体广告单向传播的模式，新媒体广告要么本身就是互动式设计①，要么融合多种视听元素易于吸引受众的点击、评论、转发，在增强受众参

---

① 按用户参与程度的由浅至深可分为点击式交互（如投票卡片广告）、界面式交互（如滑动式朋友圈广告）、程序式交互（如 AR 广告）和创作式交互（如短视频定制创意社交话题广告）。

与度的同时更好地传达商业信息、提升广告效果。

第六，裂变传播。如果创意佳、内容好、能够打动人心，新媒体广告就可能被网络意见领袖及网民分享、转发，在圈子、社群中得到多次传播，使广告短时间内覆盖大量用户。

第七，融入环境。新媒体广告利于融入新媒体的媒介环境和新媒体用户的生活场景，不仅降低了受众的抵触程度，而且有可能变成正好能满足或刺激其需要的信息。

第八，引导购买。新媒体广告在向受众呈现广告信息的同时也为他们的购买提供便利，通过附着于广告的购买链接，受众能被快速导向交易页面，其消费决策和购买的过程大大缩短。

第九，效果易测。运用流量监测、嵌入代码监测、cookie 监测等多种方法，广告主能够实时了解新媒体广告的曝光、互动、点击、转化、成本等情况，从而帮助广告主及时评估效果，对广告投放做出修正、优化。

第十，互联互通。互联互通本就是新媒体的一大特征，随着行政主管部门近年推动互联网平台解除外部链接屏蔽，互联网的信息孤岛进一步被打破，其开放融合的属性不断增强。基于这样的条件，新媒体广告活动的跨界沟通、“破圈”[①] 运作、整合传播、全域营销、品效合一也更易实现。

新媒体广告的发展受多种因素的影响。在内部因素方面，网络媒体、广告主、广告公司作为广告活动主体，直接决定着新媒体广告的形式和市场规模，对新媒体广告各发展阶段特点的形成起着主导作用。在外界因素方面，国际新媒体行业的变化和我国新媒体行业自身的发展，也不同程度地决定着新媒体的市场结构，并通过对新媒体影响力的构建，间接地左右新媒体广告的价值；国际广告行业的演进与我国广告业的变迁，又在产业定位、发展空间、竞争格局、运作思路等方面影响新媒体广告的地位和前景；我国政治、经济、社会文化和技术等在内的环境因素，则可在宏观层面为新媒体广告的发展提供机遇或形成挑战。

综合新媒体广告的特点变化和关键节点，可将其发展历程分为起步期、调整期、跨越期、猛进期和主导期五个阶段（见表 2－1）。

表 2－1　我国新媒体广告发展的五个阶段及各阶段特征

发展阶段	1997—2000 年 起步期	2001—2002 年 调整期	2003—2006 年 跨越期	2007—2014 年 猛进期	2015 年至今 主导期
标志事件	新媒体广告初创	网络泡沫破裂	大事件促进互联网发展	奥运经济；十八大	新媒体广告市场份额超过传统广告
宏观环境	我国全面推进和深化经济体制改革	“换届效应”；住房、医疗、教育改革；黄金周效应	十六大明确建设小康社会的总目标；经济快速增长，居民收入增加，消费结构变化	大国经济、大国崛起、大国意识；在全球经济萧条时中国承担了更多的责任；十八大	“互联网＋”“网络强国”战略提出；新冠肺炎疫情全球蔓延

① 破圈，指内容、事件、文化现象等的传播突破了某一特定群体的界限而在更广泛的群体间流动分享。

续表

发展阶段		1997—2000年 起步期	2001—2002年 调整期	2003—2006年 跨越期	2007—2014年 猛进期	2015年至今 主导期
国际互联网行业环境		提供互联网及新媒体广告起步经验	网络泡沫破裂；广告产品及管理系统的示范	搜索引擎异军突起；网络投资新浪潮；新媒体广告创新高	网络行业兼并热；SNS和视频网站的示范；新媒体广告持续走强	移动广告增速加快，整体互联网广告支出超越电视
国内互联网行业环境		国家推动信息基础建设；行业初创期；融资活动频繁但商业模式不清晰	信息化建设进一步推进；移动互联网业务开展；第一波上市潮；网络媒体的转折之路	一系列大事件加强了互联网的地位；Web 2.0时代；电子商务引起产业融合；网络媒体重视社会责任的承担，网络影响力大大增强	引起党和国家领导人的空前重视；舆论引导力大幅提升；迈入主流媒体行列；新一轮上市潮；视频、SNS、移动互联网、电商成为热点	5G等新型基础设施建设不断加强，人工智能、工业互联网、物联网成为行业关注点
新媒体广告发展的核心特征	广告形态	banner、button、文字链，flash格式出现	巨幅、分类、全屏、竞价排名、智能插播、邮件广告	富媒体广告、搜索引擎营销、视频广告、无线广告等	网络视频广告、植入式广告、社交广告、病毒广告、实时竞价广告、移动App广告、以网络为核心的整合营销	虚拟现实广告、增强现实广告、信息流广告、原生广告、计算广告等
	媒介格局	网络媒体初创期，混沌状态	门户网站走出低谷；占据广告市场2/3的份额；IT等垂直类收益也较多	门户网站的市场份额下降，搜索引擎异军突起	搜索引擎继续强势，门户网站的市场份额进一步下滑，电商、视频等网站收入上升	电商广告份额超过搜索引擎而居首位，社交媒体广告稳步前进，短视频及直播广告发展迅速
	广告主	基本上是国际性的IT、电信企业	类型多元化，IT、电信仍占主导地位；国内客户越来越多	房地产客户数量最多，IT、媒体服务、房地产分割一半以上的市场份额	品牌广告主数量突破万级，中小广告主以百万计，网络服务、交通、房产类投放多	个人护理及母婴类、食品饮料、通信及软件应用类投放较多，广告主类型多元，小微、新锐品牌广告主更多地进入市场
	广告公司	4A积极拓展互动业务，本土公司跟进	4A广告公司仍然强势，专业新媒体广告公司式微	广告公司数量增长迅速，4A公司转身较慢，“农村包围城市”格局形成	一系列并购活动之后，4A、本土综合、专业新媒体广告公司形成“三足鼎立”的竞争态势	广告代理市场竞争加剧，4A广告公司转型，广告公司朝数字化、集团化、集约化、国际化方向发展
	广告运作	宣传和告知阶段，解释互联网和互联网广告是什么	新媒体广告监测愈发重要，新媒体广告管理系统被广泛应用	新媒体广告被纳入网络营销体系之中，“按效果付费”的呼声越来越高，精准广告兴起	各主体营销理念渐渐成熟，由此统领营销体系的完善和产品、方法的创新	新媒体广告在营销体系中占据主导地位

续表

<table>
<tr><th colspan="2">发展阶段</th><th>1997—2000 年
起步期</th><th>2001—2002 年
调整期</th><th>2003—2006 年
跨越期</th><th>2007—2014 年
猛进期</th><th>2015 年至今
主导期</th></tr>
<tr><td>新媒体广告发展的核心特征</td><td>广告规制</td><td>尚属真空期</td><td>新媒体广告虚假案；新媒体广告监管引起有关部门重视；一些实质性举措出台</td><td>新媒体广告的虚假、欺诈引起广泛关注；监管与自律并举</td><td>监管力度加强，政府主导模式形成；广告协会等组织的作用凸显；行业自律蔚然成风</td><td>专项法律法规不断发布，广告规制加强</td></tr>
<tr><td rowspan="3">广告业</td><td>广告规模</td><td colspan="5">从低起点、高增长转为高基础、稳增长；行业更加成熟；规模从数百亿增至数千亿</td></tr>
<tr><td>广告主</td><td colspan="5">由最初对广告的盲目信赖变得更为理性；既重视广告与终端的配合，亦重视传统媒体与新媒体的跨界整合，尤其关注广告的切实效果；不断增加对新媒体投放的预算</td></tr>
<tr><td>媒体格局</td><td colspan="5">媒介数量增多，激化广告市场的竞争；媒介产业化逐步推进；数字化引发传统媒体与新媒体的融合；网络跻身主流媒体行列；报业衰退；网民的移动端在线时长超越 PC 端，移动新媒体成为主导力量</td></tr>
</table>

第一节　混沌中探索的起步期

20 世纪 90 年代，万维网技术的发明以及美国克林顿政府“信息高速公路”战略的颁布，推进了互联网的商业化进程，并由此掀起了互联网飞速发展的黄金十年。在此期间，互联网终端数量、用户规模均加速增长，商业资本不断注入，使得互联网的价值逐渐被挖掘出来。此种背景下，1994 年 10 月 14 日，在全球互联网产业的发源地和广告业最发达的国家——美国，第一则新媒体广告诞生：《连线》（*Wired*）杂志推出了网络版 *Hotwired*，并在其主页上发布了 AT&T（美国电话电报公司）等 14 个客户的 banner 广告；相应地，*Hotwired* 也被视为最早的网络媒体。《连线》杂志的这次尝试带来的示范效应是显著的，随后，新媒体广告被各国纷纷效仿，表现日益活跃，规模快速增长，运营体系日趋完备和成熟。仅从运营效果上看，根据美国互动广告局对美国网络广告收入的统计，美国新媒体广告 1995 年的市场规模还不足 6 000 万美元，但到 1996 年则达到 2.67 亿美元，1997 年更是突破 9 亿美元。

我国的新媒体广告就是在这样的国际背景下，步入初创、起步阶段。

一、 网络媒体初创与广告运营尝试

1994 年，我国与国际互联网实现联通，国内四大骨干网相继建成，这标志着我国进入第一代互联网时代。[①] 其后的四年间，我国互联网在带宽环境、网站数量和用户规模等方面都取得了一定的发展，多个有重要影响力的网站相继诞生，如三大门户网

① 彭兰．中国网络媒体的第一个十年．北京：清华大学出版社，2005：19.

站（新浪、搜狐、网易）、第一电商平台（阿里巴巴）、第一网上书店（当当网）、第一网上聊天软件腾讯 QQ（最初叫 OICQ）等。这些网络媒体在技术与资本的结合下迅速发展，开展了 ISP 用户接入、虚拟主机、电子商务、信息检索、网络门户、免费邮箱、免费个人主页、新媒体广告等多种业务，在短时期内形成独特的定位，初步培育了一定规模的忠实网民。

其中，一些网络媒体的运营者萌生了将新媒体广告作为盈利点的经营意识，主动模仿国外先行者（如美国在线、网景、YAHOO！等）的经验：在产品方面，照搬国外网站的模式设置自身广告的形式、尺寸和规格，如将 button 广告（按钮或图标广告）设定为 120×60 像素，banner 广告（横幅或旗帜广告）设计为 486×60 像素等；在运营层面，或聘用 AdForce、DoubleClick、Keynote business 40 等国际权威第三方机构进行数据监测，或购买专业广告管理软件进行广告管理等。同时，该阶段我国网络媒体还积极通过公关、广告、研讨会等多种方式进行宣传，发起了新媒体广告的“启蒙运动”。

背景链接

新媒体广告的“启蒙”——中国黄页

美国互联网的发展热潮促使一批留美学人认识到该行业的发展机遇，并回国兴办网络媒体以开拓国内市场，将美国先进的运营理念和模式引入中国。

1995 年初，时任杭州电子工学院（现杭州电子科技大学）英语教师的马云，偶然间前往西雅图第一个 ISP 公司 VBN 参观，从而见识了互联网，并留下了“想被检索到，必须要做个主页”的深刻印象。随后，马云请人给他成立的海博翻译社做主页，在当晚他便收到了来自日本、美国、德国客户的 5 封邮件，来询问翻译价格。自此，马云感受到了互联网的神奇，并与 VBN 公司约定：由对方在美国负责技术，自己在中国找客户，一同来做中国企业网。

1995 年 4 月，马云从学校辞职，借钱凑足 10 万元注册成立了杭州海博电脑服务有限公司，这是中国第一家互联网商业公司。

1995 年 5 月 9 日，马云创办的“中国黄页”正式上线。马云从身边的朋友入手，开始了其生意历程——他先向朋友描述互联网的好处，然后向他们要资料，再把资料寄到美国，由 VBN 将主页做好、打印出来，再通过快递寄回杭州，马云再将这一打印稿拿给朋友看，并告诉朋友在互联网即能看到这些信息。而中国黄页的收费标准是一个主页（包含 3 000 字外加一张照片）2 万元，其中 1.2 万元给美国公司。

由此，中国黄页作为国内第一家网上中文商业信息站点，在国内最早形成主页发布的互联网商业模式，为互联网商务应用播下了最早的火种。[①] 而中国黄页所开展的为企业做主页进行宣传的业务，亦可被视作我国新媒体广告理念和实践的一次“启蒙”。

资料来源：林军．沸腾十五年：中国互联网 1995—2009 [M]．北京：中信出版社，2009：5-7.

① 陈一，贾飞．狂人马云和他的“阿里巴巴”[J]．企业研究，2000（12）：40-43.

二、 广告主和广告公司的广告运作

有此作为基础，广告主选择网络媒体投放广告便“水到渠成”。1997年3月，由灵智大洋互动媒介部作为广告代理的IBM为其产品AS400在ChinaByte上花3 000美元投放了一个大小为468×60像素的banner广告。几乎在同时，英特尔（Intel）也为其新出品的奔腾处理器举办了“网上夺标，莫失良‘机’”活动，并在ChinaByte上投放了banner广告，代理公司同样是灵智大洋。之后，其他一些网络媒体也相继获得了广告主的新媒体广告投放，新媒体广告这一当时的新生事物开始进入大众视野。

在广告代理上，这一时期，许多新媒体广告的代理业务由主营网站架设、网页制作的公司兼差为之，这些公司在广告方面的专业素养和能力不足；而传统广告公司虽熟悉广告，但却对网络科技的认识明显不够。① 直至1998年，专业的网络广告代理公司才开始出现——除了国际上知名的广告公司介入互联网广告代理，好耶等国内的技术公司也由于种种原因承接并发展此类业务，我国新媒体广告的代理由此逐渐走上专业化的道路。典型的公司比如：

1998年11月，24/7互动传媒亚洲有限公司成立，这是由中华网公司与24/7互动传媒公司合作成立的全资子公司，是最先进入中国的专业网络广告代理公司，该公司于次年10月在北京设立了办事处。

1999年4月，全球最大的网络广告代理公司DoubleClick派员来京，与传立、新浪、搜狐洽谈合作。

1999年起国际4A广告公司集中地在我国设立网络营销或互动传播部门，1999年1月，英特尔的全球广告代理公司灵智大洋（广州）广告有限公司在北京成立“互动传播部”。

1999年3月，恒美国际传信集团（DDB）成立“网络互动市场部”。

1999年4月，奥美国际集团与智威汤逊中乔广告公司通过其合作方传立在中国联合推出互动媒体咨询服务，运用数字手段和互联网为客户提供媒体传播解决方案。

1999年10月，北京电通广告公司网络互动中心成立，推出Digication作为全新的服务品牌，旨在“给电通中国集团所服务之客户提供专业的数字媒体行销服务”。

背景链接

好耶初创时面临的广告经营困境

1998年10月，上海大学通信系毕业不久的王建岗和他的三个高中同学在上海创办了好耶，最初以提供网络广告技术服务为主营业务，主要负责开发网络广告的管理系统。

1998年底，IDG决定介入该公司，并请到时任戴尔公司华东区营销总经理的王定标进行管理。等到王定标把办公室大致“折腾”起来，就没有钱再买服务器了。这时，自

① 林升栋．网络广告初探（上）[J]．中国广告，1998（6）：78-79．

己开办永怡传播公司的江南春为了使公司有机会接触更多的互联网广告客户，为好耶投了一台服务器的钱——20万元，从而成为好耶的股东。

但是在网络广告起步期，网站很难卖出广告，遑论有更多的钱去购买广告管理软件，所以王定标大都采用以广告管理软件置换网络广告位（基本上是网站卖不出去的广告位）的方法进行运作。但由于对网络广告业务不熟悉，好耶的广告资源积压，很难卖出去。这时，王定标通过“8个月的请吃饭行动”请来了曾先后任职于麦肯·光明和博达大桥的朱海龙出任公司副总裁。然而，朱海龙虽然浸淫广告业多年，但此时对互联网和网络广告却知之甚少。他用了很长时间确认三个问题：互联网有前途吗？广告有前途吗？互联网广告有前途吗？在经过了8个月的慎重考虑后，朱海龙终于决定“破釜沉舟”、入伙好耶——他还给家人算了一笔账：以他的积蓄，即使以后没有收入来源，一家人还可以维持10年，不行他就把车卖了，再不行就把房子卖了。这样的心态，能够反映出当年大多数人对互联网和互联网广告的前景充满了疑惑和不确定性。

当时好耶积累了2 000万元的广告位，而公司账面上却只有80万元，还有30名员工要支付薪金；这样的生存压力，迫使朱海龙像“祥林嫂”一样，不断地同心存困惑的客户大谈互联网理念，并且好耶也不像那些跨国广告公司一样设置费用门槛，甚至连小至5 000元的单子也会接。就这样，在2001年8月的时候，好耶终于实现了单月盈利。

其后，王定标出走，朱海龙出任好耶CEO，并全面拓展网络广告代理业务，在互联网泡沫破灭的寒冬中，好耶仍旧取得快速发展，从2002年起，好耶便跻身国内领先的网络广告代理商行列。

资料来源：林军．沸腾十五年：中国互联网1995—2009［M］．北京：中信出版社，2009：371－373.

三、 低基数下的高增长

作为新生事物，新媒体广告在起步期不可避免地会遇到互联网发展不足、广告经营水平低、广告主认知缺乏、网络用户使用条件欠佳、效果监测落后、广告监管缺位等多方面问题，这限制了我国新媒体广告的发展：虽然在起步期的4年间新媒体广告实现了大幅、高速的增长，但和全国总体广告市场相比，其市场规模还非常有限。1998年中国的新媒体广告收入为4 800万元人民币，当年中国广告业全年收入为537.84亿元，新媒体广告的收入规模还不及广告业总体的千分之一。2000年，中国的新媒体广告收入有3.5亿元，增长率为250%（广告业整体收入增长率当年为14.57%，电视广告的收入增长率为8.17%，报纸为30.39%，杂志为27.13%，广播为21.33%）；而当年全国广告收入规模达到712.66亿元，新媒体广告占到其中的4.9%。①

① 从数据看中国广告业的1997［J］．现代广告，1998（2）：9；1998年我国广告业仍在快车道［J］．现代广告，1999（3）：8；中国广告业1999年统计分析［J］．现代广告，2000（3）：19.

第二节　压力中成长的调整期

2001年对世界范围内的互联网行业来说都可能是一个梦魇之年。在之前的数年间，大量疯狂的投资者涌入互联网行业，“一夜暴富”的神话接连上演。然而，在繁荣表象的背后，却一直存在着被大家忽视的互联网用户规模有限和盈利模式不清晰等困境。因此，当“热钱”烧完却仍看不到回报时，投资机构便开始纷纷退出，诸多互联网企业因资金难以为继而倒闭，那些已经上市的互联网企业则股价大跌，恐慌情绪四处弥漫，网络泡沫迅速破裂。国际互联网广告业随之进入了缓慢发展阶段。在整体市场规模上，由于广告主对新媒体广告缺乏信心而减少投放，美国、英国、德国、日本等世界主要广告市场中，新媒体广告收入增长率均大幅下滑。以新媒体广告最为发达的美国为例，2000年第三季度网络公司的互联网广告收入约为20亿美元，比第二季度的21亿美元下降6.5%，这是美国新媒体广告收入历史上首次下降①；发展至2001年和2002年，新媒体广告负增长态势进一步加剧，广告收入同比分别下降11.78%和15.76%②。

受此影响，中国互联网企业进入了艰难的时期，面临着巨大的生存压力。以新浪、网易、搜狐三大门户网站为例，尽管它们都在2000年先后登陆纳斯达克，但随后股价便一路下滑，最低时仅为每股几十美分。而与此同时，我国国内信息化程度不断加深、互联网行业环境日渐改善、基础设施建设持续进行、移动互联网崭露头角，又为网络媒体提供了发展机遇。在此种情况下，我国网络媒体的关注焦点从“融资”转移到“赢利”上，开始摆脱单纯对国外媒体的借鉴与模仿，针对自身市场和用户特征，探索出新媒体广告、手机短信、网络游戏等多种商业模式寻求自救。

其间，新媒体广告的营收价值不断凸显，为一些网络媒体高度重视，它们对广告资源的开发力度亦随之不断加大，这推动着新媒体广告的持续发展。但在整体市场规模上，由于互联网泡沫破裂、投资机构的观望和撤出等多重因素影响，新媒体广告收入的增长不再像先前那样迅猛。然而，此种收入增长放缓不代表“蛰伏”或停滞不前，种种迹象反映出我国新媒体广告在互联网寒冬“蛰伏”表象下蓄势待发的本质。

一、广告主规模有所增长

由于各网站对新媒体广告资源开发力度的加大收到了良好的市场反馈，广告主纷纷开展与网站的深入合作。比如，2001年乐百氏与新浪网联合，根据新浪网各类广告的不同特点，从全屏广告、横幅广告、文字链接、画中画、固定按钮和流动按钮中选择不同的组合形式进行其瓶装水产品的推广。③ 这些合作意味着本阶段广告主的规模有所增长，促使行业

① 网站倒闭广告减少［J］. 国际广告，2001（2）.

② 艾瑞咨询 . 1995—2011年美国网络广告市场数据研究报告［R/OL］.［2018-03-08］http：//news.iresearch.cn/Zt/146986.shtml.

③ 乐百氏网络广告重拳出击 瓶装水市场掀波澜［J］. 现代广告，2001（7）：95-96.

构成愈加多元。

在起步期，新媒体广告的客户还非常稀少，集中于网络媒体、IT以及电子商务三个行业；发展至本阶段的2002年，广告主的数量达到了910家，大幅领先于起步期①，且构成上也打破了此前广告主行业过于集中的局面，IT产品类、通信服务类、交通类、消费类、电子类等行业的广告主在此阶段均占据重要地位。

二、新媒体广告“量”“质”齐升

在我国互联网行业环境改善、多元商业模式的探索及新媒体广告的帮助下，以新浪、搜狐、网易三大门户网站为代表的网络媒体于2002年先后扭亏为盈，并从此引领我国网络媒体驶上了一条狂飙突进的快车道，这也推动着新媒体广告在“量”与“质”方面得到双重发展。

其一，广告收入规模平稳扩容。新媒体广告在2001年最艰难的时期仍取得了较2000年增长11.43%的成绩，而2002年则比2001年增长25.64%，平稳扩容至4.9亿，增幅仅次于电视广告的28.80%和杂志广告的28.25%。

其二，伴随着网络媒体对广告资源的不断开发，新媒体广告在“质”的方面也取得了发展：(1) 突破旧有新媒体广告的尺寸，弹出窗口、长横幅广告、长方形广告、长纵式广告等更具视觉效果的广告样式在2001年被陆续推出；(2) 创新新媒体广告类型，应用流媒体技术的流媒体广告、复制传统媒体的分类广告，以及投放在新渠道的电子邮件广告等多种类型的新媒体广告于2002年后出现，并被21CN、新浪、搜狐、51mail等网络媒体相继采用；(3) 开发多元的广告定价方式，为了使有限的广告资源得到优化利用，以门户网站为代表的许多网络媒体已经较少使用之前的按展示计费（CPM，cost per mille）或按效果计费（包括CPC，cost per click；CPA，cost per action）等方式，转而采用更简便、更能体现网络媒体品牌价值的按时段计价（CPT，cost per time）方式。

案例链接

新浪网创新的广告形式

新浪除传统的按钮、文字链等广告形式外，此阶段还推出了如下几类新型广告产品形式（见图2-1）。

背投广告：打开网站页面时在当前页面的背后弹出的一个窗口广告，该广告不会影响用户的正常浏览页，具有独立页面、大幅显示的特点。

全屏广告：在用户打开浏览页面时，广告以全屏方式出现3～5秒，然后逐渐缩成banner尺寸，进入正常阅读页面。

通栏广告：多数是以横贯页面的形式出现，该广告形式尺寸较大，视觉冲击力强，多为GIF或flash等格式，能给用户留下深刻印象。

---

① 艾瑞咨询．中国网络广告年报2002年［R/OL］．［2018-03-08］．http：//doc.mbalib.com/view/4c0f192b6b871999a7e1745463899923.html.

画中画广告：存在于某一类新闻中所有非图片新闻的最终页面，该广告能配合客户需要，链接至新浪网为客户量身定做的迷你网站。

流媒体广告：采用流媒体技术制作并传输的广告。流媒体技术是指使用一个视频传送服务器把广告内容当成数据包发出，传送到网络上，用户通过解压设备对这些数据进行解压后，广告内容就会像发送前那样显示出来。流媒体广告的优势在于用户可以边下载边播放，从而使得广告启动延时大幅度缩短，对系统缓存容量的需求也大大降低。

视窗广告：以数字视频为主要表现形式的新媒体广告，从屏幕右下角浮出，固定在右下角位置。播放器带有明显功能按钮，播放框标题为“新浪视窗”，且带有关闭、音量调节及静音按钮。

分类广告：与传统媒体分类广告形式类似，供企事业单位和个人在互联网上发布租让、出售、招商、家政、搬迁、招聘等小规模商业信息。

背投广告

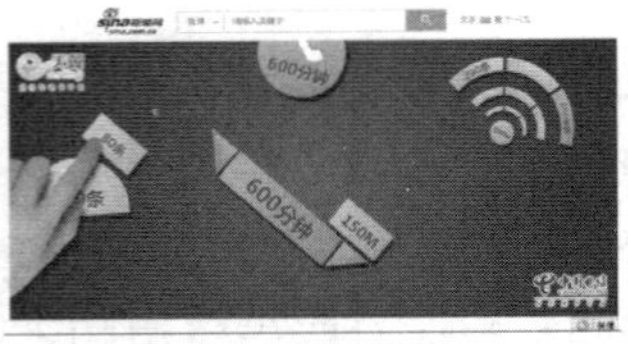

全屏广告

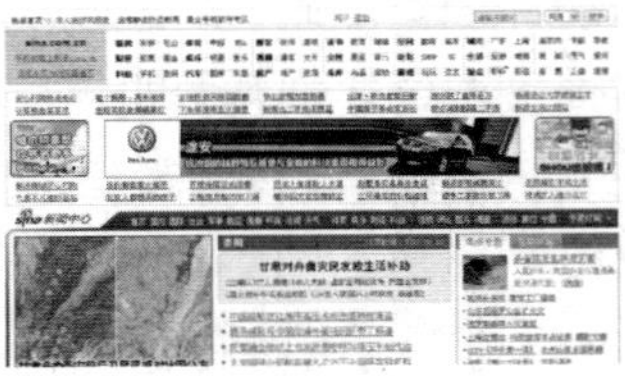
通栏广告

画中画广告

流媒体广告

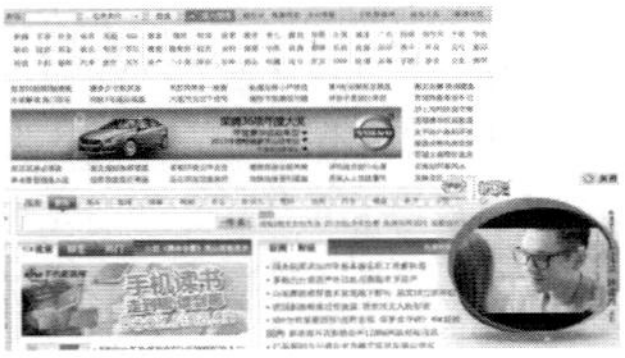
视窗广告

图 2－1　新浪网的部分广告类型

三、 广告规制初成体系

在调整期，新媒体广告另一个值得瞩目的发展在于：经过了起步期的摸索阶段，新媒体广告的法律规制、行业自律等工作开始启动。比如，2001 年初，工商行政管理总局基于前一阶段的探索经验，完成了《网络广告法》第三稿的起草工作并提交给相关部门审批，其中规定互联网上不准做香烟广告、性用品广告，并延续了《广告法》上规定的对五大媒体——广播、电影、电视、报纸、期刊的条文①；又如，2001 年 5 月 25 日，在信息产业部的指导下，经民政部批准，由国内从事互联网行业的网络运营商、服务提供商、设备制造商、系统集成商以及科研、教育机构等 70 多家互联网从业机构共同发起的中国互联网协会成立，该协会于次年 3 月 26 日发布《中国互联网行业自律公约》。

第三节　勃兴中突破的跨越期

"寒冬"的到来在给互联网行业带来前所未有的打击的同时，也使人们从狂热中回到现实，转向寻求更具营利性的商业模式。再加上互联网技术仍在不断发展、用户数量持续增长，全球网络经济经历了"泡沫"的破裂后，已于 2002 年底呈现出复苏态势，这使全球互联网行业跨过"寒冬"，迈入了新一轮的快速发展期。随后的几年间，风险投资者对互联网行业的热情再次高涨，这一方面为行业发展注入了更多活力，另一方面也促使互联网企业掀起了新一轮的融资、并购热潮，市场格局被不断改写；以博客、播客、SNS 为代表的新型社交网站兴起，互联网进入了 Web 2.0 时代。

与此同时，伴随互联网技术的演进以及全新网络媒体的不断涌现，在国际范围内：(1) 新媒体广告的产品样式日趋多样，博客广告、网络视频广告、移动广告等新型新媒体广告取得较快发展；(2) 新媒体广告的监测、内容分析和匹配技术、效果评估技术不断优化；(3) 新媒体广告的法律规制、行政监管、行业自律渐成体系，如针对电子邮件快速发展且垃圾邮件日益增多的问题，DoubleClick 和 Digital Impact 等 30 个新媒体广告商于 2003 年组成了行业团体，推动制定了一个新的反垃圾邮件系统——"电子邮件服务提供商联盟"，而美国国会也于 2003 年初通过《反垃圾邮件法案》，对垃圾邮件问题进行管控②；(4) 广告主对新媒体广告价值的认知与认可程度不断提升，投放行为不断增多，推动着全球新媒体广告的市场规模及增长率节节攀升，许多国家新媒体广告的收入有超过传统媒体的发展态势——据统计，2003 年美国新媒体广告扭转了前两年负增长的局面，年增长率为 20.9%，市场规模达到 72.7 亿美元，此后美国新媒体广告以年均 30% 的增长率平稳发展，至 2005 年，网络媒体的广告收入突破百亿（125.4 亿美元），超越了户外媒体和商业类杂志的广告收入，首次与广播媒体并肩。③

我国互联网和新媒体广告就是在这样的国际背景下，于这一时期快速发展。作为新媒体广告的"土壤"，基于网络基础设施不断完备、网民规模逐步攀升的势头，我国互联网在 2003 年爆发的"非典"疫情、伊拉克战争、孙志刚事件等一系列国内外重大事件中，快速提升自身影响力，迈入了主流媒体的行列；同时，博客、视频网站（如土豆网、优酷网）、网络社区（如天涯网、百度贴吧、猫扑网、校内网）等新型网络媒体于此阶段

---

① 《网络广告法》可望在今年上半年正式出台 [J]. 现代广告，2001 (2)：76.

② 网络广告商向垃圾邮件下杀手 [J]. 现代广告，2003 (6).

③ 艾瑞咨询. 1995—2011 美国网络广告市场数据研究报告 [R/OL]. (2011 - 08 - 07) [2018 - 03 - 08]. http://news.iresearch.cn/0200/20030807/1594.shtml.

快速发展，推动着我国互联网开始从仅仅以内容吸引眼球的 Web 1.0 时代向“试图把人与内容的关系深化为人与人的关系”的 Web 2.0 时代跨越①，互联网的角色变得更加多元，产业规模和社会影响力迅速增长。这均促使广告主对网络媒体的关注度增强、对新媒体广告的认知及认可提升，并直接带动着我国新媒体广告在网络媒体、广告主、广告代理、收入规模和市场结构、广告规制等方面取得跨越式发展。

一、 网络媒体在营销层面的突破

此阶段，网络媒体的广告营销活动进一步深入，新媒体广告在产品、定价、推广等方面实现突破。

其一，在产品方面，运用多种媒体形式、表现力丰富的富媒体广告，依托于新兴媒体平台的网络视频广告、博客广告、网络杂志广告、移动广告等新的广告产品形式于此时出现，迎合广告主精准营销新思路的搜索引擎广告异军突起。

案例链接

我国首支视频富媒体广告——《英雄》 电影片花

富媒体广告是指能达到 2D 及 3D 的 Video、Audio、Java 等具有复杂视觉效果和交互功能的新媒体广告形式，其特征为：第一，广告中综合运用多种媒体形式，表现力丰富；第二，以独特的智能后台下载技术为依托，具有智能用户连接监测功能，可利用用户的空闲宽带进行广告文件的下载；第三，较一般的广告更具互动性，可自动追踪用户行为，并易于统计广告效果②。

富媒体广告包含多种产品形式③：

视频类广告，即广告中含有视频文件的广告，在网民打开网页时，会自页面右下角浮出基本无损伤压缩的原视频内容，并可以在视频中添加一些互动元素；

扩展类广告，在现有页面内广告位置上，当鼠标滑过或点击时，广告显示面积发生变化、基于原广告位进行扩展，当鼠标移开后，扩展部分自动消失；

浮层类广告，在网页打开时，浮层广告以不规则动画形式突然出现在网页上；

其他类广告，非以上形式出现的富媒体广告，如地址栏广告、网页背景等。

2002 年底，伴随着影片《英雄》的宣传，在华扬联众的牵线搭桥下，由摩托罗拉赞助的电影《英雄》的片花，借助互动通 iCast 技术在新浪进行了投放，这成为我国首支视频富媒体广告。而该广告所运用的声画结合的表现形式、较强的视觉冲击力和交互性，使得富媒体广告这一全新的广告形式迅速引起市场的广泛关注，iCast 一度成为富媒体广

---

① 彭兰．Web 2.0 在中国的发展及其社会影响［J/OL］．(2007－01－12)［2007－01－12］．http：//media.people.com.cn/GB/40628/5276761.html.

② 姜红．iCast 的第六次蜕变：访互动通控股研发副总裁韩啸［J］．中国广告，2008 (9)：156－157.

③ 艾瑞咨询．互动通富媒体广告年度报告［R/OL］．［2018－03－08］．https：//wenku.baidu.com/view/dfba96f6ba0d4a7302763a53.html.

告的代名词（见图 2-2）。[①]

图 2-2　电影《英雄》的富媒体广告截图

其二，在定价方面，为了迎合广告主新的营销思路，网络媒体加大了以“定向”“窄众”“点击”为诉求点的广告产品的推广力度，按效果计费（包括 CPC；CPS，cost per sale）模式得到进一步强化。

其三，在推广方面，此阶段网络媒体为了获取新兴客户并扩大收入，在一线市场以及传统 IT、通信行业客户之外，加大了对属于“蓝海”的二线区域性客户市场，以及房地产、汽车等新兴行业市场的开拓，同时越来越多的媒体亦积极探索网络营销的理论体系和实施方案（如网易于 2004 年上线“网易网络营销中心”），以更好地引导广告主从网络营销的角度认识网络媒体和新媒体广告的重要性。

二、 广告主营销思路开始转变， 广告主数量逐年递增

在这一时期，新媒体广告已经被更多的广告主所熟悉，在网络媒体和广告公司的推广促进下，他们在投放广告时不再仅仅依赖以“围攻轰炸”为特点的传统媒体，而是开始更多地采用具有“互动”“精准”“定向”等特征的数字新媒体。这带来了广告主数量的快速增长。在上阶段末期的 2002 年，我国新媒体广告品牌广告主[②]仅为 672 家，2003 年增长了 160.6%，达到 1 751 家，2004 年则猛增至 3 172 家。之后的两年平稳小幅增长，在本阶段末期的 2006 年，品牌广告主数量已经达到 3 480 家，5 倍于 2002 年的水平[③]；而

① 梅花网．互动通郑斌谈富媒体广告［EB/OL］．（2013-03-12）［2018-03-08］．http：//www.meihua.info/tcday/post/post_daeabcd8-8b8d-440c-8ea1-15d39d3535ec.aspx.

② 此处的品牌广告主是指艾瑞咨询监测的在中国 170 多家主流网络媒体投放品牌图形类广告（不包含文字链及部分定向广告）的广告主。

③ 艾瑞咨询．2007 年中国网络广告市场份额报告［R/OL］．［2018-03-08］．https：//wenku.baidu.com/view/152190c69ec3d5bbfd0a7421.html.

搜索引擎的广告主跨越更大，2002年百度的竞价排名收入为580万元人民币，如果以平均每个客户年推广费用2 000元计算，该年度投放竞价排名的广告客户为2 900个，而到了2006年，百度的该类广告客户达到了数万个①。

三、 广告代理市场生机勃发， 本土广告公司快速发展

这一时期，以电通、实力媒体、传立、灵智大洋、麦肯光明、精信等为首的4A广告公司继续在新媒体广告行业精耕细作，取得了不错的业绩。本土网络广告公司（如创世奇迹、网迈、科思世通等）也如雨后春笋般出现，很多公司在市场中以独特的定位占据了一席之地，如创世奇迹专攻网络游戏植入式广告、互动通专注于富媒体广告、飞拓无限抢占移动营销市场等。而以好耶、华扬联众、阳光加信等为首的本土综合网络广告公司积极地参与市场竞争，并因对本土市场的熟悉及独特的业务模式而具备了较强的竞争力，例如好耶旗下的诠释就通过采取广告发布、监测等技术研发与广告代理互相促进的模式，主动与4A广告公司合作为广告客户提供跨媒体的营销方案，以树立自身的优势。

四、 收入规模跨越式增长， 增速超过传统媒体

在总体市场规模上，新媒体广告已经度过了基数较低的调整期，实现了规模上的跨越：其在2003年即有高达120％的增长比例，2004年、2005年两年的增长率均超过70％，2006年又增长48.9％达到46.6亿元的规模，是2002年4.9亿元的9.5倍；占广告行业整体规模的比重从2002年的0.7％上升到2006年的3.8％。② 与同时期其他传统媒体的表现相比，新媒体广告的发展也堪称这一时期广告行业的亮点：此阶段传统媒体广告的增速放缓，其中，电视广告增长相对稳定，报纸与杂志广告甚至出现了负增长，广播广告也只是在2006年才有了较大的增幅；在2006年相对2002年的广告规模增长上，杂志为1.58倍，报纸为1.66倍，电视为1.75倍，虽然广播高一些，却也不过为2.61倍。

五、 市场格局由门户独大的局面转向多元竞争

此前2001年至2002年的调整期，我国新媒体广告市场还呈现出高度集中的市场格局，由门户网站（特别是新浪、搜狐、网易三大门户）垄断广告资源；而发展至2003年至2006年的跨越期，以搜索引擎、IT专业媒体（如天极网、太平洋电脑网）、游戏网站（如天使在线）、汽车类专业网站（如中国汽车网、汽车新网）等为代表的各类网络媒体快速发展，用户规模不断扩张，广告价值日益凸显，占据的市场份额持续提升，使得此

---

① 竞价排名推动数万百度企业客户快速成长［EB/OL］.（2006-08-31）［2018-03-08］. http：//www.enet.com.cn/article/2006/0904/A20060904183296.shtml.

② 根据艾瑞咨询的统计方式，这一时期网络广告并不包括搜索引擎的广告收入，如果算上搜索引擎的广告收入，2003年至2006年的网络广告收入依次应为：13.1亿元，23.4亿元，41.7亿元，60.1亿元。

时门户网站垄断的情形逐步消失，新媒体广告市场格局呈现多元竞争的态势。至 2006 年，三大门户的市场份额仅占网络营销市场总体的 31.26%；以百度和 Google 为代表的搜索引擎营收比例快速上升，其中百度的营销收入达到 8.4 亿，占比上升至 13.75%，超过搜狐（6.5 亿，占比 10.64%）和网易（3.1 亿，占比 5.07%），跃升至网络媒体的第二位，并与排名第一的新浪（9.5 亿，占比 15.55%）的差距进一步缩小；此外，众多中小型网络媒体的收入也进一步提升，达到了 42.39%的市场份额。[①]

六、 广告监管与行业自律双管齐下

基于互联网平台的电子商务、广告等业务快速发展，带来的一个问题是大量虚假或欺诈信息充斥于互联网，许多网民的利益因此受到了损害，但却由于诸多原因难以获得补偿。在上述背景下，政府、行业协会、从业机构等分别基于自身的权责做出努力，对新媒体广告的政府监管与行业自律不断加强。在政府监管方面，工商行政管理总局、信息产业部（现为工业和信息化部）等行业管理部门均采取制定法律法规（如 2005 年 1 月发布的《关于禁止发布含有不良内容声讯、短信息等电信信息服务广告的通知》，2005 年 2 月发布的《非经营性互联网信息服务备案管理办法》）、加大行政监管（如 2006 年 2 月组织开展“阳光・绿色网络工程”主题系列活动，活动内容包括集中治理垃圾电子邮件活动、网上垃圾国际清扫日活动、绿色上网软件标准化工作等）等手段对新媒体广告展开规制。行业自律方面，在中国互联网协会为代表的行业协会之外，多家网络媒体于此时自发组建了自律联盟，如新浪、搜狐、网易于 2004 年 9 月成立的中国无线互联网行业“诚信自律同盟”，也在这一阶段发挥了重要作用。

第四节 期望中崛起的猛进期

2006 年之后，国际互联网行业发展的势头更加强劲，比如，Mashup[②]、云计算、HTML5 等新型互联网技术、网络开发标准陆续推出；以 Facebook、YouTube、Twitter 等为代表的新型网站相继崛起，移动互联网快速普及、移动 App 层出不穷；互联网用户规模与日俱增，至 2012 年全球网民数量已经超过 24 亿……在此种背景下，网络媒体的价值进一步凸显，新媒体广告的市场规模持续增长，其增速远高于电视、报纸等其他类型的广告，并占据广告市场更多的份额——2009 年、2010 年日本和美国的新媒体广告都已超越报纸广告占据行业第二的位置。为了更好地开展数字营销业务，广告公司、新兴媒体不断创新其商业模式和产品形式，推动了国际新媒体广告行业的发展。

---

① 艾瑞咨询．中国网络广告年度报告（2006 年市场份额版）[R/OL]．[2018－03－08]．http：//doc.mbalib.com/view/651ac112c1467cb422658de702f60c22.html．2006 年我国网络营销收入规模为 60.1 亿元，其中网络广告收入为 46.6 亿元。

② Mashup 是一种基于 Web Services、资源元数据规范等技术的网络应用开发技术，它可以将不同站点或应用程序的数据、资源、API 加以混聚来构建新的业务流程，满足新的用户需求；典型的如搜索和购物 Mashup、微博 Mashup、新闻 Mashup、地图 Mashup 等。

受国际网络媒体和新媒体广告发展潮流的影响，加上“奥运经济”和“十八大”带来的历史性机遇，以工商行政管理总局为主的行政管理部门通过出台行业政策对广告业的地位和作用做出肯定，我国互联网普及率和社会影响力不断提升，2007年后，我国新媒体广告也在“大国崛起”的宏大背景下迈入了“猛进期”。

一、 网络媒体的创新

一方面，伴随新媒体技术的更迭，以及视频网站、游戏网站、社交网站、移动应用等新媒体平台的快速崛起，网络媒体对新媒体广告的形态不断创新。除了已经广为人知的搜索关键词广告、图形广告和富媒体广告，此时新媒体广告阵营中还多了不少新成员，比如视频贴片广告、网络植入式广告和移动App广告，这些新成员为新媒体广告的多元发展注入了活力。同时，一些网络媒体也不断优化已有的广告产品，如百度于2007年推出“品牌专区”后，又在精准广告的基础上，推出由热门人物、热门事件的关键词触发的关联广告，使网民和广告主沟通更容易的捷径广告，以及专门为电商客户打造的掘金广告，从而使广告产品体系更加完善。

另一方面，网络媒体在多年的实践及学习的过程中，不仅对多种营销理论和方法有了更深入的认知，通过借鉴和摸索创新出了许多新的营销产品和营销手段，更有一些行业的领先者已经形成了自己独特的营销理念和营销体系。典型的比如：新浪根据“介质＋方法＝效果”的判断提出了IMPACT理念，网易聚焦精准性、目标性、连续性、有效性和回报性提出了POWER理念，腾讯提出了更加注重人、关系和数据的MIND理念，搜狐以“最大化整合营销”为核心提出MATRIX理念，百度则根据“整合营销之父”唐·舒尔茨的SIVA理论提出了自己的营销思路（见表2-2）。

表2-2 几家网络媒体的营销理念

媒体名称	营销理念	解释
新浪	IMPACT	介质＋方法＝效果。以“选择决定营销效果”作为理念的核心，从方法和介质两个层面，对包括互动（interactive）、用户黏性（magnetism）、聚合力（popularity）、公信力（authoritative）、创意（creative）和精准性（target）在内的六个网络营销要素进行科学评估选择，企业在网络推广中可根据以上六个维度，衡量媒体价值及营销策略的合理性。
网易	POWER	从精准性、目标性、连续性、有效性、回报性五个方面着手。P（precision）代表精准达到目标用户，O（objective）代表清晰锁定营销目标，W（weblink）代表创意整合媒介资源，E（effective）代表提供高效解决方案，R（ROI）代表充实的ROI考核标准。
腾讯	MIND	与时俱进，关注人及人背后的数据与需求，通过腾讯的用户平台、关系链及营销工具为客户提供社会化营销方案。M（measurability）：用可衡量的效果来体现在线营销的有效性、可持续性以及科学性。I（interactive-experience）：用互动式的体验来提供高质量的创新体验和妙趣横生的网络生活感受。N（navigation）：用精确化的导航来保障目标用户的精准选择和在线营销体验的效果。D（differentiation）：用差异化的定位来创造在线营销的不同，满足客户独特性的需求。

续表

媒体名称	营销理念	解释
搜狐	MATRIX	以“最大化整合营销”（MAX）为核心理念，以精准营销（accuracy）、多触点营销（touch-points）、互动口碑营销（interactive）及媒体影响力营销（responsibility）为手段，以实现消费人群从线上到线下、从消费决策到体验（experience）分享等各个阶段的连续循环为目的的营销。
百度	SIVA	消费者表达需求，不断寻找、修正并最终确定解决方案的过程，就是在S（solution）- I（information）- V（value）- A（access）构成的模型中不断调整方向、选择新路径并最终找到入口的过程。营销时借助百度“大数据平台＋品牌沟通平台”的双重属性，S—倾听消费者的问题所在，I—帮助消费者收集解决他们问题的信息，V—关注促使消费者比较的竞品信息，A—引导消费者选择目标营销途径。

资料来源：根据综合资料整理。

二、 广告公司的革新

延续上一阶段广告公司对新媒体广告的热度，在多元因素的影响下，广告公司谋求数字化时代的转型和变革成为一种趋势；同时，新进入者凭借自身与数字化的天然依附关系及快速调整、反应的优势，进一步搅动着广告公司的市场格局。在《互联网周刊》于此阶段后几年发布的中国网络广告公司排行榜中，位居前15位的公司中本土综合网络广告代理公司和专业网络广告代理公司占了三分之二的席位①，这标志着本土综合网络广告公司、本土专业网络广告公司和4A广告公司（网络公司或互动部）三足鼎立的态势逐渐形成。

此外，各类广告公司选择紧随数字营销的潮流，对其业务进行多样化的调整和拓展：

其一，积极主动运用新媒体平台或新媒体广告产品。如在2009年、2010年SNS网站、微博和视频网站发展火热时，竞立为中粮策划“美好生活@中粮”“开心网悦活种植大赛”“中粮生产队”等以微博和SNS网站为平台的营销方案。这一时期，媒介代理、创意代理越来越多地介入内容制作，或从电视以外的其他渠道寻求内容制作与传播的可能。

其二，基于媒体融合展开双向跨界。更多的传统广告公司开始涉足网络互动营销领域，考虑怎样将数字媒体与技术整合到自己的综合服务体系之中。比如，本土综合广告公司平成广告于2008年改名为“平成互联”（后又改为“平成混媒”），由单一的广告平台向集成“平成混媒、平成CCCR、平成广告、影响制作、平成竞介”五大服务平台转变。另一些数字营销公司思考如何以互联网为核心、融合其他媒体为广告主提供整合营销方案，比如2010年9月，易传媒正式发布移动互联网广告平台，成为中国第一家横跨互联网及移动互联网的整合数字广告平台②。

---

① 互联网周刊编辑部．2012年度中国网络广告公司TOP50排行榜专题报道［J］．互联网周刊，2013（1）；互联网周刊编辑部．2011年度中国网络广告公司TOP50排行榜专题报道［J］．互联网周刊，2011（24）；互联网周刊编辑部．2010年度中国网络广告公司TOP50排行榜专题报道［J］．互联网周刊，2010（24）.

② 梅花网．易传媒整合数字广告平台助力“赢时代”［EB/OL］．（2011-03-30）［2018-03-09］．http：//www.meihua.info/today/post/post_3ef4daa1-40f5-4e2f-805c-09f0556c1b8d.aspx.

其三，进一步拓展公司的数字化业务。一些广告公司或通过推进“全员数字化”、成立专业的数字媒体团队，或通过收购专门的数字营销公司，或专注于不断创新自身的数字营销平台、产品、服务、营销理念和营销战略，来进一步开拓其在“数字媒体策划和技术支持”方面的业务。

三、 广告主的成熟

与前几个阶段相比，猛进期广告主的营销推广费用占其销售额的比重虽然有了下滑（多在 10%上下浮动）①，但营销理念却明显地多元且成熟了，各类广告主更加注重短期营销战术与长期营销战略的匹配，愿意选择更符合自己行业和产品特点且更易与目标消费者沟通的媒体，更为在意从整合营销的思路调整和分配营销预算，在新的营销产品的尝试方面也表现得更主动——社会化营销、内容营销、长尾营销以及打通广告主与消费者对接和对话路径的 RTB（real time bidding，即实时竞价）模式与程序化购买②（详见第九章）、SoLoMo（社交 social＋本地化 local＋移动 mobile）模式、跨界模式成为广告主关注的热门话题。

此外，广告主的数量也呈猛进式增长。2006 年我国品牌新媒体广告主数量还只有 3 444 个，2007 年时广告主数量则快速增长了 73.60%，达到 5 980 个。之后的 2008 年虽然爆发了全球性金融危机，但这却把那些更加关注广告实效的广告主推向了网络媒体，新媒体广告主数量不降反增，增长率为 27.80%。2009 年中国经济率先复苏，广告主通过广告进一步刺激消费的需求更加强烈，并且更愿意在整合营销中发挥网络的作用，这使得当年的广告主数量又较 2008 年增长了 52%，达到了 11 611 个，之后的几年广告主数量均维持在 1 万以上。③ 此外，投放到搜索引擎及网络广告联盟的中小广告客户更是数以十万计，仅百度的活跃客户就多达 41 万。④

四、 收入规模的突进

在猛进期，新媒体广告从之前低基数、高增长的发展轨迹转到高基数、高增长的状态。新媒体广告在 2007 年和 2008 年两年的增长率均在 60%以上，虽然中途受金融危机影响，2009 年的增长率有所下滑，但整体规模仍突破 200 亿元；金融危机过后，新媒体广告的增长率于 2010 年反弹，之后便维持在 50%左右，市场规模于 2013 年达到 1 100

---

① 中国传媒大学广告学院．2011 年度中国广告业生态调查报告［J］．现代广告，2012（2）．

② 程序化购买是区别于传统的人工购买的一种数字化、自动化、系统化的广告投放方式，具体而言是通过大数据的运用，实现广告受众与广告内容的精准匹配，借助广告交易平台将媒体、代理公司和广告主连接在一起。

③ 艾瑞咨询．2009—2010 年中国网络广告市场份额报告［R］．(2010－04－30)［2018－03－08］．http：//www.iresearch.com.cn/Report/1375.html；艾瑞咨询．2010—2011 年中国网络广告行业年度监测报告［R］．(2011－05－09)［2018－03－08］．http：//www.iresearch.com.cn/report/1535.html；2011—2012 年中国网络广告行业年度监测报告［R］．(2012－05－02)［2018－03－08］．http：//www.iresearch.com.cn/report/1690.html；艾瑞咨询．2012—2013 年中国网络广告行业年度监测报告［R］．(2012－07－05)［2018－03－08］．http：//www.iresearch.com.cn/report/1984.html.

④ 2013 年第一季度百度财报．

亿元的新量级。①

相较于其他媒体而言，新媒体广告于 2011 年首次超过报纸广告，与排位第一的电视广告在市场规模上的差距也在不断缩小。

五、 市场结构的优化

伴随电商网站、视频网站等各类新兴平台的崛起以及一些互联网企业的积极布局，新媒体广告市场出现了许多新生力量，市场结构得到进一步优化——不仅门户网站的垄断格局被进一步打破，而且新媒体广告市场核心媒体队列也出现了新变化。

在整体市场格局方面，2007 年以后，搜索引擎广告一直保持高速且平稳的增长，占据新媒体广告市场 30%左右的份额，处于领先的位置。得益于自身在用户规模、产品形式、商业模式等方面的不断突破，电商网站、视频网站在新媒体广告市场中的表现也非常突出，2008 年电商网站和视频网站的广告在整体市场中占比仅为 4.7%和 3.4%，2012 年这两个数字则分别增加至 23.3%和 13.6%②。反观之前的市场领先者——门户网站，尽管几大门户网站的新媒体广告收入逐年增长，但在日益变大的“市场蛋糕”中，这些媒体的份额一直受到挤压，2012 年已降到 13.0%，几年前独霸市场的局面不再。

具体到企业方面，2007 年以前，新媒体广告市场营收中，百度、谷歌两大搜索引擎，新浪、搜狐、腾讯、网易四大门户网站，以及一些垂直网站占据绝对的领先地位；但发展至此阶段，新兴力量不断崛起。例如淘宝先于 2009 年凭借淘宝直通车广告、品牌广告、钻石展位广告等广告产品获得了 15 亿元的收入，超越了搜狐、网易等门户网站，在收入榜上排名第四位③，又于 2010 年跃居新媒体广告收入核心媒体次席之位；又如随着网络视频业务的快速发展，优酷网在与土豆网合并之后，发展势头非常强劲，2012 年优酷土豆的广告营收规模相对于 2009 年时已翻了近十番，达到 20.4 亿元，排名上升至第七位④。

六、 行政监管力度持续加强， 行业自律蔚然成风

随着互联网自身影响力的进一步提升，以其为载体的新媒体广告在更大的范围、更深的程度上影响网络用户的生活和消费，这使得以往新媒体广告因规制不健全而出现的问题进一步暴露。而随着这一时期业界关于广告重新定位及发展趋势大讨论的展开，以工商行政管理总局为首的广告监管部门对时下新媒体广告的特征以及新媒体广告规制中

---

① 艾瑞咨询．2012—2013 年中国网络广告行业年度监测报告［R］.（2012－07－05）［2018－03－08］. http：//www.iresearch.com.cn/report/1984.html；艾瑞咨询．2013 年中国网络广告市场规模突破千亿大关，达到 1 100 亿元［EB/OL］.（2014－01－09）［2018－03－08］. http：//www.iresearch.com.cn/View/224661.html.

② 艾瑞咨询．2012 年 Q4 及年度中国网络广告 & 搜索引擎核心数据发布［EB/OL］.［2018－03－08］. http：//news.iresearch.cn/zt/192593.shtml.

③ 艾瑞咨询．2009—2010 年中国网络广告市场份额报告［R］.（2010－04－30）［2018－03－08］. http：//www.iresearch.com.cn/Report/1375.html.

④ 艾瑞咨询．2012—2013 年中国网络广告行业年度监测报告［R］.（2013－07－05）［2018－03－08］. http：//www.iresearch.com.cn/report/1984.html.

亟待解决的种种问题有了更加清晰和深刻的认识。

基于此，在工商行政管理总局的组织和推动下，相关部门对新媒体广告的行政监管力度越来越大。针对新媒体广告隐蔽性强、涉及面广、监管难的特点，工商行政管理部门会同部际联席会议成员单位（如中宣部、国务院新闻办公室、公安部等）发起的联合监管日益增多，媒体广告发布前的审查成为规范重点，处罚力度不断加强，形成了我国新媒体广告规制中行政规制多部门联动的特色。

在行业自律层面，2007 年 6 月 13 日中国广告协会互动网络委员会成立，通过并签署了我国新媒体广告的第一部自律守则——《中国互动网络广告行业自律守则》，这标志着我国新媒体广告的自律迈进组织化和规范化阶段；此后，在相关行业组织（中国互联网协会、电子商务协会、中国电子协会等）的努力下，《中国互联网广告推荐使用标准》《互联网 IP 地理信息标准库》等与新媒体广告发展息息相关的自律守则、标准等相继发布，有力地促进了行业的健康发展。

第五节　机遇中变革的主导期

时至 2015 年，国际互联网行业在普及率和影响力不断提升的基础上出现了一些新特征：其一，在使用终端方面，以智能手机、平板电脑为代表的移动终端于此时快速发展，自 2015 年起已超越 PC 成为许多国家网民访问互联网的主要方式[①]，且网民的互联网使用模式由每次上网时间较长、次数较少，向每次上网时间短、次数更加频繁转变；其二，在网络媒体方面，视频网站、电子商务、网络游戏（尤其是基于移动端访问的移动视频、移动商务、移动游戏），成为此时流量较大与影响力较强的新媒体平台，且这些平台上用户生成内容（UGC）大幅增加，如仅在 2015 年图片应用 Pinterest pin 创作量便增长了 75%、Twitch 视频直播量亦增长了 83%、电子书制作社区 Wattpad 的故事数量增长了 140%[②]；其三，互联网的社会影响范围、影响程度均在不断提升，不仅苹果、谷歌、亚马逊等顶级互联网巨头均在打造自身的生态平台，力图多方位提升第三方开发者和商家的价值，而且互联网在政府、医疗、教育等领域的应用，也成为诸多新兴公司的发力点。互联网行业的此种变动也左右了新媒体广告的发展，2015 年后全球新媒体广告收入规模快速提升，移动广告、社交广告、视频广告、电商广告成了其中的主要增长点，而计算广告、大数据营销、内容营销等也是国际新媒体广告界的热门话题。

与国际行业环境相对应，我国互联网及广告行业也迈入了发展的新阶段。2015 年后，伴随“网络强国”“国家大数据”战略及“互联网＋”行动计划的实施，我国互联网迎来了重要的发展机遇，与经济社会各领域的融合也不断加速；在国家对“大众创业、万众创新”的倡导下，广告业市场主体的活力被激发，新一轮的转型升级开始起步，仅

---

① 199IT. Zenith：2016 年全球网民移动互联网访问时长将增长 27.7% [EB/OL].（2016-06-22）[2018-03-09]. http://www.199it.com/archives/486261.html.

② 全球网民已达 28 亿人 占全球人口的 39% [EB/OL].（2015-06-04）[2018-03-08]. http://www.xinhuanet.com/newmedia/2015-06/04/c_134297239.htm.

2015 年便新增广告经营单位 12.8 万户，年营业额达 5 973 亿元，成为世界第二大广告市场①。此外，新《广告法》出台，又进一步推动了广告市场的健康有序发展。在此阶段，新媒体广告的产品设计与运营方式不断革新，收入规模持续增长且市场趋于成熟，逐步发展成为拉动广告行业增长的主导力量。

一、 网络媒体的新布局

网络媒体在继续深耕细作自身广告资源的基础上，针对移动互联网、社交媒体、视频网站等快速发展的新环境，有意识地布局移动广告、社交媒体广告、视频广告，以求获得市场竞争优势。

在移动广告方面，自 2015 年起，网络媒体将其广告产品研发、业务推广的重心进一步向移动端转移，如百度于 2016 年 4 月进行架构重组，专门设置移动服务事业群组部门；腾讯于 2015 年 5 月将广点通（移动 App 广告平台）与微信广告中心的业务统一管理，统一为广告主提供微信公众号广告、微信朋友圈广告、手机 QQ 空间信息流广告、腾讯移动联盟广告等多项业务②。这直接带动移动端的收入在网络媒体营收的占比不断提升，2015 年，百度移动端收入占比超过 50%，腾讯网络营销收入中有高达 65%来自移动端。③ 2020 年，移动端的广告投入在总体互联网广告投入中的占比已接近 90%。④

在社交媒体广告方面，为迎合广告主对广告效果的要求，网络媒体一是开发出更多形式的广告，其中广告体验更好、互动效果更多的信息流广告成为众多网络媒体的发力点，如 2015 年，QQ 空间与微博先后推出信息流视频广告，广告时长不超过 10～15 秒，且只在 Wi-Fi 条件下自动播放⑤；二是推出了新的广告计费方式，如新浪微博的 CPE（cost per engagement，按参与收费，如发一条微博、看完一整段视频或完成一份问卷调查）、CPF（cost per follower，将企业发布的目标微博置于粉丝信息流的顶部，并按粉丝数收费）和腾讯在社交平台推出的合约 CPM（将传统的广告保量购买方式与程序化广告的人群定投相结合，广告主可购买目标人群在特定时段内的稳定曝光）等⑥。

在视频广告方面，与视频内容密切相关的内容原生广告、互动营销、场景营销，以及针对用户行为特征的精准营销均是此时网络媒体的主要创新点。如爱奇艺的“群英荟”可供广告主利用百度地理信息搜索数据锁定高档写字楼和高档住宅楼定位人群，进行贴片投放。⑦ 又

---

① 吴茂辉．中国广告业年经营额近 6 000 亿元 位居世界第二［N/OL］.（2016－10－22）［2018－03－08］. http：//www. xinhuanet. com/fortune/2016-10/22/c _ 1119767956. htm.

② 艾瑞咨询．中国移动营销行业研究报告：程序化时代［R/OL］.（2016－07－20）［2018－03－08］. http：//www. iresearch. com. cn/report/2618. html.

③ 艾瑞咨询．2016 年中国网络广告行业年度监测报告［R/OL］.（2016－04－01）［2018－03－08］. http：//www. iresearch. com. cn/report/2566. html.

④ QuestMobile. 2020 中国互联网广告报告［R/OL］.（2020－04－28）［2021－12－25］. https：//www. tmtpost. com/4337957. html.

⑤ 艾瑞咨询．2016 年中国社交网络创新营销研究报告［R/OL］.（2016－07－04）［2018－03－08］. http：//report. iresearch. cn/report/201607/2610. shtml.

⑥ 同⑤.

⑦ 艾瑞咨询．2016 年中国在线视频企业创新营销研究报告［R/OL］.（2016－02－18）［2018－03－08］. http：//www. iresearch. com. cn/report/2530. html.

如优酷在2015年4月上线的“边看边买”，其以视频内容为核心，从场景及商品两个维度将视频内容与阿里妈妈平台的商家相匹配，并辅以便捷的页面跳转方式，为网民提供“边看视频，边购买视频中商品”的消费体验。[①] 自2016年以后，借由短视频平台的迅猛发展，商业创意、影视语言与视频技术进一步交融，传播速度更快、视听感染力更强、触达受众面更广、制作成本更低的短视频广告发展势头强劲。在具备原生感显著等视频类广告的共性特征之外，短视频广告还凭借其低门槛的创作机制实现与用户共创的协同展演，达成“病毒式”传播效果。在用户愈发碎片化、移动化的媒体接触环境中，与移动端单手握持方式更加适配的竖屏影像优势凸显，也由此催生竖屏广告这一新型广告呈现形式。有数据显示，2021年视频广告投放为移动广告投放总量的55.16%，其中横屏视频占35.70%，竖视频占19.46%。[②]

在直播电商广告方面，新冠肺炎疫情在一定程度上“重塑”了人们的消费方式，线下人口流动的限制，推动了网上零售、直播带货等新模式全面爆发——截至2020年12月，我国电商直播超2 400万场，电商直播用户规模达3.88亿，较2020年3月增加1.23亿。[③] 得益于包括销售数据、用户属性数据、现场交易数据、用户反馈数据等在内的商业挖掘技术的应用，直播带货广告交易模式愈发成熟。昔日电商的价格战已转变为以构建消费场景为主要营销手段的能力比拼，互联网广告与营销的边界得到进一步融合与拓展。嵌入了“人、货、场”品效合一的内生机理的直播电商广告，把传播与销售捆绑在同一环节。广告主通过与网红或意见领袖的合作，利用他们自身携带的可观流量影响粉丝，拉近与消费者的心理距离[④]，将营销重点从对商品的销售转变成对人的情感经营，其显著的转化效果备受广告主青睐。相应地，电商与视频平台成为2021年仅有的两个广告收入超千亿的媒体平台类型。[⑤]

此外，针对增强现实（AR）、虚拟现实（VR）等新技术，网络媒体亦结合自身优势及发展规划积极跟进。如百度延续“入口”模式，于2016年9月推出VR浏览器；阿里于2016年1月将VR/AR列入10亿元资金资源支持的创业加速计划，并于同年4月提出VR购物服务“Buy+”；2015年12月，腾讯结合社交及游戏领域布局，公布了Tencent VR SDK及开发者支持计划。[⑥] 在数字化进程加速、科技概念持续升温的浪潮中，以虚拟主播、虚拟偶像等为代表的数字人也成功进入大众视野，从外观数字化深入到行为的交互化、思想的智能化，逐渐成为品牌营销的重要手段。2021年11月，百度App上线了国内首个可以在App内实现用户互动的超写实数字人——代言人龚俊的数字化身，不仅通

① 中新网．优酷“边看边买”全新上线 联姻阿里推进视频电商［N/OL］．(2015-04-15)［2018-03-08］．http://www.xinhuanet.com/info/2015-04/15/c_134151757.html.

② App Growing. 2021移动广告流量白皮书［R/OL］．(2022-01-14)［2022-01-25］．http://www.199it.com/archives/1376200.html.

③ 人民网研究院．中国移动互联网发展报告(2021)［R/OL］．(2021-07-22)［2022-01-15］．https://baijiahao.baidu.com/s?id=1705989860986978476&wfr=spider&for=pc.

④ 姚曦，商超余．中国广告产业发展的内生动力、首要任务及创新路径［J］．武汉大学学报，2022(1)：68-78.

⑤ 中关村互动营销室．2021中国互联网广告数据报告［R/OL］．(2022-01-14)［2022-01-25］．https://www.sohu.com/a/516534600_121118998.

⑥ 艾瑞咨询．2016年中国VR营销发展趋势前瞻报告［R/OL］．(2016-12-13)［2018-03-08］．http://www.iresearch.com.cn/report/2686.html.

过 4D 扫描技术在外表呈现及真人说话上做到超写实还原，其更大的作用是作为嵌入百度 App 的智能助理，承担语音搜索及与用户进行智能交互的功能，为用户营造与众不同的关怀感与沉浸感（见图 2-3）。

图 2-3　百度 App 数字人

二、 广告主对新媒体广告更加依赖

新媒体的快速发展及互联网经济的火热，让广告主对新媒体广告价值的认可程度日渐提升，再加之 2014 年以后我国经济遇冷，广告主营销推广的投入进入低位运行状态，这迫使众多广告主急于抓住数字化浪潮机遇①，对新媒体广告愈发依赖。这方面的直接表现就是，相较于前几个阶段，主导期投放新媒体广告的广告主行业构成日渐多元，且投放额度也逐步加大。而 2020 年之后新冠肺炎疫情在全球的爆发和持续，又让越来越多的线下消费转移至线上，新媒体广告对于广告主的作用更加凸显。数据显示，2020 年中国广告主在数字营销上的投入占市场预算的 50.1%。这一比例自 2016 年以来几乎翻了一番，超过了全球市场 35.9%的平均水平。② 根据《2021 中国数字营销趋势报告》的调查，78% 的广告主表示将增加数字营销预算。③ 此外，与 2019 年相比，2020 年小微、新锐品牌广告主的广告费用增长了 50%，高于成熟品牌 5 个百分点④，广告主市场逐渐释放出长尾的力量。

---

① 中国传媒大学广告主研究所．2014—2015 年广告主数字媒体运作研究［R］//黄升民，杜国清，邵华冬．中国广告主营销传播趋势报告 No. 8. 北京：社会科学文献出版社，2015.

② R3&SCOPEN. 2020 年中国营销趋势研究报告［R/OL］．（2020-12-24）［2021-12-25］. http://www.199it.com/archives/1176904.html.

③ 秒针营销科学院．2021 中国数字营销趋势报告［R/OL］．（2021-12-08）［2021-12-25］. https://baijiahao.baidu.com/s?id=1685521617959963787&wfr=spider&for=pc.

④ 丁汉青，杨雅，喻国明．2020 中国互联网广告市场的十大特点与发展趋势：基于对《中国互联网广告数据报告（2020）》的分析［J］．新闻界，2021（2）：34-39.

从行业与品类看，2015 年至 2016 年投放品牌展示类广告份额排名前 10 位的广告主中，不仅仅有网络服务类、IT 产品类等新媒体广告的传统广告主，交通类、房地产类、快消品类（如食品饮料、化妆浴室用品）等传统媒体的优势广告主也位列其中，并且其投放规模大幅领先于其他行业广告主。2016 年交通类（82.6 亿）、网络服务类（75.3 亿）、房地产类（51.7 亿）、食品饮料类（44.1 亿）和化妆浴室用品类（25.9 亿）成为展示类新媒体广告投放规模的五强，占据了超过六成的新媒体广告投放份额。[①] 发展至 2021 年，这一格局也发生了很大变化，个护及母婴品类（32.89%）、食品饮料类（29.19%）、交通类（8.56%）、网络及通信类（7.71%）、医药保健（4.52%）成为互联网广告收入的五强。这一方面与市场近两年涌现的新的消费习惯和消费需求相关，另一方面则是受到了宏观调控、优化供给等政策的影响。例如，“双减”[②] 政策促使教育培训类广告由 2020 年全市场第一的增幅（57.1%）骤然下降至负 69.64%，成为 2021 年降幅最大的产业。又如，为避免炒房投机现象的抬头，房地产继续受到政策严格监管，房地产品类广告出现了近五年内的首次负增长，降幅较 2020 年超过 50%，收入也下滑至 5 年前的水平。[③]

与此同时，广告主的营销理念也随之发生变化，此阶段广告主的数字营销以品牌展示与广告效果并重、寻求与消费者的深度互动为主要思路。在这种情况下，以场景、数据、算法和体验为支撑的场景营销，主张将广告内容与页面内容深度契合的内容营销，借助大数据技术进行目标用户画像和定向投放的精准营销，以及针对媒体融合态势开展多屏定位和整体策划的整合营销，均为诸多广告主所尝试。

三、 广告代理市场竞争加剧

这一阶段，在广告公司之外，技术公司、媒体平台、咨询公司及数据分析公司等主体均凭借自身优势为广告主提供广告代理相关服务，加剧了新媒体广告代理市场的竞争。

一是技术公司的崛起。“如今在广告业，懂技术比拥有一座戛纳金狮奖的奖杯更吃香”[④]，这成为国际许多知名广告公司对当前广告业态势的判断。在传统广告时期，广告代理公司的主要任务就是根据广告主要求做出相应的广告创意，但是伴随互联网尤其是移动互联网的快速发展，新的媒体平台和广告形式不断涌现，广告主在广告创意之外，更希望广告代理公司提供一整套技术解决方案，如目标定位、技术支持、效果监测等。这使得一批拥有技术优势的技术公司在广告代理市场中快速崛起，典型的如悠易互通、AdTime、璧合科技等专注于提供程序化购买服务的公司。

---

① 艾瑞咨询 . 2017 年中国网络广告市场年度监测报告［R/OL］.（2017 - 04 - 27）［2018 - 03 - 08］. http://report.iresearch.cn/wx/report.aspx? id=2980.

② 2021 年 7 月 24 日，《关于进一步减轻义务教育阶段学生作业负担和校外培训负担的意见》政策落地，明确要求减轻义务教育阶段学生作业负担，不再审批新的面向义务教育阶段学生的学科类校外培训机构，受此影响，教育产业进入发展调整期。

③ 中关村互动营销室 . 2021 中国互联网广告数据报告［R/OL］.（2022 - 01 - 14）［2022 - 01 - 25］. https://www.sohu.com/a/516534600_121118998.

④ 李会娜，王清 . 广告公司革命［J］. 第一财经周刊，2014（18）.

二是媒体平台的进入。凭借强大的技术实力和海量用户数据，以百度、腾讯、阿里巴巴、字节跳动为代表的媒体平台加强了直接服务广告主的力度。这也给广告公司带来了竞争与挑战，如媒体投资管理公司群邑集团的全球首席数字官 Norman 认为，以 Google 为代表的媒体平台，“和我们的客户有着很深入的互动，我们必须要加快步伐才能确保我们在整个营销链条的价值”[①]。

三是咨询公司的跨界。广告主的数字化转型需求，也带动了咨询公司向新媒体广告代理市场的“跨界”。近年来，越来越多的咨询公司加紧在数字营销领域的布局，通过收购、并购逐渐将营销和创意设计纳入业务版图中，为其客户提供从战略到执行的整套服务，从而使得其在帮助品牌数字化转型方面更具优势。例如 2015 年，麦肯锡买下了硅谷的一家设计公司 Lunar；2016 年初，IBM 连续收购了三家数字营销及设计公司，并将之整合到 IBM 互动体验部门[②]；全球战略咨询公司埃森哲自 2018 年起便正式进军程序化广告策划及购买领域，在 2020 年更是正式终止媒介审计业务，转而专注于广告代理业务的运营，与 WPP、宏盟、阳狮等大型广告传播集团展开业务竞争[③]。

基于上述趋势，广告业界掀起广告代理去中介化浪潮。过去，广告主对广告策划、广告创意、媒介计划、广告效果等专业知识以及媒体信息了解不足，广告代理公司扮演着重要的广告活动中介者和执行者的角色。如今，广告主越来越强大的广告素养（包括分析数据、评估效果、创造内容等）严重威胁了广告代理公司的专业性地位[④]，智能创意、智能营销的快速发展也一定程度上削弱了广告代理公司赖以生存的创意和策划优势。出于节省时间、节约成本、提高效率、提升效果等目的，许多有实力的广告主宁愿自建广告公司或数字营销团队，广告代理公司在其广告运作过程中的地位不断下滑、愈发边缘。例如自 2017 年以来，以宝洁、可口可乐、红牛、耐克等为代表的一批全球大型广告主或是成立了内部团队，或是收购营销科技类公司，致力于进一步建设和应用企业的第一方数据，选择“内部＋外部”的合作模式提高营销效率，广告代理公司的市场份额被严重挤压。[⑤]

面对来自外界的多元竞争者，为了保持自身的优势，广告公司也有意识地进行了业务调整和转型。此时，广告公司更加注重“创意与技术”的平衡，并基于行业发展动态和广告主的需求变迁，逐渐做出下述转变：将业务重点向移动端营销传播转移；减少传统的以媒介购买为主的代理业务，强调创意、策划和技术；针对广告主精准投放的需求，增加了市场调研、互动直效营销、数字媒体策划和技术支持、效果监测和评估等业务[⑥]；一些 4A 广告公司和本土大型广告公司也开始自建程序化广告平台。

---

① 李会娜，王清．广告公司革命［J］. 第一财经周刊，2014（18）.

② JUNI. 未来广告代理商的形态会是什么样？［EB/OL］.（2016-10-08）［2018-03-07］. http：//www.meihua.info/a/67812.

③ 沈浩卿．2020 年广告行业的十大变化［EB/OL］．（2020-03-29）［2022-01-15］. https：//page.om.qq.com/page/OBjzUGBEgGEPFTIaBib0lAFA0.

④ CHAN L S. Cultivation and erosion of creative identity：a Hong Kong advertising agency as case study［J］. Journal of Media & Cultural Studies，2017（2）：325-335.

⑤ 周茂君，沈君菡．“去中介”环境下广告代理公司对专业性的重构［J］．华中师范大学学报，2019（5）：68-75.

⑥ 崔保国．中国传媒产业发展报告（2016）［R］. 北京：社会科学文献出版社，2016：231.

四、 广告市场变得成熟

在主导期，新媒体广告无论是整体收入规模还是市场结构均趋于稳定，这能一定程度反映出新媒体广告市场渐渐成熟。

虽然流量“红利”消失导致市场规模增速放缓，但是在网民人数增长、多元互联网平台快速发展、广告主对网络广告投放增加等因素的推动下，新媒体广告在总体收入规模上仍旧保持着稳步增长的态势。2015 年，新媒体广告市场规模达到 2 093.7 亿元，同比增长幅度为 36%，并且首次超过了电视、报纸、广播、杂志这几类传统媒体广告收入的总和，成为广告市场上的主导力量。[①] 2021 年，我国广告市场规模预计破万亿，其中互联网广告市场规模达 7 666 亿元。[②]

在市场格局方面，多元主体主导的市场结构于本时期开始形成。2014 年，搜索广告仍旧是新媒体广告市场上份额最大的广告形式（占比为 33.4%），但自 2015 年以后，这一情况有所改变：其一，在消费者消费习惯向新媒体终端偏移的背景下，电子商务网站及电商广告取得了较快发展，并于 2016 年在新媒体广告市场达到 30%的份额，超越了搜索广告；随后电商广告保持持续增长，2021 年以 36.75%的市场份额继续蝉联网络广告市场第一大媒体类型。其二，得益于视频平台用户规模不断增加以及视频平台对自身优质内容和商业模式的完善，视频广告自 2015 年后保持着高于新媒体广告整体增速的增长态势，市场发展逐渐成熟。2021 年视频类平台广告收入增长 30.28%，市场份额提升至 21.66%，连续第二年成为第二大类别广告平台。其三，随着社交领域与场景的不断结合，以及社交媒体对广告位资源和信息流广告形式的不断优化，社交媒体广告增长亦十分显著，占据了 9.77%的市场份额，成为新媒体广告市场上的又一支生力军。[③] 其四，从新媒体广告的进化趋势来看，广告类型逐渐从“展示”向“展示+效果”迁移，兼具品牌展示与效果投放的信息流广告、电商广告，增长快于互联网广告整体。[④]

五、 专门的法律法规出台

主导期广告规制方面的最大亮点即关涉新媒体广告的专门法律法规正式出台，使得新媒体广告的规制工作切实有法可依、有章可循。

2015 年，国家出台新修订的《中华人民共和国广告法》，首次结合广告业的发展加入了新媒体广告的相关内容，明确了新媒体广告运营主体的行为规范，如要求“利用互

---

① 艾瑞咨询 . 2016 年中国网络广告市场年度监测报告［R/OL］.（2016 - 04 - 01）［2018 - 03 - 08］. http：//www. iresearch. com. cn/report/2566. html.

② 马嘉 . 2020 年我国广告市场规模预计破万亿 第 28 届中国国际广告节成功举办［N］. 中国市场监管报，2021 - 12 - 16（A4）.

③ 中关村互动营销实验室 . 2021 中国互联网广告数据报告［R/OL］.（2022 - 01 - 14）［2022 - 01 - 25］. https：//www. sohu. com/a/516534600 _ 121118998.

④ CTR. 2020 广告主营销调查报告［R/OL］.（2020 - 09 - 21）［2022 - 01 - 25］. https：//new. qq. com/omn/20200921/20200921A07UOK00. html.

联网发布、发送广告，不得影响用户正常使用网络。在互联网页面以弹出等形式发布的广告，应当显著标明关闭标志，确保一键关闭”；“公共场所的管理者或者电信业务经营者、互联网信息服务提供者对其明知或者应知的利用其场所或者信息传输、发布平台发送、发布违法广告的，应当予以制止”等。

2016年，“魏则西事件”[①] 发生后，国家进一步加强了对互联网广告的重视与监管，工商行政管理总局于该年7月颁布了《互联网广告管理暂行办法》，这是我国首部专门规范新媒体广告的法律规章，对新媒体广告的概念与范围、付费搜索广告区分以及违法行为管辖原则等问题予以明确规定，使得相关执法工作有了操作准则。

自2018年以来，互联网广告相关的监管部门对广告投放媒体、广告厂商以及网络平台的管控再次升级。例如工商行政管理总局发布《工商总局关于开展互联网广告专项整治工作的通知》，以社会影响大、覆盖面广的互联网媒介为重点严打互联网广告违法行为；2019年国家互联网信息办公室发布《网络信息内容生态治理规定》，持续完善针对包括互联网广告在内的网络信息内容服务的监管规则，对其进行常态化规范整治；为适应互联网广告创新，《网络直播营销管理办法（试行）》也于2021年5月开始施行，规范直播营销行为。

在数字营销时期，大数据应用与个人信息保护、强化反垄断和防止资本无序扩张也成为监管重点。《中华人民共和国数据安全法》2021年6月通过，9月1日起施行。《中华人民共和国个人信息保护法》2021年8月通过，11月1日起施行。2021年2月，《国务院反垄断委员会关于平台经济领域的反垄断指南》发布，为加强平台经济领域反垄断监管提供了科学有效、针对性强的制度规则。

2021年11月26日，市场监管总局发布《互联网广告管理办法（公开征求意见稿）》向社会公开征求意见，明确将以互联网直播等方式直接或者间接地推销商品或者服务的商业广告、跨境电商广告纳入监管。以上法律法规的颁布与实施，标志着互联网行业野蛮生长的时代落下帷幕，规范运营的时期到来。

本章小结

本书将新媒体广告定义为通过各类新媒体渠道（包括网站、网页、互联网应用程序等互联网媒介），以文字、图片、音频、视频或者其他形式，直接或者间接地推销商品或者服务的商业广告。

我国第一条互联网广告出现于1997年，这可视作新媒体广告的发端。经过20余年的发展，新媒体广告的形式已是丰富多样，若是按照演进过程划分，除了最初的按钮广告、横幅广告、文字链广告，以及后来的电子邮件广告、关键词搜索广告、富媒体广告、视频广告、植入广告，还有随着移动应用程序日渐兴起的开屏广告、插屏广告、信息流广告等。如果以呈现形式划分，新媒体广告大致可分为展示类（品牌图形广告、富媒体

① 2016年4月12日，西安电子科技大学21岁学生魏则西因滑膜肉瘤病逝。他去世前在知乎网站撰写治疗经过时称，在百度上搜索出武警某医院的生物免疫疗法，随后在该医院治疗后，致病情耽误。此后了解到，该技术在美国已被淘汰。

广告、视频贴片广告）、搜索类（通用搜索广告、垂直搜索广告）、交互类（微信摇一摇或滑动式朋友圈广告、短视频定制创意社交话题广告）和其他类（分类广告、电子邮件广告、植入广告等）。

从一个广告界的“新兵”快速成长为广告行业的主导形态，新媒体广告更加契合第一章提到的内容营销、关系营销、场景营销、精准营销、跨媒体营销等诸多营销新趋势；在聚合受众、精准定向、投放便捷、自主掌控、互动吸引、裂变传播、融入环境、引导购买、效果易测、互联互通等方面，有着传统媒体广告难以媲美的特点和优势。

新媒体广告的发展受网络媒体、广告主、广告公司这些内部因素及国际和国内新媒体行业这些外界因素的共同影响。综合新媒体广告的特点变化和关键节点，可将其发展历程分为起步期、调整期、跨越期、猛进期和主导期五个阶段。

经过了起步期低基数下的高增长，互联网行业度过了2001年前后的艰难时期，在阵痛之后于2003年开始了跨越式发展，新媒体广告在产品、定价、推广等方面都实现突破，广告主数量逐年递增，广告代理市场生机勃发，市场格局由门户独大的局面转向多元竞争，广告监管与自律开始发挥作用。2007年以后，新媒体广告在“大国崛起”的宏大背景下迈入了“猛进期”，网络媒体创造出了许多新的营销产品和营销手段，更有一些行业的领先者形成了自己独特的营销理念和营销体系；广告公司谋求数字化时代的转型和变革成为趋势，行业呈现高基数、高增长的状态，市场出现了许多新生力量，市场结构得到进一步优化；此外，行政监管力度也持续加强，有力地促进了行业的健康发展。至2015年，移动终端兴起，诸多新兴的网络媒体问世，互联网的社会影响范围、影响程度均在不断提升。在此背景下新媒体广告也迈入了发展的新阶段，其产品设计与运营方式不断革新，收入规模持续增长且市场趋于成熟，逐步发展成为拉动广告行业增长的主导力量。

问题讨论

1. 在新媒体广告的发展过程中，有哪些关键的影响因素？
2. 结合当前的新技术、新趋势，谈一谈新媒体广告的未来发展。
3. 讨论：新媒体环境下，传统4A广告公司的优势和劣势有哪些？下一步应该如何发展？
4. 讨论：你有多久没接触过传统媒体了？传统媒体广告的价值在哪里？

第三章

新媒体广告的伦理与法规

虽然新媒体广告的市场规模早已超越传统媒体，但相对于整个广告行业而言，新媒体广告仍是一个成熟度不高的新兴领域，与其快速增长相并行的是虚假广告、低俗广告的增多以及广告拥堵、隐私侵犯、运作失范等问题的日趋严峻。能否对新媒体广告进行有效的道德引导与法律约束，对新媒体广告行业的健康、良性发展至关重要。

本章即从广告伦理与广告法规两个角度切入，探讨新媒体广告规范和制约的要素。

第一节　新媒体广告伦理

广告活动总是在一定的伦理环境中进行，受到伦理环境的制约。通常，广告主体既要平衡义与利、兼顾公平与效率、做到诚实守信，又要坚持经济效益与社会效益并重、公正及适度传播的原则。由于技术发展、形式变化、行业变革等多种因素的作用，新媒体广告伦理规范面临新的挑战，一些突出的伦理失范问题，例如广告侵扰、隐私侵犯、营销失序、歧视伤害、格调庸俗等，需要多元主体自发承担相应的责任去合力解决。

一、 广告伦理解读

（一）伦理与广告伦理

1. 伦理的界定

伦理是一个哲学概念，探讨的是道德上的善恶是非问题。在中国，“伦”与“理”原常分开使用。“伦”的本义为“辈”，可作“人际关系”解，例如黄建中先生认为“伦谓人群相待相倚之生活关系”[①]。而“理”则有整治、打理之意，如《说文》曰“理，治玉也。……玉之未理者为璞”，后引申为规律、规则。两字连用而成为一词始见于《礼记·乐记》“凡音者，生于人心者也；乐者，通伦理者也”。汉初后，“伦理”一词开始被广泛使用，主要指人伦关系及其内在的道理与规则，如西汉贾谊所言“以礼义伦理教训人民”。

在西方，伦理（ethic）源于希腊语“ethos”。“ethos”原本指一群人共居的地方，后

---

① 黄建中．比较伦理学［M］. 北京：人民出版社，2011：22.

扩展为人的品性、品德及其所形成的风俗、习惯。因该含义与道德（morality）的词源“mos”相同，故而在学术研究或是日常生活中，“伦理”与“道德”经常通用，同指一定社会的基本人际关系规范及其相应的道德原则。但也有人主张，二者虽词同源但含义却有所差别，如“伦理”指“应然”的人际关系，而“道德”则是主体对由这一“应然”关系形成的社会规范、规则的内化和实践，故而“伦理”更偏重于社会，更强调人与社会的互动，“道德”更侧重于个体，更强调内在操守。①

尽管在较严格的概论层面，伦理与道德或有差异，但从社会互动的过程来看，伦理探讨的是人在社会活动中应遵守的行为规范，与道德规范应是同一意旨，故而本节所讲的伦理是伦理道德的综合，是这两个概念的统一。

在历史上，人类对伦理的研究可上溯至公元前 3 世纪的古希腊，亚里士多德最早提出了伦理学（ethika）这一名词，后者成为哲学的一个重要分支。就研究问题而言，伦理学以人类的道德问题作为研究对象，探讨伦理道德的产生、发展、本质、评价、作用以及伦理教育等问题，并可根据研究角度的不同划分为三个主要的研究领域②：一是分析伦理学，又称元伦理学，是关于道德规范的制定方法的科学，如研究什么是伦理、道德的本质、伦理学的研究方法等；二是规范伦理学，其任务是探索为了实现“好的生活”所应遵循的正确的道德行为准则，如制定具体的个人品德、职业道德、社会公德规范等；三是美德伦理学，主要研究道德如何由社会的外在规范向个人内在美德转化，是关于道德规范实现途径的科学。根据上述分类，本节所讨论的新媒体广告伦理属于规范伦理学范畴。

2. 广告伦理的界定

新媒体广告是广告的一个重要的组成部分，探讨新媒体广告伦理，须首先了解与明确广告伦理调整与规范的问题及其规范原则。

作为一种社会活动，广告与伦理之间有着千丝万缕的联系。首先，广告活动总是在一定的伦理环境中进行，反映着不同时期、不同国家与地区不同的伦理观；同时，广告亦受到所处的伦理环境的制约，广告主、媒体、广告公司须依循社会的伦理道德设计广告内容、选择广告的表现形式、安排广告的投放，以保障与增强广告的传播效果；广告受众在接受广告信息的过程中也会有意或无意地以伦理道德为标准对广告作品的优劣做出评判。

因此，广告伦理既是与广告活动有关的伦理现象③，诸如广告活动如何反映社会伦理、如何受伦理环境的制约以及如何传播伦理道德，影响和促进社会伦理的发展；同时也是一系列价值准则与行为规范④，用于指导、调节、规范与评价广告活动，并与法律相互补充，共同解决广告活动中存在的问题。鉴于本章主要讨论新媒体广告的外部规制问题，故而本节从调整广告活动的行为准则与规范的角度探究广告伦理。

广告伦理对广告行业的有序、健康发展有着重要的影响与意义：从广告主体内部的角度看，广告伦理作为广告从业者的职业准则和价值标准，有助于后者提高职业素养、自觉规范职业能力，提高广告作品的质量和水平；在市场竞争的过程中，广告伦理也在协调广告主与广告公司、

---

① 朱贻庭．伦理学大辞典［M］．上海：上海辞书出版社，2011：14．
② 王海明．伦理学方法［M］．北京：商务印书馆，2003：16－17．
③ 陈正辉．广告伦理学［M］．上海：复旦大学出版社，2008：8．
④ 陈绚．广告伦理与法规［M］．北京：中国人民大学出版社，2015：8．

广告公司之间、广告公司与广告媒体等广告主体的关系和矛盾中扮演着重要的角色，指导与引导广告主体遵守社会道德、承担社会责任以及维护经济秩序。此外，广告作品的风格、品味以及其所传达的生活态度、价值观念，对社会文化与社会道德的演变及发展亦有着巨大的影响力。

（二）广告伦理指向的主要问题和原则

从广告活动的角度看，广告伦理涉及多个层面的内容，如广告主体在广告活动中应承担的义务与责任，对广告行为、活动的具体要求和评价标准，广告伦理的社会监督等。而从广告自身属性的角度来说，广告伦理所指涉的问题与所包含原则可大致分为两类①：其一，对于作为经济行为的广告，广告伦理包含了经济伦理的基本规范和原则，以保障广告决策、广告行为的伦理合理性；其二，对于作为传播行为的广告，广告伦理也须遵循传播道德及其伦理秩序，确保广告传播行为符合社会的主流价值观念，维护公众个人权益，促进社会文明的建设与发展。

1. 广告伦理中的经济伦理原则

作为一种商品营销的手段与方式，广告从本质上讲是一类为商品生产与商品交换服务的社会经济活动，因而须受到经济伦理的制约，遵循经济伦理的基本规范和原则。经济伦理所重点澄清的义与利、公平与效率、诚实守信等问题，也是广告伦理关注的重要内容。

（1）平衡义与利。

如何正确对待义利关系是经济伦理学的根本问题。简单来讲，义即道德价值和伦理原则，包括道义、正义；利是物质利益、经济利益。经济伦理认为，义与利是统一的关系，逐利不能舍义，否则企业便失去了立身之本；义可以兴利，一个道德高尚的企业必然会得到消费者的尊重与支持。这也是我们经常讲的德本财末，财由德有。对于广告活动而言，其虽以营利作为根本目标，但亦不能为了短期的经济效益而放弃道义，否则不仅有损产品及企业的形象，也可能因违反相关法律法规而受到处罚。

（2）兼顾公平与效率。

任何一种经济行为都会通过各种手段谋求经济效率的提升，即以更少的投入获得更多的产出。但为维护竞争秩序和营造健康的产业环境，经济活动在追求效率的同时，也必须遵循商品交换的公平原则，广告活动亦然。具体来说，公平原则对广告活动的要求有以下三个方面：其一，平等自愿的原则，即广告活动须是广告参与者的自愿行为，且参与主体享有平等的权利与义务；其二，等价有偿的原则，即广告的质量、水平、投放效果等方面应与广告主支付的广告费相符合；其三，公平竞争的原则，即禁止将广告作为不正当竞争的手段或运用不正当的手段开展广告业务，损害国家、生产经营者和消费者的权益，扰乱市场竞争秩序。

（3）诚信原则。

诚信是经济伦理的重要原则。从字面上看，诚信包含两个层面，一是诚实，意指诚实无欺、真实无妄；二是信用，即遵守诺言、实践成约、履行义务。在广告活动中，诚信的原则要求广告主、广告经营者和广告发布者在广告活动中讲诚实、守信用，不进行

---

① 李淑芳．广告伦理研究［M］．北京：中国传媒大学出版社，2009：29-38.

任何形式的虚构和夸大，不欺骗与误导消费者。在实践中，这一原则可细化为四个方面：其一，广告的内容要真实，其宣传的商品和服务应当与实际销售的商品或提供的服务相一致；其二，广告表现不能给人造成错觉或误解，广告艺术形式的选择不得违背真实性原则；其三，广告中广告主的承诺须具有根据且能够实现；其四，广告中有关商品知识的宣传应正确，不误导消费者。

2. 广告中的传播伦理原则

广告不仅是一种经济行为，也是一类传播行为，这源于广告需要借助大众传播媒介才能把特定的商品信息传递给消费者。因此，在经济伦理之外，广告伦理也必须遵循大众传播伦理。

（1）经济效益与社会效益并重。

广告活动不仅是商品促销活动，也是一种特殊的文化传播活动，往往反映着社会的道德期望，引领着社会时尚的发展，改变着消费者的生活习惯。广告活动除了要考虑企业的经济效益，还应注重社会效益，遵循维护社会公共利益的原则，传播符合社会主流的道德观念（诸如平等、善良、责任、正义等）、社会习俗和公众审美、有益于社会风尚及公众的身心健康的内容，拒绝从事可能损害国家和民族利益、宣传封建迷信、宣扬暴力恶俗或制造社会冲突、违反社会公共道德等的任何不合法、不健康、不文明、不积极及其他对社会公共利益有害的广告活动。

（2）公正原则。

公正含有公平无私、正义无恶的意义。在传播伦理中，公正原则的核心指向是“在相关方面平等的人应该（在这方面）被平等地对待”①。针对广告传播，公正原则要求广告活动按照道德规范与原则，公平、平等、尊重、正直地看待广告当事人与广告受众。落实至实践，这一原则尤为突出地体现在广告创意和广告表现不能因性别、年龄、职业、种族、健康状况、经济能力、社会地位、宗教信仰等因素对广告当事人与广告受众的形象和社会角色进行片面的定义与呈现，更不应采取轻蔑、歧视或排斥等贬低态度。

（3）适度传播原则。

作为一种商业传播形式，广告传播通常会设法提高广告的覆盖率、到达率、曝光率、精准度以及通过独特、巧妙甚至震撼的广告创意，增进受众认知与记忆、提升广告的传播效果。由此带来的另一个伦理问题是，广告传播不能仅以传播效果为重，还须在此过程中尊重广告受众的基本信息权利，考虑其接受心理。适度传播原则便要求广告在投放中不应过度侵犯受众的私人空间，干扰其正常的信息活动（譬如强制受众接触广告、长时间重复刊播广告），以及在广告创意中寻求正当、有效的说服途径，不为了追求震撼力、冲击力与话题性而过度利用、刺激受众的情感与情绪（例如在广告中运用过强的恐惧诉求）。

二、新媒体广告伦理规范面临挑战

上述广告伦理的原则规范皆适用于新媒体广告。但需要承认的是，即使是传统广

---

① 维曼，多米尼克．大众媒介研究导论（第七版）[M]．金兼斌，等译．北京：清华大学出版社，2005：75.

告，也难以做到完全符合广告伦理的要求，更何况较之传统广告时代，新媒体广告所面临的受众环境与技术环境更加瞬息万变，广告的参与主体、投放方式、传播途径也不断地发生着巨大的改变。相应地，这也加大了广告伦理对新媒体广告活动进行规范的难度。

（一）广告参与主体增多，把关难度加大

传统广告时代，广告的设计发布以及广告活动的策划开展往往由专业的广告公司或广告代理公司负责，广告内容在刊播之前须经过相应媒介组织的审核把关，因此整体而言，广告运作的门槛相对较高，从业人员的专业性亦有所保障。但在新媒体广告运作中，借助新媒体提供的传播平台（尤其是自媒体平台）和便捷的广告交易系统，广告制作和投放的门槛大大降低，大量中小企业乃至个人都能运用新媒体进行广告传播。这一方面导致广告参与者及广告内容的专业性和质量良莠不齐，由之形成的海量的广告信息也使新媒体平台与监管机构难以进行及时全面的监督管理；另一方面使得广告发布的前向审核多转变为发布后的举报处理，给有违广告伦理的新媒体广告留下可乘之机。

（二）精准捕捉受众带来的伦理风险

新媒体环境下，广告受众的信息获取习惯也发生了转变。其中最为显著的变化是，新媒体广告受众比以往任何时候都希望（也能够）得到符合其个人兴趣、匹配其自身需求的精准广告信息，而为了避免冗余广告信息的打扰，他们也会有意识或无意识地减少广告接收行为，如直接关闭广告弹出窗口、设置广告拦截程序等。这种受众心理与信息获取习惯的转变，使新媒体广告的制作者与发布者开始重视对目标受众个人信息的收集和利用，运用大数据技术、地理位置技术、算法等技术手段向目标受众推送广告信息。但这些手段的使用也为广告活动增加了相应的伦理风险，例如可能会对受众的个人隐私或个人空间造成侵犯，或者为了一味迎合受众而忽视广告的格调与社会效益。

（三）新媒体广告的快速变化促发新的伦理问题

传统广告的主要传播媒介——报刊、广播、电视及户外媒体在媒介形态上较为稳定，经过长期的广告运作实践，伦理规范方面的主要问题和解决路径已为业界和学界所熟悉。与之相比，在新技术推动下，新媒体广告的载体、形式、运作方式和影响范围始终都在快速地发生变化，由此可能促发新的伦理问题。

比如，为了在“信息流”中吸引用户的注意力，有的信息流广告会采用严重夸张、耸人听闻、与广告内容或事实完全不符的标题，或者运用很多大打色情擦边球的文字、图片、视频，污染人们的信息空间。

又如，随着智能手机的普及，越来越多的老年人和未成年人成为手机的重度使用者。然而，这些群体的媒介素养、广告素养（主要是对广告的解读和判断能力）并不足以应对数量庞大且隐蔽性强的新媒体广告，因此更易被广告信息诱导、更易受到不良示范的影响，从而干扰到自己的正常生活。

再如，在搜索引擎已经成为人们日常信息获取最重要的手段之一的背景下，由于一

些搜索引擎企业忽视自身应当承担的社会责任，没有对竞价推广的商业信息加以有效标注、没能严格核查广告主的资质，致使很多用户把检索到的推广内容视为自然的搜索结果，进而受到财产、健康甚至生命的损失。

案例链接

“魏则西事件” 引发的商业伦理反思

2016 年 4 月 12 日，西安电子科技大学计算机专业的大学生魏则西因罹患滑膜肉瘤这种罕见的癌症而去世，年仅 21 岁。魏则西的去世引发了大范围的社会讨论及人们对搜索引擎百度的质疑。因为魏则西去世前，他家人带他四处求医，曾去武警北京总队第二医院，尝试了肿瘤生物免疫疗法，治疗完成后出现肺部转移。而他们对这家医院的认知来自百度。

魏则西曾经在知乎上回答过一个问题——“你认为人性最大的‘恶’是什么？”在回答中，他讲述了自己在武警北京总队第二医院求医的始末。中间提到，他到该医院就医，是由于无望之际，在百度搜索看到了新疗法的推荐。当时他并未意识到那是推广信息。

网友们层层分析发现，武警北京总队第二医院的肿瘤科，相当于是外包给了莆田系医院。莆田系医院是福建莆田人开办的民营医疗机构，占据中国民营医院 80%的份额，依靠大规模的广告来进行市场运营推广，与百度有长期的合作关系。有数据表明，莆田系医院仅 2014 年给百度贡献的收入就超过 100 亿元。

这使得百度在“血友病吧事件”后，再次成为公众情绪的宣泄口。在民愤之外，一个被集中讨论的事情是，百度是否应为广告主背书和担责，信息平台的商业模式是否需要去原罪化？

从法律层面来说，事发时还没有明确的法律规定流量主和广告主之间的责任关系，甚至就连百度推广算不算广告，当时也没有清晰的界定。在司法系统和工商的行政系统中，还没有直接认定竞价排名属于广告。不过按照《广告法》的定义，竞价排名在实质上应当是广告。在百度的搜索收入中，医疗推广占了巨大比重，但医疗广告在全世界都是被严格管制的。

对于信息平台的去原罪化，有人给出了谷歌的思路。在广告的处理上，谷歌在“不作恶”这一口号的指导下显得更为善意，把广告单独列了出来。百度则是把广告和普通信息放在了一个信息流里，只是在广告下方加了“推广”二字。

一个不可否认的事实是，百度目前是中国最大的互联网信息入口之一，客观上也是网民对很多行业的认知通道。如何在商业之外负起社会责任，是百度需要考虑的重要问题。正如百度 CEO 李彦宏在 2016 年 5 月 10 日写给员工的内部信中对魏则西事件的回应与反思：“我们与创业初期坚守的使命和价值观渐行渐远。如果失去了用户的支持，失去了对价值观的坚守，百度离破产就真的只有 30 天！”

资料来源：根据网络资料综合整理。

三、新媒体广告常见的伦理失范问题

新媒体广告的伦理失范，即广告工作者的职业行为与职业道德相悖逆，导致广告活动中的价值标准出现错位，广告行为的动机、手段和效果偏离了广告伦理所要求的原则与规范。综观新媒体广告实践，其最典型、最普遍、危害也最为严重的伦理失范问题主要有强迫广告与广告侵扰、精准广告与隐私侵犯、自媒体广告与营销失序、歧视性广告与群体伤害、庸俗广告与社会风尚低俗化。伦理失范问题的解决最终都会指向责任的明确与对他人的尊重。传播过程中的各个主体都须承担各自应负的责任，这些责任不能仅仅通过法律、规章、监督、批评等外在的社会压力赋予，而更需要各个主体依靠自己的良知和人本精神自发地去承担。

（一）强迫广告与广告侵扰

所谓强迫广告，指的是向广告受众强行传递商业信息或其他信息的广告活动。相较于吸引受众主动关注，这类广告具有强制受众接收广告信息的特点，广告传播的达到率更高，但也会因此不同程度地干扰到广告受众的正常生活与工作，甚至引发其抵触和反感。

在传统广告时代，强迫广告便已是一个十分突出的伦理问题，彼时主要以插播电视广告、拨打推销电话、发送纸质传单等为主要形式。新媒体环境下，强迫广告从线下转移至线上，表现形式更加多样，其对网络用户的侵扰影响也愈发严重。具体来说，新媒体广告的强迫广告主要有以下几种表现形式：

其一，通过手机短信或电子邮件直接向广告受众发送的广告信息。虽然这种类型的广告针对性强、传播面广、广告信息容量大，但未经同意和授权就向受众发送短信或邮件，会在一定程度上给网络用户造成困扰，影响其对相应品牌的印象。

其二，打开网页或移动 App 的同时自动弹出的广告信息，如全屏广告、开屏广告、背投广告、视窗广告、悬浮广告等，这类广告往往会影响用户正常浏览网页，甚至有可能侵害网络用户的“选择权”。

其三，网络视频中的贴片式广告，这种广告按播放时机的不同可分为前贴、中贴和后贴三种插播方式。频繁地插播广告或广告播放时间过长，也会对用户正常的视频观看行为造成干扰。

针对强迫广告带来的广告侵扰，虽然批评较多，但也有人认为这是用户免费获取资讯、进行新媒体视听娱乐所应当付出的代价。

案例链接

“关不掉”与“避不开”的 App 广告

2020 年 12 月 16 日，上海市消费者权益保护委员会发布了《App 广告消费者权益保护评价报告（2020）》。该报告通过对 600 款 App 的广告行为进行分析后发现，58%的

App含有广告，其中69.7%的广告没有“关闭”键，如微信、汽车之家、快看视频、36氪等；此外，在App个性化广告中，仅有14.5%的App有个性化广告推荐的关闭入口。[①] 这些数据反映出我国App广告的“关不掉”问题仍然突出。

除了不设关闭标志外，App广告还存在如下几种“关不掉”的情形：关闭标志虚假，关闭标志不可清晰辨识或定位，出现多个关闭标志，实现广告的关闭须经两次以上点击，以及同一页面中关闭后继续弹出广告等。这些广告推送手法不仅降低了App的使用体验，也对用户的正常网络使用造成了严重干扰。

除了关闭困难这一顽疾，诱导或强迫跳转也是目前App广告屡遭诟病的一大乱象。其主要手段包括：弹窗整屏都为跳转链接且关闭按钮隐蔽或无效，使用户极易误触从而进入广告页面；以虚假信息诱导用户点击跳转，如利用“内存已满，立即清理”“拦截到木马，立即查杀”“您有百元话费补贴，请领取”等方式包装广告信息，欺骗用户点击；违背用户意愿或在未得到用户同意的情况下，肆意下载、安装或开启第三方应用、页面，如一些App开屏广告自动启用手机“摇一摇”功能，只要手机产生晃动即有可能触发跳转、进入广告页面；等等。

应当注意到，App广告这种“关不掉”“避不开”的强迫广告行为不仅违背新媒体广告伦理，也同时违反了我国相关法律法规的规定。我国《广告法》第四十四条与《互联网广告管理暂行办法》第八条均规定：利用互联网发布、发送广告，不得影响用户正常使用网络；在互联网页面以弹出等形式发布的广告，应当显著标明关闭标志，确保一键关闭。另外，《消费者权益保护法》第九条规定“消费者享有自主选择商品或者服务的权利”，这意味着强迫广告同时涉嫌侵犯用户的自主选择权。

针对此类现象，2019年以来，工业和信息化部连续两年开展了App专项整治行动，针对设置障碍频繁骚扰用户等问题，一共对62万款App进行技术检测，责令2 234款违规App做出整改，公开通报了500款、下架了132款整改不到位、拒不整改的App。[②] 2021年11月1日，工业和信息化部再次组织开展信息通信服务感知提升行动，将优化App开屏弹窗信息展示方式作为重点任务，要求互联网企业于2021年12月底前在其App开屏信息和弹窗信息窗口设置明显、有效的关闭按钮，按钮大小、位置、颜色应易于操作辨认，让用户“找得到，关得了”，同时，App开屏信息窗口不得使用整屏图片、视频等作为跳转链接，诱导用户点击或易造成用户误点击，给用户带来不便。[③]

（二）精准广告与隐私侵犯

按照中国广告协会给出的定义，精准广告是通过收集一段时间内特定计算机或移动

---

① 上海市消费者权益保护委员会．《App广告消费者权益保护评价报告（2020）》相关情况［EB/OL］．（2020-12-16）［2021-11-25］．https：//315.sh.cn/html/tpxw/2020/05/21/eae5eea0-a895-47db-b3b2-12635b4e8317.shtml.

② 杜鑫．能否关掉那些关不掉广告的App?［N］．工人日报，2021-02-01（04）.

③ 工业和信息化部关于开展信息通信服务感知提升行动的通知［EB/OL］．（2021-11-01）［2021-11-25］．http：//www.gov.cn/zhengce/zhengceku/2021-11/06/content_5649420.htm.

设备在互联网上的相关行为信息，来预测用户的偏好或兴趣，再基于此种预测，通过互联网对特定计算机或移动设备投放广告的行为。① 目前，新媒体广告越来越注重其精准性，这不仅是因为精准广告能够更好地满足广告受众个性化的广告需求，同时还因为它可以帮助广告主降低广告成本，提高广告传播的可预测性和传播效果。但是，精准广告中对网络用户个人信息的收集与分析却有可能造成对用户个人隐私的侵犯。

一般来说，网络用户的个人数据大体分为两类：一是个人信息，指以电子或其他方式记录的与已识别或者可识别的自然人有关的各种信息，包括但不限于自然人的姓名、出生日期、身份证件号码、个人生物识别信息、住址、电话号码等；二是网络行为数据，如网络用户的网站登记记录、软件使用记录、网络内容消费记录、支付交易记录、地理位置踪迹、智能穿戴设备收集的身体特征信息等。按照工业和信息化部《电信和互联网用户个人信息保护规定》，网络用户的个人信息属于个人隐私范围，只有"不可识别"的网络行为数据可供第三方使用。但目前，不论是用户的网络行为数据，还是其个人数据，泄露与滥用的情况均十分严重。中国互联网协会发布的《2015 中国网民权益保护调查报告》显示，78.2%的网民个人身份信息以及 63.4%的网民个人网上活动信息被违规泄露。②

在新媒体广告的运作中，涉嫌侵犯用户隐私权的个人数据搜集行为主要包括：第一，未经用户同意，利用网站或客户端设置的 cookie 追踪用户的网络浏览轨迹，收集其填写的注册资料、浏览过的网页和浏览时间、浏览习惯等，并将之运用到广告投放当中；第二，非法盗取用户的 IP 地址，并根据从中收集的用户个人信息进行网络精准营销；第三，在没有事先告知、征得用户同意的情况下，网站或客户端在收集个人信息的范围、使用目的、与第三方信息共享等问题中存在超出与用户服务协议规定的行为；第四，从其他网站或机构购买未经用户本人同意的其个人数据信息，并据此开展精准营销的行为。

案例链接

Cookie 的应用与用户隐私安全

2013 年，中央电视台在一年一度的"3·15"晚会上曝光了网易、品友、传漾、易传媒、亿玛等新媒体公司利用 cookie 跟踪、采集用户的个人信息，涉嫌侵犯用户隐私权的问题，引起了公众的关注与讨论。节目中提到，网易邮箱默认第三方营销机构对其用户的 cookie 进行抓取，获取包括邮件内容在内的大量隐私，以便更精准地投放广告。③

在此之后，cookie 造成用户隐私安全隐忧的问题屡登报端。如 2013 年 5 月，市民朱烨起诉北京百度网讯科技公司（简称"百度"），称其在百度搜索引擎搜索"减肥""人工流产""隆胸"等关键词后，使用其他网站时出现了与上述关键词相关的广告。朱烨认为

① 中国广告协会互动网络分会．中国互联网定向广告用户信息保护行业框架标准 [S/OL]．(2014-03-13) [2018-04-07]．http：//www.maad.com.cn/index.php?anu=news/detail&id=4406.

② 中华人民共和国工业和信息化部．2015 中国网民权益保护调查报告 [EB/OL]．(2015-07-31) [2018-04-08]．http：//www.miit.gov.cn/n1146285/n1146352/n3054355/n3057724/n3057732/c3555530/content.html.

③ 秦川．Cookies 疑云牵出网络隐私争论 网易内部调查结果：第三方难窥用户邮件 [N]．新闻晚报，2013-03-21 (A1-20).

百度未经其知情和选择，利用私自记录的关键词，对其浏览的网页进行广告投放，侵害了她的隐私权。[①] 又如，2014年，上海市工商局长宁区分局在日常检查中发现，当地某广告公司通过与第三方网站合作，在未告知、明示收集、使用网络用户个人信息的目的、方式、范围及收集、使用规则的情况下，擅自收集网络用户的cookie，通过分析获得用户个人信息，筛选出符合广告主要求的目标消费群体并向其投放广告。[②]

就这些案例而言，cookie似乎成了用户隐私被跟踪与泄露的"元凶"。作为存储在用户本地终端上的数据包，cookie记录了用户的相关信息，包括用户名与密码、浏览过的网页、访问某站点的次数、停留时间以及用户在Web站点购物的方式等，目的是优化用户的网络使用体验，例如：使用户无须输入用户名和密码即可登录相应网站；记录用户对网站界面风格的个性化设定；记录用户浏览和需要购买的商品，简化其在网购中的操作；以及通过分析cookie记录的用户在网站的点击行为和浏览历史，向用户推荐更符合其兴趣和需要的信息等。鉴于这些优势，目前几乎所有的浏览器及网站都使用或兼容了cookie技术。

但正如上述案例中提到的，cookie的广泛使用同时带来了用户个人信息泄露的风险——尽管cookie数据是以加密的形式在终端与服务器之间传递的，但仍有可能被非法用户通过篡改、截取、伪造等方式获得，从而访问合法用户的信息，造成个人信息的泄露。[③]

对于新媒体广告企业来说，其在征得网站同意后，可以在其广告位中设置"第三方cookie"，获得用户点击广告、浏览网页等不具身份识别特征的浏览习惯，并投其所好，显示与其匹配的广告内容。但在此过程中，企业一是需要增加数据采集的透明度，在投放广告时充分尊重用户的知情权和选择权；二是要严格遵守相关法律法规，加强自律，不违规获取用户个人隐私数据，不滥用、出卖用户个人数据。如此，企业才能避免自身行为引发伦理争议和触及法律红线。

（三）自媒体广告与营销失序

社会化媒体时代，自媒体的蓬勃发展催生出了一种全新的新媒体广告形态——自媒体广告。根据现有研究，自媒体广告指的是个人或组织机构通过自媒体平台将自主编辑或转载的广告信息发送给"圈子内"特定个人或不确定群体的广告传播模式。[④] 自媒体广告的传播形式多样，除直接展示式广告外，还有新闻软文式广告、知识科普式广告、经

---

① 针对朱烨的起诉，2014年10月14日，南京市鼓楼区人民法院做出一审判决，认定百度利用cookie收集朱烨信息，并在其不知情和不同意的情形下进行商业利用，侵犯了朱烨的隐私权。此后，百度上诉，2015年5月6日，南京市中级人民法院做出二审判决，认为朱烨检索的关键词记录虽"具有隐私属性"，但其信息的匿名化特征不符合"个人信息"的可识别性要求，故更改一审判决，认定百度不构成侵权。

② 上海市工商局长宁区分局．网络广告经营企业收集用户信息是否构成侵权？一起利用cookie主动投放网络广告案件的评析［M］．工商行政管理，2015（2）：34－35．

③ 胡忠望，刘卫东．Cookie应用与个人信息安全研究［J］．计算机应用与软件，2007（3）：50－53．

④ 窦佳乐，黄迎新．自媒体广告的规制失灵与多主体规制体系建构：一项基于自媒体人深度访谈的探索性研究［J］．新闻大学，2018（5）：117－123．

验分享式广告、消费测评式广告、主播带货式广告、有奖分享式广告等多种表现形式。

相较于其他新媒体广告形态，自媒体广告具有比较突出的独特性。首先，自媒体广告活动的参与门槛更低，普通公众、企业或其他组织均可以广告主、广告经营者、广告发布者或广告代言人的身份参与自媒体广告活动；同时，这四种身份在自媒体广告中也能重叠，甚至合为一体，例如企业可通过自己的微信公众号、微博官方账号向其关注者发布自行设计的广告作品来推广自己的产品或服务。其次，自媒体广告常与自媒体内容高度融合，通过将广告信息融入幽默、搞笑、轻松、实用的自媒体内容中，提高广告的可读性与亲和力，以此提升用户的广告消费体验、避免生硬劝服引发的用户反感与排斥。再次，在传播方式上，自媒体广告主要采用“个人”对“个人”的广告传播模式，即广告内容需基于自媒体与其用户的社交关系进行传播与扩散，因而自媒体广告与其他广告形态相比具有较强的隐蔽性与病毒式传播特征。

具备这些特点的自媒体广告灵活性更强、精准化程度高、互动性突出，成本也相对低廉。此外，鉴于自媒体中不乏拥有大量关注者的头部账号或意见领袖，借助其影响力进行广告投放，自媒体广告还能实现非常可观的广告覆盖率与转化率，广告效果优异。然而亦应看到的是，如上特征也令自媒体广告失范现象频频发生，由其导致的营销推广乱象此起彼伏，为新媒体广告治理带来了新的难题。这主要包括：

其一，自媒体广告质量参差不齐，虚假广告、广告欺诈、低俗广告等问题泛滥。由于自媒体广告发布者构成复杂，外部法律监管尚不完善，自媒体广告品质良莠不齐的情况十分严重。为了达到更好的广告劝服效果，大量自媒体广告存在对广告商品或服务进行夸张、扭曲乃至虚假宣传的问题，也有一些自媒体广告运用诸如淫秽、色情、迷信等低俗设计来博人眼球或吸引点击。而用户有可能由于对这些自媒体作者、网络主播等的信任，更易被这些广告所欺骗或影响。

其二，自媒体广告的可识别性差，用户极易在无意识的状况下受到广告信息的误导。我国法律要求互联网广告应当具有可识别性，要能使消费者辨明其为广告。但很多自媒体广告选择借用个人经验分享、好物“种草”（介绍商品优点以激发受众购买欲望）、使用测评、知识科普等形式宣传特定商品或服务，对自身是否为广告讳莫如深。而为了提高可信度与优化用户体验，很多自媒体广告还会尽可能地将广告信息“去广告化”，将自身“无痕”融入自媒体内容的上下文情境中进行传播。对于这些自媒体广告，仅从内容看，对其是属于广告还是单纯的个人表达分享行为难以进行准确认定，用户很难辨识。

其三，少数利益主体利用自媒体广告进行不正当竞争。部分广告主会以编造故事或夸大事实、散布不实信息等方式通过自媒体平台恶意诽谤、诋毁、打压竞争对手。自媒体平台上还活跃着大量“营销号”“马甲号”，雇佣“网络水军”自我炒作、攻击竞争对手，这些也是借助自媒体广告展开不正当竞争的主要手段。

（四）歧视性广告与群体伤害

歧视性广告是以身份、性别、种族或社会经济资源拥有状况等为依据，对某一群体或某类社会成员进行不平等或贬损性展现的广告。从广告伦理上看，歧视性广告不仅会严重伤害所涉群体的感情，对社会的价值导向起到负面作用，还有可能激发不同群体或社会阶层间的矛盾，影响整个社会的和谐稳定。

1. 性别歧视广告

对男女社会性别角色的差异性表达是广告传播长期存在的伦理问题。在很多广告中，男性往往被塑造为理性、权威、居于主导地位的成功人士，而女性却多是软弱、顺从、喜怒无常以及依附于男性的形象。在新媒体广告里，这种对女性性别角色进行片面、狭隘甚至带有歧视性的建构和再现亦频繁出现。

从形式上讲，针对女性的性别歧视广告主要有以下三种表现：

（1）宣扬女性的依附性地位。

在这类新媒体广告中，女性缺乏自己的思想和价值，没有独立的人格和生活，人生目标主要定位于得到外界，尤其是男性的注视和赞赏。因此，相较于男性价值的呈现以事业成功为导向，这类广告往往输出以外貌美丑、能否服务好家庭作为评价女性价值的观念。比如，在各类婴幼儿产品、食品、家用电器类广告中经常使用的“金牌妈妈”主题，表面上是为照顾好孩子、丈夫的女性颁发“金牌”，却暗含照顾好家庭的女性才是优秀女性的导向。2017 年微整形 App“更美”向各大网络平台投放了名为“人生不是天生”的微视频广告。该广告选取了 7 位女性的生活片段，讲述了她们因相貌平凡而得不到关注、肯定与幸福的故事。在这则广告中，外貌不出众、身材不出挑的女性被认为是“庸俗”“自卑”“低人一等”——这种带有“女性外貌不美就等于失败”的错误价值观的广告，不仅对女性群体缺乏应有的尊重，也会对社会风气带来极为负面的影响（见图 3-1）。

图 3-1 更美 App 发布的“人生不是天生”广告

（2）把女性描写成只对物质感兴趣的群体。

在一些针对女性消费群体的广告中，经常可以看到这样的情节：只要向其提供珠宝、化妆品或名牌衣物，便可以取悦任何女性；一位年轻美貌的女孩却脑中无物，只对消费、购物感兴趣等。比如，2013 年，加拿大东岸城市 Halifax 的百货商场 Mic Mac Mall 就通过电视、广告和网络发布了这样三则广告：“你问我最喜欢的学科？当然是血拼！”“混合花纹图案……是一门科学无误！”“社会科学（social study）？我发在脸书上的新买的靴子算不算是？”[①] 显然，把“购物”当作一门“学科”，把颜色和花纹当作“科学”只是一小

① social 也有社群的含义。

部分酷爱购物的女性的小众心理，但这则广告却把这种小众心理投射到所有女性身上，把女性塑造为只关心美貌、只爱好消费，甚至是“华而不实”的群体，这在本质上也是对女性的歧视与缺乏尊重（见图 3－2）。

图 3－2 Mic Mac Mall 百货商场发布的备受争议的广告

（3）直接把女性呈现为“性对象”。

有的广告对女性的身体特征进行近乎完美的夸张，呈现出一种常人无法企及的、超乎现实的美。这种做法的实质则是在审美方面把女性置于客体的地位，将其作为“被看”的对象满足男性“看”的需求。一些广告还常常只刻画女性身体的某个部分——眼、唇、面部、胸部、腿部等——把女性的整个身体作为“物体”切割成不相连的碎片；在这些广告里，女性失去了自己的思想、表情、感知、情绪，变成了男人的性感玩物，甚至是“一种纯粹的工具符号”①。图 3－3 是新西兰男士珠宝品牌“I LOVE UGLY”在其展会及 Facebook、Twitter 上发布的男士珠宝广告，这则广告带有明显的女性歧视：在所有的广告图片中，男性皆穿着衣服而女性均为裸体，男性“把玩”着女性的身体而女性“服从”于男性的玩弄②。

2. 种族歧视广告

种族歧视广告是广告创意表现中含有针对种族、肤色或人种的歧视性内容。1965 年 12 月 21 日，联合国大会通过的《消除一切形式种族歧视国际公约》对“种族歧视”概念做出了如下界定：“基于种族、肤色、世系，或民族或人种而施行的任何区别、排斥、限制或优惠，其目的或效果是取消或损害政治、经济、社会或公共生活任何方面的人权及基本自由在平等地位上的承认、享受或行使。”而具体到广告传播中，种族歧视主要体现为以下两个方面：其一，针对肤色、头发以及面部其他特征等物理特征上的差异，对某一种族，特别是有色人种进行负面的、贬损性的广告形象呈现；其二，认为不同种族之间不仅有物理特征之别，更存在智力和能力上的差异，例如将“黑人”与“愚昧”“落

---

① 李淑芳．广告伦理研究［M］．北京：中国传媒大学出版社，2009：69.

② VAGIANOS A. Sexist ad campaign reminds women they're nothing more than objects［N］. HuffPost，(2015－12－04)［2018－04－08］. http：//www. huffingtonpost. com/entry/sexist-i-love-ugly-ad-campaign-reminds-women-they-are-objects _ 5661a889e4b072e9d1c5bbf5.

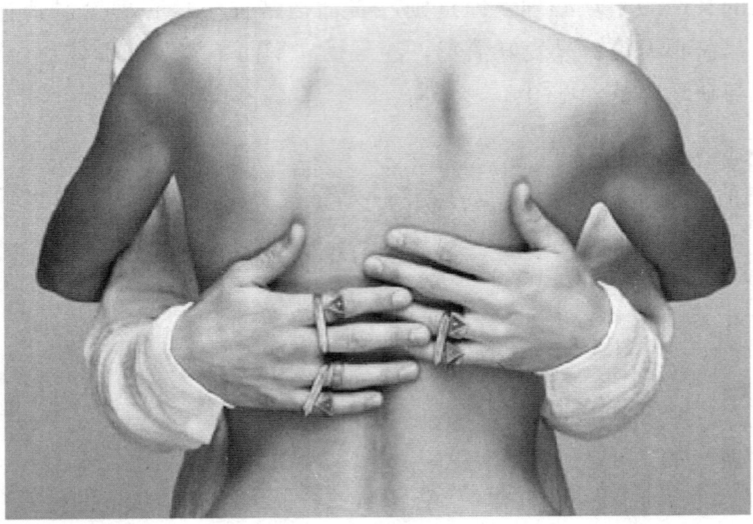

图 3-3 新西兰品牌“I LOVE UGLY”发布的男士珠宝广告

后”“贫穷”“危险”等负面词语挂钩等。种族歧视广告在传统广告时代便备受批评，到了广告发布更为便捷、传播更有效率，同时把关机制却相对宽松的新媒体平台上，种族歧视广告亦屡禁不止，带来的社会影响也更加恶劣。

案例链接

“洗白” 黑人的种族歧视广告

2017 年 10 月，全球著名品牌多芬（Dove）在社交网站 Facebook 上发布了一则涉嫌“种族歧视”的广告（见图 3-4 左），在网络上引发了网民的抗议。这则视频广告中，一名黑人女性使用了多芬的沐浴产品后“蜕变”成了白人。[①] 抗议网民认为，这实际上是在说黑人的皮肤“肮脏”。面对网民的强烈批评，多芬向公众公开道歉，称：“我们为广告引发的冒犯深感后悔。”但实际上，这不是多芬第一次发布涉嫌“种族歧视”广告。2011 年，多芬的另一则广告中，黑人、亚洲人和白人女性分别被标为“使用前”和“使用后”，意在表现使用其产品会令肤色由黑变白（见图 3-4 右）。这则广告也因明显带有认为白色肤色优于其他有色肤色的歧视性观点而遭到网民抗议。

类似的例子又如，2016 年 5 月，中国洗衣溶珠品牌“俏比”的一则视频广告在 YouTube 上引发了广泛争议。[②] 广告中，一名身上、脸上有油漆污渍的黑人男子试图与作为女主角的中国女子亲吻，结果被女子喂了一颗“俏比”洗衣溶珠并塞进洗衣机进行“清洗”。完成“清洗”后，黑人男子变成了浅肤色的亚洲男子，并获得了女子的青睐。虽然该广告的本义是宣传俏比洗衣溶珠的超强洁净能力，但用黑皮肤指代“脏”的广告创意蕴含着严重的种族歧视（见图 3-5）。

---

① 环球网．国际品牌多芬一广告涉种族歧视：黑人使用后变白人（图）[EB/OL]．(2017-10-09) [2018-04-08]．http://world.huanqiu.com/exclusive/2017-10/11313717.html.

② 参考消息网．中国洗衣珠广告“洗白”黑人引争议 网友：国人只看脸 [EB/OL]．(2016-05-30) [2018-04-08]．http://www.cankaoxiaoxi.com/china/20160530/1175363.shtml.

图 3－4　多芬发布的两则涉嫌种族歧视的广告

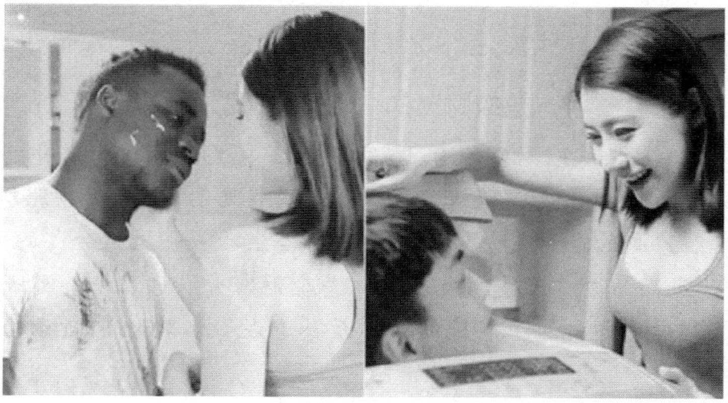

图 3－5　俏比发布的种族歧视广告

3. 经济歧视广告

在新媒体广告中另一类出现频率较高的歧视性广告是经济歧视广告，即根据财富的多寡、社会地位的高低而对社会成员采取区别性呈现的广告。从根源上看，经济歧视广告源于经济社会发展过程中产生的贫富差距，因此也主要表现为经济优势群体的优越感以及对处于经济劣势的人群的轻蔑与歧视。2017 年，意大利奢侈品牌 Dolce&Gabbana（简称 D&G）在微博、Facebook 等社交平台上以“＃DG 爱中国＃”为名发布了一组在北京拍摄的图片广告。[①] 广告中，身着 D&G 品牌服饰、苗条时尚的模特“对立”于打扮普通，甚至有些“土气”的北京街头大妈、出租车司机等普通民众左右，造成了一种富与贫、现代与传统、光鲜与简陋的强烈视觉反差（见图 3－6）。这一创意在广告发布之后，旋即引发了网民对其“大秀优越感”“对普通人缺乏尊重”“羞辱穷人”的批评。同时，不少中国网民认为，该广告还存在着严重的地域歧视，因为其有意地把北京乃至整个中国塑造为某种落后、贫穷、粗陋的形象。

① 观察者网．Dolce&Gabbana 杜嘉班纳北京拍大片引争议 被指“曲解中国”［EB/OL］．（2017－04－20）［2018－04－08］．http：//www.guancha.cn/society/2017_04_20_404585.shtml.

图 3-6　Dolce&Gabbana 发布的“#DG 爱中国#”图片广告

案例链接

蚂蚁财富的“扎心文案”

2017 年 9 月 28 日，蚂蚁财富联合 16 家基金公司共同推出的《年纪越大，越没有人会原谅你的穷》系列广告“刷爆”了微信朋友圈（见图 3-7）。按照蚂蚁财富于此后发布的声明，这组广告的本意是想传递“让理财给生活多一次机会”的主题，“鼓励年轻人关注理财”，进而推广“上支付宝搜××基金财富号”的目标。然而，蚂蚁财富没有想到的是，这组广告却引发了网民的强烈反感和抗议，把他们自己乃至支付宝推向了风口浪尖。

这组广告一共包含 16 张 GIF 动图，每一张描述一种场景，张张“直击”普通年轻人生活中面临的经济压力，包括“每天都在用六位数的密码，保护着两位数的存款”“在家心疼电费，在公司心疼房租”“对所有大牌下的每个系列化妆品都如数家珍，但你绝不会透露自己用的只是赠品小样”“一年有 26 个节日，你都不会去过，但你不会错过节日里的每一分钱红包”……网民认为，尽管这组广告在某种程度上反映了年轻人的经济“伤疤”，但这种极尽挖苦已突破了底线，不仅缺乏对辛苦奋斗的年轻人的尊重，甚至还传递着一种强烈的金钱至上、金钱唯一、贫穷等同于失败以及蔑视穷人的错误价值观念。

面对网民的抨击，蚂蚁财富在广告上线的当晚就发布了道歉声明，表示已经删除了相关广告，同时向 16 家基金公司致歉。被怀疑与这组广告有“共谋”关系的支付宝也在第一时间进行了澄清，称自己从未参与这组文案的任何策划、制作、发布，并表示“每个认真生活的人都值得被认真对待”。

从广告伦理的角度看，这组广告之所以如此“扎心”，源于其涉嫌对经济上处于相对劣势的对象公然实施轻蔑以及对其人格尊严进行轻侮。人格尊严是作为一个“人”所应有的最起码的社会地位与应得到的社会和他人最基本的尊重。因经济因素蔑视、歧视他人的人格和尊严，不仅会极大伤害被歧视者的情感，也是对他们作为人的基本权利的侵犯。

图 3-7 蚂蚁财富发布的《年纪越大，越没有人会原谅你的穷》系列广告

资料来源：新浪网．蚂蚁财富“扎心”文案引监管关注［EB/OL］．(2017-09-30)［2018-04-08］．http：//finance. sina. com. cn/zt _ d/mycfzxwa/.

（五）庸俗广告与社会风尚低俗化

广告创意与表现的格调、品位对广告受众的身心健康以及社会的整体发展均具有一定的影响。格调高雅、品位上乘的广告作品能够让受众在了解推广信息的同时获得知识或审美意趣、产生愉悦、提升境界；相反，格调和品位低下的庸俗的广告作品则会造成受众的烦闷、恶心、不安、尴尬，污染人们的信息传播环境。

需要承认的是，对广告格调与品位的评价具有相当的主观差异性，即一些人可以接受的品位对另一些人来说可能就无法忍受，品位本身也会随着时代或地域的差异而不断变化。但尽管如此，在一些基本问题上，大多数公众还是会得出较为一致的看法。

对新媒体广告来说，庸俗广告的一个表现是俗气无聊的内容不断重复。例如，2017年1月，成都地铁2号线的车厢里反复播放“张柱金，你家公鸡下蛋了”的广告，广告中仅有一个做着夸张表情的女士头像以及10个蓝色的字组成的广告语，没有广告投放公司的名称，也没有透露任何产品信息，乘客不堪其扰，纷纷投诉。

庸俗广告的另一个表现是以性欲挑逗和男女裸露的肢体表现“性”诉求。例如某门户网站WAP版的广告中，有一条游戏广告的文案是“男人一玩上瘾，女人玩了沉迷！晚上房间超刺激，记得戴上耳机，声音千万别外放”，图片则是穿着非常暴露的美女图片。尽管随着公众的性意识逐渐从传统保守转向开放，消费者对广告中的“性”诉求也从唾弃、排斥、批评渐渐转向理解和欣赏，但广告的“性”表现依然需要把握适当的“度”。

一些容易让人产生联想和歧义的“标题党”广告也可算作庸俗广告，例如某酒店集团在微信公众号上发布的以《疯狂来一场刺激的“出轨”之约吧！》为标题的文章，实则是对旅游目的地、酒店和美食的推荐；另外一家酒店的公众号文章《清纯学妹回校啦，但她竟然去开房?》，实际上是宣传一场线下直播活动，跟随美女主播游武汉。

最后，那些传递“拜金”“拼爹”“拼颜值”等庸俗观念的广告自然也属于庸俗广告的范畴。2017年母亲节当天，滴滴出行发布了一支新广告。广告的目的是推广滴滴的“五大安全科技”，让消费者用得放心、安心，创意是利用父母审查女婿的场景来比喻滴滴对司机的审查有多严格。广告中，父母嫌弃女儿找了个其貌不扬的男朋友，但随着男朋友不断拿出名牌大学毕业证、房产证、奔驰车钥匙、和某知名企业家的合影、金卡，父母的表情逐渐明朗，最后喜笑颜开（见图3-8）。这则广告激怒了不少受众，人们纷纷指责广告所传达的金钱至上的扭曲而庸俗的婚恋观。2020年12月，京东金融发布的一则诱导借贷消费的短视频广告也引发了舆论广泛批评。广告中，因母亲晕机，一位穿着土气的男子在飞机上向空姐提出能否打开窗户或更换座位，这招致了其他乘客的嫌恶，空姐便直接向其推销价格逾千元的升舱服务。男子因手机中零钱余额不足无奈放弃升舱后，后排一位西装革履的男性乘客在未得到该男子同意的情况下，拿过他的手机帮他在京东金融上借贷了15万元的“备用金”，并劝导说“急用钱的时候随用随取，别被没有礼貌的人笑话了！”随后还一一介绍了在京东金融上借贷可享受的高额度、低利息等好处以及具体的手机操作流程。该广告不仅场景设计与人物着装过时俗气，其对“没坐过飞机”的人的调侃歧视也令人不适。更为严重的是，广告用“备用金”刻意模糊了贷款的性质，片面突出“低息”“随取随用”“应急”等要素以图引诱那些对互联网金融风险认知不足的公众使用网贷产品，社会影响恶劣。舆论亦被此广告“严重丧失价值底线”的行为激怒，新华网措辞严厉地批评其“为了流量不顾吃相，三观不正，低劣奸诈”。最终，京东金融因这一广告被有关部门以宣扬过度消费等不正确导向、存在严重价值观问题处以罚款40万元的行政处罚。

图3-8 滴滴出行的广告，在女儿的男友出示资产证明后父母喜笑颜开

在社会影响上，许多研究者指出庸俗广告具有导致社会风尚低俗化的负面功能，而

“性”诉求广告中传递的对女性的不公正认识和评价也在不断强化传统的庸俗的性别歧视。[①] 此外，庸俗广告也会对未成年人造成不良影响，使其产生好奇乃至幻想，甚至有可能引发犯罪。

第二节　新媒体广告法规

新媒体广告市场的健康、平稳、可持续发展，需要一套科学完备、运行高效的新媒体广告规制体系保驾护航。目前，我国对新媒体广告采用以政府规制为主、行业自律规制和社会规制为辅的政府主导型规制模式。其中，政府规制的最重要手段是法律规制和行政规制。而两者之间，又属法律规制的作用最为基础、最为直接，包括行政规制、行业自律规制、社会规制在内的其他规制模式均须按照广告规制的法律法规和有关政策，对新媒体广告行业主体及其活动进行监督、检查和指导。本节即重点介绍我国新媒体广告的法律规制体系及其特点。

一、新媒体广告的现行法律规制体系

我国广告的法律规制是指调整国家广告监管机关与广告主、广告经营者、广告发布者以及广大消费者之间由广告活动而引发的各种社会关系的法律规范的总和。目前，我国新媒体广告法律规制体系由广告法律、行政法规、行政规章和法律解释四个层次构成。

（一）广告法律

法律是指由全国人民代表大会及其常务委员会依照立法程序制定的规范性文件，具有普遍的约束力和强制力，如 2015 年 9 月 1 日修订施行的《中华人民共和国广告法》。《广告法》是规范我国广告经营、广告发布和广告监管的部门法，是广告法律规制体系的主干和核心，同时也是制定广告规制行政法规、地方性法规和行政规章的依据，更是广告司法和广告执法的依据。

需要明确的是，由于广告活动本身的复杂性及其关涉范围的广泛性，在法律层面《广告法》是与国家颁布的其他法律相互配合共同发挥法律效力的，如《宪法》《刑法》《民法典》《消费者权益保护法》《个人信息保护法》《反不正当竞争法》《食品卫生法》《药品管理法》《烟草专卖法》《文物保护法》《专利法》《商标法》等法律里都有涉及广告的规范内容，这些法律在规制广告活动上起着直接或间接的作用，是我国广告法律规制体系的重要组成。

（二）行政法规

行政法规是由我国最高行政管理机关国务院依据宪法、法律、法令制定的规范性法

① 张河清．广告信息污染及其管理对策［J］．湘潭大学社会科学学报，1999（5）：136－139.

律文件，其效力和地位仅次于宪法和法律。行政法规的名称一般为“条例”“办法”“规定”。比如 1987 年 12 月 1 日起施行的单行广告法规《广告管理条例》、2000 年 9 月 25 日公布的《互联网信息服务管理办法》等就属于行政法规。

（三）行政规章

我国现行广告法律规制体系中还包括许多由国务院各部门及地方政府依据法律、法规制定的广告管理方面的各种行政规章。

作为我国广告监管的最高机构，工商行政管理总局单独或会同有关部门共同制定了一系列有关广告规制的行政规章，如于 2011 年 12 月 12 日修订的《工商行政管理机关行政处罚程序规定》、2014 年 1 月 26 日发布的《网络交易管理办法》、2016 年 7 月 4 日发布的《互联网广告管理暂行办法》、2016 年 11 月 1 日颁布的《广告发布登记管理规定》等。这些行政规章有很强的针对性和操作性，同时处于边施行边修改、不断充实完善的过程中，是我国广告规制体系中比较活跃的组成部分。

在广告的实际规制过程中，除工商行政管理机关外，其他行政部门也会根据其职能分工，对广告活动齐抓共管。比如作为互联网信息传播主管部门的国家互联网信息办公室也要对新媒体广告进行辅助性规制，其发布的《互联网信息搜索服务管理规定》《移动互联网应用程序信息服务管理规定》等行政规章也发挥着重要的规制作用。

源于地方政府的地方性广告管理法规和地方性规章，是在我国各地广告市场发展不平衡、广告规制工作基础不同的情况下而制定的，旨在有针对性地解决当地广告规制的实际问题，及时处理当地消费者反映强烈的某些倾向性问题，例如 2001 年 5 月施行的《北京市网络广告管理暂行办法》、2008 年 1 月施行的《浙江省广告管理条例》等。这些地方性法规和规章具有因地制宜的特点，是我国广告规制法律和法规的重要补充，也为将来进一步完善国家的广告法律规制体系提供了有益的实践经验。

（四）法律解释

除了上述法律、行政法规和部门规章外，法律解释在维护广告市场秩序、加强广告监管力度中也扮演着重要的角色。根据解释主体的不同，法律解释分为立法解释、司法解释和行政解释三类。如最高人民法院、最高人民检察院于 2013 年 5 月 2 日发布的《关于办理危害食品安全刑事案件适用法律若干问题的解释》第十五条规定“广告主、广告经营者、广告发布者违反国家规定，利用广告对保健食品或者其他食品做虚假宣传，情节严重的，依照《中华人民共和国刑法》第二百二十二条的规定以虚假广告罪定罪处罚”，便属于司法解释。这一规定首次明确提出要严惩有害食品虚假广告犯罪，对于规范食品广告、加强食品安全起到了重要的作用。

由工商行政管理总局根据广告管理实际需要和行政执法中发现的问题而下发的行政文件，包括公告、通知和给地方工商局的答复等是广告规制中主要的行政解释，如《关于限期办理广告经营资格检查的公告》《关于发布违法广告但未收取广告费案如何认定问题的答复》《关于严禁在商业广告中使用国家机关名义的紧急通知》等。

二、 新媒体广告活动主体的权利与义务

广告主、广告经营者、广告发布者、广告代言人和互联网信息服务提供者是新媒体广告活动的主要参与者。与其他任何行业或个人一样，其在发起或参与广告活动的过程中，必然会受到相关法律法规的制约，在拥有特定权利的同时，也需承担相应的义务。

（一）新媒体广告主的权利和义务

根据《广告法》的规定，广告主是指为推销商品或者服务，自行或者委托他人设计、制作、发布广告的自然人、法人或其他组织。在新媒体广告中，除了其利用的广告媒介具有一定的限定性以外，广告主的含义和其他所有广告形式中的广告主之间并无差别，据此可以把新媒体广告主认为是，在新媒体广告中，为推销商品或服务，自行或者委托他人设计、制作、发布广告的自然人、法人或其他组织。

根据《广告法》和《互联网广告管理办法（公开征求意见稿）》等相关法律法规的规定，新媒体广告主在新媒体广告活动中享有的主要权利包括：

（1）自主开展广告活动的权利，即除了法律、行政法规禁止广告的产品或服务外，广告主有权自主决定利用自设网站、网页或在其他拥有合法使用权的新媒体平台上发布广告。

（2）保护自己的合法广告不受拦截、过滤、篡改、覆盖、快进等非法行为侵害的权利。

（3）不受虚假统计数据、虚假传播效果等不法行为侵害的权利。

（4）对行政主体的违法行政行为，广告主依法享有申请行政复议或提起行政诉讼等法律救济的权利等。

新媒体广告主应当履行的主要义务则有：

（1）在开展新媒体广告活动时，应当遵守法律、法规，诚实信用，公平竞争。

（2）作为广告内容的第一责任人，新媒体广告主应保障广告内容的真实性，并具有真实、合法、有效的主体身份、行政许可、引证内容等证明文件。

（3）若广告涉及特殊商品或服务，新媒体广告主应依法申请审查，获得批准后才可发布相应广告内容。

（4）不得利用法律禁止的人代言广告，在广告中使用他人名义或形象时应事先取得同意。

（5）自行发布新媒体广告时，应当确保发布渠道符合法律、行政法规的要求，履行广告发布者依法应当承担的档案管理等责任。

（6）协助、配合广告监督管理的义务。

（二）新媒体广告经营者的权利和义务

根据《广告法》的规定，广告经营者是指接受委托提供广告设计、制作、代理服务的自然人、法人或者其他组织。据此理解，新媒体广告经营者，指的就是提供新媒体广

告设计、制作、代理服务的自然人、法人或者其他组织。

在新媒体广告活动中，新媒体广告经营者除了有权依法自主经营和自由缔结广告合同外，还享有以下主要权利：

（1）对于内容违法或证明文件不全的广告，新媒体广告经营者有权拒绝接受委托。

（2）拥有获得广告主修改广告内容的通知的权利。

（3）收取广告费用的权利。

（4）向工商行政管理部门和有关部门投诉、举报违法广告行为的权利。

（5）申请行政复议或提起行政诉讼的权利。

在义务方面，除了应当遵守广告真实性、合法性、诚实信用和公平竞争等基本原则外，新媒体广告经营者还有以下主要义务：

（1）不得设计、制作、代理法律法规规定禁止生产、销售或发布广告的产品或服务的广告。

（2）不得设计、制作、代理内容不符或者证明文件不全的广告。

（3）按照国家有关规定，建立、健全广告业务的承接登记、审核、档案管理制度。

（4）审核查验并登记广告主的名称、地址和有效联系方式等主体身份信息，建立登记档案并定期核实更新。

（5）公布其收费标准和收费办法。

（6）协助、配合广告监督管理工作。

（三）新媒体广告发布者的权利和义务

根据《广告法》的规定，广告发布者是指为广告主或广告主委托的广告经营者发布广告的自然人、法人或者其他组织。新媒体广告发布者即为新媒体广告主或者广告经营者推送或者展示新媒体广告的自然人、法人或者其他组织。

由于与新媒体广告经营者同为新媒体广告服务的提供者，因此尽管两者的职能范围不同，但在权利与义务方面却有部分重合之处。比如：在权利方面，新媒体广告发布者也具有依法自主经营、自由缔结广告合同、拒绝发布违法广告、收取报酬、保护自己发布的广告不受非法行为侵害以及申请行政复议和提起行政诉讼等权利；也需承担不得发布违法广告，建立、健全广告业务的承接登记、审核、档案管理制度，审核查验广告主信息，建立登记档案并定期核实更新，公布收费标准和办法以及协助、配合广告监督管理工作等义务。

但需要注意的是，鉴于新媒体广告发布者扮演着直接向广告受众推送及展示广告内容的角色，其也因此承担着一些特殊义务，包括：利用互联网发布、发送广告，不得影响用户正常使用网络；不得以欺骗、误导方式诱使用户点击广告；未经用户同意或请求，不得在用户发送的电子邮件或者互联网即时通讯信息中附加广告或者广告链接，不得向其交通工具、导航设备、智能家电等发送互联网广告；不得在用户搜索政务服务网站以及相关应用程序时插入广告；发布含有链接的互联网广告时应当核对下一级链接中的广告内容，采取措施防止链接的广告内容被篡改等。

案例链接

爱奇艺诉极科极客案

极科极客全称为北京极科极客科技有限公司。2013 年，该公司生产和销售的名为“极路由”的路由器获得了不少用户的青睐。而这款路由器的一大卖点就是具备屏蔽视频广告的功能。

2013 年 12 月，专门为用户提供在线视频播放服务以及面向行业用户提供在线网络视频广告制作与发布服务的北京爱奇艺科技有限公司（简称爱奇艺）发现，“极路由”向其用户提供“屏蔽视频广告”插件，安装该插件后，用户不论是使用 PC 电脑还是 iPad 终端，都可以屏蔽掉“爱奇艺”网站上播放的视频片前广告。就此问题，爱奇艺向北京市海淀区人民法院提起诉讼，主张其通过播放视频广告并获取相关收益是受法律保护的合法权利，极科极客为获取商业利益而向用户提供“视频广告过滤”服务的行为，侵害了其合法权益。

对此，北京市海淀区人民法院一审认为，极科极客利用“屏蔽视频广告”插件直接干预爱奇艺公司的经营行为，超出正当竞争合理限度，违反诚信原则和公认的商业道德，构成不正当竞争，并根据我国《反不正当竞争法》第二条、第二十条的规定，判决极科极客赔偿爱奇艺经济损失及诉讼合理支出共计 40 万元。①

（四）新媒体广告代言人的权利和义务

根据《广告法》的规定，广告代言人是指广告主以外的，在广告中以自己的名字或者形象对商品、服务做推荐、证明的自然人、法人或者其他组织。新媒体广告代言人就是除广告主外，在新媒体广告中以自己的名字或者形象对商品、服务做推荐、证明的自然人、法人或者其他组织。

新媒体广告代言人与广告主或广告经营者之间是民事合同关系。因此，新媒体广告代言人也具有选择广告主或广告经营者的权利，以及收取合同约定的报酬的权利。

与此同时，新媒体广告代言人应承担的义务包括：

（1）不代言法律禁止的广告，如按照法律规定，医疗、药品、医疗器械、保健食品不得利用广告代言人做推荐、证明。

（2）不代言虚假广告。

（3）广告代言人对商品、服务做推荐时，应当依据事实，不得为其未使用过的商品或者未接受过的服务做推荐、证明。

（4）科研单位、学术机构、技术推广机构、行业协会、专业人士、用户或受益者等不代言农药、兽药、饲料和饲料添加剂、农作物种子及教育、培训、招商等广告。

---

① 一审判决后，极科极客不服判决结果提起上诉，二审法院根据《反不正当竞争法》的规定驳回了上诉，维持原判。

案例链接

李诞发布违法广告案

2021 年 2 月 24 日，知名脱口秀男演员李诞在其个人微博以#我的职场救生衣#为话题为女性内衣品牌 Ubras 进行商业宣传，表示该品牌内衣是“一个让女性轻松躺赢职场的装备”，此次宣传同时含有“我说没有我带不了的货，你就说信不信吧”及自己推介该品牌产品的视频等内容。虽然视频中李诞对为何选择从这一角度推荐该品牌产品进行了说明，但广告发布之后依然立刻引发了其是否冒犯女性的广泛争议。

网民认为，这一广告将女性能否在职场上获得成功与其内衣挂钩，并使用“躺赢”这一暧昧字眼进行描述，实际上是对所谓“职场潜规则”的暗示，对职场女性构成了巨大的侮辱与冒犯。同时，还有不少网民质疑李诞作为男性何以能够“代言”女性内衣品牌，提出其行为已涉嫌违反广告法。

针对此事，北京市海淀区市场管理局于 2021 年 8 月 24 日公布了调查处理结果，认为李诞的上述广告发布行为，违反了《中华人民共和国广告法》第九条第（七）项规定，构成了发布违背社会良好风尚的违法广告的行为。同时，李诞作为公众人物在广告中利用自身的知名度为品牌女性内衣作推荐，属于广告代言行为，但其本人却并未使用过该商品。这一行为违反了《中华人民共和国广告法》第三十八条第一款规定，构成了广告代言人为其未使用过的商品作推荐、证明的行为。

基于上述事实，北京市海淀区市场监督管理局对李诞做出了没收违法所得 225 573.77元、罚款 651 147.54 元的行政处罚。上海奉贤区市场监督管理局也对李诞独家经纪人上海笑果文化传媒有限公司以其未尽到审核义务为由处以没收广告费 33 003.01 元、罚款 200 000 元的行政处罚。

（五）互联网信息服务提供者的权利和义务

根据《互联网广告管理办法（公开征求意见稿）》的规定，互联网信息服务提供者指的是通过互联网提供信息服务，未参与互联网广告设计、制作、代理、发布等活动的自然人、法人或者其他组织。

虽然不直接参与新媒体广告的经营活动，但互联网信息服务提供者在客观上为新媒体广告提供了信息服务平台。根据《广告法》第四十五条规定，“互联网信息服务提供者对其明知或者应知的利用其场所或者信息传输、发布平台发送、发布违法广告的，应当予以制止”。《互联网广告管理办法（公开征求意见稿）》重申了这一规定：“对利用其信息服务展示、发布的广告内容进行监测、巡查，明知或应知发布违法广告的，应当采取通知改正、删除、屏蔽、断开链接等措施予以制止，并保留相关记录，涉及违法犯罪的，及时向公安机关报告。”

除了广告审查义务外，根据《互联网广告管理办法（公开征求意见稿）》，互联网信息服务提供者的主要义务还包括：

（1）完善发现、处置为违法犯罪活动提供广告推广以及在广告服务中植入恶意代码或者插入违法信息的技术措施。

（2）记录、保存广告主和广告经营者、发布者的名称、地址、联系方式等信息。

（3）利用算法推荐等方式发布广告，其投放程序的后台数据应作为广告业务档案进行保存。

（4）建立有效的投诉、举报受理和处置机制。

（5）配合市场监督管理部门依法开展广告监测。

（6）配合市场监督管理部门依法查处广告违法行为。

（7）对利用其信息服务发布虚假违法广告的责任主体实施警示、暂停或者终止服务等措施，并向社会公示。

当然，在承担义务的同时，互联网信息服务提供者也依法享有根据国家相关法律法规制定与执行平台管理规则，依法依规处理影响用户体验、侵犯用户权益或妨害平台正常运营的商业行为，及对用户违规所造成的损失进行追偿等方面的权利。

案例链接

鄂尔多斯诉搜狐侵害商标权案

2016 年 10 月，内蒙古鄂尔多斯资源股份有限公司（以下简称鄂尔多斯公司）发现北京搜狐互联网信息服务有限公司（以下简称搜狐公司）主办并运营管理的“搜狐网”（域名：sohu. com）上发布了一则名为“给老爸拍一件吧 高档羊绒 T 恤 1.5 折清仓”的图片广告。这则图片广告所链接到的销售网页及网页展示与销售的服装商品包装、标签、吊牌上多次突出使用了“erdos”字母、“鄂尔多斯”文字、“羊角”图形商标等与鄂尔多斯公司商标相同及相似的标识。鄂尔多斯公司认为，上述使用行为属于“未经许可，在相同商品上使用与原告注册商标相同及相似的商标”的行为，侵害了它的注册商标专用权。

此外，由于涉案商品销售网页中标注了“鄂尔多斯服饰官方旗舰店”字样，涉案商品的吊牌上也标注了“鄂尔多斯集团”字样，鄂尔多斯公司认为这一行为属于《反不正当竞争法》所禁止的仿冒行为和虚假宣传行为，构成了对鄂尔多斯公司的不正当竞争。基于此，鄂尔多斯公司向搜狐公司发起民事诉讼，认为搜狐公司实施了侵害自身商标权的行为以及对自身的不正当行为，应承担停止侵权、赔偿损失的责任。

对此，搜狐公司则认为，自身系信息发布平台的服务提供商，既非假冒同类商品的生产者、销售者，亦非伪造、擅自制造商标标识者，因而不存在侵犯鄂尔多斯公司商标专用权的行为。同时，搜狐公司在案涉广告投放期间，尽到了必要的审查和注意义务：在对广告主“四川满道服装贸易有限公司”的广告投放申请进行审核时，确认其提供的广告素材为一张带有“给老爸拍一件吧 高档羊绒 T 恤 1.5 折清仓”字样的图片（图片主要内容为红、灰、蓝三色羊绒 T 恤），没有任何与鄂尔多斯公司注册商标相关的显著文字、图案或标识，亦不存在侵害他人商标权或其他知识产权的情形。而搜狐公司作为互联网广告服务的提供者，所能审核并掌控的广告内容仅包括广告主在自身运营的“搜狐网”所展示的广告素材的内容，对于广告素材所链接的落地页的具体内容，无权亦无能力进行修改与监控，因此不应对落地页造成的法律后果承担责任。

针对本案，北京市海淀区人民法院于 2019 年做出一审判决认为，虽然前述仿冒与虚假宣传的不正当行为系第三方网络卖家所为，但搜狐公司应当承担帮助侵权的侵权责任。理由是：搜狐公司作为广告发布平台，通过广告代理商提供的资质证明文件对广告主的资质进行审查，并利用统一的“搜狐汇算-广告自主服务平台”对广告主在搜狐网上发布的广告内容进行审核、管理，因而对广告发布者的内容具有一定的管控能力，应对广告发布内容尽到相应的审查义务。事实表明，涉案广告的落地页中实际使用了侵权标识，该广告内容与搜狐公司在涉案广告发布前所审查的广告落地页内容明显不同，而搜狐公司并未及时采取删除、屏蔽、断开链接等必要措施，故认定搜狐公司未能对涉案广告内容尽到相应的审查及管理义务。

而对于搜狐公司主张涉案广告内容范围及其审核范围仅为含有“给老爸拍一件吧 高档羊绒 T 恤 1.5 折清仓”文字的图片广告，不包括点击该广告后所链接跳转后的落地页，负责案件二审的北京知识产权法院则继续予以驳回。法院认为，涉案广告为链接式广告，广告内容不仅包含搜狐网中所显示的图片，亦应包含点击该图片跳转后所显示的页面内容；而根据已查明的事实，无论是在搜狐网还是落地页发布的广告内容，广告主均需通过统一的广告发布管理平台上传广告或创意图片，并经过搜狐公司的审核才能够发布，搜狐公司应当知晓涉案广告主在搜狐网广告发布平台发布了侵权信息，但却未采取必要的措施阻止侵权信息的发布，因而存在过错。

最终，搜狐公司被认定构成帮助侵权，向鄂尔多斯公司赔偿经济损失 100 000 元。

资料来源：北京法院审判信息网．内蒙古鄂尔多斯资源股份有限公司与北京搜狐互联网信息服务有限公司一审民事裁判书［EB/OL］．（2019－12－17）［2021－12－05］．https：//www. bjcourt. gov. cn/cpws/paperView. htm? id＝000000000000000000100884619997；北京法院审判信息网．北京搜狐互联网信息服务有限公司与内蒙古鄂尔多斯服装有限公司侵害商标权纠纷二审民事裁判书［EB/OL］．（2021－01－06）［2021－12－05］．https：//www. bjcourt. gov. cn/cpws/paperView. htm? id＝00000000 0000000000000100943620750.

三、 法律法规对新媒体广告内容的规范

对新媒体广告内容与形式的规定是新媒体广告相关法律法规的重要组成部分。这些法律法规所要求的发布新媒体广告的一般原则与限制，是判断新媒体广告内容是否合法以及能否发布的依据，也是广告监督管理机关进行新媒体广告审查与执法的重要依凭。其中，《广告法》中有关广告内容应当遵守的准则是新媒体广告准则的重要来源，另外，《互联网广告管理暂行办法》《消费者权益保护法》等法规也从不同角度对此做出了更为专门的规定。

根据新媒体广告内容准则作用的范围及重要性的不同，可分为一般准则和专门广告准则。其中，新媒体广告的一般准则是指所有新媒体广告都应遵守的规定，表现为广告

法律、法规对新媒体广告内容和形式的普遍性要求，以及对广告内容和形式的禁止性和限制性要求。

（一）新媒体广告不得含有法律禁止的内容

所谓禁止的内容，是指法律明确规定不允许采用的广告表现。《广告法》第九条对此做出了明确的规定，并适用于新媒体广告。这些广告内容禁止性的规定具体包括：

（1）使用或者变相使用中华人民共和国的国旗、国歌、国徽，军旗、军歌、军徽。

（2）使用或者变相使用国家机关、国家机关工作人员的名义或者形象。

（3）使用“国家级”“最高级”“最佳”等用语。

（4）损害国家的尊严或者利益，泄露国家秘密。

（5）妨碍社会安定，损害社会公共利益。

（6）危害人身、财产安全，泄露个人隐私。

（7）妨碍社会公共秩序或者违背社会良好风尚。

（8）含有淫秽、色情、赌博、迷信、恐怖、暴力的内容。

（9）含有民族、种族、宗教、性别歧视的内容。

（10）妨碍环境、自然资源或者文化遗产保护。

（11）法律、行政法规规定禁止的其他情形[①]。

案例链接

绝味鸭脖因发布色情广告被处罚

2017 年“双十一”前夕，总部位于长沙的绝味食品股份有限公司于 11 月 1 日在其天猫旗舰店“绝味鸭脖”首页贴出了一张涉嫌侮辱女性的色情广告。广告中，一位女子平躺在床上，双脚戴着锁链，旁边的文案写着“鲜 · 嫩 · 多汁，想要吗?”“抵不住的诱惑”等，整个广告画面低俗不堪且充满了性暗示意味。

事实上，这不是绝味公司唯一一次通过打色情擦边球来进行营销活动。就在上则广告发布的第三天，即 11 月 3 日，绝味公司又在其官方微信公众号推送低俗广告《我不搞预售，我就是玉兽》，图片中央赫然出现大幅“夊”字，并配文“这几个月我提前来了，味足‘量’更大”。而根据《中国妇女报》的报道，从 2016 年 6 月起，绝味公司就在官方微博、微信公众号上发布了诸如《别不好意思说你想要，一根绝味，给你高潮》《尺度空前！全城女主播一起发福利》《今天开始，全程找鸭不犯法》等多则涉嫌性暗示的广告。[②]

对于绝味食品股份有限公司频繁传播含有色情内容广告的问题，长沙市工商行政管理局于 11 月 6 日进行了立案侦查，并按照《广告法》第九条第七项的禁止性规定，责令

---

① 这项规定针对除《中华人民共和国广告法》以外的其他法律、法规规定的禁止情况，比如工商行政管理总局发布的《关于禁止发布将人民币变相作为奖券使用的广告的通知》中规定的禁止发布将人民币变相作为奖券的广告；《妇女权益保护法》第四十二条规定，妇女的肖像权受法律保护，未经本人同意，不得以营利为目的，通过广告、商标、展览橱窗、报纸、期刊、图书、音像制品、电子出版物、网络等形式使用妇女肖像。

② 莫兰．绝味公司必须为多次侮辱女性真诚道歉［N］．中国妇女报，2017－11－14（A3）.

其停止发布违法广告并处罚款 60 万元，同时致函杭州和深圳的市场监管部门，要求对发布违法广告的天猫和腾讯进行处罚。

（二）新媒体广告的内容应准确、清楚、明白，禁止虚假广告

根据《广告法》第八条的规定，新媒体广告内容的表述应准确、清楚、明白：

（1）广告中对商品的性能、功能、产地、用途、质量、成分、价格、生产者、有效期限、允诺等或者对服务的内容、提供者、形式、质量、价格、允诺等有表示的，应当准确、清楚、明白。

（2）广告中表明推销的商品或者服务附带赠送的，应当明示所附带赠送商品或者服务的品种、规格、数量、期限和方式。

（3）法律、行政法规规定广告中应当明示的内容，应当显著、清晰表示。

（4）广告中使用数据、统计资料、调查结果、文摘、引用语等引证内容的，应当真实、准确，并表明出处，引证内容有适用范围和有效期限的，也应当明确表示。

与这一原则相对应，新媒体广告中不能出现虚假或者引人误解的内容以欺骗、误导消费者。根据《广告法》第二十八条，新媒体广告有下列情形之一者，即为虚假广告：

（1）商品或者服务不存在的。

（2）商品的性能、功能、产地、用途、质量、规格、成分、价格、生产者、有效期限、销售状况、曾获荣誉等信息，或者服务的内容、提供者、形式、质量、价格、销售状况、曾获荣誉等信息，以及与商品或者服务有关的允诺等信息与实际情况不符，对购买行为有实质性影响的。

（3）使用虚构、伪造或者无法验证的科研成果、统计资料、调查结果、文摘、引用语等信息作证明材料的。

（4）虚构使用商品或者接受服务的效果的。

（5）以虚假或者引人误解的内容欺骗、误导消费者的其他情形。

案例链接

今日头条因发布违法、违规广告被处罚

2018 年 3 月 29 日，中央电视台财经频道《经济半小时》栏目独家曝光了个性化资讯服务平台“今日头条”涉嫌发布违法、违规广告的问题，引发了公众和其他媒体的广泛关注。报道中，记者发现，今日头条在发布、推送违法、违规广告时不仅刻意避开了北京、上海、广州等监管严格的一线城市，专门向监管不严的二、三线城市的用户进行投放，还会以首页的正规广告作掩护，将违法、违规广告放置在二次跳转之后的页面上。

比如，该栏目记者到达广西南宁后，发现今日头条首页推荐栏出现了此前没有出现过的“补气血”字样的链接，点击后，跳出了一则名为“芪冬养血胶囊”的非处方药品广告。乍看之下，该广告正规合法地注明了药品成分、规格、治疗功能以及药品的批准编号、广告审批编号等信息，但假如用户继续点击其中的链接进入下一个页面，一些违

法内容便出现了：一位拥有多张资历证书的所谓“中国中医科学院临床医学专家”大谈特谈其在女性疾病方面的观点；多名患者以现身说法的形式讲述治疗过程与治疗结果，表示对药品和治疗的满意；最后，页面还会反复出现“专家微信号”，鼓励用户关注并接受一对一的指导。

但是，根据《广告法》第十六条规定，医疗、药品、医疗器械广告不得利用广告代言人作推荐、证明；而其中的广告代言人则包括了在广告中以自己的名义或者形象对商品、服务做推荐、证明的自然人、法人或者其他组织。也就是说，今日头条在其“二跳页面”上所做的上述保健药品广告实属非法行为。

不仅如此，该报道还指出，今日头条上不断发布的一条北京同仁堂“同仁堂牌葛根山药胶囊”的广告并非由北京同仁堂投放，是一则虚假广告。

3 月 30 日，北京市工商行政管理海淀分局对今日头条发布违法、违规广告问题进行了处理，对今日头条的品牌运营公司——北京字节跳动科技有限公司做出行政处罚，没收广告费 235 971.6 元，并处 3 倍罚款 707 914.8 元①，共计 943 886.4 元。

（三）新媒体广告不得损害未成年人和残疾人的身心健康

根据《中华人民共和国未成年人保护法》第二条的规定，未成年人指的是“未满十八周岁的公民”。由于受年龄和生理特点的影响，其对广告的接受和理解与成年人有很大的差异。因此，《广告法》第四十条规定，在针对未成年人的大众传播媒介上不得发布医疗、药品、保健食品、医疗器械、化妆品、酒类、美容广告，以及不利于未成年人身心健康的网络游戏广告。针对不满十四周岁的未成年人的商品或服务的广告不得含有劝诱其要求家长购买广告商品或者服务的内容和可能引发其模仿不安全行为的内容。

残疾人是指在心理、生理、人体结构上，某种组织、功能丧失或者不正常，全部或者部分丧失以正常方式从事某种活动能力的人。《中华人民共和国残疾人保障法》第三条规定：“残疾人在政治、经济、文化、社会和家庭生活等方面享有同其他公民平等的权利。残疾人的公民权利和人格尊严受法律保护。禁止基于残疾的歧视。禁止侮辱、侵害残疾人。禁止通过大众传播媒介或者其他方式贬低损害残疾人人格。”

（四）新媒体广告内容应具有可识别性，能够使消费者辨明其为广告

对广告可识别性的强调，是为了帮助消费者更好地区分广告信息与非广告信息，避免其产生误解或混淆。因此，《广告法》第十四条规定，广告应当具有可识别性，并特别规定，“大众传播媒介不得以新闻报道形式变相发布广告。通过大众传播媒介发布的广告应当显著标明‘广告’”。《互联网广告管理办法（公开征求意见稿）》第八条也规定：“互联网广告应当具有可识别性，能够使消费者辨明其为广告。”（见图 3-9）

① 新浪财经．北京工商对今日头条行政处罚 没收广告费并处 3 倍罚款［N/OL］．（2018-04-04）［2018-04-08］．http：//finance. sina. com. cn/7x24/2018-04-04/doc-ifyswxnq2480470. shtml.

图 3-9　微信朋友圈广告（左）与新浪微博广告（右）的“广告”标注

（五）新媒体广告不得贬低其他生产经营者的商品或者服务

通过广告贬低其他生产经营者的商品或服务，属于损害他人合法权益的不正当竞争行为，违背了广告活动的基本准则，受到法律的禁止。《广告法》第十三条规定：“广告不得贬低其他生产经营者的商品或者服务。”通常，含有贬低其他生产经营者商品或服务内容的广告，往往具备以下几方面特征：第一，此类广告一般是针对竞争对手所进行的；第二，此类广告的内容表现为通过比较，直接或间接地指出竞争对手的产品或服务的缺点、不足，借以突出自己的商品或者服务；第三，此类广告的广告主在制作、发布此类广告时，在主观上是故意的；第四，此类广告的行为侵犯的是竞争对手的商业信誉和产品或者服务的声誉。

除了上述针对新媒体广告内容通用的一般准则外，对于如医疗、药品、医疗器械、农药、饲料、保健食品、酒类、烟草及教育、培训、房地产等国家实行特殊管理的产品或者服务，相关法律、法规还对其广告活动做出了一些有针对性的规定和要求。比如烟草类广告，根据《广告法》及《互联网广告管理办法（公开征求意见稿）》，禁止大众传播媒介（包括互联网在内）或者公共场所、公共交通工具、户外发布烟草广告。但由于这些法律规定过于专门化，多专用于规制某一类细分产品或者服务的广告，故在此不再对其进行过多介绍。

四、 法律法规对新媒体广告行为的规范

“广告”一词在通常情况下主要包含两个层面的含义：一种是静态的广告，即由一定的广告媒体载负特定广告内容的广告作品；一种是动态的广告，即按照广告主的意愿，经过广告经营者的代理设计、制作，再由广告发布者经由媒体发布的过程，这一过程也被称为广告活动。后者也是除了广告内容之外，广告法规所重点规制的范畴。而对于新

媒体广告活动来说，其除了要遵守广告活动的一般规范，还应遵守新媒体广告活动特有的一些行为规范①。

（一）新媒体广告合同规范

新媒体广告合同是具有平等民事主体地位的新媒体广告活动主体之间，为实现预期的目的，明确相互的权利和义务而订立的协议。广告合同的订立，有助于保护参与广告活动的各方的正当权益不受侵害、处理广告合同纠纷，也有益于维护新媒体广告市场秩序。因此，《广告法》第三十条规定："广告主、广告经营者、广告发布者之间在广告活动中应当依法订立书面合同。"

（二）新媒体广告业务管理规范

新媒体广告经营者和发布者从事新媒体广告活动，需要建立、健全一套日常的管理制度，包括新媒体广告业务的承接登记、审核、档案管理等。这些广告业务制度不仅有利于促进对新媒体广告业务的规范管理，减少违法广告，也有助于行政机关的执法和消费者的维权。

对此，相关法律、法规已经形成了全面、具体的要求。《广告法》第三十四条规定："广告经营者、广告发布者应当按照国家有关规定，建立、健全广告业务的承接登记、审核、档案管理制度。广告经营者、广告发布者依据法律、行政法规查验有关证明文件，核对广告内容。对内容不符或者证明文件不全的广告，广告经营者不得提供设计、制作、代理服务，广告发布者不得发布。"

《互联网广告管理办法（公开征求意见稿）》第十二条也规定，互联网广告经营者、发布者应"按照国家有关规定建立、健全互联网广告业务的承接登记、审核、档案管理制度；审核查验并登记广告主的名称、地址和有效联系方式等信息，记录、保存广告活动的有关电子数据，建立登记档案并定期核实更新，相关档案保存时间自广告发布行为终止之日起不少于三年；查验有关广告证明文件，核对广告内容，对内容不符、应取得而未取得行政许可或者其他证明文件不全的广告，互联网广告经营者不得提供设计、制作、代理服务，互联网广告发布者不得发布；配备熟悉广告法律法规的广告审核人员，有条件的还应当设立专门机构，负责互联网广告审核"。

（三）新媒体广告发送规范

为了更好地保护用户正常使用新媒体平台及应用的权利，进一步杜绝强迫用户浏览广告、剥夺用户选择权的新媒体广告，《广告法》和《互联网广告管理办法（公开征求意见稿）》都对利用新媒体发布、发送广告的行为进行了明确、详细的规定。具体包括：

（1）利用互联网发布、发送广告，不得影响用户正常使用网络。

（2）在互联网页面以弹出等形式发布的广告，应当显著标明关闭标志，确保一键

---

① 需要说明的是，在相关广告法律、法规中，对新媒体广告行为的规范通常是以对新媒体广告活动中各参与主体行为的规范切入的，因此其可能会与上文各参与主体的权利与义务的有关内容相重合，这是围绕新媒体广告行为规范问题产生的一横一纵两个不同的视角。

关闭。

（3）不得以欺骗、误导方式诱使用户点击广告。

（4）任何单位或者个人未经当事人同意或者请求，不得向其住宅、交通工具等发送广告，也不得以电子信息方式向其发送广告。

（5）以电子信息方式发送广告的，应当明示发送者的真实身份和联系方式，并向接收者提供拒绝继续接收的方式。

（6）未经允许，不得在用户发送的电子邮件或者互联网即时通讯信息中附加广告或者广告链接，不得向其交通工具、导航设备、智能家电等发送互联网广告。

（7）不得在用户搜索政务服务网站以及相关应用程序时插入广告。

除了上述几项主要的行为规范外，相关法律、法规还规定了另外一些行为规范，如广告主、广告经营者、广告发布者不得在广告活动中进行任何形式的不正当竞争；广告经营者、广告发布者应当公布其收费标准和收费办法等，但因这些规范在前文已有不同程度的提及，所以不再过多介绍。

本章小结

新媒体广告仍是一个成熟度不高的新兴领域，与其快速增长相并行的是虚假广告、低俗广告的增多以及广告拥堵、隐私侵犯、运作失范等问题的日趋严峻。能否对新媒体广告进行有效的道德引导与法律约束，对新媒体广告行业的健康、良性发展至关重要。

本节所讲的伦理是伦理道德的综合，是这两个概念的统一。作为一种社会活动，广告与伦理之间有着千丝万缕的联系。广告活动总是在一定的伦理环境中进行，亦受到所处的伦理环境的制约，广告受众在接受广告信息的过程中也会有意或无意地以伦理道德为标准对广告作品的优劣做出评判。广告伦理既是与广告活动有关的伦理现象，同时也是一系列价值准则与行为规范。

对于作为经济行为的广告，广告伦理包含了经济伦理的基本规范和原则，比如如何平衡义与利、兼顾公平与效率、诚信原则；对于作为传播行为的广告，广告伦理也须遵循传播道德及其伦理秩序，如经济效益与社会效益并重、体现公正原则、遵守适度传播原则。

由于种种原因，广告伦理对新媒体广告活动进行规范具有很多困难，例如：广告参与主体增多，把关难度加大；精准捕捉受众带来的伦理风险；新媒体广告的快速变化促发的新的伦理问题。目前存在的伦理失范问题主要包括：强迫广告带来的广告侵扰、精准广告带来的隐私侵犯、自媒体广告引发的营销失序、歧视性广告带来的群体伤害、庸俗广告带来的社会风尚低俗化等。

新媒体广告市场的健康、平稳、可持续发展，需要一套运转科学、调整有效的新媒体广告规制体系。目前，我国对新媒体广告采用以政府规制为主、行业自律规制和社会规制为辅的政府主导型规制模式。其中，政府规制的最重要手段是法律规制和行政规制。而两者之间，又以法律规制的作用最为基础、最为直接，它是指调整国家广告监管机关与广告主、广告经营者、广告发布者以及广大消费者之间由广告活动而引发的各种社会关系的法律规范的总和，目前，由广告法律、行政法规、行政规章和法律解释四个层次构成。

广告主、广告经营者、广告发布者、广告代言人和互联网信息服务提供商是新媒体广告活动的主要参与者。在发起或参与广告活动的过程中，必然会受到相关法律法规的制约，在拥有特定权利的同时，也需承担相应的义务。

对新媒体广告内容与形式的规定是新媒体广告相关法律法规的重要组成部分。根据新媒体广告内容准则作用的范围及重要性的不同，可分为一般准则和专门广告准则。一般准则是指所有新媒体广告都应遵守的规定，表现为广告法律、法规对新媒体广告内容和形式的普遍性要求，以及对广告内容和形式的禁止性和限制性要求。主要包括：不得含有法律禁止的内容；新媒体广告的内容应准确、清楚、明白，禁止虚假广告；不得损害未成年人和残疾人的身心健康；内容应具有可识别性，能够使消费者辨明其为广告；不得贬低其他生产经营者的商品或者服务。

而对于新媒体广告活动来说，除了要遵守广告活动的一般规范，还应遵守新媒体广告活动特有的一些行为规范，比如合同规范、业务管理规范、发送规范等。

问题讨论

1. 整理一则在伦理层面存在争议的新媒体广告案例。

2. 目前自媒体广告规制存在哪些方面的不足？如何进一步提高针对自媒体广告的治理成效？

3. 未来，伴随 VR、AR、MR 等多种拓展现实技术的传播应用，新媒体广告还会面临哪些新的伦理挑战？

第四章

新媒体时代的消费者

过去 20 年，中国消费市场规模增长了近 10 倍，并有望快速成为世界最大、层次最丰富的消费市场之一。[①] 与此同时，新技术、新媒体、新应用的迭代与普及，引发传播方式和消费方式的深刻变革，催生了新的消费需求、消费场景、消费模式与新的消费群体。对于广告主而言，这既是机会又是挑战，能否全面把握这样的变化并精准洞悉目标消费者，将决定其营销活动的效果乃至商业竞争的成败。

本章第一节将在阐述消费者行为模型的基础上，总结新媒体时代值得关注的消费者行为及消费群体，介绍为目标消费者画像的维度和方法。第二节重点呈现数字原住民——Z 世代的消费动机、消费行为机制与消费热点。

第一节　新媒体时代的消费者行为

对消费者的分析需要借助相应的模型工具，例如本节提到的由输入、处理和输出三个阶段构成的消费者行为模型。在新媒体时代，数字消费的趋势不断加剧，具有全新特征的数智化消费者越来越多。对于营销者而言，老年网民、数字原住民、共享消费者等消费群体值得给予更多的关注。如果想更清晰地为目标消费者画像，营销者可综合不同的维度，选择定性与定量的方法，遵循相应的步骤。

一、消费者行为模型概述

消费者行为模型是通过梳理消费者个体、群体和组织如何筛选、购买、使用和处置产品、服务、创意或体验以满足自身需要和需求的全过程，找出其中可解释消费者行为的相关影响因素，并在此基础上建立起的概念逻辑模型。[②] 随着消费者行为研究的深入，消费者行为解释模型的种类与数量均不断增加。如霍金斯从外部影响、内部影响、自我

---

① 巨量引擎，埃森哲．2020 年数字营销与商业增长白皮书［EB/OL］．(2021－01－19)［2022－02－02］．https：//www.314dt.com/21359.html.

② 卢泰宏，周懿瑾．消费者行为学：洞察中国消费者（第 4 版）［M］．北京：中国人民大学出版社，2021：27－28.

概念和生活方式、决策过程去解构消费者行为①；所罗门主要从消费者的个体特征、社会与文化背景（如群体、社会阶层、社交媒体、文化与亚文化）两个层面去分析影响消费者产品选择、使用与处置等行为的关键因素②；菲利普·科特勒等提出的“刺激-反应”模型，把消费者行为看作在营销刺激（产品、价格、渠道、传播）和环境刺激（经济、技术、政策、文化）的作用下，结合某些消费者特征产生的心理反应以及由此生成的决策过程与购买过程③。

综合考虑代表性、系统性、前沿性等因素，本节选择希夫曼等提出的消费者行为模型进行介绍（见图 4－1）。在整合心理学、社会学、人类学和传播学等学科理论的基础上，希夫曼等将消费者的决策制定过程分为输入、处理和输出三个阶段。其中，输入阶段关注影响消费者对产品需求认知的相关要素，希夫曼等结合新媒体带来的全新营销环境，将之划分为营销组合、社会文化影响因素、营销者面向消费者的沟通和消费者之间的沟通四个组成部分；处理阶段注重分析影响消费者行为的思维和心理因素，以及驱动消费者行动和做出决定的认知活动环节；输出阶段则关涉消费决策的购买行为与购后评价两个层面。④

根据这一模型，影响消费者行为的关键因素有外部环境因素、市场营销因素和消费者个人因素三部分。

（一）外部环境因素

在消费行为过程中，外部环境因素主要作用于消费者的需求与偏好，这是消费者做出消费决策的根本动机。

1. 文化因素

文化是特定的社会价值观、习俗、规范、艺术、社会制度和智力成就的总称，是人类需求和行为的最基本的决定因素。一般而言，文化主要通过以下两个层面发挥作用：

一是价值观和规范。价值观（如民主、自由、爱国主义）表达了一个社会的共同法则、标准和优先次序；规范则在此基础上划定了“恰当”行为的界限。每个社会成员从社交互动中习得价值观并用以规范和指导自身行为。当广告信息传达的价值观与消费者的价值观相匹配时才有可能影响消费者决策，反之则会引起消费者的抵触、反感、排斥。

二是亚文化。亚文化是特定群体所持有的特定信念、价值观和习俗，是文化中较小的部分。亚文化可源自国籍、种族、宗教信仰、地理位置、年龄及世代、性别及性别认同等，如 Z 世代、“婴儿潮”、新女性等。

2. 社会因素

社会因素包括社会阶层、参考群体、家庭等方面。

社会阶层是指将社会成员按收入、财富、教育背景、职业、家庭声望、住房价值、邻里关系等划分为不同社会地位层级，每个阶层的成员都拥有与其所属阶层相应的社会

---

① 霍金斯，马瑟斯博．消费者行为学（原书第 12 版）［M］．符国群，等译．北京：机械工业出版社，2014：15.

② 所罗门．消费者行为学（第 12 版）［M］．杨晓燕，等译．北京：中国人民大学出版社，2018：19.

③ 科特勒，凯勒，洪瑞云，等．营销管理（亚洲版·第 5 版）［M］．吕一林，王俊杰，译．北京：中国人民大学出版社，2010：155.

④ 希夫曼，维森布利特．消费者行为学（第 12 版）［M］．江林，张恩忠，等译．北京：中国人民大学出版社，2021：22.

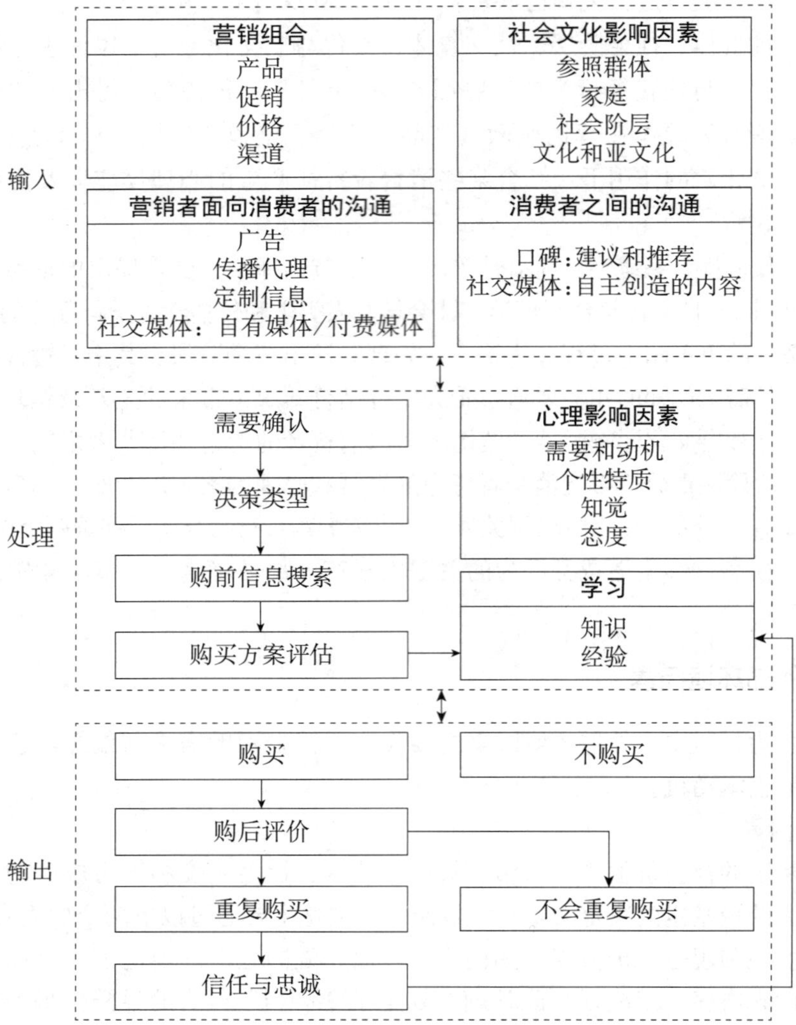

图 4-1　消费者行为模型

地位、价值观、兴趣和行为态度。在消费领域，各社会阶层亦表现出差异明显的媒介接触习惯、产品和品牌偏好等，这也影响了其中成员的相应行为。

参考群体指直接或间接影响一个人的态度或行为的所有群体，包括经常以非正式形式交往的主要群体、相互影响较少但交往相对正式的次要群体、个体希望加入的仰慕群体以及价值观或行为态度受到个体抵制的隔离群体等类别。在消费过程中，参考群体通过将个体置于新的行为或生活方式中，影响其态度和自我概念，继而作用于个体的消费决策。

家庭一方面是个体完成社会化①、形成基本价值观与行为模式的主要场所，原生家庭（父母和兄弟姐妹）对个体的价值观念与行为具有潜移默化的显著影响；另一方面家庭又是基本的消费单元，生育家庭（配偶及子女）会直接左右个体的日常购买决策。

① 社会化指将社会能接受的行为方式教授给个体的过程。

3. 其他宏观环境因素

经济、自然、技术、政治、法律等其他宏观环境因素，可通过作用于文化观念、产业发展、消费水平等社会消费基础（如国家收入分配、储蓄、信贷等政策将影响消费者的收入水平和购买力，自然环境恶化使得消费者环保理念更强，电子商务、在线支付等技术应用吸引更多消费者进行线上购物等），改变个体的消费需求与消费决策。

（二）市场营销因素

市场营销因素包括企业采用的营销组合和营销传播两部分，是消费者认知产品或服务、做出消费决策的起点，也是维系和发展顾客关系的重要手段。

1. 营销组合

营销组合是指企业为达到营销目标而采取的系列战略决策，主要由产品（product）的设计和性能、定价（price）策略、渠道（place）、促销（promotion）组成（详见第一章）。企业通过更改每个“P”所包含的具体营销变量，来更好地创造并传递产品或服务的价值、满足消费者需求，以达到说服消费者购买产品或服务的目的。

2. 营销传播

营销传播强调通过媒体或交流渠道将产品及服务的相关信息有效传递给目标消费群体。这既包括企业面向消费者展开的传播活动（如广告、公关），也涵盖消费者之间的信息传播行为（如社交媒体相关内容发布与推荐）。如第一章提到的，在新媒体时代，信息环境的变革引发了营销甚至是社会结构的革新，营销传播在消费者决策过程中的重要性越来越强。

（三）消费者个人因素

消费者个人因素会影响消费者对营销活动的反应，这主要包括下述三个方面：

1. 个性

个性是决定或反映一个人对自己周围环境如何思考和反应的内在心理特征，包括性格特征和特殊习惯等。有研究表明，个性会从根本上对消费行为产生长期影响。如顺从型的人使用更多的漱口水和香皂，愿意选择名牌产品；进攻型的人则使用更多的香水和剃须膏。

2. 自我概念

自我概念是消费者对“我是谁”的理解，这是他们对自己的态度的反映。不管这些态度是积极的还是消极的，都会引导消费者的购买决定——消费者会更希望购买与自我概念相一致、使其认同自己身份的产品或品牌。

3. 生活方式

生活方式可被理解为个体在生活过程中与社会各种因素互相作用而表现出的活动、兴趣、态度的综合模式。在消费领域，其主要关涉消费者某种消费模式的选择，如消费观念、如何使用时间和金钱等。

二、新的消费行为与消费群体

（一）数字消费与数智化消费者

得益于新技术的发展与5G基站、人工智能、大数据中心等新型基础设施的加速建设，电子商务、数字支付、医疗保健、出行服务等领域的新媒体应用发展迅猛，并逐步成为消费者使用的基础互联网应用。与此同时，我国政府持续推进数字政府服务、科技企业不断探索创新商业模式，全方位打造数字生态、助推经济发展。如2020年9月21日，国务院办公厅发布《关于以新业态新模式引领新型消费加快发展的意见》，从政策角度鼓励发展在线消费、无接触式消费等新型消费模式；2022年1月1日，腾讯在中央广播电视总台播出全新品牌片《助力实体经济》，将发展战略定位于聚焦智慧能源、智慧交通、AI种植、智能制造与智慧零售等各种数字技术与实体经济融合的场景。① 这均使得实体经济和数字经济之间的界限日渐模糊，消费加速向数字端迁移。有数据显示，在新冠肺炎疫情爆发之前，中国8.55亿消费者每天花费在手机上的时间平均高达6个小时，是美国消费者的两倍，每年通过手机购买的商品和服务价值高达2万亿美元。② 新冠肺炎疫情爆发后，受隔离和疫情防控等因素的影响，线下消费渠道和场景严重受限，公众对互联网的依赖度和黏着度进一步提升，“宅经济”“云消费”被全面激活，数字消费的趋势进一步加剧。

在此过程中，消费者获取信息的方式、沟通方式、消费决策流程、购买及购后行为等都发生了很大的变化，“数智化消费者”群体规模稳步扩张。相较于传统消费者，除了像第一章提到的更强调个人被尊重、信任与关爱，数智化消费者还具有下述特征：

其一，消费认知被数字媒体广泛影响，同时在信息获取与传播方面的主动性、话语权提升。

其二，个性化、定制化需求被充分激发，青睐小众品牌、联名跨界、IP营销，易被新品牌吸引，且偏好快速、即时的消费场景体验。

其三，消费决策更加“情感化”，容易受到兴趣圈层、社交媒体、口碑等内容的影响，更偏好为内容、信任或某个价值主张买单。

其四，有更高的购物热情，购物行为延展到各个生活场景之中，对他们而言“生活就是购物”；同时他们也反感强势的推销氛围，选择商品或服务时在意其“是否更适合自己”，是否具备“真实、有用、亲切”的价值。③

其五，购买决策各阶段都出现新概念与新工具（见表4-1），但由于消费者的信息触

---

① 马化腾：腾讯只是一家普通公司［EB/OL］.（2022-01-12）［2022-02-04］. https：//xw.qq.com/cmsid/20220112A066IH00.

② 贝山，POUNTNEY D，叶海，等. 麦肯锡中国消费者特刊 中国数字化营销再探索［EB/OL］.（2021-02-08）［2022-02-04］. https：//www.mckinsey.com.cn/麦肯锡中国消费者特刊-中国数字化营销再探索/.

③ 博报堂生活综研（上海）．“度物（Duo Wu）”：以“自由尺度”享受购物乐趣并重新审视生活意义的生活者：博报堂生活综研（上海）发布“生活者动察2020”研究成果［EB/OL］.（2020-12-12）［2022-02-05］. https：//www.shenghuozhe.cn/pdf/20201221_2020Newsrelease_CN.pdf.

点多元、媒介使用行为高度碎片化，其决策路径愈发呈现离散且无序的状态。①

表 4-1　数智化消费者购买决策不同阶段的新概念和新工具

决策阶段	新概念和新工具
识别问题	新媒体广告 网上问题搜索 社群朋友的主题分享 优惠信息推送
搜寻信息	网上搜索 新媒体广告、商家推介、短视频 网上的评分与评论 社会网络内部的咨询 网上产品与价格信息 网上促销信息、优惠信息 愿望清单
评估备选方案	条件扫描/价格比较 消费者虚拟社群内的咨询讨论 网上商家引荐 地理位置促销
购买	网购 移动购买 终端场景化 网上支付、手机支付 直播/电子优惠券/礼品卡
购后行为	在社会网络中分享购后体验，包括文字、照片、视频等 在购物网站上进行评分与评论 在社交网站和虚拟社群中分享观点

资料来源：卢泰宏，周懿瑾．消费者行为学：洞察中国消费者（第 4 版）［M］．北京：中国人民大学出版社，2021：118－119．有改动。

案例链接

“00 后” 的圈层特征

出生于 21 世纪初的“00 后”，是数智化特征极为明显的一代。在心理层面，他们对“社交关系”的认知与经营较以往年轻人发生了较大变化——他们仍旧重视“亲圈”（父母、兄弟姐妹、知己、恋人等）关系，也会与“近圈”（朋友、同学、同事等会见面的熟人）中的人围绕消费、兴趣、爱好等议题展开交流，但他们同时开始更重视并善于运用“远圈”（在线上社区联络的人、因特定目的聚集在一起或提供某些服务的人）中的人的力量。这令他们在信息收集上会寻求接触多样化信息的机会，向陌生人直接询问或请教，“错位”使用 App（如在二手平台为宠物相亲）；在自我塑造上于社交平台记录自己的点滴努力，运用陌生人甚至付费给第三方以实现对自身的监督与鼓励，寻求网络的客观评

① 毕马威，阿里云．2021 消费者数智化运营白皮书［R/OL］．（2021－06－02）［2022－02－04］．http：//www.199it.com/archives/1255679.html.

价；在社交联络上进行更考虑他人情绪的柔和社交，更愿在不同的社交媒体上展现多面“人设”，借特定场景（如角色扮演类社交推理游戏剧本杀）尽情展示自我。

资料来源：博报堂生活综研（上海）．《系远》：巧妙运用“远圈”力量以实现稳步向前的 00 后［R/OL］．(2021-12-21)［2022-02-05］．https：//www.shenghuozhe.cn/pdf/简易报告-生活者“动”察 2021 _ 系远 (CN)．pdf.

（二）新的消费群体

根据知名管理咨询公司麦肯锡（中国）2021 年发布的一项研究成果，未来 10 年中国的中高收入家庭数量可能增至约 4 亿，接近欧盟和美国的总和，中国消费增长机会有望创造 5 万亿美元的价值。在此期间，有 7 个值得关注的消费群体将推动中国消费市场增长、重塑消费格局①：

1. 老年网民

2030 年中国 60 岁以上人口的数量将增加 45%，约占中国人口总数的四分之一。届时，这一群体的消费有望增长约 150%。许多公司和投资人都非常重视中国人口老龄化及其中蕴藏的商机。如今，很多老年人都活跃在网络世界，到 2030 年，预计至少三分之二的中国老年人会成为网民。中国的科技公司越来越重视针对老年群体进行产品调整，以充分调动他们的上网意愿。但企业和投资者若想深入挖掘老年市场的巨大潜力，还需要评估这一市场普遍存在的收入及开销方面的严重不均衡状况。

2. 单身家庭

人口趋势对中国消费格局影响极大。中国的总生育率持续下滑，同时导致平均家庭户规模急剧缩小——该数据从 1999 年的 3.6 人降至最新人口普查中的 2.6 人，降幅约 30%。不仅如此，单身家庭的数量也越来越多。目前成年单身人口已突破 2.4 亿，这一群体正在推动单身经济蓬勃发展，中国人饲养的宠物数量在短短 5 年内翻番便是一例。越来越多的公司开始挖掘“陪伴经济”中蕴藏的商机。近 5 年来，“AI 伴侣”聊天机器人也吸引了数亿用户，其中很多是单身人士。

3. 数字原住民

数字原住民包括 Z 世代和千禧一代。在亚洲，他们贡献了逾三分之一的消费。29% 的中国 Z 世代每天使用手机超过 6 小时，这些时间主要用于浏览视频。他们是随性的购买者，超过 40%的中国数字原住民在外出时会产生无计划购买行为，而在澳大利亚、日本和韩国，这一比例约为 20%～30%。这代人普遍对自己未来的财务状况感到乐观。这种乐观自信似乎也体现在借钱消费的意愿上。麦肯锡 2019 年 10 月组织的一次调查发现，53%的中国受访者认同这种说法：“即使借债，我也要购买自己想要和需要的物品。”中国使用消费贷的消费者有一半不满 30 岁，他们推动了服装等品类在线消费的额外增长。

4. 环保消费者

益普索公司于 2019 年底开展的一次调查显示，85%的中国消费者因担心气候变化而

---

① 泽沛达，成政珉，华强森．7 大群体塑造中国消费格局［EB/OL］．(2021-07-30)［2022-02-06］．https：//www.mckinsey.com.cn/7 大群体塑造中国消费格局/.

对其购买的产品或服务进行了调整，在28个受访国家及地区中位列第四。人们越来越关注环境，也越来越愿意为更环保的产品和包装买单。麦肯锡的一次新调查也声称，有超过80%的中国受访者表示可以为环保包装付费，在受访国家及地区中排名第一。虽然绿色商品价格更高，在某些品类甚至比普通商品贵30%以上，但仍有两大因素支撑绿色消费持续增长：一是收入提升缩小了支付意愿和产品溢价之间的差距，二是企业在寻找创新方法降低绿色商品的价格。

5. 共享消费者

在经济压力、心态变化和技术发展的三重作用下，为满足自身所需，亚洲消费者纷纷考虑替代传统购物方式的其他选择。一个趋势是租赁经济和订阅经济在出行、住房和电子产品等领域蓬勃发展。消费者也很青睐二手商品，据移动互联网大数据公司QuestMobile估计，在中国规模最大的一些城市，超过60%的消费者定期使用App出售二手物品。中国最大的二手电商平台上有3 000多万卖家，2020年的商品交易额增长了一倍。另一个显著趋势是，相比购买实物，人们越来越喜欢购买数字化商品和服务。在收入稳步增长的大势下，尽管发生了上述变化，未来中国消费者还是会购买更多产品，而不是减少购买。

6. 城市群消费者

随着城市化的持续推进，中国90%的消费增长都将来自城市。中国大城市的高收入家庭会继续增加，仅上海就有望增加约300万高收入家庭，接近整个日本320万的预期增量。在亚洲，中等城市的增长速度会比规模最大的50座城市快两个百分点。企业越来越需要理解城市之间互动的方式。基于消费者行为、地理相邻性和基础设施网络，中国的城市可以被归入不同的城市群。中国政府计划以铁路和公路网络将城市群相连接，这将推动不同城市群内部和跨城市群的消费增长。中国有15个以上的城市群，企业可针对不同情况定制战略，调整市场进入方式。

7. 国内游客

随着收入提升，人们在权衡性品类上的支出也会增多。目前，旅游和通信占家庭消费的16%，高于2010年的13%，预计到2030年将增至19%。新冠肺炎疫情爆发后的第二年，旅游业显现了诸多复苏迹象，这在一定程度上显示了疫情对中国人日常生活的影响正在减弱，同时也反映了许多旅游企业为打消人们因疫情而产生的顾虑、在挖掘潜在需求方面所做出的的努力。麦肯锡针对中国游客进行的最新调查显示，虽然短期内仍心存担忧，但游客们看好国内游的长期发展，其中户外游最受欢迎，其次是海滩游或度假游。

三、为目标消费者画像

通过数据收集和数据分析为目标消费者贴上社会属性、生活方式、消费习惯等方面的鲜明的标签，就是一个为其“画像”的过程。在营销传播领域，针对自身目标消费者的画像越精细，企业就越可能设计出与其有效沟通及对话的传播导线、广告内容、关系网络，也越能精准预判目标消费者对于营销信息的反应和进一步行动的方向，由此帮助企业降低营销成本、更好地达成营销目标。

（一）目标消费者画像的维度

企业可以运用人口统计特征、心理统计特征、行为方式等维度中的一个或多个进行消费者画像。

1. 人口统计特征

人口统计特征指目标消费者人口统计学的、社会的和经济的特征，包括年龄、受教育水平、职业、性别、性取向、收入、家庭状况、种族、宗教和地理位置等方面。消费者的欲望、偏好、媒介使用方式、产品使用率等经常与这些变量密切相关，例如目前中国三四线城市居民收入水平的不断提升使其消费向着高价格发展①，老年人的消费行为更容易受到家人和朋友的影响。人口统计特征一般是客观的、实证的、可量化的数据，不仅相对容易识别和获取，且数据也能精准测量。

2. 心理统计特征

虽然人口统计特征相对容易识别且调查成本较低，但它们并不能完全解释人们购买特定产品或品牌的原因，以及产品和品牌吸引他们的方式。为了协助营销工作，在收集消费者人口统计特征的同时，营销者也常会进一步挖掘消费者的心理统计特征信息，它概括了消费者的生活方式与心理因素，如活力、价值观、爱好、态度和意见等。

例如美国斯坦福国际研究院创立的价值观和生活方式系统（VALS）就以主要动机（理想驱动的个体渴望获得知识、成就驱动的个体致力于提升个人地位、自我表达驱动的个体追求活动和多样性）和资源（如自信、好奇心、虚荣心、信息寻求等）为基础，将人分为创新者、思考者、信仰者、成就者、奋斗者、体验者、制造者、求存者 8 个类别。VALS 解释了为什么不同的消费者群体会表现出差异化的行为，以及他们为什么又会基于不同的理由展现出相同的行为。②

在消费者研究中，有关心理统计特征的调查通常会列出一系列的陈述，如为了测量消费者的价值观，可有“我寻求生活中的乐趣与享受”“我有一种归属感”“社会地位对我的人生而言十分重要”等表述，要求回答者指出他们对每一个陈述的同意和不同意程度。

3. 行为方式

这是根据产品使用情况或购买情况来对消费者进行描述的方法，通常包括产品使用率（分为重度使用者、中度使用者、轻度使用者、从不使用者等类别）、与品牌的关系（包括未使用者、曾使用者、定期使用者、首次使用者、忠诚使用者、品牌转换者）、消费者对产品追求的利益（如针对牙膏的经济利益、保护利益、美容化妆利益和气味利益）以及使用情境（消费者购买及使用的具体场景）等。一般来说，企业会为重度用户提供最高水平的服务，并制订面向其他用户的营销计划试图让其转化为重度用户。新媒体时代，企业可以通过大数据实时了解和预测消费者的行为状况，常见的数据有浏览、搜索和点击偏好，下单路径，购买时机与购买品类，购买体验和购后评价，复购率等。

---

① 博报堂生活综研（上海）. 度物：生活者“动”察 2020［M］. 上海：文汇出版社，2021：26.

② 希夫曼，维森布利特. 消费者行为学（第 12 版）［M］. 江林，张恩忠，等译. 北京：中国人民大学出版社，2021：32－34.

（二）选择定性与定量的方法

营销者仅凭个体经验、想象或头脑风暴是无法对目标消费者进行精准画像的。如今，即便大数据分析能够更加全面、快速、明晰地将消费者的媒体使用行为、生活路线图、购买及使用行为等呈现出来，也大多停留在描述“是什么”的层面，对于“为什么”“会怎样”等问题，仍然离不开一些定性与定量方法的运用。

1. 定性研究

定性研究主要有深度访谈与焦点小组两种方法。

深度访谈通常指一对一式的访谈，是受访者与专业采访者之间的一次时间较长（通常在 20 分钟到 1 个小时）的非结构化访谈。专业采访者在确定要讨论的主题后应尽量减少参与，以便受访者更好地阐释自己的想法或行为，或者对特定的口头或视觉材料（如长图广告和视频广告）做出反应。

焦点小组由 8～10 名受访者组成，与一名访谈主持者一同“聚焦”或“探索”某个特定话题或主题。焦点小组的交流通常持续 2 个小时，个人参与者被鼓励讨论的内容包括自己的生活方式、价值观、对产品或服务的了解和评价、对营销传播活动的反应等。

2. 定量研究

定量研究通常采用观察性研究、实验研究与消费者调查三种方式。①

观察性研究是仔细观察、记录消费者在购买与使用产品过程中的相关行为。

实验研究旨在通过实验设计来识别各因素间的因果关系。典型的如市场测试，主要应用于企业在新产品投放前的市场反馈调查。通常企业会选择一个有代表性的独立的市场区域，并且仅在此市场区域内做市场导入，测试在实际营销条件下消费者对营销方式的反应。

消费者调查是通过面对面、邮件、电话或在线等方式邀请消费者填写问卷。

（三）结合数据分析为目标消费者画像

营销者可以遵循一定的步骤，结合上述的定性与定量分析为目标消费者画像。这方面可以参考林恩·尼尔森（Lene Nielsen）提出的“十步人物角色法”（见表 4－2）。

表 4－2　十步人物角色法

步骤	核心问题
1. 定位消费者	消费者是谁？ 消费者数量是多少？ 他们用产品做了什么？
2. 建立假设	消费者之间存在什么差异？
3. 开展调研	行为调研：信息接触及目标，交往行为，购物行为 心理调研：内在需求，价值观，生活方式 场景调研：生活路线图，问题的产生及渴望获取的支持

① 希夫曼，维森布利特．消费者行为学（第 12 版）［M］．江林，张恩忠，等译．北京：中国人民大学出版社，2021：386－392.

续表

步骤	核心问题
4. 进一步明确	是否抓住重要的消费者群体？ 是否存在更多的消费者群体？ 各群体是否同等重要？
5. 构造虚拟角色	身份：姓名，年龄，肖像 性格：外向还是内向等 背景：职业，收入，信仰，志向 对待广告主及产品的情绪与态度 让该角色感到愉悦和美好的因素
6. 定义情景	创造的虚拟角色有什么需求？ 这种需求会在什么情景下产生？
7. 复核与补充	你在现实生活中是否接触过类似的人物角色？
8. 传递角色知识	我们如何在内部建立起对虚拟角色的共同认知？
9. 创建剧情	在特定的情景和既定的目标下，当人物角色接触营销信息或使用产品的时候会发生什么状况？
10. 持续更新	新变化会影响此前创造的虚拟角色吗？

资料来源：NIELSEN L. Personas [EB/OL] // Interaction Design Foundation. The encyclopedia of human-computer interaction. [2022-02-15]. https://www.interaction-design.org/literature/book/the-encyclopedia-of-human-computer-interaction-2nd-ed/personas#heading_Four_different_perspectives_page_12414. 有改动。

关于对目标消费者画像的具体表述，则可以参考下述三个例子。

第一个例子是日本某啤酒品牌的目标消费者画像。这一群体的年收入普遍在700万日元以下，大多从事体力工作，家里并不时尚，会抽口感浓烈的香烟，喜欢周末和邻居、朋友一起烤肉、喝酒。他们特别注重家庭，认为家里有归属感，想扮演靠得住的丈夫与父亲的角色。热血、激昂、有人情味的个性和讲哥们儿义气的豪爽，使他们成为朋友圈子中举足轻重的角色。在消费上，他们追求节约，尽可能在便宜的店里购物，但对于自认为该花钱的地方（比如带家人旅游）毫不吝啬。他们对现在的生活满足，觉得和家人一起或帮助他人的时候最自由。在沟通上，他们对听起来难懂的事会反感，更愿意接触易懂的信息、更相信朋友的郑重推荐。

第二个例子是国内某老年鞋产品的目标消费者画像。这些退休后的都市老年人更乐于参与舒适惬意的小范围社交休闲活动，在公园、社区等熟悉的环境中与亲朋好友聊一聊过去的经历是他们惯常的生活方式。他们更加注重家庭、珍视亲人，希望家人健康平安，也期待有人陪伴和倾听。他们也想打破被视作弱势群体的刻板印象，通过寻求社会连接、发挥余热、多做点事来彰显自己的存在与价值。这些老年人对于产品价格更为敏感，通常更加看重产品的性价比，货比三家是购物的基本操作；在做出消费决策时，家人的意见占据了主导地位。

第三个例子是某汽车品牌的目标消费者画像。真水无香，就像他们刚刚好的人生。他们不油腻，不"佛系"，爱得同频、简单且成熟，既有继续冲锋的勇气，也有"诗和远方”的底气。他们压力不小，但信心十足，喜欢兜兜转转，把书摆满书架，知道用艺术填充视域留白，也知道用知识充盈精神世界。这就是他们的人生，40 岁，一切刚刚好。少有喋喋不休的忧愁，越过山丘也有人等候。

第二节 Z 世代的消费特征

Z 世代（generation Z）一词最早流行于欧美地区，在时间上与婴儿潮世代、X 世代、Y 世代相对应，指出生于 1995—2009 年的一代。Z 世代又称网络世代、互联网世代，意指受到互联网、即时通信、短信、MP3、智能手机和平板电脑等科技产物影响成长的一代。2020 年，全球 Z 世代人数超过 18.5 亿，占人口总数的 24%；中国 Z 世代的规模为 2.64 亿，占总人口比重 19%，他们正在超越 80 后，即将成为中国最大的消费人群。[①]

受到信息爆炸环境中多元文化的熏陶，Z 世代的行为模式、处世态度、思维方式都不同于以往的世代，被认为是自我意识觉醒的新一代消费者。随着移动互联网兴起以及大数据技术的运用，平台资本侵入亚文化，青少年文化产业正在被平台资本形塑，消费主义成为贯穿 Z 世代青年文化的一条主要线索。

一、Z 世代的消费动机

（一）情感需求：为爱买单的热忱

大部分于城市中生活的 Z 世代在少年儿童时期经历过较为严格的规训。城市家长普遍存在着阶层焦虑和教育焦虑，母职的过密化将希望与焦虑一起投射于子女教育。[②] 高压和缺乏自主的生活，使他们摆脱社会性自我的需求日益凸显。追星、二次元、网络文学……营造了一个个可供沉浸的异托邦，让他们能够从社会所构造与规训出来的主体性中得以逃遁解脱，暂时脱离社会定义和控制，满足自由的自我欲望。[③] 由此，Z 世代更热衷于以满足自身需求为目标的悦己消费，比如购买手办、追星应援、角色扮演（cosplay）等，都是兴趣意向主导的快乐消费。

案例链接

美年达借助《密室大逃脱》向 Z 世代靠拢

根据艾媒网发布的《2020 年中国密室逃脱行业发展现状及用户行为洞察分析报告》，2019 年我国密室逃脱类行业规模突破 100 亿元，玩密室逃脱成为年轻人钟爱的解压娱乐

---

① 申万宏源．新消费行业专题研究报告：进击的 Z 世代，引领消费新浪潮［R/OL］．（2021－09－14）［2022－02－12］．https：//baijiahao.baidu.com/s？id＝1710844253859483635&wfr＝spider&for＝pc.

② 杨可．母职的经纪人化：教育市场化背景下的母职变迁［J］．妇女研究论丛，2018（2）：79－90.

③ 汪永涛．Z 世代亚文化消费的逻辑［J］．中国青年研究，2021（11）：88－95.

方式。基于这样的背景，汽水品牌美年达通过冠名芒果 TV 的实景解密体验秀《密室大逃脱》，将品牌活力新潮的定位与《密室大逃脱》欢脱、烧脑、刺激的氛围相匹配，传递出品牌敢于探索未知事物的冒险精神和会玩、爱玩的形象，向目标消费者——Z 世代靠拢。其具体运作策略包括：

第一，视觉升级，由特写到剧情。不同于以往运用贴片、给节目里的产品拍特写镜头的植入方式，在《密室大逃脱》中，美年达将自身产品变为解锁剧情的关键道具，产品植入升级为剧情化呈现，美年达也由此塑造了逃脱解密“常驻综艺嘉宾”的独立形象（见图 4－2）。

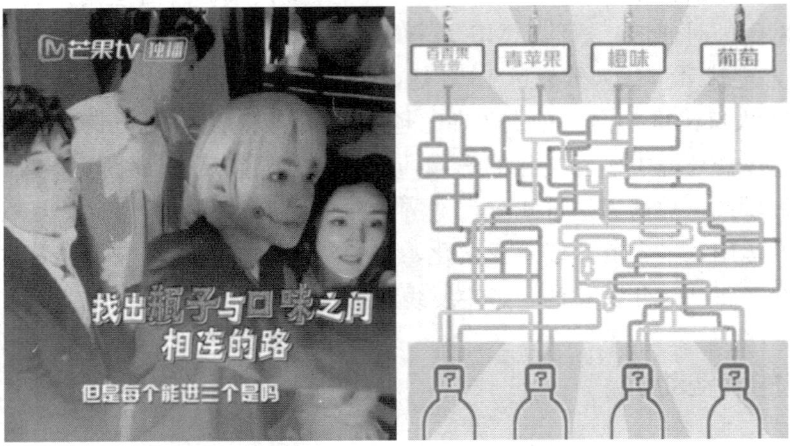

图 4－2　美年达在《密室大逃脱》中的剧情式植入

第二，利益点升级，由口感到灵感。为了贴合《密室大逃脱》的节目特性，美年达在“一口美年达，果味大爆发”的基础上，将品牌口号更换为“一口美年达，逃脱有办法”。这就使品牌利益点从产品饮用口感延展到玩家饮用后因丰富的果味所激发的解密灵感上，美年达由此成为与密室逃脱嘉宾一同探索答案的伙伴（见图 4－3）。

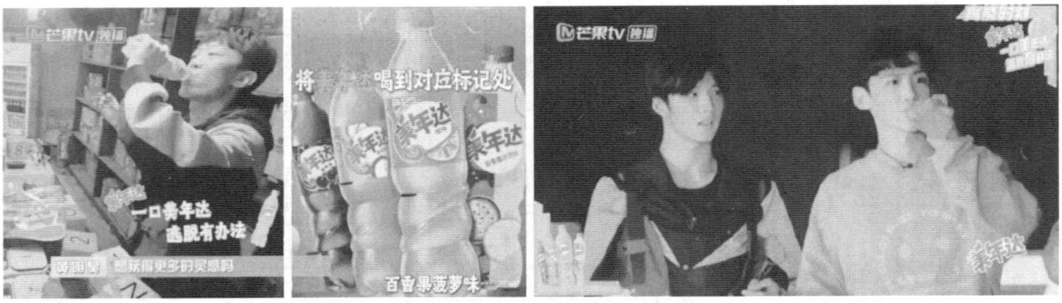

图 4－3　美年达成为与密室逃脱嘉宾一同探索答案的伙伴

第三，玩法升级，由视频到多场景。基于“与年轻人玩在一起”的理念，美年达在视频节目之外，还推出节目创意同款小程序“美年达灵感乐园”，以橙橙大满贯、木马大解谜、高空大逃脱三个游戏带领用户感受更多乐趣，用户闯关成功即可获得果币兑换节目周边产品。不仅如此，美年达还充分利用节目热度，覆盖不同属性的社交媒体为节目及产品造势，如在抖音召集达人发布密室体验类实拍视频，在小红书邀请生活博主推广美年达多场景饮用的精美图文。

资料来源：SocialMarketing. 美年达独冠《密逃 3》，social 新玩法俘获 Z 世代［EB/OL］.（2021-09-06）［2022-01-25］. https：//mp.weixin.qq.com/s/AG8DYVaGoqJLCnBTaFcKLw；黑马营销 . 美年达如何通过“密室”攻占年轻人的心？［EB/OL］.（2021-08-20）［2022-01-25］. https：//mp.weixin.qq.com/s/pxse3SjqH1FAIfjqRh8VBg.

现代社会中，情感满足方式的匿名化与市场化导致真实世界情感的来源范围被挤压，虚拟情感需求增大。[①] 有研究还发现，钟爱二次元是青少年出于对快感和幸福感的获取，他们在当中能找到共鸣、治愈与爱，甚至“中二病”的理想。[②]

Z 世代是愿意以自己的热爱构建新消费时代的群体。有研究显示，50％的 Z 世代花钱是为了获得幸福感，“爱，就是值得”。[③] 他们用消费展示自己的生活态度，购买自己喜欢的 IP（intellectual property，知识产权）的手办、周边产品或者对动漫人物进行角色扮演。作为现实情感投射的重要渠道，手办、周边产品等连接了个体与虚拟世界，将一个普通的内心幻想的形象转化为具体的、具有公共潜能的文本。[④] 手办、周边产品、角色扮演服装道具，都充当了 Z 世代情感的寄托品，成为陪伴他们成长的回忆以及获得幸福感和归属感的方式之一。[⑤] 他们“氪金”（网络游戏中的充值行为）购买炫酷的虚拟装备和场景皮肤、升级配置，使这种小小的逃避最大限度地给自己带来充分体验和快感。

消费行为的变化源于价值观念的变迁，在生活日渐富裕的环境中成长的青年一代更注重主观幸福感和快乐体验。[⑥] 情绪感受和情感附加值在 Z 世代的消费态度中占有举足轻重的地位。大量 Z 世代都乐意购买 IP 周边产品，并且更倾向购买正版，通过消费表示对偶像的支持，获得直接的情感体验。部分 Z 世代粉丝会选择自己偶像代言的品牌“为爱买单”，同理，“如果是自己讨厌的明星代言，品质好也不想买”。饭圈（粉丝圈子）映射了 Z 世代的消费力和行动力。尽管网络中反抗“996”[⑦]、科层制、KPI 考核的声音此起彼伏，然而讽刺的是，Z 世代深深热衷的、乐此不疲的饭圈文化，恰恰包含了科层制和 KPI 考核，以及比“996”更长的工作时间和大量自发付出的金钱。无论真实世界的明星，还是二次元虚拟人物，但凡能代表美好形象、寄托愿景，都可能受到 Z 世代的大力追捧。

① 王宁 . 情感消费与情感产业：消费社会学研究系列之一［J］. 中山大学学报（社会科学版），2000（11）：109-113.

② 苏宁金融研究院，零壹财经 . 你们根本不懂“后浪”，Z 世代画像及消费偏好解读［EB/OL］.（2020-05-09）［2022-02-12］. https：//www.01caijing.com/finds/details/262998.htm. 所谓“中二病”指的是青少年的某些自我意识，例如认为自己是特殊的存在，乐于通过表现自己来获得他人认同。

③ 止水 . 起底 Z 世代，他们的消费界限在哪里［EB/OL］.（2021-05-28）［2022-02-12］. https：//36kr.com/p/980045235195268.

④ 汪永涛 . Z 世代亚文化消费的逻辑［J］. 中国青年研究，2021（11）：88-95.

⑤ PUGH A J. Longing and belonging：parent and children and consumer culture［M］. Berkeley：University of California Press，2009：21-24.

⑥ 李春玲 . 改革开放的孩子们：中国新生代与中国发展新时代［J］. 社会学研究，2019（3）：1-24，242.

⑦ 996 是一种工作制度，即早上 9 点上班、晚上 9 点下班，中午和傍晚休息在 1 小时以内，总计工作 10 小时以上，并且一周工作 6 天的工作制度，反映了中国互联网企业的加班文化。

（二）情绪需求：悦己消费的快感

1. 个性态度的消费表达

Z世代热衷于寻求理想“人设”（人物设定）。出于对“我是谁”和“我想成为谁”的探索，很多Z世代都喜欢不断尝试风格迥异的穿搭、消费不同品牌的产品，以此体验多样的生活方式，寻找什么才是真正适合自己的。他们愿意在能代表自己的领域投入极大的热情、时间与金钱，不断购买与兴趣相关的品牌和产品，加深兴趣领域的钻研，寻找、建立并强化个人标签。

《2020 Z世代消费态度洞察报告》总结归纳的Z世代的消费关键词包括“潮流引领者”“剁手党”“易种草体质”（指容易因受到推荐而对某物品有蓬勃生长的占有欲）等。[①]个性已经超越了普遍的符号价值，成为商品消费的新维度。很多早期消费主义者崇尚的物品，即使是做工精美、具有身份象征意义的奢侈品牌，也不能轻易打动Z世代。相反，一场沉浸式剧本杀（一种社交游戏）、一个限量款盲盒、一个新奇的宠物造型，却能让其深陷其中不能自拔。虽不必需，但能给生活带来审美或独特体验，就是Z世代的消费方向。“独一无二”“限量发行”是他们的消费关键词。当被问到为何愿意花费高于普通商品数倍而使用功能无异、甚至外观相似的产品时，很多Z世代的回答是“虽然没有实用性，但是特别”“错过了买不到了，觉得很珍贵”。

深受二次元文化影响的Z世代崇尚独创，“脑洞大开”是常态。不走寻常路的产品往往能在二次元世界中大放异彩，中规中矩的内容易被视为平庸乏味。

案例链接

飞利浦面向Z世代推出“不怕被看穿”的“旋风Z”剃须刀

为了让百年品牌焕新，吸纳更多年轻用户，飞利浦利用天猫大数据挖掘Z世代年轻人细分需求，通过市场趋势分析、细分人群洞察、概念测试研发打样、人群触达营销测试等步骤，历时9个月，于2020年10月推出其全球历史上首款C2B（即从消费者到企业反向定制）产品——专为Z世代研发的“旋风Z”透明电动剃须刀。

基于数据分析，飞利浦发现中国年轻消费者更加在意品质生活，从原来只是简单地把胡子剃干净，到现在追求个性化的男士理容解决方案；同时越来越注重数字化，习惯从数据中了解情况、获得启示，以更好地管理自身健康等；此外，他们不仅仅追求内在有料，而且敢于展露自己的天分与热爱，具有不屑伪装、不怕注视的个性。针对以上特点，“旋风Z”具有电竞风、未来感和科技感的透明机身设计将剃须刀的内核整个展露在消费者眼前，每分钟56 000次以上快速切剃又直观展示出产品的强劲性能，这都凸显了该系列产品契合Z世代消费者个性的“不怕被看穿”的产品主张，也很好地彰显出飞利浦秉持的“创新为你”的品牌精神。

为了进一步引起Z世代的共鸣，飞利浦除了在上海的潮流聚集地“TX淮海”联合

---

① 第一财经商业数据中心．2020 Z世代消费态度洞察报告［R/OL］．（2020-08-17）［2022-02-12］．https://www.cbndata.com/report/2381/detail?isReading=report&page=1.

潮牌 INNERSECT 打造为期 3 天的线下快闪互动艺术展，还通过＃不怕被看穿＃话题与年轻人搭起沟通的桥梁。在线上，飞利浦携手天猫潮 LIVE 联合 5 位潮流意见领袖定制联名礼盒（见图 4－4），并在淘宝平台投放超级短视频、淘宝直通车、超级推荐等形式的广告，以辐射更广的 Z 世代人群。

图 4－4 “旋风 Z”天猫定制礼盒概念图

同时，飞利浦还与其他社交媒体的潮玩达人进行合作。例如邀请 B 站（哔哩哔哩）的动漫 UP 主“利利那 TD25”创作了一支视频，以网络动画作品《灵笼》中的机甲形象为原型，将“旋风 Z”拆装改造成一个可动的机甲。这支视频的播放量超过 266 万，也让飞利浦在当周冲上了 B 站品牌热度榜第一的位置（见图 4－5）。个性化的产品设计和有针对性的营销活动使得“旋风 Z”居于天猫年度剃须刀类目首发月销售榜首，带动品牌 Z 世代渗透率提升 6.5％。

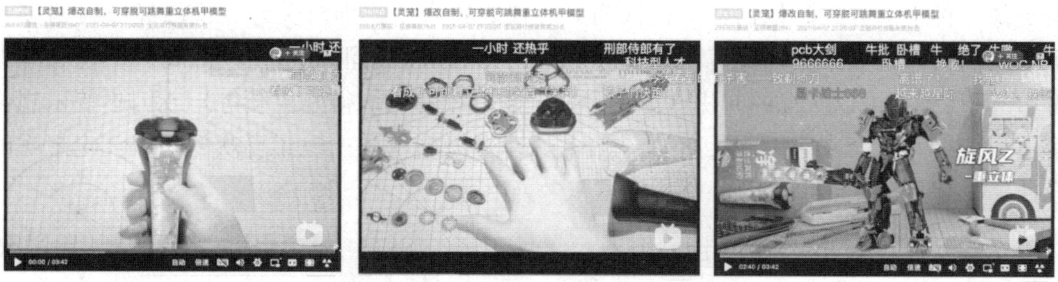

图 4－5 “旋风 Z”机甲模型视频截图

资料来源：果壳说．“旋风 Z”净剃实力 不怕被看穿 飞利浦携手天猫潮 LIVE 定制 C2B 须刀全国首发［EB/OL］．（2020－10－16）［2021－01－25］．https：//www.guokr.com/article/458605/；第一财经．飞利浦：更年轻、更专业、更中国化［EB/OL］．（2021－04－28）［2021－01－25］．https：//baijiahao.baidu.com/s? id＝1698288006174643475&wfr＝spider&for＝pc.

有一种观点认为，Z 世代之前的青年，成长在中国经济发展期，有“贫穷动力”；当代青年生存压力已经不再迫切，迫切的需求是“嗨”动力——什么让他感到快乐，他就会愿意为什么付出。[①] 贫穷动力因为“燃点”较低而较易掌握，但“嗨”动力的标准多元、易变，不易预测。超过一半的Z世代表示想要拥有最新或之前没有尝试过的体验。[②]

现代享乐主义将注意力集中在虚构的刺激物以及刺激物带来的隐秘快感之上，人的快乐更多来自自身的情感幻觉，而不一定是真实的感觉。[③] 市场中的情感消费品应运而生，大量商家希望通过消费这一过程，让青少年用户与产品建立情感链接，获得虚拟的情绪感受、情感满足与群体支持。[④] 对于Z世代而言，悦己消费的起步门槛并不高，大部分售价几十元的盲盒手办所带来的小成本的快乐也能打动和吸引他们。“花钱买快乐”已经成为Z世代消费的基本信条，这使得他们在取悦自己的同时也可进行自我表达、自我补偿和自我治愈。

2. 颜值主义的审美偏好

Z世代信奉“颜值即正义”，认为好看的外表方能吸引有趣的灵魂。Z世代的成长过程伴随着二次元文化的蓬勃发展，虚拟世界唯美主义、“可爱即力量”的价值观已经深深嵌入他们的文化生活。Z世代格外青睐萌系、少女系和具有外观优势的产品；热衷追求外表光鲜、极具个性的事物，美妆护肤、颜值小物等相关消费因此备受追捧。

“颜值主义”的诞生和社交媒体的分享特质、“晒”文化盛行密不可分。Z世代需要高颜值、一眼吸睛、赏心悦目的物品来拍照分享，这样的行为推动了“高颜值奶茶”等消费的兴起。甚至对于数码家电，Z世代也紧盯其颜值，有调查显示，三成Z世代消费者认为颜值是小家电选购的首要决定因素。[⑤] 当然，小型洗碗机、懒人网红锅等体积小巧、使用方便、外观可人的小家电受到追捧，其诱因除了Z世代对品质生活的追求，也离不开他们“解放自我，享受人生”的懒人态度。

Z世代消费理念已经超越了炫耀名牌、贪图虚荣和面子。在“身份象征”之外，消费更像一种生活方式。他们舍得花钱购买心仪之物来获得即时美好。悦己经济让诸多行业嗅到商机，比如某服饰美容店店主透露，大部分来店的消费女孩，都属于“悦己型顾客”，但凡碰上可以庆祝的时机（如生日、纪念日或考试取得好成绩等）或因不快乐想化解负面情绪，就会来店里购买商品，“年轻人就是及时行乐……买喜欢的衣服，吃想吃的东西，见想见的人，漂亮开心就是王道”。

（三）社交需求：人际互动的连接

Z世代成长于一个快速流动的社会中。人与人之间的疏远和距离，以及工作、学习、人际交往带来的巨大挑战使他们感到焦虑与动荡，难以避免个体的冷漠、无力与失根感。加之代际认同的文化标识已经发生改变，父母或者朋友往往难以完全满足其情感需求。

---

① 何帆．现在的年轻人到底怎么管［EB/OL］．（2020－04－07）［2022－02－12］．https：//www.sohu.com/a/386194620_358836.

② 止水．起底Z世代，他们的消费界限在哪里［EB/OL］．（2021－05－28）［2022－02－12］．https：//36kr.com/p/980045235195268.

③ 坎贝尔．求新的渴望：其在诸种时尚理论和现代消费主义当中表现出的特性和社会定位//罗钢，王中忱．消费文化读本［M］．北京：中国社会科学出版社，2003：266－284.

④ 张琳，杨毅．从“出圈”到“破圈”：Z世代青年群体的圈层文化消费研究［J］．理论月刊，2021（5）：105－112.

⑤ 同②.

网络兴趣社群则弥补了这个缺失——Z世代通过各种部落文化和社交寻找自己的文化认同体，微博互粉（互相关注的用户）、豆瓣好友、B站同道中人等都能够补偿甚至替代现实中的亲密关系。

在Z世代的人际交往中，消费充当了社交货币的功能。比如手办、盲盒玩具、游戏皮肤等，都可以进行交换、售卖，在圈内相互流通，作为维系友谊或认识新朋友的重要交流工具。手游、网游需要跟朋友一起组队对战，击败其他玩家提升段位，将自己的段位挂在朋友圈甚至全服（网络游戏中玩家所能进入的所有服务器）的榜单上进行炫耀，可以获得认同感和优越感。亚文化消费通过社交产生的攀比和优越感可以让人瞬间产生快感。

二、Z世代的消费理念

（一）消费圈层化：垂直型趣缘

Z世代的显著文化特色之一是基于趣缘的垂直圈层。如有专业人士认为"用品类去定义零售的时代已经过去，现在我们都在讲兴趣和圈层"[①]。伴随消费升级的浪潮，圈层消费形成的商业价值爆发，商品所代表的品牌价值、文化价值和情感价值并驾齐驱，商品的文化属性能否得到青年认可、引发情感共鸣，成为赢得Z世代消费者的关键。

兴趣是Z世代找到契合的朋友、增强社区专业细分程度的核心。在互联网的助力下，Z世代的兴趣圈层更加垂直多元，分门别类，体系强大。仅B站一家，就拥有超过200万的文化标签，包括御宅、美食、美妆、萌宠等；核心圈层包括游戏、番剧、健身、鬼畜、古风等品类，核心圈之下又有许多分支。而看起来相似的趣缘圈之间，都有细分的品类，如古风圈、汉服圈、仙古圈等。"圈外人"认为类似的这些趣缘圈，实际上只有小部分交集，各圈之间有不互通的消费偏好、语言符号和行为方式，甚至可能还有泾渭分明的壁垒甚至对立。

在趣缘文化消费中，可以感受到强烈的情感驱动。Z世代本着"为爱买单"的理念，自愿"被规训"，产生了圈层文化的强大消费效应。此外，圈层文化也体现了很强的组织性，并呈现出相应的社会功能和公共性特征，比如新冠肺炎疫情期间有许多圈中粉丝自发驰援武汉。由此可见，Z世代在圈层中形成的情感动力和行动渠道，已经逐步突破"趣缘"的边界，开始形成社会公共行动的潜力。

（二）消费社交化：分享与种草

Z世代呈现出部落主义的消费倾向，以情感为纽带，以消费为社交。"前网络"时代，青年的亚文化消费更多的是个体消费行为。X世代、Y世代的青少年，在购买喜爱之物、追逐偶像时，大多是自己购买商品、观看演唱会；而Z世代会加入粉丝团，微博打榜，路边应援，组成一种个体为抵抗人情关系的冷漠和疏离而自发建立起来的情感部落。"消费呈

---

① 央广网．国产新锐消费品"后浪"突围［EB/OL］．（2021－05－26）［2022－02－12］．https：//www. sohu. com/a/468610779_362042.

现出更多的公共和集体的特征——不再只是个人选择和偏好的事了，而是成为公众讨论和集体审议的话题；共享的兴趣通常会导致共享的知识、共同的视野和共同的行动。”①

随着消费社交化趋势愈加明显，在年轻人群中，消费已然成为社交生活的副产品。他们在消费的同时不断进行内容输出和线上互动，于生产内容和消费内容的过程中找到志趣相投的朋友。情感是亚文化消费的重要动力，如何促使消费者建立情感联系、加速快感体验、纳入群体生产过程是商家营销的要点。

种草型消费是 Z 世代典型的交往型消费特征。一份针对 95 后的调研报告显示，95 后愿意使用社交媒体购物的比例比其他世代人群更高。② 他们喜欢在抖音、快手、小红书和 B 站等平台浏览内容，习惯通过社交媒体购物，愿意被意见领袖和熟人亲友种草。

（三）消费理性化：严选与流转

1. 研究型购物

我国 Z 世代是第一代网络原住民，他们高度依赖互联网获取信息、创造想象、建构自己的生活圈。相对以前的世代，他们对网络信息有较强的分析能力，这种媒介素养特征也体现在消费选择过程中。

尽管炒鞋、天价盲盒、非理性粉丝应援等现象让人们对于 Z 世代的消费方式颇有争议，但事实上，很多 Z 世代在消费过程中表现得相当理性。他们在购买一件商品之前，会通过各类平台深挖多样的测评信息、查阅大量数据，对比博主推荐和买家秀，或直接通过网络发帖等方式询问，还会同时询问亲友，“线上线下结合”。有人形容这种消费是“买一样东西就像做一个研究”，需要细密的文献回顾、数据分析和研究对比才能得到理想结果。有观点认为当代青年已经逐渐开启“后颜值经济时代”③，更注重产品含量、有效性和专业性，“成分党”纷纷出现，产品仅靠外观很难实现销量的增长。

Z 世代用自己的情感和喜好构建了品质与情感并存的新消费观念。他们会抵制既定的游戏规则，不像消费“脑残族”那样轻易掉进商家的陷阱。很多消费热潮虽新鲜有趣、互动性强，但却是跟风和炒作的产物，相关话题和热点常迅速消逝，难以成为一种稳定的、持续的消费模式。而增强产品创意、深耕专业，才是 Z 世代文化消费企业实现持久性热度的有效途径。正所谓颜值是正义但不是最终的正义，产品始于颜值亦当成于品质。

2. 闲置的流转

网络二手平台的崛起也成为 Z 世代理性消费的驱动力。他们多会追求性价比、接受二手物品、卖掉自己的闲置物，为冲动消费及时止损。根据阿里巴巴发布的财务报告，闲鱼“90 后”用户占比六成，Z 世代正在重新定义闲置物品的价值。在闲鱼等二手平台，二手物品的大量售卖流转，体现了新一代年轻人消费观中成熟理性的一面。

当然，这并不是说为快乐买单的 Z 世代喜新厌旧。各类残缺物、闲置物在网络中流

---

① 詹金斯．融合文化：新媒体和旧媒体的冲突地带［M］．杜永明，译．北京：商务印书馆，2019：327.

② 埃森哲．全球 95 后消费者调研中国洞察报告［R/OL］．（2017－10－22）［2022－02－12］．https：//36kr.com/p/1721936134145.

③ 曾昕．理性消费者，还是感性购物狂：“Z 世代”消费文化解析［J］．教育家，2021（23）：12－14.

通，彰显了Z世代从实用主义出发的节俭、理性、务实的消费态度。2020年，闲鱼网出现了13万只耳机“在线相亲”（即为丢失的左耳或右耳的无线耳机配对，见图4-6），低价购买产品小样的“小样女孩”消费走红。此外，更有“轻物质主义”和“极简主义”流行，豆瓣小组中“不要买-消费主义逆行者”吸纳了20万年轻粉丝，其自称“理智鹅”的成员普遍奉行只有在需要的时候才购买的购物原则，不仅自己控制购物，还经常劝退同伴购物。无论是志趣投缘的买卖，还是寻找共同的消费态度，随之而来的对话（买卖询问、心得交流等），都有可能带来惊喜的社交体验。

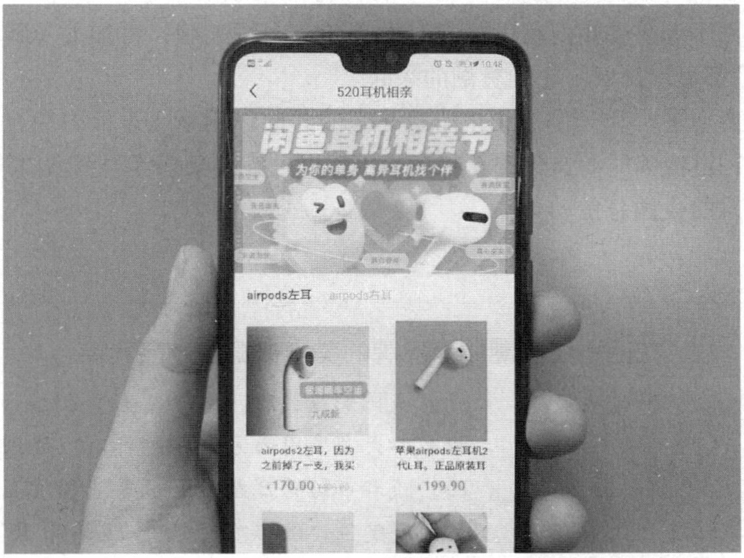

图4-6　闲鱼网为“落单”耳机组织的“相亲”活动

三、Z世代消费热点与形塑机制

（一）国潮出圈与身份动员

2021年的一项国潮调研报告显示，国潮已进入3.0阶段[①]——文创IP、国产动漫、国产电影等相关话题成为搜索热词，有研究者认为，“国潮”有三个重要的支撑元素：民族文化、国货品牌及最重要的青年力量。[②] 在B站中，Z世代群体的古风服装消费连续两年上涨300%，国风爱好者中的九成皆为Z世代。[③] 他们要么穿戴传统服装饰品、化古典妆容，要么创作中国风词句曲目、演奏中国古代乐器，要么改编、表演中国古典舞蹈……他们用多种多样的形式表达自己对于国风的推崇。国风爱好者的情感

① 1.0阶段是服装、鞋、食品、护肤品和家电行业的“老字号”焕新；2.0阶段是汽车、手机、化妆品等品类的国产新消费崛起；3.0阶段则是文化、科技、娱乐的全面“国潮化”。

② 人民网人民数据．国潮3.0时代到来！2021国潮搜索大数据报告发布［R/OL］．（2021-05-10）［2022-02-12］．https：//baijiahao.baidu.com/s?id=1699340268889375178&wfr=spider&for=pc.

③ 第一财经商业数据中心，等．Z世代消费圈层大报告［R/OL］．（2019-08-02）［2022-02-12］．https：//www.cbndata.com/report/1765/detail?isReading=report&page=1.

消费，已经从趣缘消费上升到更宏大意义上的“为爱买单”——消费国货与爱国主义的链接。

爱国情怀已然成为国货潮流兴起的重要推力。有研究者认为，Z 世代是既有全球性又有深刻民族认同的一代人。① 他们的成长阶段正赶上民族经济迅速增长、国力不断加强、国际话语权持续提升的时代，因而表现出较强的爱国热情、文化自信以及对主流意识的认可。在文化自信和中国制造升级的双重推动下，“国潮美学”风尚兴起，大量中国老字号和新晋国货因此具备了强劲的品牌势能。反映在消费层面，即是 Z 世代表现出对国货品牌的高度认可。比如追捧李宁运动鞋，将限量版潮鞋炒出天价；又如美妆方面，完美日记、花西子等品牌热门程度已超过欧美美妆一线大牌；再加上飞跃、回力等老品牌的“翻红”，都显示出新一轮国货潮的兴起。

在政策、商业平台和 Z 世代文化消费心态的共同作用下，表征着潮流文化创新和传统文化再现的国潮成为时尚文化的新趋势，再辅以民族自豪感等消费话语策略的推动，Z 世代经受了多维的爱国身份动员。

案例链接

花西子让国潮成为品牌的美学依据和产品卖点

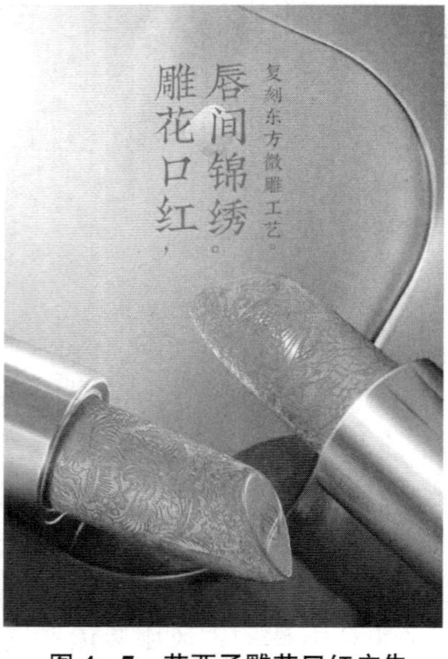

图 4-7　花西子雕花口红广告

我国彩妆品牌花西子诞生于 2017 年，那时国内彩妆品牌大多采用西方彩妆的标准、规则及体系研发产品。随着市场的日益壮大，更多国货品牌开始寻找自己的新定位。以“东方彩妆，以花养妆”为发展理念，花西子借力“国潮热”迅速崭露头角，其经典产品“雕花口红”（见图 4-7）上线半年，就使花西子口红销售额获得 794.6%的增速。②

花西子之所以能在 Z 世代消费者中受到热捧，与国货崛起、国风盛行的时机密不可分。在中国综合国力快速提升、国民对传统文化愈发自信的大背景下，以 Z 世代为主体的青年对国风的喜爱进一步推动了传统文化的流行。前有老字号跨界回春，后有潮牌结合传统。花西子借势而为，在与国际品牌的竞争中，找到了自己的发力点，定位“东方美学”和“中国风”，让其成为国货彩妆的美学依据和卖点。

国潮营销的特点是利用国货品牌、国风、民族文化等为品牌创建具有吸引力的话题，

① 人民网．寻找“后浪”的正确打开方式：与“Z 世代”有效对话［EB/OL］．(2021-05-20)［2022-02-12］．http://ent.people.com.cn/n1/2021/0520/c1012-32108763.html.

② 叶小安．做“国潮”的花西子是如何超越完美日记的？［EB/OL］．(2021-06-23)［2021-02-17］．https://m.thepaper.cn/baijiahao_13267830.

在营销中融入文化、知识和趣味。花西子实现了品牌与中华民族文化的良性互动，是融中国元素与时尚设计为一体的双向融合产品。基于敏锐的市场触觉与消费者画像数据，花西子十分看重Z世代的市场潜力和文化自信。花西子以“中国符号”作为连接消费者的“国粹纽带”，其对于传统文化的美学表达迎合了Z世代感性消费的需求。如以中国传统色“黛”作为品牌色，以“朱砂”作为口红色标识，而并非沿袭欧美品牌以数字区分色号。其经典产品九色眼影，结合古典屏风元素，施以传统浮雕工艺，百鸟形态各异，凤凰振羽欲飞，体现了眼影盘的精美匠心，且携带“愿卿如凤，有百鸟相拥”的古典寓意（见图4-8）。这一方面迎合了Z世代“颜值主义”的消费审美，另一方面符合这些“文化自信的祖国花朵”的消费心理。

图4-8　花西子新年限定百鸟朝凤眼影盘

（二）“泛二次元”与跨界营销

Z世代文化消费中，通过动漫、游戏创造的虚拟世界——“二次元”，是不容忽视的关键词。20世纪80年代，日本动漫进入中国文化市场，潜移默化地培养了大批二次元受众。近些年二次元文化在商业领域的广泛应用，又让主流社会对二次元的关注度急速上升。二次元自身也从一种小众文化演化为极具感染力的文化势力，渗透至Z世代日常生活的方方面面，对他们的审美习惯和价值观养成产生了深远的影响。

二次元在Z世代消费文化中的作用和商业潜能，吸引众多品牌展开对二次元营销的探索。如爱奇艺用虚拟偶像打通潮流文化的同时，对漫画、影视剧、网络电影、游戏、直播等内容的联动进行探索，向“泛二次元娱乐”方向发展，形成“上连内容下连影视、游戏、零售等领域”的完整二次元生态系统。

二次元营销的关键在于找到适合企业自身条件的二次元内容营销方式，通过和自身契合的IP合作，实现资源与用户的对接。例如，肯德基发售“KFC×泡泡玛特DIMOO手办”，盲盒上线仅一天，一线城市大部分门店纷纷售罄；李宁为抓住游戏核心女性玩家对潮流热舞的需求，选择与有十多年历史的《QQ炫舞》跨界合作；腾讯尝试打破次元壁的带货方式，在统一老坛与《魔道祖师》的合作中，实现了二次元《魔道祖师》与三次元《陈情令》破次元线上互动，促进品牌用户销量的转化。

案例链接

零售业虚拟偶像 “屈晨曦 Wilson”

2019 年，屈臣氏在“HWB 健康美丽大赏”推出了虚拟偶像代言人“屈晨曦 Wilson”（见图 4-9），他抱有“试无忌惮，美有道理”的价值观，具有帅气亲切的外形，其墨绿眼睛、暖色系穿搭和阳光笑容酷似手机游戏《恋与制作人》中的明星周棋洛。

图 4-9　屈臣氏虚拟偶像代言人屈晨曦

作为屈臣氏代言人、屈臣氏活动 HWB 制作人和时尚美妆博主，屈晨曦被打造为爱美妆、爱撸猫的都市男孩，拥有自己的微博账号、宣传视频、杂志采访、漫画剧场等。屈臣氏一直强调屈晨曦处于成长学习阶段的“人设”，并表示希望能交给各位消费者来决定他的未来，即像“偶像造星”一样提供养成系情感路径。

屈晨曦的出现彰显了屈臣氏面向喜爱虚拟偶像的 Z 世代所进行的品牌年轻化打造。屈晨曦取代了冰冷的品牌名称和客服代号，以有温度的人设与消费者、明星、网红互动。通过“屈晨曦”小程序，屈臣氏将直播、会员权益、种草社区和拼团等小程序功能串联在一起，创造了培养用户黏性的新场景。如在“屈撸猫吧”小程序游戏中帮他完成撸猫、喂猫、打卡等轻松简单的互动，用户就能获取爱心值奖励，兑换优惠券。在跨界借势方面，屈晨曦还和明星的粉丝团一起做公益、进入网红的直播间与粉丝互动。依托屈臣氏 6 500 多万会员的品牌资产，屈晨曦“出道”仅一年就收获 300 多万粉丝。

资料来源：郭芬．屈臣氏变身“娱乐公司”，首位艺人屈晨曦能 C 位出道吗？[EB/OL]．(2019-07-31)[2021-02-17]．https://www.cbo.cn/article/id/47429.html；中国日报网．屈晨曦首登《嘉人 NOW》创刊号 不简单的新生代虚拟偶像 [EB/OL]．(2020-09-08)[2021-02-17]．http://cn.chinadaily.com.cn/a/202009/08/WS5f573cffa310084978423f97.html.

（三）内生驱动与平台形塑

青年文化消费的研究大致可分为商业收编和情感消费两类。英国伯明翰学派主要采取社会结构的视角进行研究，总结出抵抗-收编模式，认为青年亚文化是英国工人阶级抵抗主流社会的一种仪式，亚文化群体生产出新的、对抗性的意义的方式，却受到资本和市场的整合和利用，最终被意识形态和商业收编——把亚文化符号转化为利润丰厚的商品。[①] 巴特勒认为，在新自由主义的影响下，亚文化被深层的商业的文化经济逻辑所裹挟，亚文化的追求逐渐离开了底层群体，成为更广泛的青年个体寻求品位感和群体归属感的工具，其抵抗意义已经消解。[②]

Z世代的文化层出不穷，除了上述消费热点，还有朋克养生、萌宠消费、懒系生活、跨界消费等消费潮流，不一而足。尽管在传统视角下，他们的消费方式还带有“另类”“享乐主义”等刻板标签，但恰恰是因为对新事物的热忱、对自我个性的追求，给予新一代青年不设限的人生——包含多重的职业选择、多元的人生观、多种多样的兴趣追求带来的蓬勃发展空间。无论追星时的为爱消费，还是国潮中的“为祖国打CALL”，并非空泛地指向为偶像和祖国买单，更出于支持和认同其背后的精神和价值观，从而形成消费的情感驱动。

Z世代消费文化是一个综合了物质和精神双重消费的领域。他们通过产品分享把消费主动应用于社交，或变身卖主在二手平台上让闲置物品流通，实现“废物”变现。这一切的背后，是Z世代“独而不孤”的社交转移和自我价值展现的另类途径。他们对于亲戚和熟人的社交主动性较低，转向兴趣、认同和生活中的实际需求，重新缔结亲密关系、共享文化与体验。消费不仅成为Z世代在现实社会的交往和社会化途径，也实现了从消费者到商业文化参与者的多元角色转换，映射了新一代青年在崇尚个性的同时建立连接与自我赋值的价值需求。

与此同时，平台经济下的Z世代亚文化圈层，依然需要通过消费进行趣缘的准入与身份的确认。各种趣缘圈表面上是乌托邦的寄托，是由共同的兴趣爱好而聚集的“为爱发电”，但实际上这些看似美好、平等的圈层，也需要以消费作为门槛和等级划分的依据，甚至在同一个圈子内，也有不同的阶层与身份区隔。比如“氪金粉”鄙视“数据粉”，“数据粉”瞧不上“白嫖粉”。消费金钱的层级在消费时间之上，鄙视链最高端依然由金钱主导。在粉丝的等级体系中，在游戏的段位上，地位、层级和成就感均需要通过消费（甚至巨额消费）方能达到。因此，所谓Z世代圈层消费，依然是经济实力的再现。

文化消费的种种现象映射了Z世代青年的精神生活现状与社会症候。消费的渗透使得情感关系日益商品化，亲密关系的构建和维持围绕着消费进行，物品消费成为现代情感文化的组成部分。互联网技术与媒介彻底改变了青少年的生活方式，也改写了亚文化。尤其在2010年后，随着移动互联网兴起以及大数据技术的运用，平台资本侵入亚文化，也形塑了当前的亚文化产业，使其围绕着内容的生产、流通和消费而进行。由此观之，消费是内在于亚文化本身的，消费主义成为贯穿亚文化的一条主要线索。Z世代文化消费的逻辑，依然不可避免地在根本上受到平台资本的塑造。

本章小结

新技术、新媒体、新应用的迭代与普及，引发传播方式和消费方式的深刻变革，催

① 赫伯迪格．亚文化：风格的意义［M］．陆道夫，胡疆锋，译．北京：北京大学出版社，2009：116－118.
② 杨小柳，周源颖．亚文化资本：新媒体时代青年亚文化的一种解释［J］．中国青年研究，2018（9）：91－98.

生了新的消费需求、消费场景、消费模式与新的消费群体。对于广告主而言，这既是机会又是挑战，能否全面把握这样的变化并精准洞悉目标消费者，将决定其营销活动的效果乃至商业竞争的成败。

对消费者的分析需要借助相应的模型工具，全面梳理消费者个体、群体和组织如何筛选、购买、使用及处置产品、服务、创意或体验，以满足自身需要和需求的全过程。对此，希夫曼等提出了由输入、处理和输出三个阶段构成的消费者行为模型。其中，输入阶段关注影响消费者对产品需求认知的相关要素，如营销组合、社会文化影响因素、营销者面向消费者的沟通、消费者之间的沟通；处理阶段注重分析影响消费者行为的思维和心理因素，以及驱动消费者行动和做出决定的认知活动环节；输出阶段关涉消费者决策的购买行为以及购后评价两个层面。

在新媒体时代，数字消费的趋势不断加剧，具有全新特征的数智化消费者越来越多。老年网民、单身家庭、数字原住民、环保消费者、共享消费者、城市群消费者、国内游客成为推动中国消费市场增长、重塑消费格局的7大消费群体，需要营销者给予更多的关注。

与此同时，出生于1995—2009年的Z世代，将成为中国最大的消费人群。受信息爆炸环境中多元文化的熏陶，Z世代的行为模式、处世态度、思维方式都不同于以往的世代，被认为是自我意识觉醒的新一代消费者。他们更倾向于为爱买单、追寻悦己消费的快感，并希望在消费时实现互动社交；这使得他们在消费时呈现出鲜明的圈层化、社交化、理性化等特征。受此种内生驱动力的作用，以及身份动员、跨界营销、平台形塑等机制的影响，国潮、“泛二次元”、朋克养生、萌宠消费等成为Z世代的新兴消费潮流。

为全面洞察目标消费者，营销者可综合人口统计特征、心理统计特征、行为方式等维度，选择定性与定量的方法，遵循“十步人物角色法”等步骤，为目标消费者“画像”。据此营销者可设计与目标消费者有效沟通及对话的传播导线、广告内容、关系网络，也能精准预判目标消费者对于营销信息的反应和进一步行动的方向，由此帮助营销者降低营销费用、更好地达成营销目标。

问题讨论

1. 查阅消费者行为学相关书籍，简要介绍还有哪些代表性的消费者行为模型。
2. 尝试为某一个消费群体画像。
3. 面向Z世代的营销传播可采用何种策略？请结合相关营销案例加以分析。

第五章
新媒体广告的创意与文案创作

即便如第二章所描述的那样，与传统媒体广告相比，新媒体广告具有多项优势，然而新媒体广告能否达成告知、劝服、提示、引导等目标，很大程度上依然取决于它的创意水平。这里讲的创意不仅是广告作品表现上的求新图异，还包括新媒体跨界融合的创意、与用户互动对话的创意，乃至统领整个广告活动的“大创意”。

本章聚焦新媒体广告创意，除了介绍广告创意的概念、作用和策略等内容，还结合新媒体时代营销传播的特征和趋势，阐述新媒体广告创意的特点、要点和文案创作。

第一节　广告创意概述

作为广告的“灵魂”，做到“以人为本”，促进人与人的沟通，让人的生活和世界变得更加美好，应该是我们评价创意好坏的重要标准。那些优秀的广告创意给了我们很好的借鉴，希望读者能够从本节介绍的策略和典型案例中得到有益的启示。

一、 广告创意的概念

“创意”是“创立新意”的过程，这一过程赋予广告强大的魅力，使消费者在拍案叫绝的同时产生购买的欲望。广告人大卫·奥格威曾说过，“没有创意的广告犹如在黑夜里悄无声息驶过海面的船只，无人知晓”[①]。创意的英文为 creative，意为“具有新颖性和创造性的想法”。在广告活动中，创意是旧元素的新组合，它来源于对不同事物之间的关联的洞察，这些“旧元素”就是与产品和消费者相关的特殊素材、日常生活与时事的普通素材。[②]

人们在进行消费决策时会听取和参考他人的建议，因此广告创意便是连接品牌与消费者的枢纽和中介。好的创意能够让广告更加生动形象，进而帮助产品定位、创造广告氛围、决定消费者的感受[③]；它还能赋予产品鲜活的形象，让其在消费者的心目中保持较

---

① 奥格威．奥格威谈广告［M］．曾晶，译．北京：机械工业出版社，2003：16.

② 扬．创意的生成［M］．祝士伟，译．北京：中国人民大学出版社，2014：48.

③ 阿伦斯 W，维戈尔德，阿伦斯 C．广告：创意与文案［M］．丁俊杰，程坪，陈志娟，等译．北京：人民邮电出版社，2012：62.

高的地位，改变他们的态度和行为；好创意还可使广告在海量信息中脱颖而出，不仅吸引人们主动关注，亦会引发互动、形成共鸣，激发消费者参与、分享和传播的热情。广告创意也是一个“戴着镣铐跳舞”的过程，来自法律法规、广告主、广告媒介的不同要求都会为创意设定框架，限制它发挥的范围。综上所述，我们可将广告创意看作根据广告目标的要求，围绕着核心的销售信息进行具体的、形象化的广告诉求和表现的创造性思维活动①，它负责解决广告“怎么说”的问题。

案例链接

淘宝将美食与消费者情感关联

2016 年 8 月，手机淘宝在首页推出了主题为“美好的物品能治愈”的创意营销《一千零一夜》（见图 5－1）。每天 22 点至第二天 7 点之间，用户在首页下拉处可以进入一个名叫“淘宝二楼”的界面，并观看《一千零一夜》系列故事的短视频。

图 5－1　淘宝广告《一千零一夜》
（左为 App 首页，右为视频界面）

《一千零一夜》讲述了 16 个奇幻的都市故事：每到深夜，一个神秘的男人会和他的小店出现在故事的主人公面前，用美食抚慰主人公的内心，这些美食有慰藉乡愁的鲅鱼水饺、抚平焦虑的百香果等。视频播完后，用户如果想购买视频中的商品，可以直接点击“夜猫福利”跳转到购买界面。《一千零一夜》第 1 集《鲅鱼水饺》播出后，淘宝店的饺子热销。

项目负责人陈文心指出，超过 80％的淘宝用户都是“80 后”和“90 后”年轻人，他们习惯在 22 点至 24 点浏览手机淘宝，而之所以在这个时间段买东西是因为想用美好的食物激励自己、治愈自己，从而以美好的心情迎来第二天的挑战。

淘宝抓住了食物与消费者情感的联系，并将这种联系用充满诱惑且具有奇幻色彩的小故事展现出来。值得关注的是，在将移动端作为《一千零一夜》主要运作平台的思路下，淘宝运用全新的适用于竖版视频的镜头语言、竖版的美术场景和画面结构，甚至改变摄影器材的操作习惯，通过大量试验和创新尝试最终呈现了这一适配移动端、互动感十足的创意营销。

资料来源：SocialBeta. 从一千零一夜的走红漫谈“淘宝式”内容营销的现在和未来 [EB/OL]. (2016－09－18) [2018－03－11]. http://socialbeta.com/t/socialbeta-exclusive-interview-with-taobao-marketing-team-about-yiqian-lingyiye-project.

二、 好创意需以人为本

广告人李奥・贝纳认为“广告行业的实质是人与人的沟通，我们应永远力行这个原

① 丁邦清．广告策划与创意 [M]. 北京：高等教育出版社，2011：147.

则，设身处地为他人着想”，这正是他“人文主义”（humankind）广告观念的体现。[①] 在消费者成为核心的新媒体时代，广告要做的就是“以人为本”。李奥贝纳广告公司前任创意群总监[②]杨烨炘认为，一个杰出的广告创意首先是一个以人为本的行为或经验，要经由正面的记忆来改变人们思考、感受直至行为的方式，广告要把人放在第一位，它的真正价值在于让人的生活变得更好[③]，甚至是改变世界。创意的最高准则也是如此，任何有价值的创意都必须做到以人为本。

“以人为本”首先要做好人性洞察，消费者不仅是顾客，他们的价值观、生活方式等都是创意的切入点；其次是找出一个独特而有意义的人性化的品牌理念，这个理念要让人们的生活发生一点细微的改变；最后要鼓励消费者，让他们参与到广告中，行动起来，而不是通过广告去告知他们。[④]

要达成“以人为本”，广告主和广告公司就不应再简单地把消费者看作被动的信息接收者、旁观者、购买者，而应将其视为渴望关怀、期待支持、希望交流的情感丰富的朋友、伙伴或邻居，除了交易，还可能与其产生情感、结下友谊、彼此关注、相互支持，形成信息、利益、价值的共同体[⑤]（见表 5－1）——人们依据共同条件结成的集体，齐格蒙特·鲍曼将其形容为一个“温馨的地方”，既可以遮风避雨，也可以在寒冷天“暖和我们的手”[⑥]。

表 5－1 广告主与消费者结成的共同体

类型	释义
信息共同体	在平等、尊重、互信甚至互爱的前提下，通过双向对话倾听对方的诉求，关切彼此的关切，拉近距离、增加信任
利益共同体	将广告主的产品、服务、活动与消费者的利益乃至公共利益相关联，形成合作共赢的框架
价值共同体	在价值维度让消费者体验、感受到爱、关心、承认和美好，从而形塑品牌的德行、理想和信仰

上述三个共同体的构建均离不开有效的对话。对话并不是你一言我一语的简单交流，而是不同意见群体通过交流和沟通寻求共同点和建立相互信任的过程；其目的不是为了消除差异、说服接受，而在于在承认多元意见的基础上寻求认同或是将不同的意见统一的可能性。与独白相比，对话讲究的是倾听、站在对方的立场思考问题，以及主动回应对方的关切。

在近年的新媒体广告中，已经涌现出一大批秉持对话理念和原则的经典案例，譬如泰国电信运营商 dtac 的视频广告《别忽视身边更应珍惜的人》。

---

① 许正林．李奥·贝纳：关于创意的 100 个提醒［J］. 中国广告，2012（3）：115－118.

② 创意群总监为客户提供策划、方案等创意服务，主要负责向不同的创意团队下达指令。

③ 杨烨炘．走向 2110 年的人文主义广告［J］. 中国广告，2010（9）：106－107.

④ SocialBeta. 对于李奥贝纳，别说你只知道伸手摘星和大铅笔［EB/OL］（2016－05－13）［2018－03－11］. http：//socialbeta. com/t/inside-office-leo-burnett.

⑤ 胡百精．说服与认同［M］. 北京：中国传媒大学出版社，2014：39－41.

⑥ 鲍曼．共同体［M］. 欧阳景根，译．南京：江苏人民出版社，2003：引言 2.

案例链接

dtac 视频广告《别忽视身边更应珍惜的人》

提及移动运营商的广告，人们可能会想到“地上地下全覆盖”“沟通无碍”“移动信息专家”等广告语，或者是更加直白的宣传“划不划算，某某说了算”和“算都不用算，某某最划算”。然而，2010 年泰国第二大移动运营商 dtac 却独辟蹊径，在其引发社交媒体大量转发的广告片《别忽视身边更应珍惜的人》(*Disconnect to Connect*) 中，不仅没有任何有关自身产品的内容，也没有希望消费者积极购买的叫卖，反而站在消费者的视角呼吁大家放下手机，去关心身边的亲情、爱情与友情（见图 5-2)。

在新媒体时代，“手机不离手”已成常态。有时候，它更像一种戒不掉的瘾，将人们的世界浓缩在小小的屏幕中。正如前面提到的那样，dtac 没有对消费者宣传自己的产品和服务，而是设身处地地告诉大家：让手机的世界代替自己身边的人，是多么的孤独而悲哀。因此，“关闭，是为了更多身边的人”。通过这样的对话，dtac 在消费者心中构建起一个体贴的、“有温度”的品牌形象，能够得到更多来自消费者的信任和情感支持。

图 5-2　dtac 广告《别忽视身边更应珍惜的人》

三、 创意表达的策略

虽然进行广告创意是一个非常复杂的过程，但如何表达广告创意仍有规律可循。一项针对 200 个金铅笔奖（The One Show）[①] 获奖广告的研究表明，89%的获奖作品的创

① 金铅笔奖是世界创意行业的专业奖项，推介美术与文案完美统一的精彩创意作品。

意表达能够归纳成形象化类比、设置极端情况、呈现“负面”后果、制造竞争、互动实验和改变维度 6 个策略。[①]

（一）形象化类比

移动互联网时代，人们越来越习惯用图片理解并记忆外界的特征，正如海德格尔所说：“世界被把握为图像，……这样一回事情标志着现代之本质。”[②] 在广告创意中也是如此，图片等非文字元素至少担负着一半演绎信息的重任[③]：其一是“象征”，即让消费者将形象与产品联想起来，如绿地、瀑布是清凉饮料的隐喻，美丽的女性是化妆品的隐喻等[④]；其二是“展现”，生动形象的图片、动画、视频等元素能够替代千言万语，让消费者直观感受到广告主要传递的信息或产品特征。形象化类比就是将某个符合消费者想象、具有象征性的物品与产品特征联系起来。例如某手机品牌的互动广告将多种乐器和音符与其“音乐手机”的特征相关联，人们如果猛烈晃动手中的鼠标，网页上的手机就会快速掉下许多乐器和音符，让体验者直观感受其强大的音乐功能（见图 5-3）。

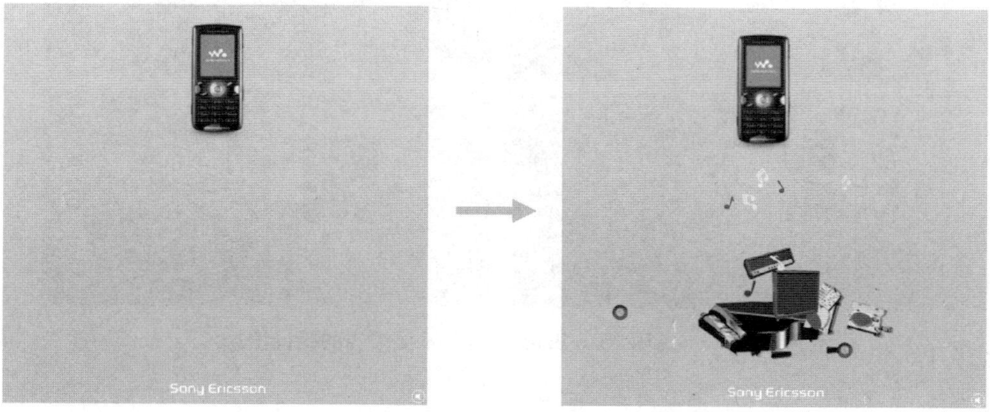

图 5-3　某款音乐手机的互动广告

（二）设置极端情况

这一策略需要展示一个情景，通常会运用“荒谬的取代”手法使产品的某个卖点重要到不切实际（极端）的程度，从而暗示消费者：你不必购买我们的产品，还可用别的替代方案（当然这个替代方案是滑稽的、不可行的）。比如澳大利亚的 ALDI（阿尔迪）超市在 Facebook 上推出的短视频广告《去趟超市，你就变老了》。这个故事讲述了一位父亲带着儿子去大型超市买番茄酱，但由于番茄酱种类过多，他选完后竟然变成了一个

---

① GOLDENBERG J，MAZURSKY D，SOLOMON S. The fundamental templates of quality ads [J]. Marketing Science，1999，18（3）333-351；李靖．“创意”本身真是没有创意：89%的创意广告来自这 6 个模板［EB/OL］．（2015-03-10）［2018-03-11］．http：//www.meihua.info/a/62599.

② 海德格尔．海德格尔选集（下卷）［M］．孙周兴，译．上海：上海三联书店，1996：899.

③ 阿伦斯 W，维戈尔德，阿伦斯 C．广告：创意与文案［M］．丁俊杰，程坪，陈志娟，等译．北京：人民邮电出版社，2012：62.

④ 陈一．论广告中的视觉符号：意义与修辞［J］．广告研究，2007（3）：83-87.

白发苍苍的老人。广告结尾“我们不会用番茄酱淹没你”点明了创意的核心内容：如果消费者不去 ALDI 购买商品，就可能会在大型超市里面对万千产品无从下手，白白浪费了自己的时间和金钱。

又如美国银行 Axos Bank 推出的短视频广告《不要被你的银行抢劫》，通过诙谐幽默的方法展现了目前银行普遍存在的高额手续费问题给客户带来的不便之处。在短片中，客户进入银行准备办理业务，正在工作的银行职员突然带上黑色头套，装扮成劫匪并把客户的钱财洗劫一空后飞奔离开。这种由职员转变为劫匪的极端状况，正是广告希望客户意识到一些银行的高额手续费实质就是对他们的“抢劫”。广告在结尾通过一句“Don't get robbed by your bank”（不要被你的银行抢劫）也点明了 Axos Bank 的服务理念：坚持客户至上，使他们能以更低的支出获得更高的回报和更好的服务（见图 5－4）。

图 5－4　美国 Axos Bank 广告《不要被你的银行抢劫》

（三）呈现“负面”后果

广告不一定要说出产品的好处，有时创造性地呈现一些“因为功能太好而导致的负面后果”，往往也能加强消费者对产品功能的认可。如玉兰油（德国）的美白产品广告传递的信息“不要用我们的产品，否则你会白得连签证官都认不出你”，就将产品美白的功效以幽默轻松的方式呈现给消费者。

案例链接

三顿半咖啡的赠品多到让贾樟柯导演“崩溃”

2021 年“双十一”预热期间，为宣传产品“超级桶”，咖啡品牌三顿半邀请导演贾樟柯“出演”了一条视频。片子以“广告拍摄-客户增加要求-调整计划”的结构展开，其创意是：作为客户的三顿半多次给贾樟柯提出新要求，要在他执导的广告片中增加更多的赠品，从燕麦奶、椰奶，到保温杯，再到盲盒，最后甚至连片子的节奏都需要更改……在不断调整拍摄计划的过程中，贾樟柯的心态也从“可以理解”滑向“彻底崩溃”，最后干脆从拍摄机位离开，直接和演员一起坐在摄像机前宣传三顿半“超级桶”的赠品。而观众到这一刻才发现，这支视频是三顿半以戏剧化的转折创意所完成的产品广告，通过把客户不断叠加的拍摄要求与丰厚的赠品相联系，呈现让导演崩溃的“负面”后果，能够让观众在恍然大悟的同时直观地感受到“超级桶”产品的优惠力度（见图 5 - 5）。

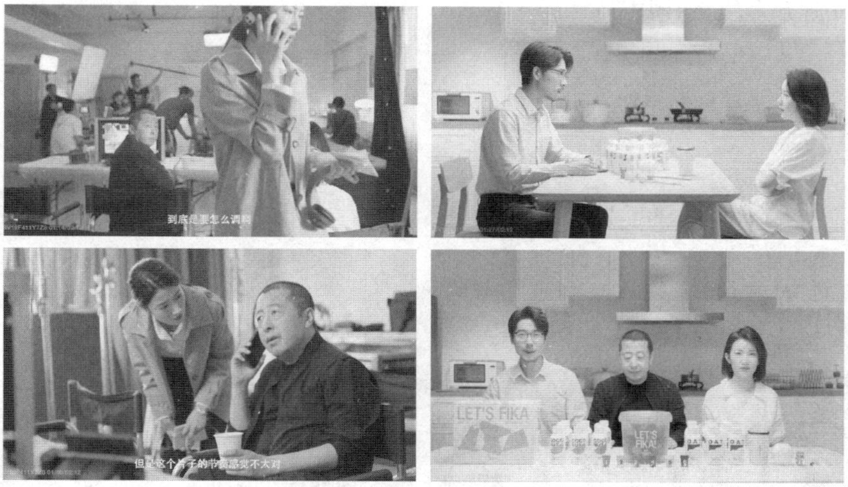

图 5 - 5　三顿半与贾樟柯合作的广告

（四）制造竞争

将产品与非同类的产品进行对比竞争以突出产品的优势是制造竞争的一种策略。除此之外，很多创意广告为了“制造竞争”，会让产品处于某个“不常用的情形”下，以替代更加常用的产品。比如为了突出牛仔裤结实的卖点，可以设计如下情形：汽车抛锚后拖车来了，但是没有绳子，于是让拖车用牛仔裤拖着后面的车走，牛仔裤此时化身为拖车绳，突出了它结实耐磨的特点。

（五）互动实验

设置一个场景，让消费者在看到该场景后产生相应的联想或完成相应的行动。如洗发水广告用黑色试纸贴近头皮、牙膏广告用色卡对比牙齿，让人看到之后会产生这样做的欲望（或者采取相应行动），从而对自己的发质、牙齿健康问题更加敏感，选择广告中产品的可能性也会更大。

知名番茄酱品牌亨氏（Heinz）的互动实验“画出你心中的番茄酱”① 也印证了互动实验对于推动消费者采取行动的重要性。2021 年，亨氏在不告知参与者实验团队身份的前提下，于多个国家邀请多位消费者通过线上或线下的方式参与“画出你心中的番茄酱”（draw ketchup）的活动。实验结果发现，大多数参与者所绘制的番茄酱外观与亨氏产品高度一致，部分人还能轻松画出亨氏番茄酱的瓶身细节，并表示“第一个浮现在脑海中

① 数英．亨氏做了一场实验，你心里的番茄酱只能是我啊［EB/OL］．(2021 - 01 - 31)［2022 - 01 - 25］．https：//www. digitaling. com/projects/151053. html.

的番茄酱（品牌）就是亨氏”。亨氏将实验过程拍摄成视频短片发布在网上，同时还选择了一些参与者的作品作为限量销售产品的外观包装以及户外广告牌的展示素材（见图 5-6）。这一趣味互动实验在充分调动了消费者参与热情的同时，也起到了强调亨氏品牌优势、巩固品牌知名度的作用。

图 5-6　亨氏番茄酱互动实验广告《画出你心中的番茄酱》

（六）改变维度

改变维度就是要对产品进行空间或时间上的转换。在空间维度层面，可用“复制”手法创造出消费者熟悉的形象，以增强创意的趣味性，拉近和消费者的距离，例如中华环境保护基金会的“绿色步行”创意活动让行人踩出绿色大树；在时间维度上，则可将产品置于过去或未来，如把某现代产品放到古代，让皇帝爱不释手等，海飞丝的长图创意广告《皇上皇上，你别跑》就是一个改变产品时间维度的案例。

案例链接

中华环境保护基金会用创意打造 “绿色步行”

2010 年，中华环境保护基金会希望制作一张户外海报来呼吁大家保护环境，请人们多步行少开车。恒美（DDB）上海分公司应此要求创作了一个户外互动式的海报，通过在街头与大众互动的方式来完成。

恒美在行驶的车辆和行人接触较多的红绿灯前的斑马线上，铺上了一幅长 12.6 米宽 7 米的巨幅写真布，上面印有一棵有枝无叶的大树。行人红绿灯等待区域的两端，摆放上绿色的快干环保颜料海绵垫子，只要两边的过路人踩上绿色颜料，走在巨幅大树的写真布上，布上的树枝就会印上绿色脚印。当越来越多的人踩上写真布，“枯树”上就长出了许多绿叶，让人们感受到多步行就能创造绿色环境（见图 5-7）。

此活动随后在上海 7 条主道上展开，并延展到中国 15 个城市 132 条道路，参与人数总计近 392 000 人次，引起电视、报纸、杂志、网络各大新闻媒体争相报道，上海市政府更选择此创意作为 9 月 22 日世界无车日的主活动。恒美表示："我们希望颠覆传统，用一种不同于一般海报的方式来呼吁大家保护绿色环境，……通过大家一起努力，'走'出一个绿色的未来，给地球一个更好的明天。"

图 5－7　中华环境保护基金会广告《绿色步行》

资料来源：DDB. 绿色步行［EB/OL］.（2012－08－06）［2018－03－11］. http：//www.ad-cn.net/read/84.html.

案例链接

海飞丝长图创意广告《皇上皇上，你别跑》

"香妃变成蝴蝶飞走了"是广大消费者非常熟悉的电视剧《还珠格格》中的故事。2017 年"双十一"购物节前夕，海飞丝洗发水联合创意机构"局部气候调查组"，借助这个消费者耳熟能详的故事，为新产品"海飞丝头皮香氛乳"创作了《皇上皇上，你别跑》的长图创意广告（见图 5－8）。

这个长图以"香妃变成蝴蝶飞走，乾隆南下寻人"为主线索展开：乾隆皇帝一路挂念着香妃，在江南的大街小巷里四处奔走，并找到了一块现代感十足的丝巾（海飞丝"双十一"的销售商品），认为这是香妃留给他的物件。

从这里开始，广告中就出现了粉红色的"香气"，它一路指引着乾隆，直到他在一座江南园林中发现了一个外形是海飞丝产品的美发沙龙，江南的女子都排着队在这里护理头发，而"美发沙龙"里穿日本武士装的发型师，则是暗指专门请来的日本调香师。看到这里，乾隆顿悟了，原来他一直以为的香妃留下的味道，都是江南女子用了海飞丝头皮香氛乳后才有的。最终他决定，让人带海飞丝头皮香氛乳回去，这样后宫就都是香妃的味道了。

图 5-8　海飞丝长图广告《皇上皇上，你别跑》（局部）

在创意的时间维度上，这支广告除了将现代的洗发水“穿越”回古代，让皇帝欲罢不能以外，还设计了身穿现代装束的黑衣保镖时刻跟在乾隆身边，提醒他“请皇上注意形象”和“请皇上别跑”等细节，让皇帝的人物设定更加丰满有趣。此外，广告还穿插了乾隆下江南的部分典故，如在西湖边“题诗六十首”，留下鲫鱼汤、松鼠鱼和奥灶面等特色美食；在介绍江南百姓的生活风貌时，染坊中的布料颜色契合了海飞丝产品的外观，江南女子“用淘米水洗头，把桂花油和花露油加入植物香料抹在头发上”则与产品的功效密切结合……这些细节在增添内容趣味的同时，有效地传播了产品的功效，给消费者留下了逗趣活泼的品牌印象。

资料来源：赵圆圆．长图及腰，海飞丝和局部制片厂一次神共创！[EB/OL]．(2017-11-05) [2018-03-11]．http: //www. sohu. com/a/202521871 _ 642152.

第二节　新媒体广告创意的特点和要点

借助新技术、新应用、新形态，新媒体广告的创意范畴更广、创意空间更大，不仅与内容环境、媒介环境和营销场景相融合，还更注重对受众行动力的激发。营销者据此可通过寻找关联等方式使自己的新媒体广告创意既有章可循又与众不同。

一、新媒体广告创意的特点

虽然目的都是创立新意以提升广告效果，但由于媒体属性的差异和传播模式的不同，新媒体广告的创意与传统媒体广告的创意相比，主要具有以下特点。

（一）创意范畴更广泛

传统的广告创意大多集中于广告作品的表现层面。而新媒体因为具有“超链接”“富媒体”“融媒体”等特性，故而广告信息容量更大、内容表现更丰富、渠道组合更多样、对吸引受众互动的要求也更高。这使得新媒体广告在诉求表现、展现时机、呈现方式、互动形式、媒体联动方案等方面都要有创造性的设计，从而大大延展了创意的范畴。例如，为了增强广告的吸引力，家具品牌宜家的新媒体互动广告使消费者通过移动并点击鼠标，就能在电脑屏幕上按步骤从网页上预设的箱子里取出某款家具的组件并加以组装（见图5－9）。日本服装企业优衣库在2007年专门做了一个插件广告——UNIQLOCK舞蹈时钟，方便消费者直接把该插件安装到自己的博客里或设置成电脑及手机的屏保。

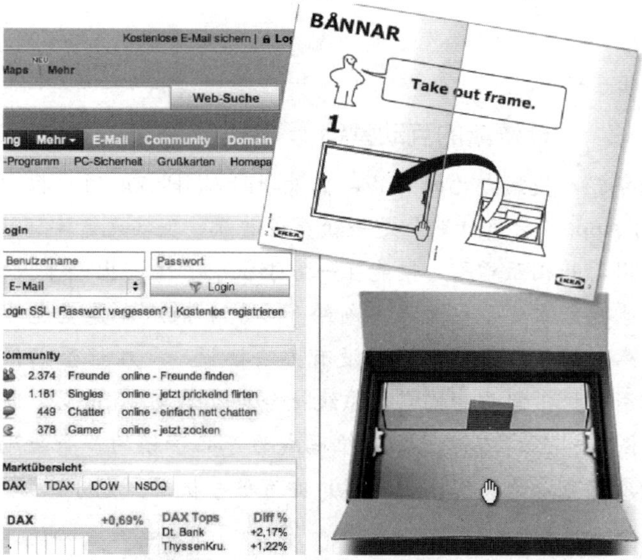

图5－9　宜家的互动广告

（二）技术为创意提供更多可能

依托于新媒体的广告创意与技术的应用密不可分。比如二维码技术催生了以二维码为桥梁的互动广告，用户使用手机等移动终端扫描二维码即可获得产品、品牌或推广信息，两性健康品牌杜蕾斯的互动营销“宝贝计划”就将二维码设置成一个激励用户的因素。又如在手机重力感应技术的基础上，用户可以通过“摇一摇”等途径参与到广告互动中，汽车品牌别克在H5① 广告《动我试试》中就运用了这一技术，用户只有使劲摇动手机才能唤醒画面中的主人公，让呆坐的他神采飞扬，一路奔跑，直到跳入别克威朗汽车中，随后界面转入汽车购买的链接，希望以此唤醒受众那颗“不甘沉寂的心”（见图5－10）。

---

①　H5是HTML5的简称。HTML的全称是Hypertext Mark-up Language，即“超文本标记语言”，它是一种创建网页的方式，是网页的开发端和接收端约定如何标记标题、正文、图片、文字样式等页面内容的一整套规范，H5则是指HTML的第5次重大技术修改，其标准规范于2014年10月最终制定并在全球推行。H5页面可以把文字、图片、音视频融合在一起，通过逐页滑动、点击、翻阅的动画效果，结合随时返回、点评及分享的操作设定，能够从视觉、听觉、触觉等多方面调动受众的阅读兴趣，与他们产生深度互动。

图 5 - 10　别克 H5 广告《动我试试》

案例链接

杜蕾斯的互动营销 “宝贝计划”

为了鼓励更多的年轻人使用自己的产品，杜蕾斯针对 iPhone 用户推出了名为“宝贝计划”(Durex Baby) 的 App。“宝贝计划”是一款养成游戏，现实元素丰富逼真，只要两台手机同时装上了这款应用，并相互蹭蹭，便能在一方手机中“生”出一个“电子宝宝”，这个宝宝会哭、会闹、会生病，需要手机主人不断给予安抚和照顾，甚至还要在半夜起来给他“换尿布”。如果用户感到厌烦，当然也不是没有办法摆脱——在杜蕾斯产品包装上都有一个二维码，用户可以用手机摄像头扫描它，系统就会自动启动 Baby 防打扰模式，从而远离电子宝宝的困扰（见图 5 - 11）。在这里，二维码成为产品营销的一个激励因素，产品的功能和价值（使用杜蕾斯就可以免除宝宝的困扰）亦可被手机用户充分感知。

图 5 - 11　杜蕾斯“宝贝计划”应用场景

此外，AR①、VR② 技术的发展使得广告能够带给用户“身临其境”的感受，例如在

① 增强现实 (augmented reality，简称 AR)，是指将虚拟信息叠加在真实场景中，并且提供交互服务的一项发展在虚拟现实上的技术，具有虚实结合、实时交互等特点。

② 虚拟现实 (virtual reality，简称 VR)，是指利用计算机模拟产生一个三维空间的虚拟世界，提供给使用者关于视觉、听觉、触觉等感官的模拟，可以直接观察、操作、触摸、监测周围环境及事物的内在变化，并能与之发生“交互”作用，使人和计算机很好地“融为一体”，让其产生“身临其境”的感觉。

各大车展和汽车品牌的线下实体销售店中，消费者既可借助 VR 技术虚拟试驾、选购汽车，还可实现车辆外观和内饰的个性化。日本电通广告公司研发的 App “iButterfly” 也是运用 AR 技术展开营销的典型案例。

案例链接

日本电通广告公司的 App “iButterfly”

2010 年，日本电通广告公司利用 AR 技术以及 LBS① 和摄像头成像功能推出了一个有趣的“捉蝴蝶” App “iButterfly”。具备摄像头和 GPS（全球定位系统）服务的智能手机用户在下载该应用程序之后，启动手机相机，把镜头对准现实中的场景，就能看到虚拟的蝴蝶在翩翩飞舞，用户只需对准屏幕中的蝴蝶轻扑下去并点击保存，虚拟蝴蝶就会像标本一样被储存下来。每只蝴蝶都代表一张优惠券，且附带相应的商家信息等内容，在商家消费时只要打开应用，出示收集到的蝴蝶图标，就可以享受商家提供的优惠，用户之间也可以互换优惠券（见图 5－12）。

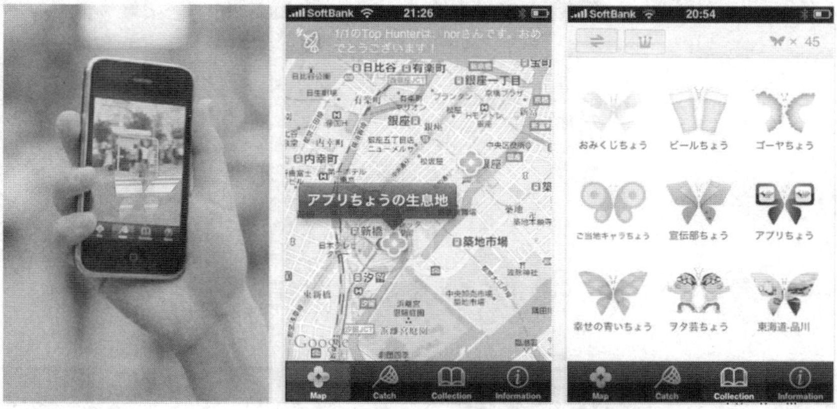

图 5－12　iButterfly 的应用场景

（三）创意更需融入环境

与内容环境、媒介环境和营销场景相融合是新媒体广告的核心特征，而这也是新媒体广告创意的关键。

在融入内容环境方面，新媒体广告需要更加“原生”“自然”，成为文章、游戏、视频等内容的有机组成。

在融入媒介环境方面，新媒体广告则要更好地与信息流、页面、互动条件（如“摇一摇”和“扫一扫”）以及营销方案中的其他信息接触点结合、呼应。

在融入营销场景方面，新媒体广告又需在洞察目标受众心理和行为的基础上，了解

---

① 基于位置的服务（location based service，简称 LBS），是通过电信移动运营商的无线通信网络或外部定位方式（如 GPS）获取移动终端用户的位置信息，在地理信息系统平台的支持下，为用户提供相应服务的一种业务。

他们在什么时间、什么地点（包括虚拟空间）、做什么事、遇到什么情况、产生什么心理、希望什么支持或改变，并据此设定或创造场景将广告信息或产品功能加以融合。

例如微信朋友圈广告在品牌活动、节日庆典等场景中推出“摇动式卡片广告”就是将广告信息与用户所处场景融合，以实现品牌与用户情绪共鸣，提升广告转化效率。2021 年 7 月 23 日，伊利在微信朋友圈投放了摇动式广告卡片，提示用户“摇动手机为中国选手加油”。观赛热情高涨的用户“摇动”手机后首先会看到契合奥运赛事氛围的“加油彩带”，随后广告会以全屏视频展示苏炳添、马龙等运动员的训练场景，为用户带来强烈的视觉冲击和沉浸式的互动体验。而在 2021 年七夕和 2022 年春节等中国传统节日前夕，微信也推出了摇动式卡片广告，用户只需摇动手机就能看到配合节日氛围推出的广告动效（如爱心、节日元素的飘屏），同时获得品牌所赠送的红包封面、支付券、实物大奖等礼物（见图 5－13）。

（1）伊利奥运摇动式卡片广告

七夕礼盒转场动效　　彩蛋页－品牌红包封面　　礼花转场动效　　彩蛋页－品牌红包封面

（2）摇动式卡片广告的动效与用户所获奖励（品牌红包封面）示例

图 5－13　几类摇动式卡片广告

（四）创意更加注重受众的行动力

在新媒体时代，“参与”和“分享”已经成为人们日常传播活动的关键词。

一方面，新媒体给了企业与目标受众便捷沟通的平台，企业的创意来源完全可以是每一个消费者，这不仅大大丰富了新媒体广告的创意方案，加强了创意的灵活性和应变能力，还有助于新媒体广告的创意真正契合目标群体的需求、期待、审美、价值。例如白酒品牌江小白运用“表达瓶”收集了来自普通消费者的大量“扎心”文案。

另一方面，企业单向的、自说自话式的信息输出如今已经陷入困境，若想使新媒体广告真正具有传播力，其主题、内容、形式等必须具有创造力和话题性，这样才可能引起受众规模化的关注和讨论，促使他们积极参与到企业的营销活动中去，在延展创意、共创价值的同时，将新媒体广告和自己的所感、所思、所想分享至庞大的社交网络。比如，凡客在2010年以作家韩寒为代言人推出了广告：“爱网络，爱自由，爱晚起，爱夜间大排档，爱赛车；也爱59元帆布鞋，我不是什么旗手，不是谁的代言，我是韩寒，我只代表我自己。我和你一样，我是凡客。”由于创意的前卫、新颖、反主流、趣味性，广告的表达形式被网友称为“凡客体”，随后众多网友用“凡客体”展开创作，在网络上形成传播热潮，使凡客诚品这一新兴品牌迅速为大众所熟悉。又如，2013年11月，运动品牌耐克围绕“Just Do It”推出一支60秒的主题影片《跑》（*The Run*）和5支跑者访谈短片组成的互动广告，分享了74岁跑者孙更生、香港盲人跑者傅提芬等人的跑步初衷及跑步对他们生活和生命的改变。广告中传递的“跑了就懂”这一品牌理念鼓励人们在跑步的过程中自己定义和诠释运动的价值，找到不一样的自己，这引发了人们的共鸣、参与和分享。

案例链接

江小白如何吸引消费者参与和分享

多年来，国内酒类广告在创意时多会强调酒产品自身的“高档”“源远流长”“古法酿造”“材料优良”，很少有对消费者心理的观照。这样的后果就是很多知名酒企在激烈的市场竞争中销声匿迹，而活下来的也大多是在苦苦挣扎，因为他们忽略了“酒”在众多消费者心中，也是表征相聚、倾诉、回忆、情感的符号。

相对于众多酒企的傲慢与麻木，根植于重庆传统酿造工艺的纯高粱新生代品牌江小白凭借对消费情绪的深度挖掘，用直达人心的广告创意，为中国酒类品牌带来了新的生命和活力。

江小白的“直达人心”在于口语化的广告文案，比如“我把所有人都喝趴下，就为和你说句悄悄话”，“不停地喝酒，只是为了找一个放肆想你的借口”……这使得消费者不再只是把江小白视作一款普通的白酒，而会将其看成一位懂得倾听、有同样心境、愿意互诉衷肠的朋友（见图5-14）。

在文案被更多的人分享、熟悉的时候，江小白又推出了“表达瓶”，任何人只要扫描江小白瓶身二维码，输入想表达的文字，上传照片，就会自动生成一个专属于自己的酒瓶。如果上传的内容被选中，它就可以作为江小白正式产品，付诸批量生产并全国同步上市。这个二维码既揭示了江小白经典文案的来源，也化解了白酒行业与消费者的隔离感。因为不管江小白瓶身的文案如何经典，也很难取悦所有消费者，总有人觉得它“不是自己想要的”。此前，酒瓶上的文案只许看不许改，即使再精美，也是单向价值输出。表达瓶的出现，使人人都能边喝酒边表达自己的情感。当然，无论是江小白语录，还是表达瓶语录，一旦涉及投付生产，都要经过江小白内部品牌团队极其严苛的筛选和管控。不同的是，这一次消费者将听到自己真实的声音。

曾有人这么说：作为内容作者，最痛苦的是不知道自己的读者在哪里。白酒企业也一样，从前很难得知消费终端的具体情况。但消费者在扫描表达瓶的二维码时，后台的大数据也同步生成——消费者在何处购买了哪款白酒，心情如何，满意与否，附近有多少人跟他做出了同样的选择等信息都能一一被收集整理，这让江小白更了解自己的消费者。表达瓶最终形成的，是一个人人都可以加入进来的“群体”——一个用瓶子搭建起来的共同体。

图 5－14　江小白的“表达瓶”广告

（五）创意更契合程序化运作需求

如今，在多种新媒体平台，广告主皆可借助程序化创意系统/平台，以消费者行为等大数据为基础，由推荐算法进行智能分析和决策优化，依据投放场景的差异对广告大小、色彩、文案等创意要素以极快的速度进行动态组合，从而优化用户、环境和创意内容的匹配效果。其具体流程见图 5－15。

与传统媒体广告相比，新媒体广告在素材组合、用户匹配以及效果优化等方面与算法等智能技术的关联愈发密切，更加契合程序化运作的需求。

在素材组合方面，传统广告创意生产是将广告内容和形式等多种创意元素进行人工筛选，以相对固定的方式单一呈现给受众。而程序化创意系统可以迅速实现对广告标题、广告图片（图标、模板、图片、颜色）及视频等创意素材的多元组合，并自动生成适配

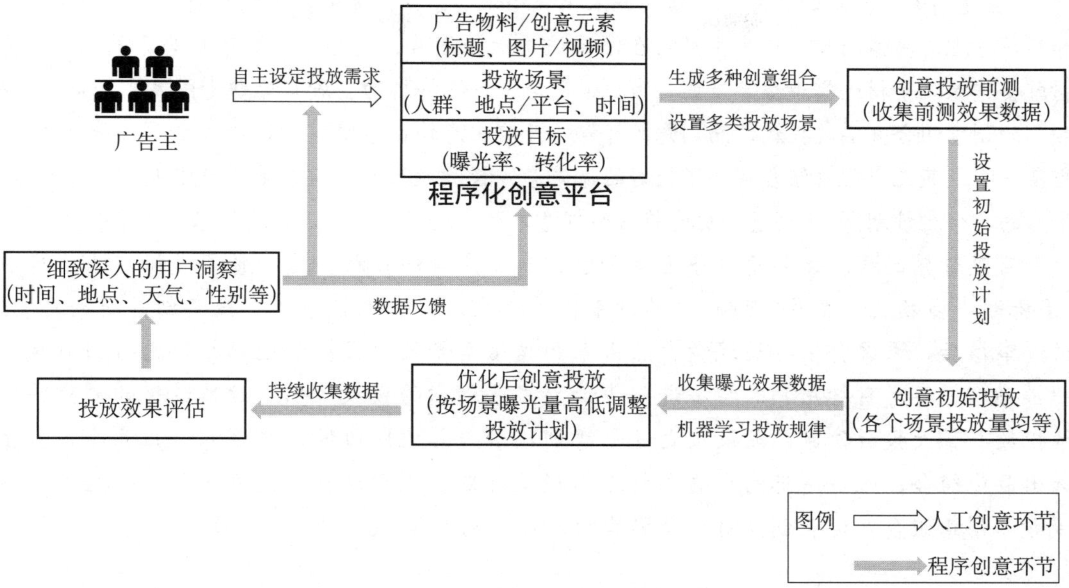

图 5－15　程序化创意生产流程图

不同投放场景和消费需求的多版本创意[①]，有效提升广告创意的效率。

在用户匹配方面，传统广告多以笼统的用户画像进行创意投放；而新媒体广告能够依托智能算法，将创意内容随着时间、场景和用户需求的变化加以精准匹配和个性化展示，实现“千人千面”乃至“一人千面”的创意呈现，力求创意内容是用户真正感兴趣、有需求的。

在效果优化方面，传统媒体时代的广告效果反馈多为“事后监测”，很难对创意效果进行实时动态的监测和反馈。而程序化创意则可实现动态数据监测、动态调整和动态优化，促使既定广告投入取得更佳的投放效果。

案例链接

互联网营销中的程序化创意服务

随着大数据、智能算法等技术的普及应用，程序化购买[②]逐渐成为新媒体广告的发展趋势，广告创意也随之进入了以受众注意力为核心目标、以程序化创意平台[③]为生产基础的“程序化时代”。

在程序化创意平台中，广告创意会被分解为不同的元素级别（如标题、图片等），其目标是以程序化的方式进行创意的多元组合、多场景展示等，在节约广告主创建和管理创意的时间及人力成本的同时提高广告计划的投放效果。[④] 在这一方面比较具有代表性的就是字节跳动旗下的营销服务平台“巨量引擎”以及百度营销所提供的程序化创意服务。

---

① 黄琦翔，鞠宏磊．大数据时代广告创意的新趋势［J］．浙江传媒学院学报，2016（2）：54－57.

② 程序化购买是程序化广告的交易方式，指用数字平台代表广告主自动地执行广告媒体购买流程。

③ 程序化创意平台（programmatic creative platform，PCP）由数据和算法驱动，能够实现对广告创意内容的智能制作和实时优化。

④ 段淳林，任静．智能广告的程序化创意及其 RECM 模式研究［J］．新闻大学，2020（2）：17－31.

"巨量引擎"提供的程序化创意服务依托程序化创意系统完成，包括创意内容的自动生成和投放管理。具体而言，广告主只需在该系统中上传图片、视频、标题等广告素材，这些素材就会进入"素材逻辑审核"流程。审核通过后，系统将自动生成"标题＋图片""标题＋视频"的创意组合并实施投放，而创意的暂停、开启状态均由系统控制，广告主无法手动干预。当某一个或某几个创意组合获得了较好的曝光量等投放效果时，广告主还可借助"巨量引擎"平台的"衍生计划-最优创意"功能将这些创意单独生成投放计划，后续加以自主推广。

百度营销的程序化创意服务主要用于信息流广告的投放。这一服务支持广告主采取"多标题＋多物料（图片/视频）"的批量投放模式。广告主在系统中提交创意所需元素，通过审核后，系统会依据展现量、点击率和转化率等效果数据对创意组合进行由好至次的排序，并参考目标用户的特征进一步调整广告创意的投放计划。效果最优的创意将继续投放并扩大投放份额；效果次之的创意则接着与其他同级的广告创意进行竞争，直至选出最优组合；无法达标的广告创意退出投放计划。基于这种投放方式，广告主可以尝试更多创意组合，延长创意对受众影响的时效（见图 5－16、图 5－17）。

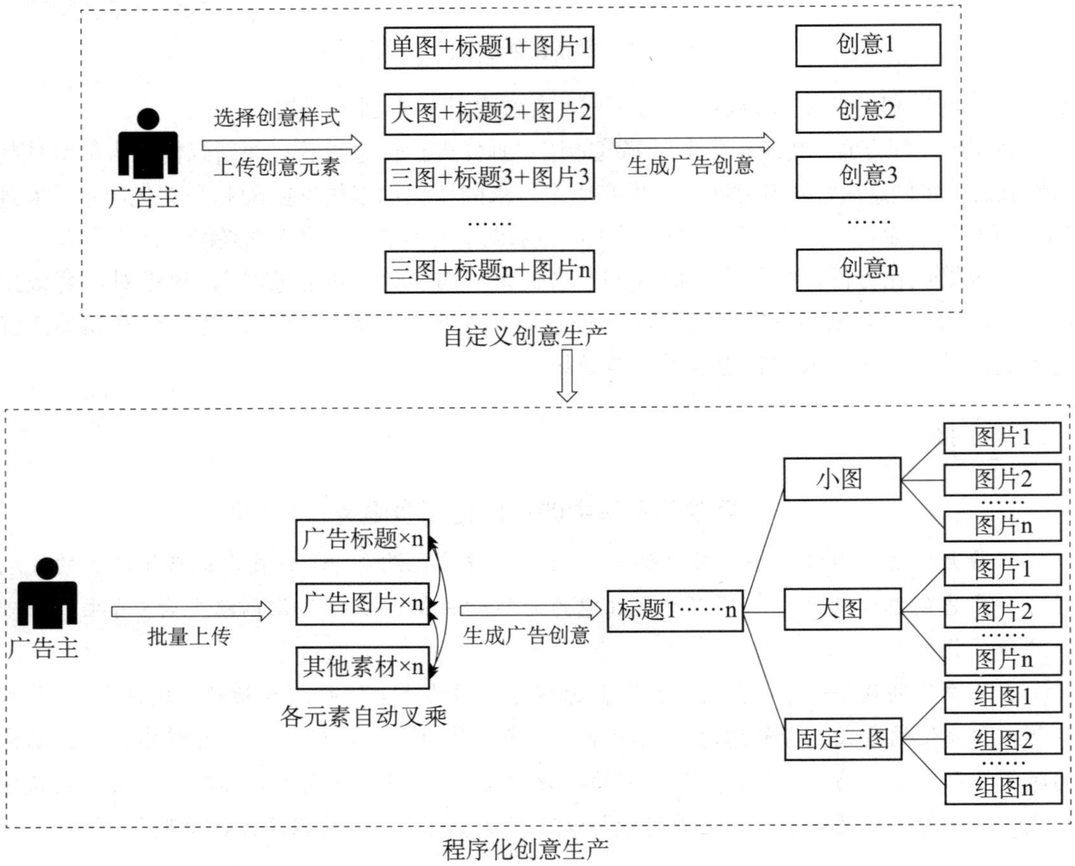

图 5－16　程序化创意生产与自定义创意生产的区别

注：各元素自动叉乘，是程序化创意系统根据广告创意模板的需求，在每个创意组件中选取一个元素进行组合，从而生成广告创意的方法。如在"标题＋图片"模板中，"叉乘"就是将标题和图片中的每个元素进行两两组合。如图中标题 1 与 3 组不同的小图进行叉乘后就会形成 3 个创意。

为了进一步找到最佳创意组合，百度营销向广告主提出了如下建议：

第一，提交创意元素多样化。系统目前支持最多每种图片样式（单图、组图、大图、视频、互动图）提交 6 组，广告主在每种样式下至少需要提交 3 组创意方案。

第二，持续进行创意投放。创意投放数据需要持续 3～5 天的积累才能获得稳定的效果，因此广告主要尽量避免频繁修改创意元素，使其在投放场景中至少停留 3 天。

第三，提升素材吸引力。对于初次使用程序化创意服务的广告主来说，他们可以选择此前在自定义广告投放模式①中表现较好的广告创意组合，并可将取得较好投放效果的广告素材复制到程序化创意流程中使用。

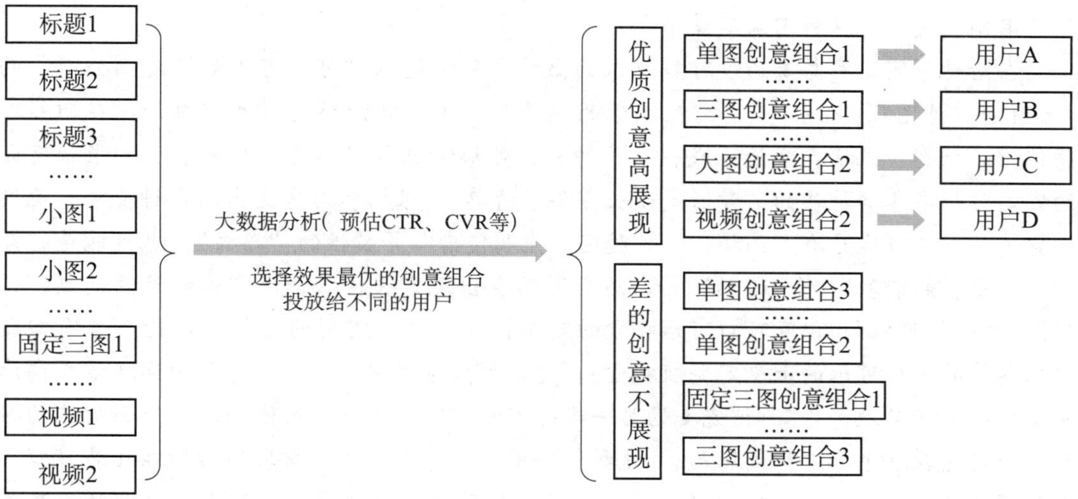

图 5－17　程序化创意系统优选用户和创意组合进行精准投放

注：CTR（click through rate）为广告点击率，用户点击能够增加 CTR，展现但未点击会减少 CTR；CVR（click value rate）为广告转化率，支付等行为能够增加 CVR，点击未支付则会降低 CVR。

资料来源：巨量学．广告投放平台-平台操作指南［EB/OL］．https：//school. oceanengine. com/product _ help/content/668400000006/112928［2022－01－25］；百度营销．信息流程序化创意产品介绍［EB/OL］．［2022－01－25］．https：//yingxiao. baidu. com/course/outside/detail？ detailId＝529&contentType＝2.

（六）创意表现更具个性特征

传统媒体时代的广告创意以“展示”和“告知”为核心目标。进入新媒体时代，正如科特勒所提出的“营销 3.0”理念——营销的目标是要“深入挖掘消费者内心的主动需求”。基于新媒体互动的技术逻辑，新媒体为消费者提供了可以表达差异化自我、呈现个人特质的空间，在满足消费者追求展现个性需求的同时，也利于广告主进一步洞察消费者的内心世界，产出更具吸引力和感染力的个性化新媒体广告创意，实现从“广而告之”到“准而告之”、从“广告主告知”到“用户告知”的转变，也让消费者成为广告创

① 在巨量引擎、百度营销的广告创意服务中，广告主可以根据投放需求选择自主创意和程序化创意两种模式。在自主创意模式中，广告主变更创意投放计划的自由程度高于程序化创意模式。

意的参与者、传播者。

案例链接

可口可乐七夕礼盒 H5 广告："爱情定制"

2021 年，可口可乐计划推出一款能够定制特殊口味的礼盒产品。为了提升其曝光度和购买率，可口可乐选择七夕进行推广，这主要是考虑到七夕这个中国传统的"情人节"是年轻人希望向别人表达独特心意、给对方送去"定制体验"的契机。而从社会环境来看，当下年轻人对爱情抱有较高的期待，希望寻找到理想、完美的"另一半"，可口可乐的"定制礼盒"与这种需求不谋而合。

在活动期间，参与者通过可口可乐的微信小程序进入"可口可乐爱情定制公司"的 H5 页面（见图 5－18），点击"测测你的完美另一半"就能跳转至测试页面，在回答理想伴侣的性别、性格、生活方式、工作种类、外形特征等问题后，即可生成一张带有介绍完美另一半各类特质的"爱情定制业务要求清单"。根据参与者提出的各种要求，他们的完美另一半可能是有"高挑、工作稳定、光明使者"等属性的"路灯"，也可能是"圆润、稳重、超能扛"的"轮胎"等，随后页面会出现广告核心话语"爱情无法定制，但'可口可乐'可以"，以及可口可乐礼盒的定制按钮（参与定制的话就可以抢购含有四瓶口味各异的可口可乐的七夕定制瓶礼盒）。可口可乐希望用"脑洞大开"的幽默方式向消费者传递其活动理念："所谓完美的另一半并不能被定制出来，而他们对可乐新口味的期待却一定能在这个七夕得到满足。"这种契合消费者"个性化"需求的活动在拓展可口可乐了解消费者喜好的渠道的同时，也进一步强化了品牌与消费者的联系，使产品和服务更容易贴近他们的内心，从而获得"一呼百应"的传播效果。

图 5－18 "可口可乐爱情定制公司"H5 页面

资料来源：数英网．今年七夕，可口可乐变成"爱情定制公司"[EB/OL]．(2021－08)[2022－01－25]. https://www.digitaling.com/projects/175916.html.

二、新媒体广告创意的要点

基于上述新媒体广告创意的特点，创意人员在进行新媒体广告创意的过程中，除了坚持以人为本这一宗旨之外，还可着重考虑以下要点：寻找关联、坚持创新、追求震撼、取得共鸣、捕捉热点、吸引参与。

（一）寻找关联

20世纪60年代，恒美广告公司创始人、美国著名广告人威廉·伯恩巴克根据自己长期的广告经验总结出一套创意法则，即ROI法则①：一则好的广告应该包含关联性（relevance）、原创性（original）和震撼力（impact）这三个关键要素。这一法则至今仍然适用，其中的关联性指的是广告创意的主题必须与商品、消费者和竞争者等密切关联。例如，杜蕾斯官方微博在2017年感恩节期间向多个行业的知名品牌“感恩”，就是找到了自身的产品与这些品牌的产品之间的关联，这不仅引发这些品牌的积极回应，还引起网民广泛的传播。

案例链接

杜蕾斯抓住产品关联向各知名品牌　“感恩”

2017年感恩节，杜蕾斯从上午10点开始，在官方微博上每隔一小时发布一张感恩节主题海报，向13家品牌表示感谢，如“亲爱的箭牌口香糖：感谢你。这么多年，感谢你在我左边，成为购买我的借口”等，并在最后发布了主海报：“亲爱的新老朋友们：感谢你们。在过去和未来的日子里，一直你中有我，我中有你。”

这些“感恩”海报虽然面向的品牌种类丰富，包含士力架、李维斯、美的电饭煲等，但总能清晰地表现出杜蕾斯和这些品牌的关联，趣味十足。随后，被感恩的品牌也发布海报“回礼”，一时成为网民热议的话题（见图5-19）。

图5-19　杜蕾斯官方微博发布的“感恩”海报

① 林升梁. 美国伟大广告人［M］. 北京：中国经济出版社，2008：2.

（二）坚持创新

广告创意要不断创新、与众不同，甚至需要刻意“求异”，从而一方面让人耳目一新，在海量的信息中脱颖而出，吸引人们的关注、激发人们的兴趣，在人们的脑海中留下更深刻的记忆；另一方面还能给消费者提供认识产品或服务的全新视角及思维方式，突出品牌的个性与气质，进而塑造立体的品牌形象。这要求创意人员对消费者的内在需求进行深度挖掘，尝试去打破已有词语和概念的界限，将产品功能进行重组，将人的需求重归本源，重新定义与消费者需求有关的一切内容，并用更多样的形式解决消费者更多样化的冲突。①

以旅游广告为例，普通的旅游广告创意大多聚焦于当地的风景与文化特色，但是这些极其类似、缺乏新意的广告往往一问世便被淹没在信息的汪洋大海中。而瑞士小镇Graubünden的旅游局则以“宁静”为出发点，邀请村民与游客共同参与到旅游广告中，让他们从全新的视角感受当地的风土人情。

案例链接

Tschlin：从宁静小村到热门景点的“网红之路”

位于瑞士Graubünden镇的Tschlin村四面环山，仅有166位居民，是一个十分宁静的村庄。村中央的广场上有一个公用电话亭，只要有电话拨进来，它就会发出非常响亮的铃声。为了发展旅游业，当地旅游局对外公布了这个公用电话的号码，并宣布“假如电话无人接听，打电话的人就能免费获得一次来Graubünden旅游的机会或者其他大奖”。关注到这一信息的游客都跃跃欲试，希望得到这一奖项。当然，村民们不会轻易给游客这个机会。活动期间，一旦听到铃声，他们就放下手中的工作向电话飞奔而去。

与此同时，当地旅游局开设了活动网站，打电话的人还能通过这个网站看到和自己通话的村民。在和当地居民交流的过程中，除了能更深入地了解小镇的风土人情和各种情况，陌生人之间关于天气、工作和生活的对话内容也充满趣味。这些视频被上传到网站后也成了宣传当地旅游的广告，而这种借由对话展示小镇风情的创意更容易吸引人们的关注和参与（见图5-20）。

图5-20 Tschlin小村的旅游广告

在持续6天的活动中，这个小镇接到了3万个来电，并产生了4 000段对话。对话视频的点击量达到了150万次，宣传网站的点击量也提高了50万，约有2 300万人通过这

① 叶茂中．细分的尽头与横向营销［J］．中国广告，2017（10）：76-78.

个活动认识了 Tschlin 这个原本默默无闻的小村子。①

资料来源：广告门．脑洞清奇的瑞士旅游局广告，让你死心塌地的好想旅个游！[EB/OL].（2016－08－05）[2018－03－11]. http：//mobile. adquan. com/detail/2-39470?from=groupmessage.

（三）追求震撼

在信息飞沫化和受众信息获取越来越碎片化的背景下，人们的注意力资源更为稀缺，对复杂的信息没有必要的耐心。因此，新媒体广告作品最好能在瞬间就引起受众注意，并在他们心灵深处产生震动。广告越能在视觉、听觉及心理上对受众产生强大的震撼力，其承载的信息越能达到预期的传播效果。

在视听方面，类似第八章所提到的《穿越故宫来看你》等 H5 广告，以及海飞丝和百雀羚等品牌发布的一镜到底的长图广告，就非常有震撼效果。

在心理方面，一个典型的例子是沃尔沃为了表现其卡车载有的全新动态转向系统的稳定性，在视频网站 YouTube 上发布的广告片《史诗般的分离》（*Epic Splits*）：好莱坞影星尚格云顿双脚分别踩在两辆倒退行驶的沃尔沃卡车上，随着卡车慢慢分开，尚格云顿上演了劈叉这一拿手好戏。很多受众被这惊险的一幕所震撼，经过分享和转发，这支广告片不到十天时间便有上千万人次观看（见图 5－21）。此外，前面提到的 dtac 的广告《别忽视身边更应珍惜的人》、苏格兰威士忌品牌尊尼获加发布的系列短视频广告《语路计划》等也都通过语言、故事或强烈的对比等形式震撼了受众的心灵。

图 5－21　沃尔沃的广告《史诗般的分离》

（四）取得共鸣

共鸣是通过珍贵的、难以忘怀的生活经历、人生体验和感受等诉求内容，唤起并激发目标受众内心深处的情感共振，并以此赋予品牌特定的内涵和象征意义，建立起目标对象的移情联想，从而产生互动沟通的传播效果。②

利用共鸣进行创意时，首先要深入了解目标消费群体的生活方式，正如著名广告人霍普金斯所说，“要把自己放到消费者所处的境地中”③；继而从消费者的童年回忆、亲

① Social Marketing. 史上最成功的电话营销：6 天吸引到 2 300 万人关注！创意逆天了！[EB/OL].（2016－08－03）[2018－03－12]. http：//www. sohu. com/a/108945487＿465301.

② 丁邦清，程宇宁．广告创意：从抽象到具象的形象思维 [M]. 长沙：中南大学出版社，2003：24.

③ 本丁格尔．广告文案训练手册 [M]. 谢千帆，译．北京：中国传媒大学出版社，2008：107.

情、爱情等情感经历切入，用“经典的怀旧”“温馨的情感”等表达创意，在传递广告信息的同时，将消费者对产品的情感与品牌紧密联系起来，增强他们的好感与忠诚度。2017年招商银行信用卡推出的H5广告《世界再大，大不过一盘番茄炒蛋》正是借由激发受众情感共鸣完成的广告创意。

案例链接

招商银行旨在激发受众共鸣的H5广告

2017年，招商银行为推广其信用卡推出了一则名为《世界再大，大不过一盘番茄炒蛋》的H5广告。H5中的短视频讲述了初到美国留学的中国男孩不知如何做西红柿炒鸡蛋，为了招待朋友，他发微信向母亲求助。母亲和父亲大半夜起床到厨房为他录制西红柿炒鸡蛋教学视频。最后，男孩做出了满意的西红柿炒鸡蛋，在突然意识到爸妈和自己存在时差问题的时候，也体会到了爸妈深更半夜给自己录视频的真切关爱。

整个故事最打动人心的部分就是“时差”，这个设定能迅速激起受众的情感共鸣——孩子的问题在父母心中永远排在第一位，无论白天还是黑夜。在他们离开父母独自生活的时候，父母恨不得随时随地陪伴在他们身边，为他们排忧解难，这与广告产品VISA留学信用卡的功能非常契合。招商银行希望借此告诉目标用户：（父母）想留你在身边，更想你拥有全世界（见图5-22）。

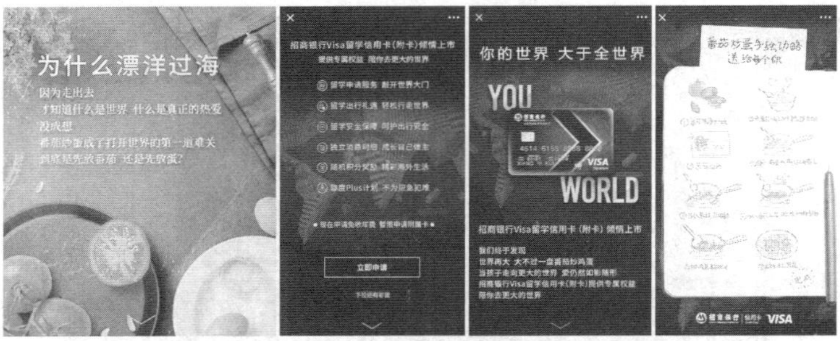

图5-22 招商银行H5广告《世界再大，大不过一盘番茄炒蛋》

资料来源：包黑子．这部《番茄炒蛋》，是拿过金马奖最佳编剧奖的导演拍的［EB/OL］．（2017-11-02）［2018-03-11］．http：//www.meihua.info/a/70480.

（五）捕捉热点

无论是网络话题还是社会事件，如今都可能在新媒体平台上快速形成很高的讨论热度，短时间内得到极高的关注度。对于广告主而言，完全可以借助新媒体平台的这一特质，主动对网络热点进行动态、持续的关注，及时捕捉那些具有传播势能的机会和语境展开创意、借势传播。

目前常见的捕捉热点的借势创意方式主要有两类。

一类是在某个热点话题或事件出现后，广告主及时发布新媒体广告，将自己的产品、服务、理念与话题或事件关联起来。如耐克官方微博借势伦敦奥运会的诸多焦点事件发布的一系列以“活出你的伟大”为主题的广告。

另一类是巧用某热点话题或事件中的一些元素（如观点、话语表达方式、图形、图片、人物）创作新媒体广告。在里约奥运会上，游泳运动员傅园慧接受赛后采访时所说的一句“我已经用了洪荒之力”被网民热传，很多广告主都迅速以“洪荒之力”为元素进行了广告创意，例如“洪荒之力般的性能，联想 S41－75 售 3 499 元”“哈尔滨：极地动物‘洪荒之力’助力奥运健儿”等。这方面的阐述还可参考第七章微博广告的相关内容。

案例链接

耐克借势奥运热点事件进行广告创意

2012 年伦敦奥运会期间，耐克借势该热点事件，于开幕式当天在官方微博正式启动“活出你的伟大”系列创意活动。

除了电视广告之外，耐克在官方微博“JustDoIt”上以图片搭配简洁明了的文案，即时对应着奥运赛场的动态（见图 5－23）。比如 8 月 7 日，110 米栏比赛中刘翔因伤摔倒，单脚跳过终点线，耐克微博迅速回应，发布了图 4－16 中的平面广告（左上），文案为“谁敢拼上所有尊严，谁敢在巅峰从头来过，哪怕会一无所获；谁敢去闯，谁敢去跌，伟大敢!”。对于其他赛况，“JustDoIt”都会在第一时间以类似广告进行回应，并收获了大量的关注和留言。

耐克大中华区传播总监黄湘燕表示，“耐克想通过这个活动告诉大家，伟大并不属于少数人，每个人都可以伟大。以此为理念，我们结合伦敦赛场热点，用最快的速度表达耐克对‘伟大’的独到理解和崭新定位……（创意团队会）每天 24 小时紧密关注伦敦赛事，任何热点，无论是获胜还是失利，都会成为创意的素材。他们会在最短时间内，找到最关键的要点，用最精练的文字和贴切的图片，传播公众最想表达的心声”。

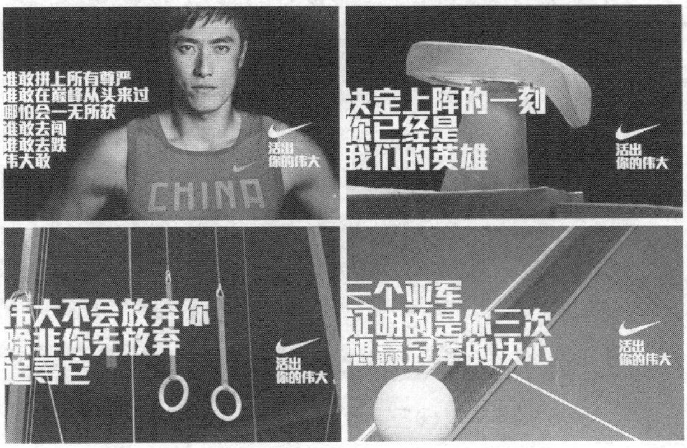

图 5－23 耐克奥运借势广告《活出你的伟大》

资料来源：新浪体育．活出你的伟大！耐克微博“励志”营销热传［EB/OL］．（2012－08－14）［2018－03－12］．http：//sports. sina. com. cn/o/2012-08-14/09106190188. shtml；新浪体育．耐克的微博“励志”营销 活出你的伟大被网民关注［EB/OL］．（2012－08－13）［2018－03－12］．http：//sports. sina. com. cn/crazysneaker/2012-08-13/16596189 696. shtml.

（六）吸引参与

前文提及，新媒体广告的创意需要激发受众的执行力，也就是说要尽可能地吸引受众的参与和分享，这既是新媒体本身的特质，也是新媒体传播的要求。目前，受众可以通过点赞、评论、留言与广告发布者深入互动，也可以借助分享观点、转发、弹幕留言等方式在微信、微博、视频网站、SNS网站等社交媒体进行圈层传播，还能基于AR、VR等互动技术参与广告活动，感受“沉浸式”的互动体验。2019年，以“火烤风味”为特色的快餐品牌汉堡王在巴西推出了AR广告《Burn that Ad》（烧掉那个广告），其App中增加了AR功能，用户在户外时，只需要打开手机摄像头就能用App识别如麦当劳等竞争对手的广告牌，并产生火焰特效“燃烧”它们。用户参与活动之后会得到一张可立刻在App上使用的免费的汉堡王优惠券（见图5-24）。这一创意借AR互动产生的“燃烧”效果强化了汉堡王产品“火烧”的特征，让用户体验趣味活动的同时还对其购买行为形成引导。

图5-24　汉堡王AR广告《Burn that Ad》

广告主可以充分利用新媒体的互动性，参考SIPS（sympathize共鸣，identify确认，participate参与，share & spread共享与扩散。详见第七章）模型，通过好创意给受众以表达的空间、互动的机会、参与的平台，在赢得广泛共鸣的同时，促进产品销售，提升品牌的认知度、美誉度和忠诚度。例如，日本咖啡品牌UCC（悠诗诗）就在洞察到上班族生存压力的基础上于新媒体平台发起“大人の腹黑语录”（大人的腹黑语录）的创意营销，为消费者提供了一个尽情“吐槽”的机会。

案例链接

UCC 黑咖啡：全民吐槽诞生 “大人の腹黑语录”

2016 年 10 月，日本 UCC 咖啡在我国台湾地区发起了名为“大人の腹黑语录”的创意营销，目的是宣传旗下的无糖黑咖啡 UCC BLACK。UCC BLACK 的目标受众是那些忙碌的都市“大人们”，这款咖啡有罐装和瓶装两种，卖点是无糖、零卡路里和非速溶，适合那些工作节奏快、压力大、又要追求生活品质的上班族。

这场营销是 UCC 和 Facebook 网红“每天来点负能量”合作推出的。于 2015 年突然在台湾网络爆火的“每天来点负能量”，是一个叫“键人”的台湾男生组建的 Facebook 小组，专门吐槽那些每天都要来点正能量的假积极。他因为精准的吐槽和耿直的大实话赢得了许多台湾年轻网民的心，如今已经在社交网络拥有超过 60 万的粉丝群，还出版了自己的负能量语录合集。

在众多广告以“宣传正能量”为主旋律的时候，UCC 却关注到了上班族的生存压力，并邀请网民在新媒体平台把内心的负能量统统释放出来。当征集到诸多“腹黑语录”之后，UCC 又鼓励网民挑选其中一条公开分享至个人的 Facebook。

“不为五斗米折腰，因为一斗米就足够让我跪下感恩了”；“为什么上班时间看其他东西，因为给的薪水不够让人专心”……这一条条语录真实反映了上班族在现实中挣扎的内心，引发网民强烈的共鸣。而这“满腹苦水”又与微苦的黑咖啡间有着微妙的联系，从而使得人们对于 UCC 黑咖啡的品牌好感度直线上升（见图 5-25）。

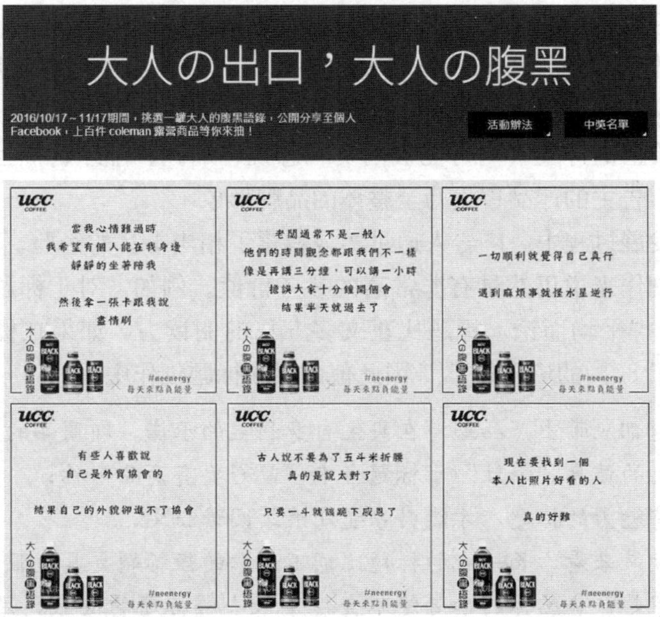

图 5-25　UCC 发起“大人の腹黑语录”营销活动

资料来源：刘雨静．每天传达负能量的咖啡品牌 为何还能让消费者喜爱［EB/OL］.（2016-10-21）［2018-03-12］. http：//www.jiemian.com/article/911936.html.

第三节　新媒体广告文案创作

由于广告的核心角色与终极目标并未发生变化，因此广告文案创作的传统原则和方法依然适用于新媒体广告。同时，面对新环境、新挑战和新要求，新媒体广告文案又需更细致地洞察受众，更努力地标新立异，更好地融入环境，更多地尊重用户体验，更迅速地呈现价值，更真诚地开展对话。

一、广告文案概述

广告文案译自英文名词“advertising copy”，一方面特指广告公司中从事文稿写作的人员（copywriter/writer）；另一方面则被看作广告作品中的文字组成部分（copy）。广告文案就是已完成的广告作品的全部的语言文字①，通常由标题、正文、广告语和随文四部分组成（新媒体广告并不拘泥于这种格式）。这里需要明确的是，上述概念中提及的广告作品必须是已完成、能直接面对消费者的内容。文案包括“语言”和“文字”：语言诉诸听觉，主要应用于电视、广播广告文案等；而文字诉诸视觉，主要应用于报刊等印刷媒体的广告文案。② 新媒体广告的表达形式较丰富，多数时候语言文字兼而有之。

文案堪称广告的“点睛之笔”。一篇好的广告文案“总能说出目标消费者心里所想，或消费者从未意识的需要”③，不仅利于迅速吸引消费者的关注并激发其兴趣，也有助于消费者的记忆、引发他们的共鸣，继而促使消费者搜索和分享信息、参与活动、开展对话、购买产品和体验服务。假如失去文案的助力，广告作品的创意难度就会大大增加，广告传递信息的桥梁作用也无从发挥；但若是让人感到文案只是一味堆砌辞藻、哗众取宠或造成伦理及价值的冲突，则可能被消费者忽视、嘲讽、排斥、抗拒，这些负面影响力会很快作用于广告主的产品售卖乃至整体的品牌形象。

在百余年的发展过程中，广告人通过实战积累了相当丰富的经验。时至新媒体时代，这些经验对广告创作来说仍然具有非常高的参考价值。例如，对于标题的创作，大卫·奥格威特别强调：“平均而论，标题比正文多5倍的阅读力，如果在标题里未能畅所欲言，就等于浪费了80%的广告费。”④ 因此他建议在标题创作中：

每个标题都应带出产品给潜在买主自身利益的承诺，即商品的基本效果；
要把最大的信息“灌注”于标题当中，最好要有商品名称；
只有富有魅力的标题，才能引导受众继续阅读正文；
从推销效果来看，长一点的标题比词不达意的短标题更具说服力；
以高速穿越广告丛林的读者绝不会停下来去解标题的谜底，因此标题不能让消

---

① 陈培爱．广告文案创作［M］．厦门：厦门大学出版社，2008：1.
② 同①1-2.
③ 叶茂中．叶茂中的营销策划［M］．北京：中国人民大学出版社，2007：87.
④ 奥格威．一个广告人的自白［M］．林桦，译．北京：中国物价出版社，2003：121-131.

费者研读了正文后才明白它的意思；

不要故意卖弄，写迷阵式的标题；

使用适合商品诉求对象的语调；

使用情绪上、气氛上具有冲击力的语调。

关于广告正文的创作，奥格威有一个很恰当的比喻：假设你在晚宴上与你右手边的女士交谈，她向你提问："我考虑买一部新车，您推荐哪种牌子？"你的文案就要像回答问题那样书写，要热心、容易记忆。他自己也这样撰写文案：

迅速切入主题；

专注于一点，如果同时追几只兔子，最终一只也抓不到；

让品牌名称醒目并突出品牌；

尊重事实，不过分夸耀，己所不欲，勿施于人；

牢记消费者的最终利益；

采用短句，不用过多的标点，采用人们易理解的简单、熟悉的词汇和主题；

不陈词滥调，令人惊讶的词汇与句子会让受众感觉良好并愿意继续；

切记，你的交流对象是一个人，要像朋友聊天一样，多用"您"；

避免出现含糊的字眼，如好像、可能、也许、例如等；

要千锤百炼，剪辑决不手软，讲清要讲的事，绝不再多；

最核心的一点，一定要对产品和消费者的需求了如指掌。①

二、 新媒体广告文案的创作

虽然技术在不断变化、媒体在不断演进、广告形式在不断丰富，但因为广告作为广告主和受众沟通中介的角色没有变，广告以影响人、打动人为核心的终极目标没有变，故而上述广告文案创作的传统原则和方法依然适用。当然，作为新媒体创意的延展或表现，新媒体广告文案的创作也须在信息飞沫化、阅读碎片化的大环境下，更细致地洞察受众、更努力地标新立异、更好地融入环境、更多地尊重用户的体验、更迅速地呈现价值、更真诚地展开对话。前两节提到的很多内容其实都已体现了这些新要求，这里我们再结合案例逐一简述之，更多的内容可参考第六章至第十一章的广告运作部分。

（一）更细致地洞察受众

针对世俗对"剩女"的偏见，以"不因为外在而改变内心的选择，活出你的本色"为品牌主张的手表品牌唯路时（JONA&VERUS）洞察到现在的年轻单身女性追求独立、保持自我、坚持"脱单不是目的，与自己相处好才是目标"的心理取向，于2018年情人节前夕在微博上通过微博话题"＃JUST FOR ME＃"（向我而生）发了一组情人节主题的海报。海报文案有"我的未来，不必要跟着别人来""都希望你早点嫁人，都不关心有

---

① 奥格威．奥格威谈广告［M］．曾晶，译．北京：机械工业出版社，2003：81－84．

没有爱你的人”“你那么听话，一定活得很假吧”“谁会愿意一个人，只是没人愿去将就一个人”“剩女不是剩下的人，她们只是暂时还没遇见真爱”等。这些文案表明“向我而生”不仅是一句口号，更是一种生活态度，是对生活的不妥协，对爱情的不将就。相应地，每一款唯路时手表都是对自我个性的展示，都能让生活充满格调（见图 5－26）。

图 5－26　唯路时以“向我而生”为主题的情人节海报

（二）更努力地标新立异

新媒体时代，传统遣词造句的“金科玉律”正被各种标新立异的手段打破。厦门大学做过一个“横穿马路”的实验，5 名学生先后在天桥附近的绿化带上放置了三种不同类型的交通标语。实验结果显示，“请走天桥”组几乎无效，横穿率 69.78%，降幅仅 0.24%；“仅多花 9.4 秒”组比无标语组下降 9.07%；而“你丑你横穿”组效果最明显，横穿率大幅下降 29.9%，仅有 40.12%。[①]“你丑你横穿”在句法上也许并不通畅，但这几个字利用了消费者“趋美避丑”的情感本能，有效地让他们减少了横穿马路的行为。对于新媒体广告文案而言，标新立异地用更加迎合新媒体时代受众喜好的文字去击中其内心，也是与时俱进的表现。例如健身 App“Keep”的文案“哪有什么天生如此，只是我们天天坚持”，家庭厨房共享 App“回家吃饭”（Home-Cook）的文案“让我们红尘作

① 李华，彭丽娜．“你丑你横穿”别说，真管用！[N/OL].（2015－06－17）[2018－03－12]. http://news.ifeng.com/a/20150617/43990108_0.shtml.

伴，吃得白白胖胖”，农村淘宝的“过年回家，才是人生赢家”等。

除了抓住受众的喜好，创新文案的呈现方式也是一种值得借鉴的思路。比如，为了表达“技术温暖生活”的主张，云服务提供商阿里云在2019年的云栖大会上展示了团队人员用程序代码创作的“代码诗”①。其创作灵感均来源于阿里云运用科技开展的公益服务，如基于知识图谱、数据挖掘、机器学习等智能化技术绘制河流图谱，提升河流污染治理效率的“万条河流上云”；为饱受饥荒的非洲女性提供免费云资源，帮助她们学习代码知识、掌握谋生技能的“非洲女孩学代码”等。团队工程师以代码的形式将这些活动以及阿里云对未来世界的美好愿景编写成为诗句，并将其翻译为普通读者也可理解的话语（见图5-27）。这种运用代码进行文案创作的方式在给受众耳目一新的体验时，也生动诠释了“科技温暖生活”的理念。

图5-27　阿里云代码诗（部分）

此外，接下来介绍的今日头条H5广告，以及前文提到的江小白和UCC的文案也都是标新立异的范例。

---

① 数英网．云栖大会·阿里云：为世界，写一首工程诗［EB/OL］．(2019-09)［2022-01-25］．https：//www.digitaling.com/projects/87807.html.

案例链接

今日头条：为什么我们要回家过年?

2016 年春节前夕，为了更好地进行自我宣传，资讯阅读 App“今日头条”根据 3.5 亿用户过去一年的阅读大数据推出了《为什么我们要回家过年》的 H5 广告，文案围绕着“世界多好，都不及家好”的核心概念，在对 5 组关键词的阅读量进行对比后创作了以下这些文案：“每 1 次唠叨背后藏着 1.22 次想念”；“米其林餐厅真贵，妈妈的味道珍贵”；“我爱小鲜肉，老爸爱我”；“世界那么大，常回家看看”；“我的远方是故乡”（见图 5 - 28）。

平淡无奇的日常词语“老爸”“常回家看看”等在阅读量上胜过了“小鲜肉”“世界那么大，我想去看看”这些年度热词，今日头条希望用这一事实告诉用户，当我们在瞬息万变的环境中迷失和焦虑时，不要忘记家庭的温暖与美好，记得“常回家看看”。

图 5 - 28　今日头条 H5 广告《为什么我们要回家过年》

（三）更好地融入环境

新媒体广告文案需要融入内容环境、媒介环境和营销场景。微信的很多软文植入广告是文案融入内容环境的代表，比如接下来提到的支付宝的广告文案《梵高为何自杀》（更多的内容请参考第八章）；文案融入媒介环境的代表比如信息流广告，常常与前后的其他信息相关联（更多的内容请参考第七章和第八章）；而“吃掉一只优秀的小龙虾，就抓住了南京的夏天”“下午四点的时候，总拦不住想要伸向食物的手”“来伤心料理店料理你的伤心”“把餐桌移到春光里，你也可以”等文案则利于唤醒受众的消费冲动，是融入和创造营销场景的例子（见图 5 - 29）。

图 5-29　与营销场景关联的广告文案

案例链接

支付宝揭秘 "梵高为何自杀"

微信公众号"顾爷"以"梵高为何自杀"为主题，为第三方支付品牌支付宝创作了一则在文尾发生"神转折"的软文植入广告。这篇软文通过幽默的笔触论述了在精心打造的商业模式"印象派风格"成功之前，不会理财的梵高过得穷困潦倒，而最终也因为"穷"选择了自杀。由此引出广告内容——如果有支付宝的理财功能、根据财务状况和人际关系预测十年后的个人收入功能，也许梵高会多活几年，也许他就会看到生命的曙光而不去自杀（见图 5-30）。

图 5-30　支付宝广告文案《梵高为何自杀》（部分）

（四）更多地尊重用户体验

用户体验是否良好，决定着广告的受欢迎程度和新媒体的成长空间。那些强行推送、粗暴展示、制作拙劣、格调低下的广告，不仅会降低用户对广告主的好感度，还会导致用户减少对承载这些信息的新媒体的使用，而界面友好、融入环境、恰逢其时、制作精良的广告则能够产生积极的效果。近年，很多新媒体改变了以往粗放运作广告的模式，运作重点从“量”转到“质”，更加注重广告主和广告作品与媒体及内容的契合度，尽可能地在增强广告投放效果和减少广告对用户的打扰之间求得平衡。顺应这一形势，广告主在选择某类新媒体（尤其是自己开设的官方网站、微博和微信公众号）投放广告时，其创意和文案设计也必须尊重用户的体验。这里以企业官方网站为例，简要介绍其文案创作方式。

企业官方网站是受众快速认识品牌并对其产生信任的重要途径。网站文案的创作包括官网素材的收集、文字撰写和编辑，以及日常信息的发布更新等工作。由于网站栏目设置存在差异，不同企业官方网站的文案创作也有很大差别。比如宝洁等大多数企业的官网都会介绍企业概况、品牌产品、企业文化、品牌故事、最新资讯等内容（见图5-31）；而苹果、耐克、阿迪达斯等企业官网则突出产品类别，并用简洁的文案与醒目的购买提示引导用户了解更多的信息并购买商品（见图5-32）。不管是哪种类型，文字简练、突出利益（产品的功能利益或情感利益）、引导行动等都是企业官方网站在文案创作时遵循的标准。

图5-31　宝洁官方网站

图5-32　阿迪达斯官方网站

除了常规板块，网民在浏览企业官方网站时所接触到的其他文字内容也应当引起文案人员的重视。不论是页面加载过程中的信息，还是受众进行登录等操作时的提示语，如果善加利用，都可能成为优化用户体验、增进用户与品牌联系的环节。例如网络问答社区知乎在页面维护期间的提示语“服务器提了一个问题，我们正在紧张地撰写答案……”，饭否网站的“在饭否维护期间你可以做的30件事情：认认真真刷15分钟牙；

熨衣服；煮方便面，加个鸡蛋，甚至加点虾皮……”，等等。

（五）更迅速地呈现价值

一则广告如想在信息的汪洋大海中获得人们的关注、激起人们的兴趣，最好是能在极短的时间里向受众呈现与其生活、利益、需求、情感等有关联的、有价值的内容，这些内容既可以是娱乐价值或资讯价值，也可以是知识价值或情感价值（本书第八章也有相关的阐述）。特别是那些篇幅较长的文案，一定要将最有价值的信息通过标题表现出来。

其一，在标题中直接点明产品带来的好处（即利益诉求式标题）或向受众揭秘，加入福利、促销、攻略、值得、秘诀等关键词。例如：“这 4 个灵魂问题，解决你 80%的困境”“春播×蚂蚁短租@你，这里有一份超实用的吃货必备旅行指南，请查收！（内含福利）”“5 月最值得看的 11 部电影来了，爆米花准备好了吗?”“商家绝对不会告诉你的事实：我们用 3 个月测评了 15 款扫地机器人后发现……”。

其二，在标题中明确告知受众如果不阅读正文会有哪些损失（恐惧诉求式标题），加入时间有限或数量紧缺等关键词，这种稀缺感会促使消费者更快展开行动、做出决策。例如：“再不来，初夏就要被别人吃掉了”“快领！亚马逊购书优惠券明天过期!”。

其三，在标题中以知名的人物、地点等为产品背书，在引起受众对这些“有来历”的产品产生好奇的同时，增强其“获得感”。例如：“从硅谷火到中国，每三秒就卖一个，用过这款榨汁机，你不想碰其他的”“今年头采的西湖龙井，慈禧太后喝的就是这家的茶”。

其四，在标题中嵌入代表着获得尊重、成就、归属感、满足、个人实现等方面的热点词语，使受众产生积极的联想。例如：“巧克力中的‘爱马仕’，让自己站在今年情人节票圈的顶端”“到底赚多少钱才算是成功”。

（六）更真诚地展开对话

新媒体使广告主与消费者实时且直接的对话成为可能，对此，本章一开始已经做出阐述，并介绍了江小白等典型的对话案例。这里需要强调的是，对话的前提是广告主不能再以冷冰冰的企业自居，而应该说人话、懂人情、有人味，尊重人、关心人、爱护人，通过言说让自己成为有人格魅力的、有温度的对话者。此种策略多用于企业的官方微博和微信公众号的运营中，而第七章和第八章也会对这一策略进行更为深入的讲解。这里我们仅以故宫纪念品微信公众号“故宫淘宝”发布的广告《朕生平不负人》为例，管窥如何通过文案创作塑造企业的人格，拉近企业与受众的距离并增强彼此对话的可能。

案例链接

“故宫淘宝” 广告 《朕生平不负人》

“故宫淘宝”是故宫纪念品的微信公众号，其内容主要是故宫专属纪念品的广告。这个公众号的推送大多以皇帝的口吻加上时下流行用语、表情包创作而成，如《朕就是任性！不服憋着!》《够了！朕想静静》《朕有个好爸爸》等。“故宫淘宝”就像一个幽默的说书先生一样，在风趣的叙述中穿插真实史料，给受众带来愉快的阅读体验。

其广告《朕生平不负人》的部分文案如下（见图 5－33）：

这是一个关于雍正帝如何疼爱年羹尧的绝对不能想歪的历史故事。雍正帝大家都很熟悉啦（此处省略十万字介绍），所以就给大家好好介绍一下故事的另一位主人公（年羹尧）吧，据说年羹尧长得伟岸异常，臂力惊人，且好胜好斗。他父亲给他聘了三位老师，但是都被他打跑了，是的，打跑了！打跑了！打跑了！所以，他可怜的父亲只好放榜高薪聘用良师。

很久之后，终于有一位年近花甲、文武双全的老者敢来应聘，也正是他开启了年羹尧的好学之路。康熙六十年五月，年羹尧官至四川陕西总督。在康熙帝二废太子后，他便与雍亲王胤禛结为一体，相互依托，并助胤禛龙椅之位一臂之力。

四爷登基之后，自然也是待舅哥年羹尧不薄，给予他人臣所绝无的荣宠，除不断对其加官晋爵外，甚至用人行政也多征求他的意见。雍正在给年羹尧的书信和奏折中曾写下“朕亦甚想你”“朕实实想卿”的字句。年羹尧自认军功卓越，恃宠而骄，不仅结党营私，甚至对雍正帝也不恭不敬。

这大大刺伤了皇帝的自尊心，他写下“朕心寒之极”的话语，并开始对年羹尧进行打压。先令他交出抚远大将军印，调任杭州将军；再鼓励官员揭发其劣迹。大势已去的年羹尧上奏哀求无效，最终在绝望中自缢而亡。生平不负人，给予你无限权力与恩宠，你却不好自为之。这样的结局是注定了的。

“故宫淘宝”此次所推系列折扇均出自雍正帝奏折御批中所言，扇面一面为节选有趣帝语，另一面是奏折原文出处。

夏季必备“朕心寒之极”，扇扇也就心凉了；

送亲友“朕亦甚想你”，愿君安好；

霸气外露款“朕生平不负人”，愿卿心似我心。

售价 35 元/把，明晃晃高大上，你值得拥有，自用极霸气，送人极创意，毕竟 big 太高！

图 5－33 “故宫淘宝”广告《朕生平不负人》（部分）

本章小结

广告创意是连接品牌与消费者的枢纽和中介，这一“创立新意”的过程赋予广告强大的魅力。任何有价值的创意都必须做到以人为本，这需要我们做好人性洞察，找出一个独特而有意义的人性化的品牌理念，最后要鼓励消费者，让他们参与到广告中展开行动，而不是通过广告去告知他们。要达成“以人为本”，广告主和广告公司不应再简单地把消费者看作被动的信息接收者、旁观者、购买者，而应将其视为渴望关怀、期待支持、希望交流的情感丰富的朋友、伙伴或邻居，除了交易，还可能与其产生情感、结下友谊、彼此关注、相互支持，形成信息、利益、价值的共同体。而共同体的构建离不开有效的对话，需要我们学会倾听，站在对方的立场思考问题，以及主动回应对方的关切。

虽然进行广告创意是一个非常复杂的过程，但如何表达广告创意仍有规律可循。创意表达能够归纳成形象化类比、设置极端情况、呈现“负面”后果、制造竞争、互动实验和改变维度 6 个策略。而新媒体广告的创意与传统媒体广告的创意相比，主要具有以下特点：创意范畴更广泛，与技术的联系更紧密，更需融入环境，更加注重受众的行动力，更契合程序化运作需求，表现也更个性化。基于这些特点，创意人员除了坚持以人为本这一宗旨之外，还可着重考虑以下要点：寻找关联、坚持创新、追求震撼、取得共鸣、捕捉热点、吸引参与。

广告文案就是已完成的广告作品的全部的语言文字。文案堪称广告的“点睛之笔”。一篇好的广告文案不仅利于迅速吸引消费者的关注并激发其兴趣，也有助于消费者记忆、引发他们的共鸣，继而促使消费者搜索和分享信息、参与活动、开展对话、购买产品和体验服务。

文案创作的传统原则和方法在新媒体时代依然适用，但在信息飞沫化、阅读碎片化的大环境下，需要我们更细致地洞察受众、更努力地标新立异、更好地融入环境、更多地尊重用户体验、更迅速地呈现价值、更真诚地展开对话。

问题讨论

1. 以一个品牌为例，分析其新媒体广告创意的成功之处。
2. 你认为近年有哪些新技术使广告创意变得更丰富？试各举一例并阐述你的观点。
3. 思考在新媒体广告创意方面表现突出的公司和品牌具有什么样的特点。
4. 近期令你印象深刻的文案是什么，原因是什么？

第六章
搜索引擎广告

随着互联网的发展，旨在提供信息收集、信息组织与信息检索服务的搜索引擎所积聚的用户规模日益扩张。在这一过程中，我国以百度为代表的搜索引擎网站，对网站本身的搜索技术以及广告形式、计费方式等广告服务不断优化，使得该类平台的广告价值不断凸显，获得了越来越多企业的认可，推动着搜索引擎广告成长为我国网络广告市场上的重要力量。

本章在介绍搜索引擎基本知识的基础上，梳理了搜索引擎广告的概念、类型、特点等内容，并结合搜索引擎广告的运作流程，阐释了相应的运作方法。

第一节　搜索引擎概述

移动互联网的发展重塑了公众的信息需求与内容消费习惯，也推动着为用户提供检索服务的搜索引擎不断变革，从互联网工具逐步发展成为互联网“标配”服务，在提供多模态、多场景的人工智能服务的基础上，持续深挖垂直内容，跨行业布局搜索生态，构筑用户、内容与服务的闭环。

一、 搜索引擎的概念与分类

搜索引擎（search engine）是根据一定的策略、运用特定的计算机程序从互联网上搜集信息，在对信息进行组织和处理后，为用户提供检索服务，将用户检索到的相关信息展示给用户的系统。

按照搜索引擎的工作方式，可将之分为目录搜索引擎、全文搜索引擎和元搜索引擎三类。[①]

目录搜索引擎又被称为网络资源指南，作为浏览式的搜索引擎，它由专业人员按人工或半自动的方式搜索网络信息资源，继而根据资源采集的范围，按照一定的主题编成详细的目录体系，并将搜集、整理的信息分类，最终提供一个按类别编排的网站目录，在每类中排列着属于同一类别的网站站名、网址链接、内容提要以及子分类目录等信息。

---

① 海涛．信息检索与利用［M］．北京：北京航空航天大学出版社．2015：76－78.

用户可以不输入关键词进行查询，仅靠分类目录一层层跳转来找到其所需要的信息。早期的“雅虎中国”就是典型代表（见图 6-1）。

图 6-1　早期的“雅虎中国”页面

全文搜索引擎是通过从互联网上提取各个网站的信息（以网页文字为主）而建立的数据库，检索与用户查询关键词匹配的相关记录，然后按一定的排列顺序将结果返回给用户。其与目录搜索引擎最大的区别在于，搜索结果不是网站信息，而是符合检索条件的网页信息。此类搜索引擎的优点在于信息量大、更新及时、无须人工干预，有的还具备“高级搜索”功能，允许用户在关键词外增加语言、关键词位置等搜索条件来缩小搜索结果范围、提升搜索信息的准确度和效率；但缺点是返回信息过多，用户必须在结果中自行筛选。Google、百度即是此类搜索引擎的代表（见图 6-2）。

图 6-2　百度的“高级搜索”功能界面

元搜索引擎是不收集网站或网页信息，通常也没有自身数据库的搜索引擎。在接到来自用户的查询请求时，元搜索引擎通常将搜索请求同时发送到多个搜索引擎，在这些引擎上加以搜索并对结果进行整理，最后再统一返回给用户。InfoSpace、Vivisimo 等均属于这一类搜索引擎。相较于前两种搜索引擎，它的优势在于，只需提交一次检索请求，便不仅能获得来自多个搜索引擎的综合结果，还能自动过滤掉大量的重复信息；其局限在于仅支持简单的关键词搜索，不支持复杂的高级条件搜索，此外囿于处理时间的限制，在每个目标搜索引擎上所花费的时间都不长，只能获取每个目标搜索引擎大约 10%的信息。

除了上述分类方式，搜索引擎也可按照用户对搜索引擎功能的需求分为不同的专题，如地图、新闻、音乐、视频、图片等[①]；还可按照服务的领域分为综合搜索引擎（在同一个平台上整合大量的信息，如百度、Google）和垂直搜索引擎（针对某个细分行业的专业搜索引擎，如去哪儿、淘宝）；等等。

二、我国搜索引擎的发展特点

在我国，搜索引擎出现于20世纪末，1998年2月，首家大型分类查询搜索引擎——搜狐正式诞生。步入新世纪后的2001年8月，百度上线独立搜索服务，开启了中文搜索的新时代。在此后20多年的发展过程中，搜索引擎的发展呈现下述几个特点。

（一）角色：从互联网工具到互联网“标配”服务

作为一款互联网工具，搜索引擎在诞生初期的功能就像字典一样，能为网民提供信息收集、信息组织与信息检索等服务。而我国互联网行业的高速成长，为搜索引擎提供了重大发展机遇：一方面，互联网的普及带来了网民规模的快速增长以及网民网络使用能力的日益增强，这为以搜索引擎为代表的各类网络工具提供了潜在的用户基础；另一方面，随着互联网平台上的信息数量呈爆炸式、几何式增长，网民希望方便、高效、准确地检索到真正需要的内容的需求不断提升，这大幅促进了对搜索引擎的使用。

时至移动互联网时代，视频、电子商务、社交媒体等移动应用程序（App）成为用户访问相关互联网内容的入口。为了更好地满足用户的信息使用需求，推动消费者、产品和服务、场景的顺畅连接以增强竞争力，各互联网企业将搜索引擎视为互联网的“标配”服务。这主要表现为加强自身数据管理和自主推出搜索服务两方面。

其一，互联网企业在打造生态圈内流量互相打通、可全面满足用户需求的“超级App”（如今日头条、支付宝）的同时，加强对内容、用户信息、关系网络等数据的管理，独立搜索引擎等第三方难以触达。这使得用户只能在特定App上搜索到相关内容。数据显示，33.2%的用户认为独立搜索平台无法满足全部的搜索需求，41.7%的用户会通过不同App搜索不同内容。[②]

其二，各互联网“巨头”相继进军搜索市场，推出自身的搜索产品或服务。比如，阿里于2018年推出以“搜索框+AI工具”为特色的智能搜索App——夸克，并在2020年成立智能搜索业务部，通过教育、医疗等领域的重点突破，将阿里生态内的商业服务对接给用户。[③] 字节跳动在2017年成立搜索部门，2019年在旗下今日头条App上推出“头条搜索”功能，2020年上线独立的“头条搜索”App和网页版，同时宣传“头一条就是你想搜的”的产品特色；旗下另一个平台抖音在2021年2月发布首支搜索年度短片，提出“视频搜索，就在抖音”的口号，高调上线“视频搜索”服务，在搜索结果中除了传统的按视频、用户、音乐、话题、直播等属性分类外，还增加了相关关键词和发布时

---

① 海涛．信息检索与利用［M］．北京：北京航空航天大学出版社．2015：78.

② 广发证券．互联网搜索产业专题研究：全维搜索流量格局与商业化空间［R/OL］．（2012-11-24）［2021-12-01］．https://www.vzkoo.com/document/6d89b545c3b1b05f3d21ea955270f4cd.html?keyword=%E6%90%9C%E7%B4%A2.

③ 36氪．互联网巨头的“搜索”暗战［EB/OL］．（2020-07-27）［2021-12-01］．https://36kr.com/p/811641231982728.

间、排序依据、搜索范围等筛选功能。腾讯在收购搜狗后，微信上线“微信搜一搜”功能，提出“用微信就能搜”的定位，搜索范围从微信内部的朋友圈、公众号、文章、小程序、视频，逐步开放至腾讯生态的搜狗百科、读书、知乎问答、京东商品等多种内容。

这推动搜索引擎行业出现新景象：在行业整体方面，我国用户在浏览内容时的搜索习惯业已养成，搜索引擎已经从简单的信息检索工具发展成为当前网民访问互联网的基础应用之一。截至2021年6月，我国搜索引擎的用户规模达7.95亿，覆盖了78.7%的网民群体。① 在市场格局方面，随着2005年8月百度上市、2010年3月谷歌宣布退出中国市场等事件发生，我国搜索引擎市场逐步形成了百度一家独大的格局，其用户规模和营收均显著领先于其他搜索引擎。2020年1～9月，百度覆盖了71.2%的我国搜索引擎用户，领先于其后的360搜索（覆盖率为34.7%）和搜狗搜索（覆盖率为30.5%）。② 但伴随我国互联网行业的“流量红利”不断减弱，以及字节跳动、阿里、腾讯等大型互联网企业陆续发力，搜索引擎的用户争夺进入白热化阶段。

（二）业务：从单一的文字搜索到多模态、多场景的人工智能服务

如今，搜索引擎的业务已经从文字搜索服务拓展为面向多个领域、多个场景的智能搜索服务。

随着移动互联网的普及以及终端设备（如智能手机、可穿戴设备、智能音箱）的升级，网民的信息输入方式与媒介场景日趋多元，他们希望搜索引擎能提供更便捷的搜索方式并针对检索主题给出更快速、更个性化、更精准的响应。为了迎合网民的新需求，各互联网企业对搜索模式进行了如下调整：

（1）积极探索多模态和跨模态检索模式。基于多模态语义理解和跨模态推理等领域算法和模型的开发，互联网企业在文字搜索外，相继推出图片、语音、视频等多模态信息输入的检索方式，并尝试探索不同模态信息之间的交互检索。典型的如2021年11月人民中科发布的跨模态视频搜索引擎——“白泽”，即以视频为核心，针对境内外多平台内容，提供视频搜视频、图片搜文字、视频搜文字等多种搜索功能。③

（2）将人工智能与搜索技术深度结合，优化搜索结果的呈现方式。一方面，不断升级自然语言处理（NLP，natural language processing）、知识图谱、深度学习等人工智能技术，研发自然语言搜索④、实体搜索⑤等搜索方式，以智能识别用户的搜索意图，从而

---

① 中国互联网络信息中心．第48次中国互联网络发展状况统计报告［R/OL］．（2021-09-15）［2021-12-01］．http：//www.cnnic.net.cn/hlwfzyj/hlwxzbg/hlwtjbg/202109/P020210915523670981527.pdf.

② 央视市场研究股份有限公司．2020年中国前三季度搜索行业市场研究报告［R/OL］．（2020-10-23）［2021-12-01］．https：//www.ctrchina.cn/static/upload/20210302105pp_20210511175043148.pdf.

③ 人民网．聚焦内容安全 跨模态视频搜索引擎“白泽”正式发布［EB/OL］．（2021-11-24）［2021-12-01］．http：//finance.people.com.cn/n1/2021/1124/c1004-32290944.html.

④ 自然语言是类似于人们日常对话中所使用的较为口语化的语言，如“想学计算机去什么大学好”。传统的搜索引擎一般无法识别此类语言，只能给出跟关键词文本相关的结果；自然语言搜索则能将这些口语化的语句改写成计算机数据库可理解的问题（如“计算机好的大学”）再加以查询，从而能得到更为优质的搜索结果。

⑤ 实体搜索是相对于关键词搜索而言的。在搜索某个与“实体”（如人、地点、事物等）相关的关键词时，传统的关键词搜索仅能帮用户找到与搜索词汇相匹配的页面，却无法直接回答用户的询问；实体搜索则能理解用户的搜索行为，提供与搜索词汇所描述的“实体”相匹配的页面。比如搜索“会开花的树”，传统的搜索多只会显示与该关键词相关的网页链接，如席慕蓉《一颗开花的树》；而实体搜索则会给出蓝花楹、苦楝树等具备这一特点的植物的介绍和图片，以及相关的网页链接。

提供更精准的搜索结果。这以阿里推出的夸克为代表。用户在搜索框输入问题后，夸克会自动识别内容的搜索维度，在进行信息筛选、分类的基础上通过大数据分析对用户想要的结果类型加以预判，直接于页面呈现搜索结果。如针对 2021 年新老高考填报志愿的复杂场景和个性化需求，夸克就推出了自研智能选志愿、测录取概率、模拟志愿表等 AI 工具。另一方面，基于用户使用终端、地理位置、搜索偏好、浏览行为等数据建立用户画像系统，深入洞察用户的搜索场景和差异化的搜索需求，以提供基于位置与情景化的搜索服务。典型的如华为推出的花瓣搜索，可以为 170 多个国家和地区的海外用户提供天气预报、体育赛程、酒店预订等本地化服务。

（3）结合用户的媒介使用场景，开发面向多场景的搜索服务。例如微信搜一搜就基于微信平台内的不同社交场景推出了对应的搜索功能，如针对聊天场景开放“边聊边搜”[①]“指尖搜索”[②]“＃搜索”[③] 等功能，在阅读场景中增设了“文章划词搜索”[④] 和“图片搜索”[⑤] 功能。而面向新冠肺炎疫情防控场景，微信搜一搜还上线了“城市专区”服务，用户在微信中搜索城市名称或在对话框、朋友圈输入“＃城市名”，点击蓝色超级链接即可直达城市专区页，一站式聚合该地疫情发展动态、政府新闻发布、疫情防控政策等相关权威信息（见图 6－3）。

图 6－3　微信搜一搜石家庄城市专区页面截图

---

① “边聊边搜”是指用户通过长按聊天框、在菜单中点击“搜一搜”，就可以实现对相关关键词的表情、百科、公众号、视频、文章、音乐等的搜索，并可在聊天窗口中一键发送搜索结果。

② “指尖搜索”是指当用户在微信聊天过程中遇到想了解的问题时，可以长按聊天气泡，在菜单中点击“搜一搜”就可以无须离开聊天窗口、输入搜索关键词而发起搜索。

③ “＃搜索”是指用户在聊天时输入“＃”，再加上任一搜索词，这条聊天文本就变成了超链接，好友只需点击就可以进行智能搜索。

④ “文章划词搜索”是指长按文字、选中搜索词，并在菜单中点击“搜一搜”就可以自动发起搜索。

⑤ “图片搜索”是指长按图片并在菜单中点击“搜一搜”就可以自动发起搜索，截至 2021 年初，微信的图片搜索已覆盖鞋类、美妆、家电、家居、零食、汽车、美食、酒类、动物、植物等几十种细分类型。

（三）形态：从互联网搜索到移动互联网的垂直化、生态化搜索

伴随移动互联网的发展（如 Wi－Fi 覆盖提升、5G 移动通信网络的建设）、智能手机等移动端的普及、各类移动应用程序的发展，我国越来越多的网民习惯于通过移动端来访问互联网——2014 年 6 月，我国移动网民规模达 5.27 亿，占网民总体比率高达 83.4%，该比例首次超过使用传统 PC 上网的网民比例（80.9%）。① 此后，我国移动网民数量不断增多、平均上网时长持续增加。在此种背景下，搜索引擎近年也逐渐向移动端迁移，移动搜索用户规模和用户流量持续增长。截至 2020 年 12 月，中国移动搜索 App 独立设备数达到 5.7 亿台，同比增长 7.5%。②

与此同时，用户的移动搜索行为与需求也发生了变化。在移动端，用户搜索不再是“随搜即走”的点状行为，而是与平台内容相融合、与内容浏览相伴生。数据显示有 90.5%的用户在使用 App 时有过“随看随搜”的行为③，因此相较于信息量大但深度不足的通用搜索模式，他们希望获取更细分的信息服务。随着移动搜索的市场竞争日渐激烈，为了提高用户黏性、增强竞争优势，各搜索引擎平台在不断优化搜索技术外，还在下述两个方面展开布局：

第一，持续深挖垂直内容，以提供针对某一特定领域（如购物、旅游、医疗等）的专业服务。如百度自主研发了百度知道、百度百科、百度文库、百度经验、百度学术、宝宝知道等 6 个知识类产品，截至 2019 年 12 月，累计生产超过 10 亿条高质量内容，构建了中国最大的知识内容体系，日均搜索量达到 15.4 亿次④；百度还由子公司爱奇艺、好看视频和参股公司七猫小说等搭建了影音娱乐产品矩阵。

第二，跨行业布局搜索生态，构筑用户、内容与服务的闭环。如互联网企业 BAT（百度、阿里、腾讯）相继提出以“开放”为核心的发展战略，通过移动端小程序的方式对接第三方产品与服务，对平台自身的内容与服务形成有益补充。截至 2021 年 3 月，微信小程序、阿里小程序、百度智能小程序分别接入小程序的数量为 300 万＋、200 万＋和 40 万＋，覆盖了生活服务、移动视频、教育学习、移动购物、新闻资讯等多个领域。⑤ 又如，为了打造一站式旅游服务，华为花瓣搜索在全球与 200 万家酒店和民宿达成合作，可为 3 200 万月活用户提供覆盖 8 000 多个全球主要旅游目的地的信息检索，以及在搜索结果页面中完成酒店、火车票、租车、景点和活动门票等预订。⑥

---

① 中国互联网络信息中心．第 34 次中国互联网络发展状况统计报告［R/OL］．（2014－07－21）［2018－02－12］．http：//www.cnnic.net.cn/gywm/xwzx/rdxw/2014/201407/W020140721559080702009.pdf.

② 艾瑞咨询．2021 年中国网络广告年度洞察报告：产业篇［R/OL］．（2021－09－14）［2021－12－04］．https：//report.iresearch.cn/report_pdf.aspx? id=3844.

③ 广发证券．互联网搜索产业专题研究：全维搜索流量格局与商业化空间［R/OL］．（2012－11－24）［2021－12－01］．https：//www.vzkoo.com/document/6d89b545c3b1b05f3d21ea955270f4cd.html? keyword=%E6%90%9C%E7%B4%A2.

④ 华西证券股份有限公司．全球最大中文搜索引擎，AI 驱动多业务发展［R/OL］．（2020－05－24）［2021－12－05］．https：//www.vzkoo.com/document/d8d5389b95b86b6d9d632dceac953b8b.html? tag=%E6%90%9C%E7%B4%A2%E5%BC%95%E6%93%8E.

⑤ 同③.

⑥ 36氪．华为发力搜索，从工具观到生态观［EB/OL］．（2021－11－02）［2021－12－08］．https：//cj.sina.com.cn/articles/view/1750070171/684ff39b019011usg? sudaref=cn.bing.com&display=0&retcode=0.

第二节　搜索引擎广告的类型与特点

投放于搜索引擎上的广告主要包括关键词广告、展示类广告、信息流广告和网络联盟广告。搜索引擎广告具有投放精准、投放门槛低、自主投放等优势，同时其普遍存在的点击欺诈、商标侵权、平台公信力较低等问题也需要加强治理。

一、搜索引擎广告的分类

广义的搜索引擎广告是指互联网企业基于搜索引擎技术推出的所有广告形式，但不包含其所并购、控股的一些网站所经营的广告形式。在搜索引擎“标配化”的发展过程中，搜索引擎广告也逐渐成为各互联网企业的“标配”广告服务，逐步涵盖了关键词广告、展示类广告、信息流广告、网络联盟广告等广告形式。

在营收上，关键词广告对搜索引擎广告市场整体表现起主导作用，信息流广告、展示类广告近年来发展较快、成为重要增长点，其他类型的广告贡献较小。以搜索引擎企业为例，2020年中国搜索引擎企业营收规模达1 329亿元，其中关键词广告收入669.1亿元，占比为50.3%；信息流广告收入289.8亿元，占比为21.8%；联盟广告收入69.9亿元，占比为5.3%；其他类型的广告收入占比不足10%。①

（一）关键词广告

关键词广告是搜索引擎平台最具代表性的一种广告形式，人们提及搜索引擎广告时，大多也指的是关键词广告。该类广告由广告主根据自己的产品或服务的内容、特点，确定相关的搜索关键词、撰写广告内容并自主投放，当网民搜索这些关键词时，相应的广告信息就会展示在搜索结果页面上；搜索引擎采用一定的方式对广告进行计费。

在实践中，搜索引擎企业又按下述两种方式对关键词广告进行运作。

1. 竞价排名广告

竞价排名广告是指搜索引擎并没有为关键词设置固定的点击价格，而是由广告主对广告每次点击自行设定可支付的价格，搜索引擎根据广告主设定的价格并辅以一定规则对每个广告主所投放的广告加以排位。以百度为例，其会根据广告主的信用情况、关键词的质量度②、关键词出价③、关键词的转化加分、其他推广商户和网民相关因素对广告加以排位，排位最前的广告将优先展示在搜索结果首页左侧，余下的广告将依次展示在首页及翻页后的右侧；最后百度会综合考量上述因素决定出每个关键词的“点击价格”，并在网民每次点

---

① 艾瑞咨询．2021年中国网络广告年度洞察报告：产业篇［R/OL］．（2021-09-14）［2021-12-10］．https://report.iresearch.cn/report/202109/3844.shtml.

② 关键词的质量度用于衡量由相应的关键词触发的推广结果和推广网站的质量，具体由广告主对关键词的预估点击率、关键词与广告的相关性、推广网站的体验等指标加以评测。

③ 这里的出价是指关键词每次点击费用的最高出价，即广告主愿意为推广结果获得的每次点击支付的最高金额；在不考虑影响排名的其他因素时，关键词出价越高，排名就越有机会靠前。

击广告时按该价格计费（见图 6－4）。

图 6－4　百度竞价排名广告出现的位置（阴影部分）

2. 固定排名广告

固定排名广告是由搜索引擎企业为广告主提供关键词，将广告主的网站在搜索结果页面中的固定位置加以展示，在网民点击信息后，按照预定的价格向广告主收费。

与搜索引擎的发展相伴，关键词广告近年来呈现如下新特征：

第一，关键词匹配方式更智能。以往关键词广告多在用户搜索关键词与广告主提交的关键词精准匹配的情况下才触发，虽然相较于其他广告形式有助于控制广告成本、保障广告效果，但却在实践中给一些广告主的广告投放增设了困难——若设置的关键词过少，可能会错失目标消费群体；若设置的关键词过于宽泛，则又带来了无效点击、降低了广告的转化率。针对广告主的此种困境，以百度为代表的搜索引擎企业，依托其智能搜索技术，在精准理解用户搜索需求的基础上，增加了短语匹配①、智能匹配②等关键词匹配方式，以持续提升广告的投放效率。

第二，广告投放更精准。得益于大数据分析技术，搜索引擎在关键词定向的基础上，逐步纳入了人群定向、网址定向、地域定向等多种方式对广告受众加以细分和筛选，以帮助广告主更精准地锁定目标受众。以百度为例，百度根据用户的浏览记录、移动设备、

---

① 在短语匹配中，当用户搜索词出现关键词或关键词的同义变体时，或是在意思一致的前提下于搜索词的前中后插入关键词或关键词变换顺序时，广告均可被呈现。如广告主设置的关键词为“北京装修价格”，用户在搜索“北京装修价钱”“装修北京价格”“装修北京价钱”时，都会看到广告主的广告。

② 智能匹配是指在智能识别广告主关键词语义和用户搜索意图的基础上，搜索引擎系统自动向用户呈现与其搜索意图相关的广告。在智能匹配中，即使用户搜索词不含有广告主提交的关键词，也可能会看到相关广告。如对于广告主提交的关键词“二手家具”，用户在搜索“搬家选家具怎么样比较省钱”“二手家具怎么辨别值不值得买”“装修如何降低成本”时即可触发广告。

兴趣及社交关系等不同的定向指标精准捕捉用户的上网行为。随后，百度借助自主研发的人工智能“百度大脑”，对海量的用户行为进行即时收集和分析，并根据点击广告的人群和其落地页的浏览行为分析模仿、自动优化投放意向，根据广告转化率自动调整出价。

第三，广告形式更丰富。为了进一步提升关键词广告对用户的吸引力，搜索引擎在文字类广告之外，加入了图片类、列表类、视频类、线索类（在搜索结果中融入电话、咨询、表单页等）、子链接类等多种形式。如今日头条还推出了“搜索彩蛋”产品，以自动弹出的全屏动画的形式创意呈现广告（见图 6－5）。

第四，计费方式更多元。关键词广告在出现伊始，采用的是按点击计费（CPC）的计费方式——广告信息的展示是免费的，只有当网民点击广告信息、打开广告主网站时，搜索引擎才会按照一定价格向广告主收费。为了进一步满足广告主提高广告转化率、优化广告投入产出等投放需求，搜索引擎相继推出了智能优化的 oCPC①、oCPM② 等计费方式，供广告主根据广告预算和投放需求自主选择。

图 6－5　今日头条的“搜索彩蛋”广告产品

案例链接

百度商业模式的探索及竞价排名广告的诞生

百度诞生于 1999 年，最初的商业模式是向门户网站提供搜索引擎服务。至 2001 年夏天，国内 80%的门户网站都采用了百度的搜索技术，百度几乎垄断了国内的门户网站

---

① oCPC（optimized cost per click）优化点击付费，是 CPC 的智能出价模式。搜索引擎系统在实时预估广告每一次点击转化率的基础上，结合不同的预估转化率，强化高转化率流量的获取、弱化低转化率流量的展现，并对不同的用户调整不同的点击价格，在此基础上再按点击次数、每次点击价格对广告进行计费，以在达成广告主转化成本目标的基础上，最大化提升广告的转化量。

② oCPM（optimized cost per mille）优化千次展示付费，是 CPM 的智能出价模式。搜索引擎系统在预估广告的点击率和转化率的基础上，将广告展示给最容易产生转化的用户，并按照千人成本对广告进行计费。

搜索引擎技术服务市场，但是却在发展过程中遇到了一个瓶颈——虽然百度的市场一直在增长，搜索量也在增加，但是百度却赚不了钱，甚至入不敷出。造成这种局面的根本原因在于搜索引擎服务无法为网站带来直接的经济利益。拿当时使用百度搜索技术的三大门户网站来说，虽然这些门户网站本身有设置搜索引擎业务的需求，而且搜索引擎带来的流量提升也非常明显，但这些门户网站就是不愿意为此付出更多资金，甚至还要压价或者拖欠百度的技术服务费。因为在这些门户网站看来，向用户提供搜索服务，不像新开个频道那样，很快就会产生经济效益；加载一个搜索框，除了能获得流量提升外，门户网站自身并没有获得多大好处。

如何重新定位百度、找到新的盈利模式，成为摆在李彦宏等创始人面前的一大难题。

他们首先想到的是做软件，把搜索技术打包成一个软件，卖给网站，不光是卖给门户网站，还有一些中小型网站。但是，他们很快就发现这种模式行不通，因为市场不买账——当时互联网行业正处于寒冬，大家唯一考虑的是怎么生存下来，搜索这种锦上添花的功能对网站而言是可有可无的。

随后，股东们又主张尝试另一种商业模式——效仿美国的Akamai公司，开发出售CDN软件，即“互联网内容分发系统”，该软件可通过将网民的搜索请求链接到空间上离他最近的服务器来加快访问速度。虽然百度投入了大量的人力、物力将这一系统开发出来，并推荐给许多网站，但由于中美市场存在的差异，这个产品的市场反应令人沮丧。

在多次尝试受挫后，李彦宏决定改变百度的发展模式，向Google学习，做独立的搜索引擎公司，直接面对终端用户，并且结合中国市场的实际，选用类似Google的关键词广告销售的做法作为百度的商业模式，这被李彦宏称作“竞价排名”。

2001年8月，李彦宏通过电话与散布在新加坡、美国和北京的董事们召开董事会，并提出了他的这一发展规划。但令李彦宏始料未及的是，他的这个提议遭到股东们的一致反对，他们反对的原因如下：一是对搜索行业不是很熟悉，对竞价排名的商业模式不是特别理解；二是虽然这种付费排名模式在国外取得了一定的成功，但毕竟刚刚开始，未来可能存在一些不可预知的风险。并且，此时百度的收入全部来自给门户网站提供搜索技术服务支持，如果百度转做独立的搜索引擎网站，那些门户网站不再与百度合作，百度眼前的收入就没了，而竞价排名模式又不能马上赚钱，百度就将面临绝境。因此，从投资人的角度，股东建议在全球互联网行业还在遭遇寒冬的大背景下，不如稳扎稳打地做好目前的工作，少冒险少犯错误。

股东的一致反对使得此次会议气氛非常紧张，李彦宏想尽一切办法去说服投资人。在争论了3个小时却仍旧无法得到首肯后，为人一向冷静、理智的李彦宏罕见地发火了，他将自己的手机狠狠地摔到桌子上，对着电话那头吼道：“我不做了，大家也都别做了，把公司关闭了拉倒！”所有人都被李彦宏震住了，最终，董事会决定让李彦宏试一试，他们对李彦宏说：“不是你的论点，而是你的态度打动了我们。”

2001年8月，Baidu.com Beta版上线，在界面上模仿了Google清爽的首页页面风格，使用更加简洁明了的白底搜索盒，加上一个爪印作为标志（图6-6和图6-7分别为百度转型前后的首页界面）。2001年9月20日，Baidu.com开始推出竞价排名业务，该服务实行每点击0.30元人民币起、上不封顶的竞价销售方法。第一天竞价排名的收入仅仅是 1.9 元，第二天也仅为 3 元多，第三天超过了 10 元，第五天超过了 200 元，到 2001 年 12 月，收入一共达到 12 万元；而发展至 2002 年底，竞价排名的收入达到了 580 多万元，康佳、联想、可口可乐等知名企业都成为百度竞价排名的客户。

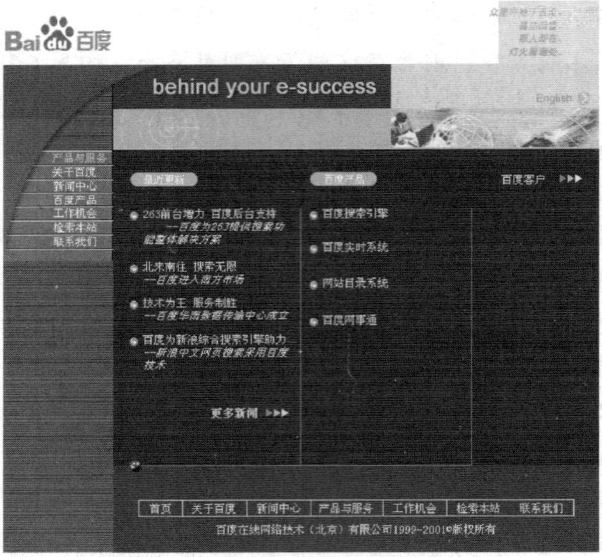

图 6-6　2001 年转型前百度的首页界面

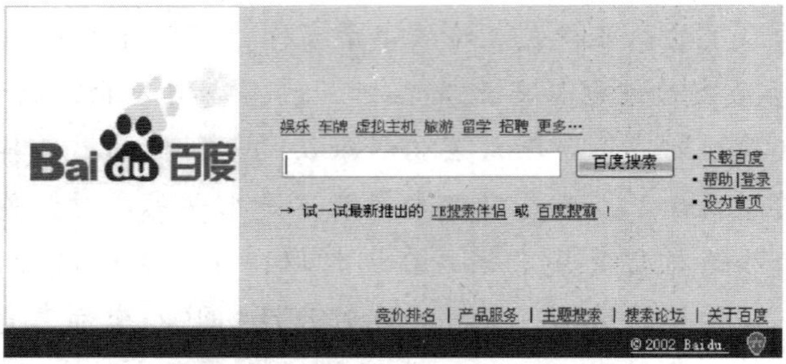

图 6-7　2002 年转型后百度的首页界面

资料来源：程东升．李彦宏的百度世界［M］. 北京：中信出版社．2009：23-33.

（二）展示类广告

搜索引擎以关键词广告起步，但这类广告主要吸引的是中小客户的小规模投放，对希望综合、全面展示品牌的大广告主缺乏足够的吸引力，后者仍多倾向于在社交媒体、视频网站上投放展示类广告。为了迎合大广告主的品牌推广需求，搜索引擎也在关键词广告的基础上，开发出涵盖文字、图片、视频、链接等多种形式，可展现广告主品牌信息的展示类广告。

以百度为例，为了开发大广告主资源，其一方面成立了大客户销售部，专门为这些大广告主、知名广告代理公司提供针对性服务；另一方面也根据这些大客户的需求，相继推出下面介绍的几种广告形式。

1. 品牌专区

品牌专区是一种按关键词精准匹配并展现在 PC 端和移动端搜索结果页面最上方的品牌展示类推广广告。当用户搜索品牌词或品牌需求词（如价格、外观、售后、攻略、下载等）时，搜索结果页最上方将展现图文并茂的品牌迷你官网，包括广告主的品牌描述、品牌 LOGO、官网链接等内容，从而得以让用户无须经过网页跳转，便可直接了解品牌的官网信息并获得所需的品牌相关资讯（见图 6-8）。为了进一步满足不同广告主的差异化投放需求，百度还在品牌专区广告的基础上相继开发出品专 MAX、通用词品专、地图品专、时效品专、炫动品专、NS 品牌专区、品牌丝路等多种广告产品，并按 CPT 或竞价 CPT 的方式计费（见表 6-1）。

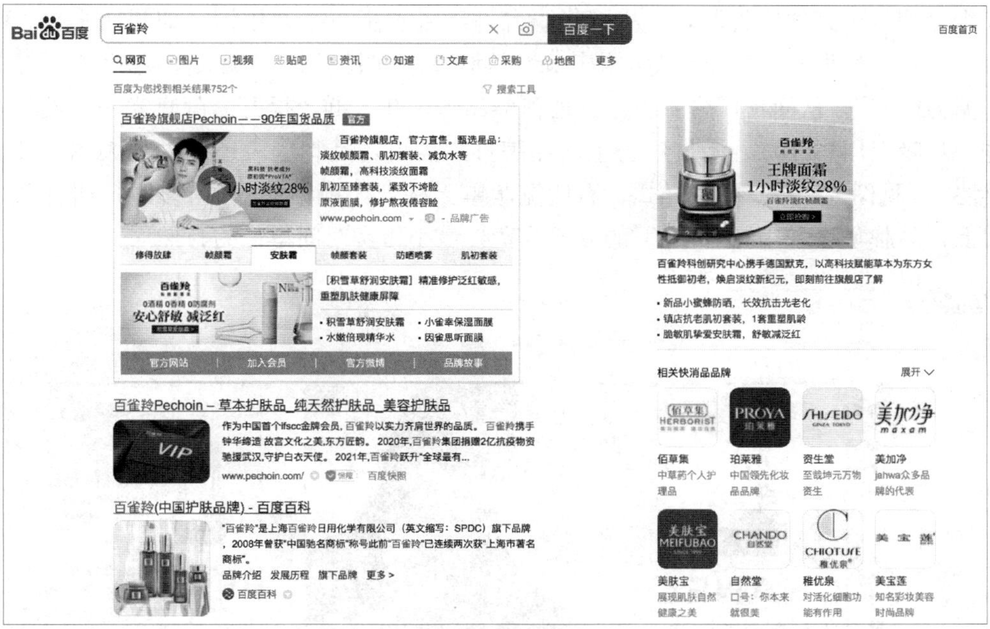

图 6-8　品牌专区广告示例

表 6-1　品牌专区的多种样式

名称	描述
品专 MAX	在品牌迷你官网外还融入了百科、商品橱窗、产品视频、PGC（大咖/笔记专栏）、UGC 等多种品牌或产品相关内容资源。
通用词品专	由商品品类或服务业务类型名词为核心的搜索词触发、在移动端搜索结果页首位展现的品牌专区广告。
地图品专	由品牌核心词或品牌衍生词触发、在百度地图结果页展示，以视频、GIF 动图、轮播图为主要形式的展示类广告，用户点击后可进入 H5 或小程序形式的广告主页面。
时效品专	针对广告主新品发布、促销、周年庆、行业节日、展会、赛事等活动营销需求而设，可由品牌词、产品词、活动词或活动衍生词等多种关键词触发的品牌专区广告。

续表

名称	描述
炫动品专	展现在搜索结果浮层的动画广告，用户在搜索品牌词后会在搜索结果页触发全屏、动态广告，显著提升了广告视觉冲击力，增强了品牌展示效果。
NS品牌专区	在百度新闻、图片、知道、百度、视频等频道页搜索结果最上方展现的品牌专区广告。
品牌丝路	由品牌长尾需求词（如大众途昂怎么样、全季酒店是几星的）触发，在百度知道、百度新闻、百度阅读等14个频道搜索结果页最上方展现的展示类广告。

2. 品牌华表

品牌华表是一种按关键词精准匹配并展现在PC端搜索结果页右侧的品牌展示类推广广告。相较于其他广告形式，品牌华表允许广告主将一些通用词（如智能手机、欧洲自由行、英语培训）、节日词（如国庆节、圣诞节）、明星词（如鹿晗、范冰冰）等关键词“据为己有”，从而帮广告主更广泛地覆盖品牌未知人群，提升品牌曝光率。此外，为了进一步吸引用户注意、满足广告主的品牌推广需求，品牌华表还提供了大图轮播、大图浮层①（见图6-9）、视频样式、右侧宽版擎天柱、大视频样式②等多种广告样式。在计费上，品牌华表采用竞价CPT的方式收费，最小售卖时间单位为自然周。

图6-9 品牌华表“大图浮层”广告示例

3. 开屏矩阵

百度开屏矩阵是用户在启动百度系App（如百度App、百度地图、百度贴吧、百度新闻、百度知道、百度手机助手、百度网盘等）和百度联盟App（如东方头条、淘新闻、中青看点等）时，首屏展现的图文、视频、九宫格、摇一摇、AI互动（如AR、人脸识

① 用户在搜索相关关键词时，搜索结果页的右侧将出现一个尺寸较小的图片广告，点击图片后，在搜索结果页面上会以浮层的方式展示出尺寸较大的广告图片。

② 用户在搜索相关关键词时，搜索结果页的右侧将出现一个视频播放窗口，点击播放后，视频播放窗口将下拉，广告信息面积亦将随之向下扩张。

别、图像搜索、语音互动）等样式的品牌展示类广告（见图 6－10）。在投放过程中，百度依托自身技术与技术优势，向广告主提供地域定向、基本属性定向、兴趣定向、分时段定向、自定义人群、终端系统定向等精准投放方式，并按 CPT、CPM 和程序化售卖等方式收取广告费用。

静态－非全屏样式（展现时长3秒）　静态－全屏样式（展现时长3秒）　视频－非全屏样式（展现时长5秒）　视频－全屏样式（展现时长5秒）　九宫格样式（展现时长5秒）　摇一摇样式（展现时长5秒）

图 6－10　百度开屏矩阵广告示例

4. 聚屏广告

百度聚屏是百度推出的数字屏幕程序化广告平台。不同于前述几类展示类广告仅是在线上平台呈现，百度聚屏是将广告展现于影院（LED 屏、取票机屏、通道电视）、楼宇（电梯屏、通道电视）、生活服务（社区电子屏、门禁屏、超市屏）、出行（机场屏、出租车屏、火车站屏）、家庭（智能电视、智能冰箱屏）等多个场景的线下屏幕，依托大数据和 LBS 等技术，提供省市定向、时段定向、人群定向、商圈定向、场景定向、屏幕定向等精准投放方式，以帮助广告主全面触及目标消费者的生活场景、实现线上线下广告资源的有机整合和跨屏投放。为了便于广告主操作、降低广告的投放门槛，百度聚屏为广告主提供了合约投放①、竞价投放②、保量投放③、人群精准投放④等四种投放模式。

5. 定制化展示类广告

为深入满足大客户的个性化营销需求，百度在整合自身产品资源的基础上，于上述产品形式、投放方式、计费模式等标准化运作的展示类广告之外，还推出了多款非标准化、定制化的展示类广告产品。

比如，针对大客户希望创新广告形式、提升消费者注意力以全面展现品牌、塑造品牌形象等需求，百度旗下的秒懂视频推出个性化短视频营销产品——“品牌故事”。当用户在百度系平台（百度搜索、百度百科、百度经验、信息流等）搜索品牌词时，会在搜索结果页的非商业广告头部位置看到一个 3 分钟的视频窗口（见图 6－11），该视频以

---

① 合约投放是在约定广告的位置、流量和价格等信息的基础上投放广告，并按 CPT 方式计费。

② 竞价投放是指广告主在聚屏 RTB 后台自主投放，自由设定投放时间、定向维度和广告出价。

③ 保量投放是可定制化的灵活投放模式，1 天起投、无起投金额限制，且可以允许广告主灵活更换物料、自定义单屏播放次数。在计费上，按照 CPM 方式收取广告费用。

④ 人群精准投放是在设定投放人群特征（如年龄、性别）的基础上投放广告，并按 CPR（cost per response）方式计费。

“故事叙述”的方式阐释品牌历史、品牌文化、品牌理念、品牌愿景等内容，以帮助消费者快速了解品牌。此外，为了提升品牌故事相较于其他网站视频广告的竞争力和广告价值，百度采取了下述运作模式：其一，严格的视频品控标准，以保证广告效果。百度对视频的基础标准①、内容结构②和品牌展示规则③均有详细要求。其二，专业的短视频内容生产者组织，为客户提供更好的创意支持。百度囊括了 200 家专业短视频机构组建成内容生产联盟，当确定好客户及选题后，百度向联盟发布任务，联盟成员接受任务后进行策划、投稿，百度与广告主共同筛选出优质的创意并邀请专业团队制作视频，待广告主确认视频成片后，百度会上线相应视频。其三，科学的计费方式。虽然品牌故事采用与大多视频广告一样的 CPT 方式计费，但为了进一步凸显广告的性价比，百度会基于品牌的历史检索数据，在预估未来一年品牌故事视频曝光次数的基础上对广告制定报价并按年售卖。

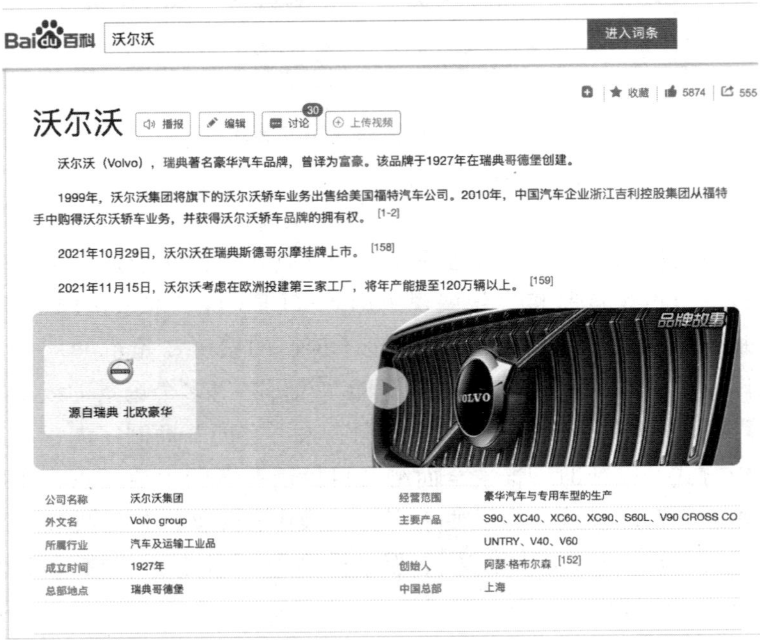

图 6-11　沃尔沃在百度百科上的“品牌故事”截图

又如，针对广告主希望新产品在上市阶段迅速占领用户心智、打开市场的营销需求，百度在百度 App 推出了“首发计划”产品。当用户搜索品牌词、通用词等相关关键词后，广告主的商品信息会通过创意彩蛋、搜索大卡（大卡片）、百度热榜话题、百家号

---

① 品牌故事视频是利用品牌现有视频、图片等素材，加入创意动效进行剪辑而来，视频版权归客户所有。在规格上，视频的分辨率要求 1 080p 以上，屏幕比为 16∶9，长度在 3 分钟以内，含字幕，左上角出现统一的品牌 LOGO。

② 品牌故事视频中，品牌历史应达到 70%的时长，包括品牌的创建背景、创始人故事及创建理念，品牌在不同时期的发展脉络、核心理念、代表性事件及产品等；品牌现状所占时长比例为 20%，介绍品牌的发展现状、正在实施的战略及核心产品等内容；余下 10%的时长应传达品牌的未来愿景。

③ 视频可以展示品牌 LOGO；但不得展示品牌的购买信息，微博、微信等社交信息，以及官网信息等内容。

KOL（key opinion leader）文章、智能小程序互动活动等方式整合展现。

案例链接

Redmi K30 新机在百度首发

近年来，我国 5G 手机的消费人群在逐步扩大——2019 中国消费者对于 5G 手机的知晓率高达 92.4%，其中 67.8%有更换 5G 手机的意愿。手机厂商也纷纷进军 5G 领域。2020 年初便有机构预测当年 5G 手机产品将突破 100 款，平均一周两款新机。如何快速塑造品牌、抢占市场，成为 5G 手机厂商面临的挑战。[①] 此种背景下，2020 年 1 月 7 日，Redmi 的 5G 新作“Redmi K30”选择在百度 App 首发。

当用户在百度 App 搜索“5G”“5G 手机”“王一博”“王一博的 K30”等关键词时，搜索结果页上会弹出一段歌手王一博热舞视频的创意彩蛋。视频结尾将定格在代言人王一博手持新机的画面以及“5G 先锋”的广告口号上（见图 6-12）。

图 6-12 Redmi K30 的搜索彩蛋

搜索彩蛋结束后，搜索大卡页面会集中展现 Redmi K30 的相关内容，包括：

（1）话题讨论板块，点击可进入“王一博的新年礼物”话题讨论页，这里汇集了 Redmi 手机官方账号发布的最新动态、事件脉络、不同领域 KOL 的测评和心得等内容。话题上线一天，阅读量便超过 1 300 万。

---

① 21 世纪商业评论．破解 5G 新机营销难题，百度首发计划从信息和知识入手［EB/OL］．（2020-01-09）［2021-12-20］．http：//k. sina. com. cn/article _ 1772293130 _ 69a30c0a00100p9ga. html.

（2）品牌“种草”内容。百度从卖点解读、明星代言、评测、年货种草、行业洞察、竞品对标等角度，面向百家号、好看视频等作者征集图文、视频等形式内容，并邀请科技、数码、游戏行业 KOL 撰写文章。征文上线一周，即收集超过 600 篇文章，带来了 464 万阅读量和 1.07 亿曝光量；爱范儿、36 氪、雷科技等媒体撰写深度文章 22 篇，获得 53.4 万阅读和 1 216 万曝光。随着百家号作者在今日头条、腾讯新闻、澎湃新闻等 20 多个资讯平台发布文章，相关“种草”内容持续扩散。

（3）智能小程序“邀好友有礼”。当用户点击进入并将活动信息分享给好友，便可一同获得抽取 Redmi K30 的机会。

此外，首发计划还为 Redmi K30 面向王一博粉丝人群投放开屏广告，并在跳转页中设置官网购买链接，促进交易达成。

资料来源：百度营销学堂．一张图了解百度 App 首发计划［EB/OL］．（2020－02－17）［2021－12－20］．https：//yingxiao. baidu. com/new/home/product/details? id=6532&ly=author _ essay.

再如，为满足广告主创新广告形式、多方位展示品牌、与消费者开展深度互动的营销需求，百度还为广告主量身定制智能应用并基于应用开发创新性广告。早在 2016 年 8 月，百度就为梅赛德斯-奔驰打造了我国搜索引擎的第一款 AR 互动广告。2020 年百度依托百度声音识别-情绪识别、深度学习等 AI 技术，根据邓斯坦宝宝语言系统分析宝宝哭声的含义，在此基础上为美素佳儿打造了一款“宝宝不哭”智能小程序。该小程序可以从宝宝惯用语义、发声、哭声等维度，综合分析宝宝哭声背后的原因，并根据不同场景播放定制的安抚歌曲（见图 6－13）。用户仅需在百度 App 或小度在家智能屏，以语音或文字的方式搜索“宝宝不哭”即可直接使用。

图 6－13　百度与美素佳儿合作的“宝宝不哭”智能小程序

案例链接

百度为梅赛德斯-奔驰打造 AR 互动广告

2016 年 8 月 22 日，梅赛德斯-奔驰全新长轴距 e 级车上市，该款车搭载多项智能组件，凸显了“智能座驾”的概念。对此，百度在8月26日上线的搜索广告中融入了AR互动技术，将新e级车的“智能”特性充分呈现，并让目标群体在互动中增强体验。

用户打开手机百度App在搜索框内输入“奔驰e级”等相关关键词后，就会看到奔驰的品牌广告页面，点击其中的“体验AR互动”按钮，即可进入AR互动场景：奔驰展台渐次展开，奔驰e级车从后方行驶而来，在展台前停好后开始缓慢、匀速地旋转展示。此时，车身将自动显现锚点提示，用户点击不同位置的锚点，就会出现相对应的产品信息，如身临其境的64色环境氛围照明系统、方向盘感应触控板、双12.3英寸高清显示屏等，从而给用户带来一种“亲身试驾”的感受（见图6-14）。

图6-14　奔驰AR互动广告

资料来源：百度梅赛德斯-奔驰合作首推AR互动营销 打造智能搜索新体验［EB/OL］．（2016-08-26）［2018-02-15］．http：//news.163.com/16/0826/18/BVDQ515900014AEF.html.

（三）信息流广告

信息流广告是与内容混排在一起主动推送的广告。该类广告起源于社交媒体：2006年Facebook出现最早的信息流广告，2011年Twitter正式推出信息流广告，随后逐步延伸到资讯、视频等领域。[①] 凭借高原生性（广告与上下文信息内容、阅读环境、展示场景融合度较好，对用户干扰度较低）和精准投放的优势，信息流广告一经推出，便快速得到了广告主的认可。

在此种背景下，搜索引擎也加速了对信息流广告的布局。如百度于2016年2月上线了“信息流”产品，通过打通百度新闻、百家号、百度百科、百度贴吧等内容平台上的

① 艾瑞咨询．2017年中国信息流广告用户洞察报告［R/OL］．（2017-10-20）［2021-12-14］．https：//report.iresearch.cn/report_pdf.aspx? id=3077.

各类内容，基于对用户人群属性、搜索意图、行为数据和兴趣爱好等数据的分析，并使用人工智能技术实现实时动态建模和实时匹配计算，最终为用户主动推送符合其关注点、兴趣点和使用场景的个性化内容。在此基础上，百度在手机百度、百度贴吧、好看视频、百度联盟网站等平台推出图片、H5、视频、AR 等形式的信息流广告（见图 6－15），并按照信息流竞价广告、信息流合约广告两种模式以及 CPC、CPM、程序化计费（PD、PDB）等多种方式对广告进行收费。

图 6－15　百度信息流广告示例

这推动了信息流广告收入近年来快速增长，2018 年，信息流广告对搜索引擎的营收贡献已超过联盟广告，成为搜索引擎企业第二大营收来源。[①] 在此过程中，信息流广告在广告形式、创意制作、投放方式和运营方式上不断创新。

在广告形式上，与新媒体广告整体从文字、图片向音频、视频、直播转化的大趋势相伴，以及得益于秒拍、抖音、火山、快手等产品的快速发展，具有高度沉浸感与转化率的短视频信息流广告近年呈现爆发式增长。

在创意制作上，由数据和算法驱动的、对广告创意内容进行智能制作和创意优化的程序化创意，成为搜索引擎探索的主要方向。以百度为例，在投放百度信息流广告的过程中，广告主只需在“创意”层级配置创意时将“创意生成方式”选择为“程序化”，并上传想要投放的标题和图片，系统即可自动完成“标题＋图片＋样式”的广告创意叉乘组合，并根据用户的浏览习惯、偏好自动推送最合适的广告创意组合。

在投放方式上，智能投放取代人工处理成为主要投放方式。各搜索引擎通过整合旗下产品资源和用户数据，对用户进行更系统、立体、多元的用户画像，在此基础上进行广告信息和用户需求、场景的高度匹配，实现“千人千面”的个性化广告投放。如百度的信息流广告可提供基础定向、兴趣定向、意图定向、内容定向、线下到访定向、设备和应用定

---

① 艾瑞咨询．2019 年 Q3 中国网络广告市场数据发布报告［R/OL］．（2019－12－27）［2021－12－14］．https：//report.iresearch.cn/report_pdf.aspx？id＝3499.

向等定向功能，供广告主精准锁定目标受众（见表 6－2）。

在运营方式上，信息流广告与搜索广告持续融合，二者内容相互引流、数据互为支撑——搜索行为数据可以提升信息流内容推荐的精准度，信息流的推荐技术可用于优化搜索结果的个性化排序。如字节跳动在广告投放系统“巨量引擎”上开设“搜索快投关键词”功能，供广告主一键开启“信息流＋搜索”的智能投放。又如阿里于 2019 年推出信息流广告产品“超级推荐”，并与淘宝直通车、钻石展位等共同组成阿里广告营销的新结构。

表 6－2　百度信息流广告的几种定向方式

定向方式	描述
基础定向	根据年龄、性别、地域、学历、人生阶段等人口信息对目标受众加以分类。
兴趣定向	按照行业分类对用户兴趣加以标签标注，如教育、房产、游戏、汽车、金融、旅游、招商加盟、购物、母婴亲子、医疗健康、餐饮美食、个护美容、软件应用等。
意图定向	这是百度的优势定向功能，其逻辑是百度基于知识图谱技术，根据用户的搜索行为、浏览行为、LBS 等数据，以“行为＋实体”的规则挖掘用户意图、聚类意图标签。广告主可在广告投放系统上自由提交不超过 2 000 个“意图词”，并选择意图识别与匹配方式。其中“全网行为”是通过用户的搜索、浏览、到访、点击等行为综合判断用户意图，从而将广告呈现给有相关意图的用户；“历史搜索”仅指向用户的搜索数据，是将广告呈现给近 7 天搜索过相关关键词的用户。
内容定向	广告主通过对百度 App 的文章分类（如国际、搞笑、房产、财经、图片、综合、汽车、女人等）加以选择，将广告定向展现给当前正在浏览此内容分类的用户，以实现从用户阅读内容偏好的角度精准投放的目的。
线下到访定向	广告主可在广告投放系统上选择特定的商圈（如人民广场、徐家汇）、一级场所（包括美食、生活服务、金融服务、休闲娱乐等 16 个类别）、二级场所（如咖啡厅、西餐、银行、网吧等）或自定义场所（如线下门店、竞品门店），系统基于 LBS 对当前到访或历史到访的用户群体投放相关广告。
设备和应用定向	可供广告主选择广告投放的操作系统（Android、iOS）、移动 App（允许广告定向投放给访问 App 主页、安装 App、激活 App 的用户，并支持广告主进一步选择 App 的行业类别、单个或多个 App 来细分用户）、手机品牌、网络环境（Wi-Fi 或非 Wi-Fi）等。

（四）网络联盟广告

网络联盟是由搜索引擎企业集合其他中小网络媒体资源（如中小网站、个人网站、WAP 站点等）形成联盟，通过搜索引擎自身的广告系统帮助广告主在这些网站上进行广告投放，获得广告收入后各方参与者再按比例进行分成的网络广告运营方式。① 具体的操作方式是：首先，会员网站在其网页上开辟特定的广告位置，根据搜索引擎企业提供的代码生成一个广告位；其次，广告主会根据自己的业务特征制定广告信息（包含文字、图片、动画等多种形式），并在广告系统上设定具体的投放方式（如关键词、目标地域、目标网站等）；再次，搜索引擎企业运用关键词匹配技术以及辨明网民所在地、记录浏览习惯等用户行为的分析方法将广告投放在特定的网站或网页上；最后，在网民形成广告点击后，由搜索引擎企业对广告主收取广告费用，并按照一定比例与会员网站分成。

不同于仅投放在搜索引擎平台的关键词广告、展示类广告和信息流广告，网络联盟广告可以帮助广告主捕捉那些浏览搜索引擎之外的其他渠道且对品牌或服务感兴趣的"潜在消费群体"。在此过程中，搜索引擎会依托自己的分析技术和积累的用户数据，帮助广告主在正确的时间、正确的地点将广告以适合的方式定向展现给目标人群。如百度联盟即囊括了终端厂商、运营商、移动 App、小程序、网站、软件等多个类型，覆盖了新闻资讯、生活服务、教育学习、影音娱乐等多个场景的媒体渠道；在借助百度的用户数据（如搜索行为、历史浏览行为、地理位置、购物记录）沉淀和"百度大脑"智能分析能力的基础上，百度联盟可向广告主提供意图定向、基础定向、兴趣标签定向、线下到访定向等精准投放方式，以及信息流广告、沉浸视频广告、开屏广告、小程序广告（包括信息流广告、banner 广告、激励视频广告、贴片广告等）等多种形式的广告。

（五）其他广告

1. 导航广告

导航广告依附于导航网站。导航网站是按照一定分类标准集合了多种网站地址，类似"信息黄页"的一类网站。因通过该网站可以快速、便捷地查找并使用相应的互联网服务，故而导航网站也是我国网民访问互联网的另一个主要"入口"。为了进一步增加网民的使用黏性、吸引更多的流量和注意力，一些搜索引擎企业均以开发或并购、控股等方式，拥有了自己的导航网站，如 360 搜索的 360 导航、百度的 hao123 等。导航广告即投放在这些导航网站上的广告，其广告类型主要包括两种：一是竞价广告，指的是在各个类别的导航栏内，对广告主网站链接加以排位与推广；二是展示类广告，这类似于门户网站的展示类广告，有 banner、弹窗等多种形式。

2. 内容营销

正如第一章所提到的，内容营销是指广告主在聆听消费者需求的基础上，通过制作和发布多种形式的，对消费者有价值、有针对性、能使其产生共鸣的品牌化内容，将内容的访问者和浏览者转变成营销的参与者、购买者，并在互动过程中建立和完善品牌的一种营销战略。在新媒体时代，依靠内容获得目标受众的认同，与粉丝及其他支持者形成长期互惠的社群，建设极富人格魅力的品牌，已经成为许多企业的重要营销策略甚至是首选营销策略。

传统的搜索引擎企业在整合自身资源的基础上推出了内容营销广告服务，例如百度的"知识营销"产品。该产品运作逻辑如下：广告主通过筛选出与自身业务高度相关的

---

① 黄河，江凡，王芳菲．中国网络广告十七年（1997—2014）[M]．北京：中国传媒大学出版社，2015：124.

行业/品牌问题，在业务系统中回答问题，生成专属的问题页面；在用户搜索品牌词、产品词、通用词时，相关问题将在百度知识系媒体平台（如百度百科、百度知道、百度文库），以问答、图文、短视频、直播等形式得到展现（见表6－3）；百度采用CPT、CPC的方式收取广告费用。

其他互联网企业也着重借助搜索技术，提升内容营销的精准度。比如生活方式分享社区小红书，就增设了“竞价推广”业务，当用户在搜索框输入感兴趣的搜索词时，系统会拆分、识别出有价值的商业词汇，并在社区搜索页和商城搜索页展现笔记、自定义图片、商品卡片等广告内容。

表6－3　百度知识营销产品介绍

媒体渠道	产品名称	产品概述	产品形态	触发词类型
百度百科－品牌词条	秒懂软植入	在词条页软性植入品牌视频，并在首位展示；视频片头或片尾会有1～2秒的品牌LOGO定格画面，视频右上角角标全程出现品牌LOGO。	短视频	通用词/地点词
	品牌故事	在百度搜索、百度百科、百度经验、信息流等多个渠道，展示涵盖品牌历史、品牌理念、创始人故事等内容的品牌短视频，并可点击跳转至品牌名片小程序或企业官网，以供消费者快速了解品牌。	短视频	品牌词/产品词
百度知道－商业问答页	知识闪电	在移动端搜索结果页首位展现问答内容，并提供问答中间页定制服务，允许广告主插入企业名片、官网引流、电话外呼、商品橱窗等营销组件。	图文/短视频	多类词
	知识营销CPC	根据企业对问题的出价情况，在网页与知道搜索页首页竞价展现相关问答，问答与自然搜索结果混排，并提供智能引导（系统引导智能创建计划）、出价助手（为广告主提供出价建议）、资源管理（管理知识和图片素材）、智能投放（自动匹配问题）等营销工具以辅助广告主的广告投放。	图文	多类词
	知道合伙人	以企业官方账号权威发布，页面可以直接链接至企业官网，企业可自主配置内容与风格，并增设服务插件（电话展现、在线客服、外链导流）和转化组件（线索转化组件、商品转化组件、品牌曝光组件）。	图文/短视频	多类词
百度文库－企业机构页	商业文档/频道共建	为广告主提供精准曝光，商业文档设有顶部文字链WAP（展现企业信息）、视频模块WAP（展现品牌信息）、内容锚点词（点击访问企业官网）、转化组件（在线咨询、用户留言）等模块。	文档/视频课	多类词

资料来源：百度营销学堂．知识营销商业产品手册［EB/OL］．（2020－04－23）［2021－12－21］．https：//yingxiao.baidu.com/new/home/product/details? id=7015&ly=author _ essay.

二、搜索引擎广告的优势与问题

（一）搜索引擎广告的优势

相较于其他新媒体广告，搜索引擎广告具有下述优势。

1. 投放精准，到达率和转化率较高

得益于搜索引擎企业在数据分析上的技术优势和所集聚的大量用户使用数据，搜索引擎广告既可以在网民搜索特定的关键词时触发，也可以关联网民的搜索行为、网络浏览行为等数据，从而得以更加精准地为广告主锁定目标消费者，并实时投放为其“量身定做”的广告。而正因为消费者所看到的广告是与其关注点或兴趣高度匹配的，所以他们浏览、点击广告甚至购买产品的可能性也较大，广告的到达率[①]和转化率[②]也较高。

2. 投放门槛低，投入可控

搜索引擎广告的这一优势源于其采用的CPC计费模式。

在搜索引擎之前，几乎所有网络广告的计费都是基于展示次数（CPM），广告主不得不投入大量的费用签订初始合同，但却无法预知这些广告可为自己的网站带来的访客和交易量，因此广告的使用者大多是资金雄厚的大公司。[③] 而对于搜索引擎广告，广告主只有在获得广告点击、流量甚至是销售量的时候才需要付费。这种转变无疑降低了广告的投放门槛，让一些中小企业乃至个人都可以加入广告投放的行列中。

另外，按点击付费的模式还赋予广告主定价权，广告主既可以针对每个关键词自主定价，还能够根据竞争对手的出价和网民的需求等情况灵活调整定价，这使广告主的推广力度和资金投入更加可控，从而得以不断优化其投资回报率。

3. 自主投放，操作简单且灵活度高

传统广告及不少其他类型网络广告的投放都有一个策划、设计、排期的过程，搜索引擎广告则不然。搜索引擎企业为广告主提供了一个操作便捷的广告管理平台（如谷歌的Google AdWords、百度的凤巢），将关键词购买、创意制作、广告效果报表、广告费结算等关涉广告投放各个环节的功能，以及数据分析、账户优化等辅助广告主更好决策的功能加以整合。广告主只需在平台上注册一个账户、填写一些必要的信息（如公司和账户信息、关键词及其描述、访问URL）、预存一定的费用，再在后台编辑好相关的广告内容和选择好关键词后，就可以为这些关键词购买排名并发布。

正是由于多数搜索引擎广告是由广告主在后台上自主投放的，所以具有很高的灵活性：第一，广告主能够自行编辑广告内容，只要不违反相关法律法规，广告主便享有修改和优化广告内容的最大权限；第二，广告主可以在后台自由选择广告时间，让广告在特定的时间才出现；第三，广告主能设置广告费用的上限，如果广告累计支出超过了设

---

① 广告到达率指特定时期内，目标受众（传播范围内的总人数）中看到、读到或听到广告信息的比例。

② 转化率是点击广告之后，引发的一次销售或其他的直接销售行动发生的数量与总点击数的比例，转化率＝销售数量/总点击数。

③ 盖兹．Google广告高阶优化［M］．宫鑫，康宁，王娜，译．北京：电子工业出版社，2015.

定的金额，广告就自动下架；第四，在广告投放之后，广告主可在后台随时查询有关投放效果的数据，并根据数据自行调整既有的投放策略（如关键词设置、广告内容、广告投放时间、关键词价格等），以进一步提升广告效果和投资回报率。

（二）搜索引擎广告存在的问题

1. 点击欺诈

点击欺诈是指通过人为的方式对广告进行恶意或欺诈目的的点击，从而增加广告主支出或广告服务企业收入的行为，常见的有竞争对手恶意点击、联盟网站作弊、广告代理商作弊等。因为搜索引擎广告大多是按点击次数计费，因而“点击欺诈”不仅容易使广告主利益受损，还容易引起广告主和搜索引擎企业之间的纠纷，降低其对搜索引擎的信任，继而演化为波及整个搜索引擎行业的生存危机。

针对这种情况，搜索引擎企业和广告主均采取了一些防范措施。如搜索引擎企业通过设立专门的“点击欺骗”防范部门、设置过滤机制、开发监测软件、直接人为干预以及分析广告主的广告访问记录数据等方式，防止欺骗性点击行为的发生；而一些广告主则采取用于追踪和识别欺骗性点击的方法，如观测 IP 地址的指向、观察是否存在连续性的点击、分析访问数据的变异是否规律，以及通过交易数据来判断点击的有效性等。

2. 商标侵权

由于搜索引擎广告由广告主自主投放，每个广告主均可以自行设定想要投放的关键词及该关键词最终导向的网站链接。然而，在现实运作中，受利益驱动，一些广告主会存在模仿或抄袭驰名商标设置关键词，并导向自己的网站以招揽生意的不正当竞争行为。这不仅侵犯了那些驰名企业的商标权、损害了其商誉，而且造成了消费者的混淆和财产损失——消费者在进行相关搜索时会认为他们所点击进入的网站与驰名企业有很强关联，最终还会对我国经济的发展造成负面影响。为了避免该类问题的发生，有的搜索引擎企业加强了对广告主资质的审核，并推出了一些保护知识产权的规范性文件，如百度的知识产权政策中即声明“如权利人认为某些推广网站中含有侵犯知识产权（包括商标权、著作权、专利权等）的内容，可向百度发出‘权利通知’，百度将按照相应程序依法处理”①。

这方面的案例如“大众交通（集团）股份有限公司等诉北京百度网讯科技有限公司等侵犯商标专用权与不正当竞争纠纷案”。2007 年，上海大众搬场物流有限公司发现在百度上输入“大众搬场物流有限公司”和“大众搬场”等关键词后，“竞价排名”栏目网页中出现大量假借“大众搬场”公司名义招揽生意的同行企业网站链接，于是“大众”文字注册商标的专用权人大众交通（集团）股份有限公司和该商标的被授权使用人上海大众搬场物流有限公司以商标侵权和不正当竞争为案由，将北京百度网讯科技有限公司及两家相关在线技术公司告上法庭。法院判决认为，由于接受百度网站“竞价排名”服务的第三方网站未经许可擅自在其网站上使用“上海大众搬场物流有限公司”“大众搬

---

① 百度营销中心．百度搜索推广的知识产权政策［EB/OL］.［2018－02－20］. http：//yingxiao. baidu. com/new/home/help/details/id/545.

场”等字样，使相关公众对服务来源产生误认，侵犯了原告大众交通公司享有的“大众”注册商标专用权，构成了对原告大众搬场公司的不正当竞争行为；而在其中，百度亦未尽到合理注意义务，应在相关网页刊登 48 小时申明并向大众交通公司、大众搬场公司赔偿 5 万元。①

3. 广告标识不显著、虚假广告泛滥，平台公信力较低

2016 年 4 月“魏则西事件”爆发不久，6 月 25 日，国家互联网信息办公室颁布了《互联网信息搜索服务管理规定》，要求互联网企业在提供付费搜索信息服务时，履行依法查验客户有关资质、明确付费搜索信息页面比例上限、醒目区分自然搜索结果与付费搜索信息、对付费搜索信息逐条加注显著标识等责任。② 同年 7 月 4 日出台的《互联网广告管理暂行办法》，在明确付费搜索广告性质的基础上，再次对搜索引擎广告做出具体要求：付费搜索结果应当显著标明“广告”以与自然搜索结果明显区分；搜索引擎企业有责任查验广告主的相关证明文件，若明知或应知付费搜索广告违法，仍提供付费搜索服务，则需要与广告主承担连带责任；医疗、药品、保健食品等须经广告审查机关进行审查的特殊商品或服务的广告，都须经广告审查机关通过之后方可发布。③ 然而，与搜索引擎广告市场连年快速增长相伴的是，互联网企业或因利益驱动或因审查力度不严，搜索引擎广告投放的违规操作屡禁不绝，搜索结果页上广告标识不显著，甚至虚假信息与诈骗广告频现，如 2021 年“3·15”晚会便曝光了 360 搜索、UC 浏览器两个平台的虚假医药广告。这无疑严重损害了用户权益，令很多用户对搜索推广信息和广告持怀疑态度，搜索引擎平台的公信力水平与市场发展速度相比明显落后，这影响了搜索引擎广告被关注、被点击和被信任的程度。

三、 搜索引擎广告市场概况

在我国网络广告的发展初期（2002 年以前），新浪、搜狐、网易三大门户的广告收入之和占据整个行业 67%的份额，形成高度集中的市场格局。自 2005 年以后，搜索引擎在用户规模、产品形式、商业模式等方面不断取得突破，搜索引擎广告规模快速增长，接连多年增速超过网络广告市场整体增幅；2008 年前后，搜索引擎广告营收超过门户网站，搜索引擎跃升为我国网络广告收入排名第一位的网络媒体。在此后的数年间，搜索引擎广告依旧保持并陆续扩大着领先优势，其 2014 年的市场份额达到了历史最高值 34.7%④。

不过，自 2015 年起，搜索引擎行业内外出现了不少影响搜索引擎广告进一步发展的因素：

---

① 阮巍，吴艳燕．链接网站现“李鬼”百度被判侵权［EB/OL］.（2008－07－01）［2018－02－20］. http：//news. sohu. com/20080701/n257843994. shtml.

② 互联网信息搜索服务管理规定（全文）［EB/OL］.（2016－06－26）［2021－12－21］. http：//media. people. com. cn/n1/2016/0626/c40606－28479163. html.

③ 互联网广告管理暂行办法［EB/OL］.（2016－07－04）［2021－12－21］. http：//www. gov. cn/gongbao/content/2016/content _ 5120707. htm.

④ 艾瑞咨询．2017 年中国网络广告行业年度监测报告［R/OL］.（2017－04－27）［2018－02－17］. http：//www. iresearch. com. cn/report/2980. html.

其一，搜索引擎发展触及“天花板”。目前，来自PC端的搜索需求已接近饱和，而搜索引擎在移动端的流量则受到微信等信息资讯App的挑战，分流明显，这使得搜索引擎整体的流量上涨空间愈发有限，通过流量“变现”以维持广告营收增长的难度越来越大。

其二，新媒体广告市场竞争加剧。近年来我国用户的网络使用行为发生很大变化，电子商务平台、抖音和快手等短视频平台、微博和微信等社交平台、今日头条等资讯平台的用户规模持续增长，成为新媒体市场强有力的竞争者。这些媒体推出的原生广告、信息流广告、短视频广告、直播广告等新型广告形式，丰富了广告主的选择，客观上分流了广告主的预算。反映在收入规模上，2020年搜索引擎广告市场规模为739亿元，同比降低15.6%，占网络广告整体市场规模的比例也由2016年的27.4%逐步下降至13.9%，市场份额排在电商平台（占比39.9%）和短视频广告（占比17.4%）之后，居于第三位。而在移动端，搜索引擎广告移动广告市场份额的比例也在逐年下滑——2016年，搜索引擎广告在移动端的占比为24.5%，领先于其他各类移动媒体；发展至2020年，搜索引擎广告占比仅为8.2%，落后于电商广告（39.4%）、短视频广告（19.9%）、社交广告（11.0%）、门户及资讯广告（8.7%）。①

其三，付费搜索面临严格监管。随着《互联网信息搜索服务管理规定》《互联网广告管理暂行办法》的出台与实施，我国相关机构对搜索引擎广告的监管日趋严格。这使搜索引擎企业的广告资源位置大幅缩减、关键词价格持续上浮。以百度为例，其整改后每页推广信息数量由原来的18条降至4条以下，有些关键词的价格涨幅达350%②，同时也失去了对其营收贡献巨大的许多医疗行业的广告主，从而直接导致搜索引擎广告市场规模增速明显放缓。但加强法律监管，重视职业伦理，也是促进行业科学、合理、合法发展的必经之路。

第三节　搜索引擎广告的运作

由于搜索引擎的品牌展示类广告、网络联盟广告与其他新媒体同类广告的运作原理相似，故本部分不再讨论。接下来的内容将介绍搜索引擎最具代表性的广告——关键词广告的运作流程及运作技巧。③

一、广告投放的准备工作

在投放搜索引擎广告之前，企业（广告主）应先明确自身的投放目标并先建好推广账户。

---

① 艾瑞咨询．2021年中国网络广告年度洞察报告：产业篇［R/OL］．（2021-09-14）［2021-12-21］．https：//report. iresearch. cn/report _ pdf. aspx？ id=3844.

② 李静．竞价专员曝内幕：百度推广位减少致成本猛增3.5倍［N/OL］.（2016-06-04）［2018-02-17］. http：//tech. qq. com/a/20160604/024150. htm.

③ 百度营销研究院．百度推广：搜索营销新视角［M］. 北京：电子工业出版社．2013：34-95；百度营销大学．http：//edu. baidu. com/；百度营销中心．http：//yingxiao. baidu. com/.

（一）投放目标分析

投放目标分析是指在开展营销之前，先了解企业的投放需求。这是一切营销活动的前提，只有定准目标、熟悉市场环境、洞察目标群体，才能制定出有针对性的广告投放方案。

1. 明确企业的营销目标

企业运用搜索引擎广告的营销目标通常可分为两类：一是品牌导向，即投放目的主要是增强品牌曝光度、认知度，提升企业的品牌形象；二是效果导向，即投放目的更多的是为了追求流量转化。营销目标的明确需重点考虑以下问题：企业的营销战略是什么？营销遇到哪些难题，有什么样的机会？具体的营销战略、营销策略、渠道策略、媒体策略是什么？预算和分配计划是什么？企业产品或服务的定位及卖点是什么？

企业营销目标的确立，会为其营销活动的开展提供方向的指引，比如企业重点推广的活动和产品线，可作为关键词拓展的参考；营销工作可据此评测成效、及时调整，品牌导向的企业应关注广告投放后搜索前端的表现数据，如展示量、点击量、CPC、CTR等，而效果导向的企业则应注重分析广告的转化量和转化率。

2. 熟悉市场环境

市场环境分析旨在了解企业在其所处行业中的位置及市场竞争情况，具体包括：第一，企业所处行业的大体情况，如行业发展现状如何、是否存在淡旺季，市场竞争激烈程度如何；第二，行业的热点事件、热门信息，即行业发展有哪些新动态；第三，竞争对手情况，如企业的竞争对手有哪些，竞争对手的特点和卖点是什么，竞争对手的竞争策略是什么，采用了哪些推广渠道和广告投放方式。其中，行业情况一般可参考百度数据中心等报告机构出具的分析报告，热点信息及竞争对手情况可参考新闻媒体、百度指数等第三方数据以及业界调研获取的一手数据。

3. 洞察目标群体

企业在投放广告前，应首先确定其目标群体是哪些人，他们有何种特征，这涉及年龄、性别、地域分布、教育水平等人口统计指标，以及兴趣爱好、心理特征、网络使用行为等多个方面。

针对搜索引擎广告，企业在洞察目标群体的购买过程（问题识别、信息收集、评估选择、进行购买、购后行为）之外，还要重点关注目标群体的搜索习惯。与搜索服务标配化、移动化发展相伴，我国用户的搜索行为逐步从百度等通用搜索平台分散至各个App的搜索框中，并已养成在不同App定向搜索相关内容的使用习惯，如在知乎查专业问题的答案、在小红书搜“种草”内容、在微博看大咖观点、在抖音和快手找生活小技巧等。[①] 相应地，为了使广告更精准地触达目标群体，企业应细致描画目标群体的搜索平台、搜索路径、搜索需求、搜索场景等特征，继而结合企业的营销目标和产品特征，找准广告投放平台（如在知乎投放专业知识、在小红书投放商品测评等），并选取与目标群

---

① 内容消费新代沟，从搜索开始［EB/OL］.（2021-12-15）［2021-12-23］. https://www.163.com/dy/article/GR94SH980511805E.html.

体搜索习惯相匹配的人群词（如“蜜月旅行”）、产品词（如“欧洲精华游”）、口碑词（如“哪家旅行社好”）、品牌词（如“众信旅游”）、竞品词（如“中国国旅”）、品牌活动词（如“众信旅游优惠活动”）、品牌地区词（如“北京众信旅游”）、品牌价格词（如“众信旅游的价格”）、品牌其他词（如“众信旅游的电话”）。

（二）设立推广账户

企业推广账户的搭建是在明确账户结构的基础上，完成对企业推广活动及关键词和创意的分类管理。逻辑清晰、分组合理的账户，既方便企业选择更有针对性的关键词和撰写创意（本章特指关键词广告在搜索结果中的呈现信息，下同），也利于企业更好地规划广告投放活动和统计投放数据，为日后广告效果监测和广告优化等工作打下良好的基础。

账户结构分为推广计划、推广单元、关键词和创意等层级，在层级确定后企业还需为每个层级设定预算、地域、出价等推广功能（见图 6－16）。

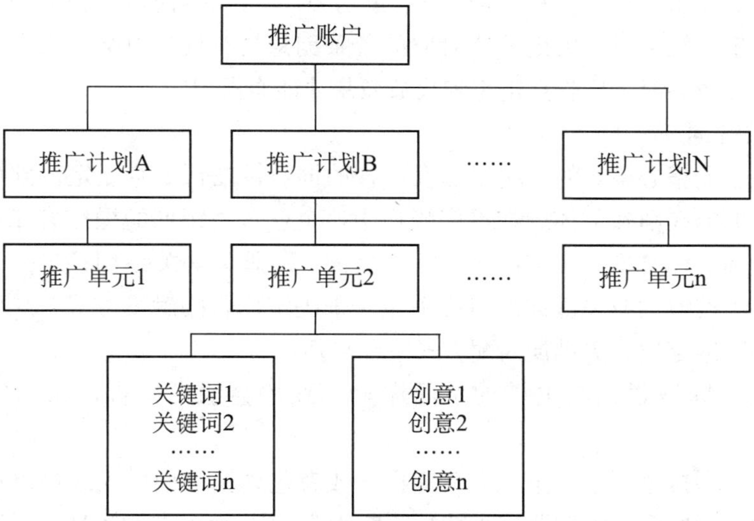

图 6－16　搜索推广的账户结构

1. 创建推广计划

推广计划是企业管理一系列关键词和创意的大单位。创建推广计划是设计账户结构的第一步，每一个推广计划都有自身的每日预算限额和投放时间设置，企业可以自主选择启用或暂停某个推广计划、加大或减小对某个推广计划的投放力度，假如预算不足（当日投放达到了每日预算限额），则该推广计划失效。

通常企业可从如下角度创建推广计划：第一，推广的产品/业务的种类，如雅思培训、四六级培训、职称英语培训等，当企业经营多类产品/业务，特别是每类产品/业务需要单独衡量成本和收益，或由不同的专人来管理推广时，可选用此种分类方式；第二，推广地域，如北京推广计划、上海推广计划等；第三，推广预算，如将效果好、转化率高的词分到一个推广计划中并分配较高的预算；第四，定位潜在消费群体，根据地域、年龄、兴趣、行为等创建；第五，网站结构和转化目标，当企业的网站有多重推广目标，如增加注册量、获得更多的电话和订单、吸引更多人参与在线活动等，便可针对每个目标设置一个推广计划；第六，网站的语言或版本，如果企业的网站有不同的语言版本或客户版本，可据此建立独立的推广计划。

2. 设立推广单元

推广单元是执行推广计划时产生的具体的“小单位”，其设立与关键词的选择密切相关。在每个推广单元里，关键词和创意是多对多的关系——每个推广单元里的多个关键词共享多个创意，在推广结果展现时，同一关键词可对应多个创意，同一个创意也可能会被多个关键词使用。

企业在设立推广单元时应注意如下事项。第一，确保一个推广单元内的所有关键词意义相近、结构相同，如英语培训学校-英语培训中心，雅思培训-雅思英语培训。第二，每个推广单元关键词数量不超过30个（建议保持在5～15个之间），如果关键词数量太少，可能导致该推广单元缺乏展现机会，不能定位更多的潜在消费群体，起不到推广效果；若是关键词太多，又可能无法保证每个关键词与创意之间都有较高的相关性，难以吸引网民关注、点击。第三，每个推广单元内至少有与关键词密切相关的两条创意，当网民搜索触发推广结果时，关键词所对应的各条创意均有展现机会，只有当展现的创意与关键词关联度较高时，广告点击率和投放效果才能有所保障。

3. 确定关键词

关键词是企业精心挑选的、用于触发广告的词，旨在帮助企业定位到那些对其产品或服务感兴趣的潜在消费群体。在推广账户中，企业对关键词的操作有二：一是如前文所述，结合目标群体类型，确定产品词、地域词、品牌词等关键词；二是确定关键词的匹配方式（网民搜索词与关键词的对应关系）来决定广告的触发方式，从而进一步加强对目标群体的精准定位。关键词匹配方式主要包括：

精准匹配，即搜索词与关键词字面完全一致才会触发广告，如“福特福克斯改造”；

短语匹配，即搜索词中完全包含关键词，或者包含关键词插入或颠倒后的形式时触发，并支持同义词匹配，如“北京福特福克斯改造”“白色经典福克斯改造”；

广泛匹配，即搜索词与关键词高度相关，但却不一定会包含关键词，如“福特相关车型改装”；

否定匹配，即与广泛匹配和短语匹配组合使用，对创意的展现进行限制，过滤无效点击，如为“英语培训”添加否定关键词“主管”，那么搜索“英语培训主管”的网民将不会看到企业推广创意。

4. 制作广告创意

当用户的搜索词按照一定规则与企业的关键词相匹配时，在搜索结果页便会显示企业的推广创意——通常包括标题、描述以及访问URL和展示URL等内容的广告信息（见图6-17）。良好的创意一般符合下述特征：第一，广告文案言简意赅，与单元核心关键词密切关联，能突出产品或服务的优势、特征。第二，广告形式契合用户搜索习惯，如为了吸引年轻用户，可加入定制化、互动类、视频类等形式的广告，这以今日头条和抖音的“搜索彩蛋”为代表。第三，广告内容符合法律规定和搜索引擎平台的撰写规则。

近年来，为了便于企业批量制作和动态优化广告创意，百度、字节跳动等推出了程序化创意平台，可供企业实现从创意制作到投放优化整个过程的智能化、程序化。

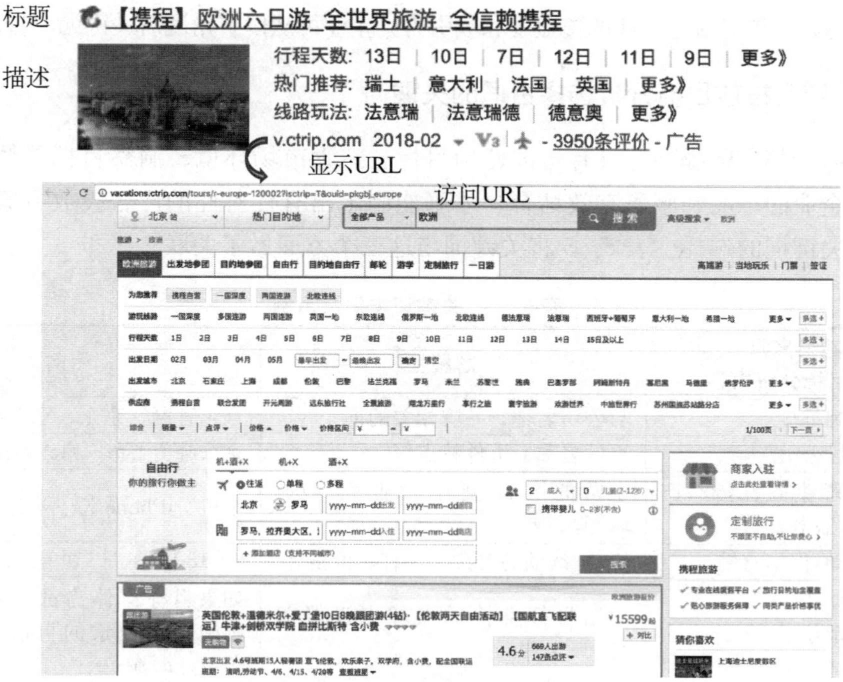

图 6－17　关键词广告创意的构成

5. 为账户各层级设置推广功能

以百度为例，针对账户结构的各个层级，推广平台开放了预算、分地域、出价、IP 排除、否定关键词①和暂停、访问 URL 等不同的功能供企业选择，合理设置这些选项，可提升企业广告投放的针对性、优化投入产出（见表 6－4）。

表 6－4　百度推广平台中账户结构各层级可设置的功能

层级 设置	账户层级	计划层级	单元层级	关键词层级	创意层级	执行规则
预算	√	√				两层同时设置以账户优先
分地域	√	√				两层同时设置以计划优先
出价			√	√		两层同时设置以关键词优先
IP 排除	√	√				两层同时设置相加执行
否定关键词		√	√			两层同时设置相加执行
暂停		√	√	√	√	多层同时设置以高层级优先
访问 URL				√	√	两层同时设置以关键词优先

注：√代表该层级有此项功能设置。

① 向广告组或广告系列添加某个否定关键词，就意味着包含这些词的搜索词不会触发企业的广告推广结果，从而帮助企业滤除不必要的广告展示以及点击。

二、 关键词广告的优化技巧

为了提升广告对目标群体的覆盖度和吸引力，企业可从以下角度对关键词广告加以优化。

（一）结合投放目标分析选择合适的关键词

本节第一部分曾提到，只有定准营销目标、熟悉市场环境、洞察目标群体，并将这些信息与企业的产品和服务有效结合，才可能制定出有针对性的广告投放方案，这一方案就包含关键词的选择。表 6－5 将关键词与这三个方面做了关联。

表 6－5　关键词类别及示例

关键词来源/投放目标分析内容		解释	示例
营销目标	品牌推广	与公司名称、品牌相关的词	京东官网、京东、京东网上商城
	市场公关	事件名称、事件特点等	京东赴美上市、京东登陆纳斯达克
	主营业务宣传（产品/服务）	主营的产品/型号/商业模式/地域/购买等	手机、iPhone X、网上商城
	活动/促销营销	活动/活动的名称、内容、价格等	6·18 促销、65 寸电视 8 折起
目标群体定位		根据目标群体的兴趣点设置关键词	如果目标群体为都市年轻女性，则她们常搜索的可能是：美容、美妆、海淘……
市场环境		竞争品牌的公司名称、主营业务等	京东的竞争公司，如天猫、亚马逊、当当

根据业界实践习惯，关键词还有品牌词、产品词、通用词、人群词、竞品词之别。品牌词是明确带有企业品牌名称的关键词，如“京东商城”；产品词是带有企业所提供的产品及服务大类或细分小类名称的关键词，如“女士休闲鞋”；竞品词是竞争对手的品牌词或产品词，如京东的竞品词可以是“天猫”；通用词是某一行业类别的关键词，如“数码产品”“服装”；人群词是基于目标受众所表现出的兴趣点的关键词，如签证服务提供者的人群词可以是“出国英语培训”“境外旅游”“国际驾照”等。

通常，品牌词、产品词、通用词、人群词所能覆盖的网民范围是逐渐扩大的，所能带来的广告效果和广告费用也相应渐次增加，因而企业还有必要基于广告预算对之前依据投放目标选择的关键词做出进一步筛选。比如，品牌词覆盖的是跟企业品牌最相关的目标群体，对以追求利润为投放目标的企业，可设置此类词汇；人群词与推广产品/服务的相关性相对最低，但却能覆盖更多的网民群体，所以当企业的目标为市场拓展且同时又有较为充裕的预算时，则可适当将此类词加入关键词方案中。

（二）围绕核心关键词撰写广告信息

关键词广告信息的制作以呈现企业信息、满足目标群体需求、吸引网民点击为出发点，因而企业最终投放的广告信息除了要言简意赅、客观真实、合法合规以及符合新媒体广告创意的一般原则之外，还可从如下方面加以优化：

其一，标题或描述中包含和网民搜索词一致或者语义相近的元素。在这种情况下，百度会将搜索结果页的那部分文字以红色字体显示，即“飘红”。若企业能很好地利用搜索引擎的此种特征去设计其创意，将可能提升网民对其广告信息的关注度。

其二，体现所在推广单元的主题，突出与关键词的相关性。广告信息应围绕推广单元下的核心关键词进行撰写，凸显产品或服务的特点、卖点以及企业的优势，尽可能使网民搜索到某个关键词时，他所看到的推广信息就是在描述他要找到的东西。

其三，针对不同受众进行差异化设计，如面向企业投放的广告信息可突出地域、产品质量和公信力，面向个体消费者投放的创意则可突出价格、促销信息或承诺。

其四，使用富有号召性的词汇吸引网民的注意力，激发他们快速采取行动，如“申请”“注册”“报名”“拨打”等带有行动色彩的动词，“立即”“马上”“现在”等营造紧迫感的副词，或“成就您的梦想”等宣传口号。

其五，使用更加醒目的非中文字符来吸引网民注意，如数字、符合规范的标点符号等。

其六，过滤掉消费可能较小或没有消费可能的网民群体。大部分企业的推广目标是真正可能产生消费行为的潜在消费群体，因而企业有必要采取措施来减少那部分消费可能较小或没有消费可能的网民群体点击广告，从而避免增加不必要的广告开销。对此，企业应尽量避免设置过于宽泛的关键词。例如，一个为汽车提供贷款服务的企业，最好不要选择“低利率借贷”一类的关键词，以免吸引到寻找个人贷款、房屋贷款、抵押贷款等服务的网民群体。另外，企业还可通过在广告中明示产品/服务的价格或将自己与某个知名品牌相捆绑而暗示价格范围等方式，来减少那些寻求便宜或免费产品/服务的消费群体点击企业广告。

（三）同时撰写多个创意并进行测试

针对同一产品或服务撰写创意时，企业首先需提炼出最重要的几个创意要素；其次将这些要素进行多元组合并据此撰写不同的广告创意；然后在保持关键词、出价等所有推广设置均不变的前提下，将这些广告创意放到同一个推广计划下、同一个推广单元中同时投放并轮流展示（每个广告创意的展示时间相同）；最后将每个创意最终获得的展现量、点击量和点击率等数据相比较，分析得出含有哪个要素的广告创意效果更好，并在最终的创意版本中着力彰显这个要素。

表 6－6 和表 6－7 以某企业制作一条关于航班旅游推广的广告为例，展示了融合“低价”“一站式”“即时可查询”等创意要素的三则创意的测试表现。不难发现，“一站式”要素的数据表现最好，因此该要素可作为创意主打内容进一步凸显。

表 6－6　创意要素测试及其结果

要素 1	要素 2	要素 3	推广创意	总展现（次）	总点击（次）	总 CTR
低价	即时可查询		全国航班信息实时更新，查询更便捷。×××为您提供航班查询及机票预订服务，海量航班信息，超低折扣，帮您快捷方便地找到信息。	6 255	173	2.77%

续表

要素 1	要素 2	要素 3	推广创意	总展现（次）	总点击（次）	总 CTR
低价		一站式	×××特价机票低至 2 折起，更多优惠。预订机票就来×××，提供机票、酒店一站式预订服务。	6 600	294	4.41%
	即时可查询	一站式	全国机票实时更新，一站式预订服务。×××提供全国航班查询。我们为您提供机票、酒店、租车一站式服务。	6 718	207	3.08%

表 6-7 各创意要素所获得的广告效果

要素	展现（次）	点击（次）	CTR
低价	12 915	467	3.62%
即时可查询	12 973	380	2.93%
一站式	13 378	501	3.74%

（四）广告着陆页中应包含推广信息

广告着陆页是指点击企业关键词广告后跳转进入的相关网页。该网页内容和形式的优劣，将左右网民是否会在网站上停留、浏览企业的产品/服务信息，以及会不会产生后续的咨询、注册、购买等转化行为。

由于大部分网民是根据其搜索到的创意内容来选择点击某一条推广广告并到达广告着陆页的，所以为了保证推广效果，企业应在广告着陆页（最好是页面首屏位置）对创意中提到的产品、价格或促销等信息进行醒目的、更进一步的介绍。

三、 关键词广告的效果评估

关键词广告的效果评估通常遵循如下流程。

（一）选取分析样本

分析样本是指企业在其推广账户中按照推广计划、推广单元、关键词及创意等层级对其广告进行分类后最终获得的广告效果评估数据。

假如企业的推广账户拥有的各项数据较少，则评估越精细化越好，譬如可以以关键词为单位逐一进行数据考察。

若是推广账户的数据量较大，企业就需要针对重点内容进行重点分析。一般来说，企业可按照广告消费（即投放）情况进行排序，先将消费高的计划找出来，再聚焦其中的重点单元，接着进一步挑出重点关键词，通过这样一个逐层寻找的过程，确定优化的方向。通常，重点样本数据的分布遵循二八原则，即 80%的消费（投放）往往集中在账户中 20%的关键词上，这 20%的关键词就是优化的重点。

（二）确定分析指标

在选取出分析样本之后，企业可依据投放目标设置广告效果的评估维度和具体评估指标。其中，以品牌推广为目标的投放，主要考虑的是推广信息的曝光及点击情况；而效果导向的投放，则更关注网站的订单数量、页面浏览数、访问的UV、注册、交易额等情况（见表6-8）。

表6-8 关键词广告的效果评估维度及指标

营销目标	推广价值	价值指标	推广成本	成本指标
品牌导向	推广的曝光	IMP	消费量	Cost CPM
	用户对推广的点击	Click	消费量	Cost CPC
效果导向	订单 页面浏览 独立访客 注册	CONV PV UV Register	消费量	Cost CPA
	交易额	Revenue	消费量	Cost

（三）明确效果评估的关键环节

从广告展现、点击、访问、咨询直到生成订单，企业开展营销的各个环节中，消费群体遵循着一个不断减少、逐步流失的“漏斗模型”。从最大的展现量到最小的订单量，一层层缩小的过程表示不断有消费者因为各种原因没有持续到采取购买行动的环节（见图6-18）。

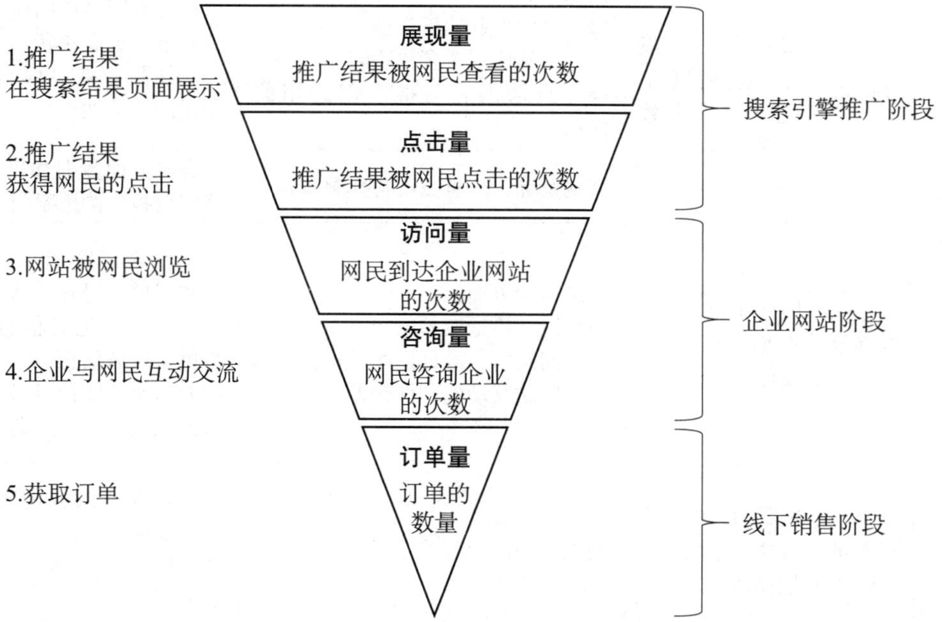

图6-18 搜索营销漏斗模型

企业优化其搜索引擎广告的根本目标在于让更多的流量从漏斗的下端流出，而要达到这一目标就需要保证其中每个环节的顺畅及对消费者的沉淀。因此，漏斗模型中的各个环节就是企业对包括关键词广告在内的搜索引擎广告进行评估的重要节点，企业若想获得更好的营销效果，就必须对各环节所关涉的指标持续加以监测，以此来动态捕捉各环节中潜藏的问题，并及时找到相应的成因和应对方法（见表 6－9）。

表 6－9　搜索营销各环节监测指标及常见问题分解

3 阶段	5 环节	常见问题	问题成因	应对方法
搜索引擎推广	展现量	流量偏低	关键词方面： （1）关键词数量不足或类型单一 （2）关键词匹配模式的选择不够灵活 （3）关键词的排名过于靠后	（1）多提词，提好词 （2）设置合理的匹配方式 （3）优化排名
			账户方面： （1）推广时间较短 （2）推广预算分配不合理 （3）推广地域设置不当 （4）账户结构设置不合理	（1）合理设置地域、预算及时长 （2）合理设置账户结构
	点击量	展示量充分但点击率偏低	关键词方面： （1）关键词选择过于宽泛，与推广创意不相关 （2）关键词排名靠后	（1）加强关键词与推广创意的相关性 （2）优化排名
			账户方面：账户结构不合理	设置合理账户结构
			创意方面：推广创意对网民的吸引力不足	优化创意
企业网站	访问量	账户点击量正常，但是网站被访问的次数偏低	网站体验方面： （1）页面加载速度过慢 （2）网站使用了多次跳转 （3）页面内容与推广创意相关性低	（1）提升网站访问速度 （2）减少页面跳转 （3）加强着陆页面与推广创意的相关性
			其他情况：恶意点击与作弊流量	结合多方面数据加以判断，确定后报告给搜索引擎
	咨询量	网民正常浏览页面，咨询量偏低	网站体验方面： （1）网站质量较差 （2）网站内容与创意相关性低 （3）网站互动便利性较差	（1）结合浏览者兴趣、行为和习惯，提升网站质量 （2）基于浏览者信息需求提供其所需信息 （3）有效利用、开发多款营销工具，加强互动
线下销售	订单量	网民正常浏览页面，但订单量偏低	网站销售能力较差	（1）确保在线咨询时间及反应速度 （2）针对顾客问题提供专业解答

本章小结

随着互联网的快速发展，旨在提供信息收集、信息组织与信息检索服务的搜索引擎所积聚的用户规模日益扩张，被许多互联网企业打造为“标配”服务，并获得了越来越多企业的认可，搜索引擎广告也由此成为我国网络广告市场上的一支重要力量。

目前，搜索引擎主要运营关键词广告、展示类广告、信息流广告、网络联盟广告四个类型的广告。其中关键词广告对搜索引擎广告市场的整体表现起着决定性作用，展示类广告、信息流广告近年来发展较快，成为重要增长点，其他类型的广告贡献较小。

相较于其他新媒体广告，搜索引擎广告具有下述优势：投放精准，到达率和转化率较高；投放门槛低，投入可控；自主投放，操作简单且灵活度高。不过需要注意的是，搜索引擎广告也存在点击欺诈、商标侵权、虚假广告泛滥、平台公信力较低等问题。

2008 年前后，搜索引擎广告一度成为我国网络广告收入排名第一位的网络媒体。但自 2015 年起，搜索引擎行业发展触及“天花板”，网络广告市场竞争加剧，付费搜索面临严格监管，导致搜索引擎广告市场规模增速明显放缓。

本章还介绍了搜索引擎广告中最重要的关键词广告的投放方法与技巧。广告主应先明确自身的投放目标并建好推广账户，包括创建推广计划、设立推广单元、确定关键词、制作创意、为账户各层级设置推广功能几个步骤。

为了提升广告对目标群体的覆盖度和吸引力，企业可从如下角度对关键词广告加以优化：结合投放目标分析选择合适的关键词，围绕核心关键词撰写广告信息，同时撰写多个创意并进行测试，确定广告着陆页中含有推广信息。

关键词广告的效果评估通常应遵循如下流程：选取分析样本、确定问题指标、明确效果评估的关键环节。

问题讨论

1. 思考：要想让关键词广告更有效，应该注意哪些方面？
2. 你认为搜索引擎广告对于品牌广告主和中小企业广告主分别有哪些吸引力？
3. 讨论：移动互联时代搜索引擎广告会有什么样的变化，为什么？

第七章
微博广告

微博在中国的发展已经超过十年时间，其间既经历了“井喷”也滑入过“低谷”。如今，以新浪微博为代表的微博运营商基于规模化的用户和流量，积极对微博进行商业化运作。作为商业化运作的重要组成部分，微博广告也越来越成熟。

本章首先介绍微博的基本情况，接着总结微博广告的类型和特点，随后对企业自建微博账号进行营销或广告运作的技巧做出重点阐述。

第一节 微博概述

国内的微博在十几年间大致经历了引入探索、快速发展、市场整合、加速商业化运作、完善内容生态等阶段。依托于微博提供的认证、私信、话题、微群、视频号等基础功能和基于开放平台的服务功能，微博传播也呈现出内容微型化等与其他新媒体平台不同的特征。

一、 微博的兴起与发展

微博是微型博客（MicroBlog）的简称，因其与传统博客相比发布字数受到限制（大多数微博平台规定每条微博不得超过 140 个字）而得名，是一个基于用户关注关系的信息分享、传播及获取平台，具有使用方式便捷、一对一传播和一对多传播结合、内容碎片化、交互性强和裂变传播等特点。最早微博只支持 140 字以内的文字发布，现在可支持长文字、多图片、短视频以及长图文发布。

纵观微博在世界范围内的发展，其诞生背景可以追溯到信息全球化浪潮中 Web 2.0 概念的兴起。随着 Web 2.0 产品的升温，微博作为一种“迷你博客”应运而生[①]。2006 年，Obvious 公司推出了 Twitter，它允许用户将自己的最新动态、所见所闻、观点意见以短信息的形式发送到手机和个性化网站群。随后，微博的网络价值和传播价值开始显现。

Twitter 的迅速发展也带动了国内微博的兴起。从 2007 年中国国内第一个微博产品

① 谢耘耕，徐颖．微博的历史、现状与发展趋势［J］. 现代传播（中国传媒大学学报），2011（4）：75.

“饭否（fanfou. com）”上线到现阶段新浪微博一家独大，国内微博的发展大致经历了五个阶段[①]。

（一）引入探索阶段（2007—2008年）

2007年问世的饭否和叽歪是国内最早的微博产品。2008年8月，腾讯推出了微博“滔滔”，成为中国首家尝试微博产品的门户网站。之后，做啥网、嘀咕网等也相继上线。

这一阶段，初生的微博数量较少、规模较小，从服务和功能来看，这些微博产品模仿借鉴Twitter的运作，用户可通过网页、WAP、手机短信/彩信、即时通信软件（如QQ、MSN）等在微博上发布消息，还可通过互相关注、私信或者@对话进行互动。不过，由于自身管理和行业监管等方面的原因，饭否、叽歪等早期微博产品试水不久便相继停止运营。

（二）快速发展阶段（2009—2012年）

自2009年起，随着大型门户网站的介入，微博市场明显升温，9911微博客、同学网、Follow5、新浪微博、搜狐微博、百度i贴吧、人民网微博、腾讯微博等相继入市，竞争也激烈起来。特别是2009年8月开始公测的新浪微博，利用名人效应将大量普通大众转化为微博用户。

2010年，微博出现了井喷式的发展，因此这一年也被视为“中国微博元年”。“人人皆可发声”的微博掀起了中国社会信息传播的“微博热”。中国互联网络信息中心（CNNIC）2011年1月发布的第27次《中国互联网络发展状况统计报告》显示，截至2010年12月底，我国网民规模达到4.57亿，其中微博客用户规模达到6 311万，使用率为13.8%，手机网民中手机微博客的使用率达15.5%。[②] 一种传播媒体普及到5 000万人，收音机用了38年，电视用了13年，互联网用了4年，而微博（特指新浪微博）只用了15个月。[③]

经过这一阶段的发展，微博的媒体特性、社交特性逐渐凸显，用户人群扩展至更大范围，企业微博、政务微博、媒体微博亦纷纷涌现；同时形成了以门户微博为主导，垂直类微博、微博功能类产品多元发展的环境。

在诸多微博平台中，新浪微博和腾讯微博是推动微博发展的主导力量；网易微博、搜狐微博、人民微博等平台的用户规模相较前两个平台有一些差距，但能结合自己的特点、优势、资源形成差异化的定位；用户规模更小一些的天翼V博、移动微博（原139说客）等则专注服务于一定范围的垂直用户（见图7-1）。

在各微博完成基本的用户积累后，探索可能的商业模式就成为主要任务。其中，依靠商业广告实现流量变现和布局电商平台通过进入用户的消费流程实现商业价值这两种模式成为探索重点。比如，2011年底，腾讯微博“微卖场”上线，形成“微博+电商”

---

① 阶段划分主要参考秋叶，萧秋水，刘勇．微博营销与运营［M］．北京：人民邮电出版社，2017：11-19；佟力强．中国微博发展报告（2012）［R］．北京：人民出版社，2013；佟力强．中国微博发展报告（2013—2014）［R］．北京：人民出版社，2014；佟力强．中国微博发展报告（2015—2016）［R］．北京：人民出版社，2017。

② 中国互联网络信息中心．第27次中国互联网络发展状况统计报告［R/OL］．（2011-01-19）［2018-02-12］．http：//www.cac.gov.cn/2014-05/26/c_126548718.htm.

③ 谢耘耕，徐颖．微博的历史、现状与发展趋势［J］．现代传播（中国传媒大学学报），2011（4）：75.

图 7-1　快速发展阶段主要的微博平台

的模式；2012 年，新浪微博与小米手机合作，试水电商服务。

（三）市场整合阶段（2013—2014 年）

发展至 2013 年，随着互联网其他新应用的出现和普及，微博的用户规模和使用率开始呈现下降趋势。截至 2013 年 12 月，中国手机微博用户数为 1.96 亿，较 2012 年底减少了 596 万，同期手机微博使用率为 39.3%，较 2012 年底降低了 8.9%。① 在此市场背景下，大部分微博运营机构调整了战略，腾讯、搜狐、网易、和讯等相继撤离微博市场。例如，2014 年 7 月腾讯官方宣布腾讯网络媒体事业群（OMG）进行架构调整，腾讯微博将与门户融合；同年 11 月，网易微博宣布与网易 LOFTER 合并，不再单独运营；搜狐则将战略重心转移到新闻客户端和视频。

自身的不断拓展及多家微博的相继退出，客观上形成了新浪微博"一家独大"的局面。2013 年 4 月，新浪微博与阿里巴巴签署了战略合作协议，阿里巴巴以 5.86 亿美元的价格购入新浪微博 18%的股份，双方在用户账户互通、数据交换、在线支付、网络营销等领域进行深入合作。同年，新浪微博首次实现赢利，并在 2014 年 4 月拆分上市。

（四）加速商业化运作阶段（2015—2019 年）

在经历整合期之后，其他微博平台的用户逐渐向新浪微博迁移，微博的使用率有所回升，2015 年微博市场整体出现回暖迹象。在此阶段，微博一方面深挖平台价值，不断完善内容资源体系，并在垂直领域深入发展，传播方式更加多元化，长文、短视频逐渐成为微博平台新的热点，带动了其他新兴垂直直播与短视频平台的发展。另一方面，微博加快了平台的商业化运作。2015 年 9 月，新浪微博推出商业开放平台战略，推出商业数据 API（application programming interface，应用程序编程接口）、管理类 API、广告类 API 和通用 API 四大类商业接口（以广告 API 为例，通过该商业接口，合作伙伴可获取推广微博的阅读数、点击数、触达数等广告效果分析数据，得以更好地衡量在微博平台投放广告的效果）。此外，新浪微博还将第三方合作伙伴分为微博营销、舆情管理、应用开发、广告优化与投放、社交管理五类，不同类型的合作伙伴配置不同的接口和服务。除了这些，新浪微博还推出了一体化服务框架，缩短每个产品单独接入的流程（见图 7-2）。

---

① 佟力强．中国微博发展报告（2013—2014）[R]．北京：人民出版社，2014.

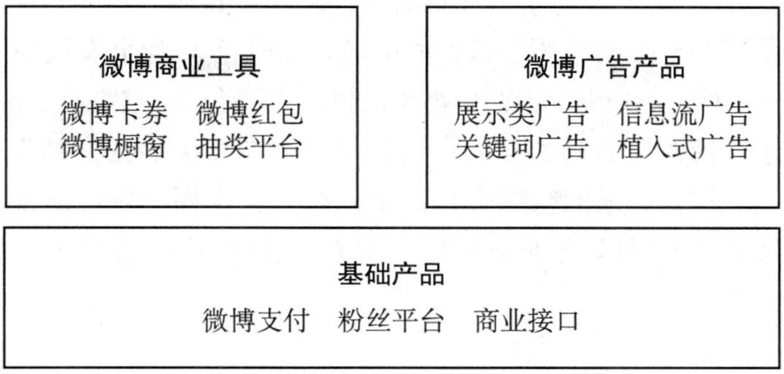

图 7－2　新浪微博服务框架

（五）完善内容生态阶段（2020 年至今）

随着抖音、快手、小红书等新兴社交平台的兴起，微博的营收受到了冲击。2018 年至 2020 年，微博的广告主数量从 290 万降至 160 万。对此，微博高层提出“热点＋社交”战略，即“通过热点事件吸引用户进入微博，再通过社交关系提升消费频次，以及通过视频号提升留存能力”。

多元化内容生态是这一战略得以实现的基础，其包括内容类型的多元化和内容形态的多元化，而这两者皆在 2020 年实现了突破。在内容类型方面，为改变过度娱乐化的趋势、保障内容生产的规模和层次，微博降低了热搜娱乐内容的占比，2021 年上半年娱乐新闻的上榜数量就降低了 12％①，同时继续向体育、游戏、电竞等垂直领域发展，提高相关内容的权重。在内容形态方面，视频是体现微博“热点”和“社交”结合的重要抓手，2020 年 7 月“视频号”功能的上线及同年 11 月多人直播连麦功能的推出，不仅提供了更丰富的热点消费内容，也可经由直播互动推动着热点的持续发酵，从而达到留存用户、沉淀社交关系的目标。多元化内容生态的不断完善为微博打破了近年来的增长瓶颈，2021 年三季度的财报显示，微博净收入为 6.07 亿美元，同比增长了 30％。②

二、微博的功能和传播特点

（一）微博的功能

微博的功能既包括认证、私信、话题、微群、视频号等基础功能，也包括基于开放平台的服务功能。

1. 用户身份认证

为便于管理，微博平台会对用户身份进行认证。新浪微博的认证体系分为个人申请认证和机构认证两类，前者包括身份认证、兴趣认证、超话认证、视频认证、文章/问答

---

① 腾讯网．热搜变了，微博要走向哪儿？［EB/OL］．（2021－11－24）［2022－02－09］．https：//new. qq. com/omn/20211124/20211124A05OFX00. html.

② 腾讯网．隐藏在微博三季报后的投资“暗线”［EB/OL］．（2021－11－24）［2022－02－09］．https：//new. qq. com/omn/20211124/20211124A0AXUC00. html.

认证和金 V 认证，后者又分为企业、机构团体、政府、媒体、校园和公益六种。对于通过认证的用户，微博平台会给予便于识别的标记，如橙色 V 为个人认证，蓝色 V 为机构认证。这些加 V 用户可以获得一定的好处和权限，主要包括：认证后易被网民识别、信任和关注，有利于营销传播活动的开展；认证用户会在相关的搜索结果中排列靠前，容易被网民检索到、关注到，还能得到平台的推荐服务。不同类别的认证在部分权限上也存在差异，例如文章/问答认证用户可开启“加关注继续阅读”功能，读者需关注作者才能阅读后半部分文章。

2. 私信

私信功能是指微博用户之间可一对一发送受到加密保护的“私密信息”。此种一对一的沟通功能，在营销中能够方便企业更有针对性地了解和服务用户。2013 年，新浪微博私信功能升级，用户可以直接订阅其他账号的信息，订阅后会定期收到该账号通过私信推送的信息。

3. 话题

微博提供话题关注功能，即发布微博时，在两个“＃”号中加入所要发起的话题（＃某某话题＃）。这不仅可以展示用户关注的话题，还可以在搜索功能中进行相同话题的搜索。微博首页的“热门话题榜”会显示并及时更新微博用户正在大量关注和讨论的话题。话题功能一定程度上能够实时显示出用户对公共事件、精神文化以及生活体验等不同话题的重视度。比如，2022 年北京冬季奥运会开幕式当天，话题榜前几位为“＃北京冬奥会开幕式＃”“＃冬奥盛会的中国浪漫＃”“＃冰墩墩＃”等；在选秀比赛期间参赛的热门选手也是热门话题榜的常客。

话题功能有助于微博用户发现感兴趣的内容，而微博话题的共享、交流又能推动网民形成互有勾连的话题圈子，并进一步引发话题的扩散乃至形成舆论。

4. 微群

微博群简称微群，是新浪微博推出的社交类群组产品。微群能够聚合有相同爱好或者相同标签的微博用户，给他们提供一个相对封闭、主题更聚焦的交流空间。企业可通过分类信息搜索主动参加目标受众聚集的微群互动交流，借此研究客户（受众）的需求和行为，找到微博营销契机。①

5. 视频号

以广泛吸纳优秀短视频创作者为目标，微博于 2020 年 7 月推出内嵌于自有内容生态的视频号。开通了视频号的视频创作者能够获得微博平台提供的系列权益支持，包括流量支持、产品支持、收益支持、涨粉支持和品牌支持五个类别以及“加入即享有”“满足条件解锁”“深度合作专享”三个权益层级。对于观看短视频的微博用户而言，不仅可以在“视频号”界面内浏览视频信息流，也可以进入视频创作者主页点击“催更”，敦促作者尽快发布新的作品。截至 2020 年 12 月，微博视频号开通规模突破百万，百万粉丝视频号增长 99％，用户结构呈现年轻化趋势。②

---

① 郭靓，徐辉，苏欣，等．微营销［M］．北京：电子工业出版社，2014：15－25．

② 新华网．微博 2020 视频号发展报告：百万粉视频号增长迅猛，千万播爆款视频实现日产［EB/OL］．(2021－04－15)［2022－02－05］．http：//www.xinhuanet.com/fortune/2021－04/15/c_1127334167.htm．

6. 基于开放平台的服务功能

微博开放平台是以微博规模化的用户和较强的传播能力为基础，通过接入第三方合作伙伴服务，向用户提供应用和服务的开放平台。对于接入的第三方，微博一方面提供包含微博内容、评论、用户、关系、话题等信息的数据接口资源，另一方面也提供应用卡片（以图文结合的名片形式展示应用的概要信息）、消息通道（让用户有效接收到消息的渠道，如应用通知、私信）、页面推荐位（在微博首页和应用频道页面设置的应用曝光的展示位）等推广渠道以及数据分析、广告优化投放、社交管理、主页定制等商业服务。

（二）微博的传播特点

与博客、即时通信、SNS 等相比，微博传播具有以下四方面的特征。

1. 微型化的内容

信息传播渠道的激增带来了信息的爆炸式增长，同时也在一定程度上改变了人们的信息接收习惯与偏好。信息的微型表达模式日益被人们接受，虽然微博现在可支持长文字、多图片、长图文等多样化的形式，但在多数情况下，微博内容还是呈现出“微型”特征。“‘微’的特点，使个体参与信息传播的门槛进一步降低，人们也不必像博客那样端着架子凝重思考，而是随时记录自己的所见、所想，因此信息发布的频率通常比博客高。”①

2. 开放的交流结构

微博交流结构的开放性主要体现在几个方面：其一，微博像博客那样，既能够以个人为中心进行即时的信息发布，又能随时随地与外界进行信息互动，即点对面与点对点的传播相结合；其二，微博具备简单、方便的转发、评论功能，使得信息能够在开放的环境中顺畅流动；其三，微博的自由进入、自由评论、自由关注、自由浏览、自由转发的“广场效应”② 常使用户的发言被众人“围观”。

3. 即时传播

由于文本的限制、操作的便捷、向规模化的受众发声的门槛变低，微博具备即时传播的特性，这强化了微博用户的交互性，为其快速发声、频繁发声、借势传播、与他人展开对话创造了条件。

4. 基于社会关系的裂变传播

微博是一种基于社交的信息传播平台，在这一平台上，人们的信息传播与社交活动是同一的，社交是信息传播的目的，信息传播是社交的手段。人们的关系网络与信息传播网络也是同一的，人们社会关系网络的广度，决定了其获得信息的广度与深度，也决定了其传播的信息能走多远。③ 这一特征使得微博中一旦出现了刺激性或者和人们关联度很高的话题，便能快速通过人际关系网络进行传播，形成由一人到多人，再到以多人中的每一人为中心呈放射式传播的、一直循环下去的裂变式扩散路径，迅速成为热点话题。

---

① 彭兰．社会化媒体理论与实践解析［M］．北京：中国人民大学出版社，2015：234.
② 曹林．微博传播的十大特点及对言论生态的影响［J］．新闻记者，2011（9）：29－34.
③ 彭兰．社会化媒体传播［M］．北京：中国人民大学出版社，2015：235.

第二节　微博广告的类型与特点

微博广告包括企业自助广告和微博平台广告。前者投放于企业自建的微博账号或合作的个人账号，按内容可进一步细分为产品广告、促销广告、品牌广告和活动广告；后者投放于微博提供的广告位置，有曝光类广告、搜索类广告和信息流广告三种类型。与微博的功能和传播特点相对应，微博广告具有的流量大、热点多、互动性强、易于实现精准投放等特点使其成为企业营销的重要渠道。

一、微博广告的分类

微博广告是微博最早的商业模式之一，现今也是微博最为主要的营收点。新浪财报数据显示，2017年第一季度网络广告营收为2.28亿美元，非广告营收为5 010万美元，前者主要得益于微博广告和营销收入的增长，增幅为71%。

背景链接

新浪微博广告发展大事记

2012年4月，新浪推出首个微博广告系统，正式启动商业化。

2012年，大多数的微博广告收入来自基于社交媒体的展示广告；第四季度末，基于微博信息流的自主广告系统开始测试。

2012年12月21日，小米手机在微博平台启动开放购买（微博用户提前预约想要购买的商品，在开放日于网上排队购买），这是社交平台首次帮助品牌打通“浏览-兴趣-下单-支付-分享”的营销闭环。

2013年1月18日，奔驰在新浪微博销售smart新年特别版汽车，表明社会化电子商务除了可以做小米手机式的B2C营销，也可实现O2O营销。

2013年3月，针对中小企业市场的信息流广告测试版上线。

2013年4月，与阿里巴巴达成战略联盟，并正式推出主打中小企业的信息流广告产品粉丝通。

2013年11月初，正式推出粉丝通自主渠道，实现一站式自主管理广告投放服务。

2014年5月5日，在2014年全球移动互联网大会（GMIC）上，新浪微博详细解读了自媒体成长计划及微博支付策略，为自媒体提供了广告分成、话题合作和商品售卖三种服务形式。

2015年10月，继6月上线的免费版本之后，微博联合捷克社交数据分析公司Socialbakers主要针对微博蓝V认证用户发布高级版社交大数据产品，旨在帮助企业获得更丰富的粉丝情况和数据化的微博传播效果，满足微博企业用户在营销数据分析上的需求。

2015 年，推出自建的在线广告交易平台 WAX（Weibo Ad Exchange），整合新浪和微博丰富的广告资源发力程序化广告。

2019 年 5 月，微博的“超级粉丝通”产品上线了“聚宝盆”功能。该功能可以让广告主方便快速地通过明星或 KOL 账号代投广告博文，将原生的商业内容覆盖至非品牌蓝 V 粉丝的目标消费群体。

2020 年 6 月，微博顺应内容营销发展趋势，升级推出“超级粉丝通 3.0”，在营销场景、广告样式、广告算法、数据服务方面进行突破。

资料来源：郭靓，徐辉，苏欣，等．微营销［M］. 北京：电子工业出版社，2014：9；新浪微博．微博开放平台公告［EB/OL］. http：//open. weibo. com/announcement.

依据发布平台的差异，微博广告主要可分为两类：一是企业自助广告，即企业在自建的微博账号或合作的意见领袖的个人微博平台投放的广告；二是在微博提供的广告位置投放的广告。

（一）企业自助广告

以内容作为划分标准，此类广告主要包括产品广告、促销广告、品牌广告和活动广告四类。

1. 产品广告

产品广告即通过介绍产品的功能、使用方法、特点、价格等，尤其是对新上市产品的卖点及独特的销售主张进行强调和阐述，以达到吸引消费者和解释产品目的的微博广告（见图 7－3）。比如，魅族手机、小米手机经常通过官方微博发布广告对新产品加以推广介绍。

2. 促销广告

促销广告以促销信息为主要的广告内容，形式上包括优惠券、折扣码、赠品券、礼品券等（见图 7－4）。

图 7－3　产品广告示例

图 7－4　促销广告示例

3. 品牌广告

品牌广告是通过制造微博传播的话题，传播消费者的购买或使用心得，或品牌的文化、历史等，以此提高品牌的知名度、认知度、美誉度和忠诚度（见图 7-5）。比如，在 VANCL（凡客诚品）的微博上，用户可以看到 VANCL 畅销服装设计师讲述产品设计的背后故事，或者入职刚三个月的员工抒发的情怀。

4. 活动广告

活动广告即通过微博传播活动信息，包括具体的活动内容、活动方式、奖项设置、地点范围、时间限制等。活动广告有助于广告主迅速提高产品和品牌的知名度、吸引更多目标消费者群体的注意（见图 7-6）。

图 7-5　品牌广告示例

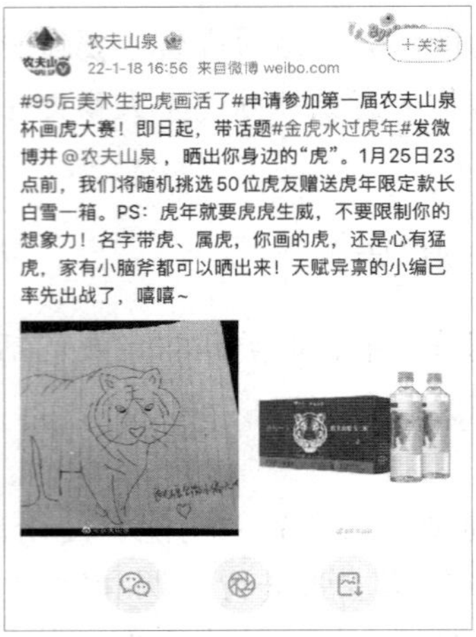

图 7-6　活动广告示例

（二）微博平台广告①

在微博平台投放的广告主要有曝光类广告、搜索类广告和信息流广告三种类型。

1. 曝光类广告

曝光类广告是微博最早的广告形式，根据广告位置的差异又可分为开机报头广告、热门流广告和发现页广告。开机报头广告是用户打开微博客户端时展示的广告，素材为静态图片时展示 3 秒后进入微博，素材为动态视频时展示时间延长至 5 秒。热门流广告呈现于微博热门页面的第 3 位，每日对应 2 轮播，广告素材可为图文、视频和全景图等。发现页广告则包括热点视窗、浮层和图标（ICON）等样式（见表 7-1）。

2. 搜索类广告

人人皆可实时发声的状况使微博上的信息规模庞大、日趋复杂，因此微博内的搜索平台就成为用户搜寻与获取所需信息的必要工具。基于这一特点，搜索类广告的价值也得到客户的认可。

---

① 本部分内容根据微博营销官网及微博社会化营销案例库整理，网址分别为 https：//marketing.hd.weibo.com/和 https：//hd.weibo.com/product/list？id=7。

表 7-1 部分微博曝光类广告形式

开机报头广告	热门流广告	发现页热点视窗	发现页浮层

微博的搜索类广告即广告主根据自己的营销需求，确定并购买相关的关键词，继而由微博在特定位置上加以展示的广告形式，用户点击关键词即可进入广告主设置的落地页或二级页面。关键词展示位置主要位于发现页顶部搜索栏及热门话题榜两处。以搜索栏为入口的搜索类广告关键词可进一步分为两个类别：一是在搜索栏内滚动播放的默认关键词，展示时长为 1 天，关键词长度在 2～20 个字节之间；二是需用户主动搜索才可出现的关键词，包括火爆热词（大于 10 万搜索量的关键词），影视娱乐、人物明星等词语类型，可连续购买，包季或包年。以热门话题榜为入口的搜索类广告关键词一般位于该榜单的第 3 位和第 4 位之间，关键词后带有明显的“荐”或“商”标识，展播机制为 10 轮展播，广告主可购买 1～10 轮（见图 7-7）。

此外，微博还将包括热门话题榜、搜索栏在内的所有热点页面打通推出“搜索热点包”广告，广告主购买某一时段内的关键词后，分散于各热点页面中的、与该关键词相关的词条均可成为落地页或二级页面的入口。

图 7-7 微博热门话题榜广告示例

3. 信息流广告

新浪微博自 2013 年推出信息流广告后，这一广告形式便迅速发展为微博最重要的广告形式。除了将指定微博展现在粉丝首页微博列表第一条的“粉丝头条”，“超级粉丝通”也是微博信息流广告的代表产品。以“超级粉丝通”为例，信息流广告可帮助广告主实现推广品牌活动、推广博文、收集销售线索（收集对产品有意向的用户信息）、推广 App、推广电商店铺等营销目标。在具体的呈现上，信息流广告的主要样式有原生博文、卡片、视频、正文页旗帜和置顶评论等。

（1）原生博文广告。

原生博文广告与用户发布的内容形态完全一致，可包括账号信息、文案链接、图片或视频、关注按钮等，因其能够较为自然地融入信息流而利于弱化用户的抵触心理（见图 7－8）。

（2）卡片广告。

卡片广告是贴在视频或图片上的一个按钮，点击按钮可实现跳转，进入参与、预约、购买、下载、咨询、关注博主、添加微信等互动界面。除了图片和视频之外，微博还支持一卡多帧的形式，通过多图轮播展现更多的广告信息（见图 7－9）。

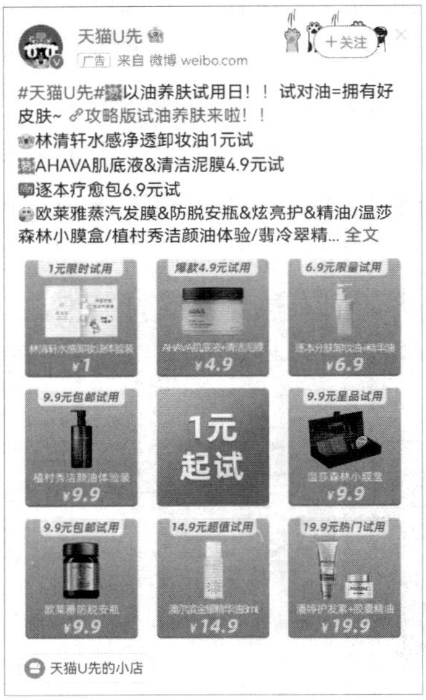

图 7－8　微博原生博文广告示例

图 7－9　微博卡片广告示例

（3）视频广告。

视频广告的互动按钮内嵌于视频本身，在视频播放到一定节点时才出现，包括横版视频和竖版视频两种类型。以安卓版的竖版视频为例，当视频被全屏播放 3 秒后，画面中就会出现互动按钮，用户点击按钮即可进入落地页或者二级页面（见图 7－10）。横版视频的互动按钮一般出现在视频详情页中。

（4）正文页旗帜广告。

正文页旗帜广告位于博文正文下方，多以图片或者图片＋互动按钮的复合样式出现（见图 7－11）。这一广告形式与用户深度阅读场景相契合，能够实现更精确的投放。

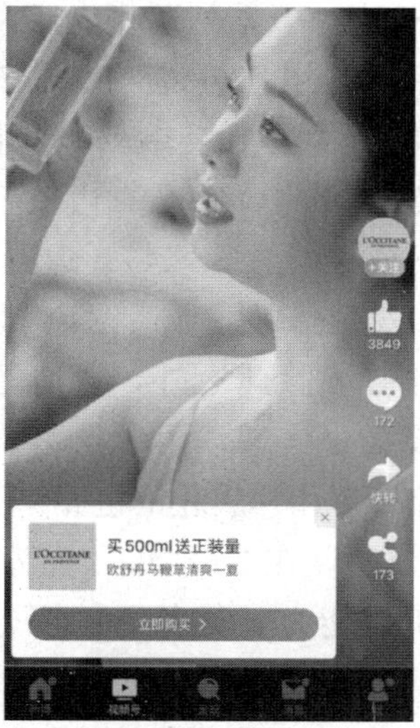

图 7－10　微博视频广告示例

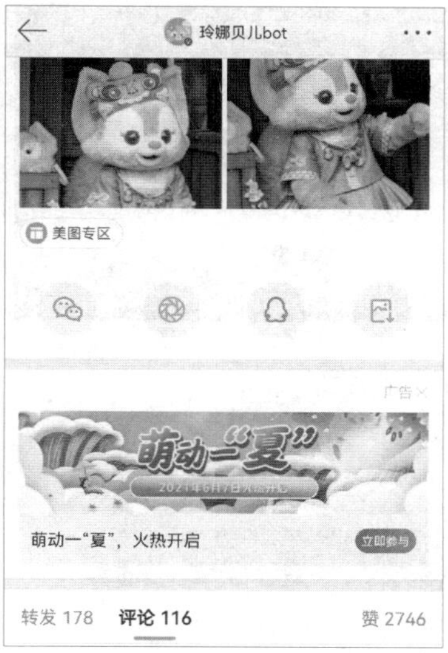

图 7－11　微博正文页旗帜广告示例

（5）置顶评论广告。

置顶评论广告是将微博评论区的特定评论置于顶部以展示广告信息（见图 7－12），借助评论区的高互动性与用户对话，达到改变用户认知、态度乃至行为的效果。

为了提升广告的效果，微博在投放上上线"聚宝盆"代投功能，在广告跳转路径上开发出"边……边……系列"，在页面转化上不断优化"灵动建站"系统，在优化转化成本上运用 oCPX（包括 oCPC、oCPA、oCPM 等）智能出价方式。

"聚宝盆"可以提供标准化、专业化的明星及 KOL 线上代投服务，还能根据大数据算法及广告主自主筛选条件智能地优选出最合适的博主账号，既为广告主的投放提供有力的决策依据，也有助于帮助微博上的优质内容创作者对接更多的商业变现机遇。例如 2019 年，日本垂直跨境电商平台豌豆公主通过聚宝盆平台代投明星博文，助其在 App Store 的购物 App 排名从 42 位上升至 16 位（见图 7－13）。

图 7－12　微博置顶评论广告示例

图 7－13　"聚宝盆"平台代投明星博文示例

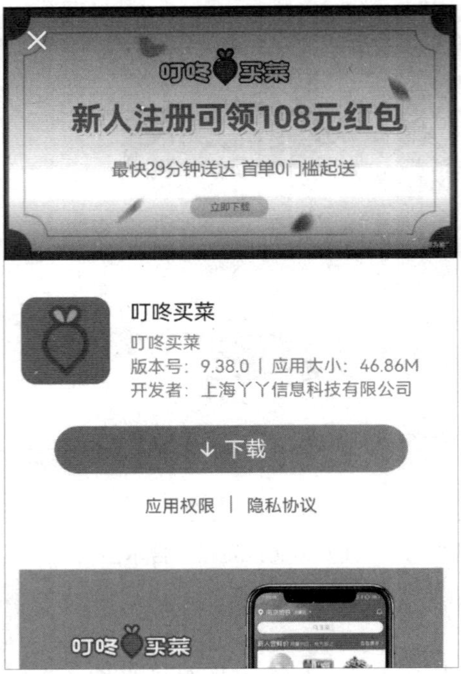

图 7－14　微博“边看边下载”广告功能示例

“边……边……系列”将内容浏览与推广页面结合呈现，用户可以一边看图片或视频一边参与互动，包括表单填写、博主关注、应用下载等。目前“边……边……系列”共有边看边下载（见图 7－14）、边看边 H5、边看边关注、边图边下载、边图边 H5、边图边关注六种路径。除此之外，微博还与应用商店、微信等平台连通，用户点击广告即可进行跳转，缩短了用户转化的链路。

“灵动建站”在 2020 年升级为 2.0 版本，这一智能工具能为各行各业的广告主提供丰富、优质的落地页模板、功能组件与营销解决方案，帮助解决广告主在信息流广告曝光之后“导流-转化”链路阶段的营销难题。目前，“灵动建站”已覆盖收集销售线索、预约/发券下载、唤起私信/QQ/微信/电话、电商表单收集/唤起 App 购买、微信加粉等常见的营销转化场景。

oCPX 智能出价方式在微信广告等章节有详细介绍，这里不做赘述。

二、 微博广告的优点

基于微博本身的功能和传播特点，微博广告得以吸引广告主的因素主要有：

第一，流量和热点带来的营销机会。如今，新浪微博的注册数和每日平均活跃数都以亿为单位，这给予新浪广告流量和注意力方面的保障。另外，人人皆可发声的平台属性又使微博成为热点话题的孵化器和聚合地，这既利于广告主及时洞悉消费者的喜好和需求，据此有效设计营销场景和营销内容，也有助于广告主通过话题和兴趣圈子展开深入持续的社群营销。

第二，广告互动性强。无论是曝光类广告、搜索类广告还是信息流广告，都可以实现广告主与微博用户的互动，从而改变了“我说你听”这种单向灌输式的传播状态，一定程度上激发了微博用户信息获取的主动性和参与对话的积极性。对此，微博用户一方面可借助关注、私信、@、留言评论等多种方式表达自身对广告、产品、广告主的感受，询问问题，做出反馈；另一方面又能通过转发和发布博文等方式对广告信息进行再编码、再加工，并传播给自己的粉丝，在这种多级传播过程中对广告主形成积极或消极的影响。对于广告主来说，这种互动便于及时发现问题以调整广告策略，同时也可适当借力意见领袖对自身形成多元的、良好的评价。

第三，易于实现精准投放。庞大的流量和较高的用户活跃度也为微博提供了海量的数据，广告主可从中挖掘用户的行为特征、兴趣爱好、消费需求，从而使自身的广告投放更加精准。目前，微博“超级粉丝通”支持内容定向和人群定向两种定向方式。内容定向既包括美妆个护、教育培训、体育竞技等行业标签，也包括与实时热点相关联的热词标签。而人群定向则可进一步划分为自定义人群、数据市场数据包以及常规定向。其中，常规定向所运用的数据涵盖了属性数据（如用户行为）、关系数据（如账号关系）和可挖掘数据（如用户兴趣）三大类，利于更好地实现向目标受众进行有目的、有针对性、定制化的广告信息传播活动，在提升广告精准度的同时增强传播效果、降低传播成本。

第三节 微博广告的运作

企业自建的微博账号、微信公众号和官方网站如今是许多企业进行营销推广时必不可少的传播平台或传播渠道。这些自建平台或渠道由企业自主掌控，若能善加利用，就有可能对企业的营销形成良好的助推作用。本节即针对企业自建微博账号的广告运作技巧进行总结介绍。

一、 广告平台打造

企业通过自建的官方微博账号发布广告、发起活动，其效果一方面取决于广告本身的质量，另一方面也取决于微博账号在目标受众中的公信力、传播力和影响力。因此，在展开营销活动之前，需要首先精心打造微博账号。

（一）进行形象和内容定位

想在数量众多的“自媒体”中脱颖而出、得到广大用户的青睐，企业的微博账号需要有鲜明的特征，还必须契合微博平台的社交属性使自身变得更加人性化、更有亲和力，这就涉及微博账号的形象定位和内容定位。形象定位是指微博账号以何种人格化的形象示人，内容定位则是围绕形象定位进一步明确平台的发言风格、主题和类型。比如两性健康品牌杜蕾斯的“杜蕾斯官方微博”在运营初期定位为“宅男”形象，主要发布有关产品及“网络鸡汤”式的微博内容。然而在运营过程中，运营团队渐渐发现，“宅男”并不是杜蕾斯产品的主要消费者，微博广告内容对真正的目标受众缺乏吸引力。为此，“杜蕾斯官方微博”将定位调整为“有一点绅士，有一点坏，懂生活又很会玩的人，就像夜店里的翩翩公子”，这个昵称为“小杜杜”的微博具有与定位相符的性格：可以很黄，也可以很幽默；可以很贱，也可以很感人；可以很雷，也可以很智慧；可以很俗，也可以很高雅。其发布的广告内容也随之变得更加贴近热点、契合目标受众喜好，有效提升了平台的吸引力和影响力。

另一个典型的例子是“故宫淘宝”，其围绕爱卖萌的“帝王形象”进行运作，也取得了良好的效果。

案例链接

“故宫淘宝”的形象定位

2010年10月1日，售卖文物周边产品的“故宫淘宝”淘宝店上线。为了推广淘宝店并打造“故宫淘宝”的新媒体品牌，北京故宫文化服务中心于2010年11月开通了新浪微博“故宫淘宝”。截至2022年2月，“故宫淘宝”粉丝数接近100万。

“故宫淘宝”的形象定位为接地气、具有亲和力、爱卖萌的帝王形象。其微博内容、日常互动都围绕这一形象定位展开（见图7-15）。

“故宫淘宝”发布的内容颠覆了古代帝王贵族的传统形象，以可爱俏皮的漫画形式，让人们印象中正经、威严的皇帝和大臣以轻松、活泼的形象出现。例如雍正皇帝“朕亦甚想你”的形象与道光皇帝“爱是一道光”的形象都非常平民化且具有亲和力（见图7-16）。在语言表达上，利用互联网语言，以卖萌的宣传文案搭配各种搞笑图片和视频也是“故宫淘宝”实现亲民定位的重要策略。例如，《够了！朕想静静》等内容就在让受众捧腹的同时得到广泛的传播。此外，为了使“故宫淘宝”的卖萌帝王形象更加鲜明而立体，运营方还推出主题系统表情包和壁纸。

“故宫淘宝”在推广新的文创产品时，常会从新鲜有趣的故宫文化知识出发，利用互联网语言讲故事，并通过悬念设置和“抖包袱”的方式，层层递进，自然而然地引出文创产品。随着一些雍正所批奏章影印版的传播，“朕生平不负人”“朕亦甚想你”等句子一度成为网上较火的雍正语录，“故宫淘宝”就顺势以科普的形式在文中推介了印有雍正皇帝笔迹的“朕亦甚想你”系列折扇。

有网友曾戏称，故宫可以开发一款冰箱贴，上面写着“冷宫”，之后“故宫淘宝”转发了这一创意，引发了网友的热烈转发和评论。另外，“故宫淘宝”也积极与其他机构的官方微博进行互动，吸引了大量粉丝。

图7-15 “故宫淘宝”主页

图 7－16　“故宫淘宝”的形象宣传画“爱是一道光”

资料来源：董占山．传播学视阈下的新媒体营销策略：以“故宫淘宝”为例［J］．出版广角，2016（11）：70－71；张菁雅．浅析文创产品的新媒体营销模式：以故宫淘宝为例［J］．新闻研究导刊，2016（21）：66－67；信亨大数据微信公众号．故宫淘宝，是这样玩转新媒体营销的？［EB/OL］．（2016－07－13）［2018－02－20］．http：//mp.weixin.qq.com/s/dtxSHy4bexBx3uZpwPdenQ.

（二）创建微博矩阵

不同于企业建立的单一的微博账号，微博矩阵是企业基于地域、品牌、产品、服务或目标受众的差异所开设的定位不同的数个微博账号的集合，微博矩阵能通过账号间的协同运作强化传播效果。与单一的微博账号相比，微博矩阵在营销传播的广度、深度、力度等方面具有一定的优势：其一，微博矩阵能通过多个账号，具体地、精确地触及不同的目标受众，扩展覆盖面；其二，以细分市场为基础的多个账号有助于形成差异化的圈子，加深传播、讨论的深度；其三，各账号间的协同合作能产生共振效应，强化传播力度和声势。

企业微博矩阵在运作过程中形成了三种主要模式①，分别为蒲公英式、放射式以及双子星式。

蒲公英式矩阵适用于拥有多个子品牌的集团。典型的如阿迪达斯（Adidas），其微博账号矩阵由多个品牌类别的子账号构成，包括“阿迪达斯训练”“阿迪达斯足球”“阿迪达斯跑步”“阿迪达斯篮球”和“adidas _ NEO _ LABEL”等。不同的账号覆盖各自的目标受众，承担着差异化的职责，同时也相互协作（见图 7－17）。

① 阳翼．数字营销［M］．北京：中国人民大学出版社，2015：14－20；秋叶，萧秋水，刘勇．微博营销与运营［M］．北京：人民邮电出版社，2017：39－41.

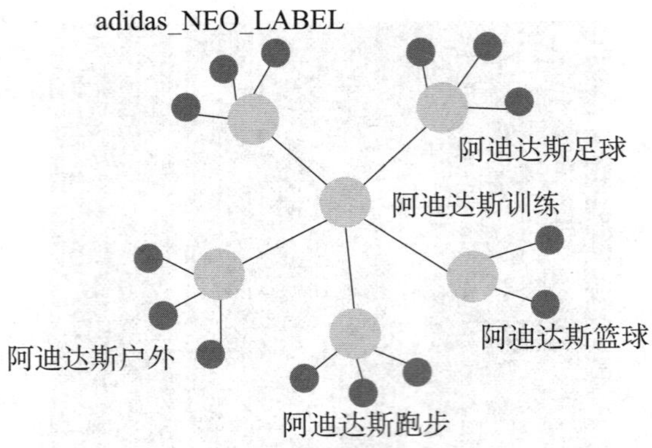

图 7-17　蒲公英式微博矩阵

放射式矩阵由一个核心账号统领各分属账号，分属账号之间是平等的关系，信息由核心账号放射向分属账号，分属账号之间信息并不进行交互。这种模式比较适合地方分公司比较多并且为当地服务的业务模式，典型的如万达集团的微博矩阵（见图 7-18）。

双子星式矩阵既可以由一组品牌账号和一组活动账号组成，也可以由企业负责人的账号和企业官方账号组成，例如易观咨询的官方微博“易观”与易观国际集团创始人于杨组成的微博矩阵（见图 7-19）。

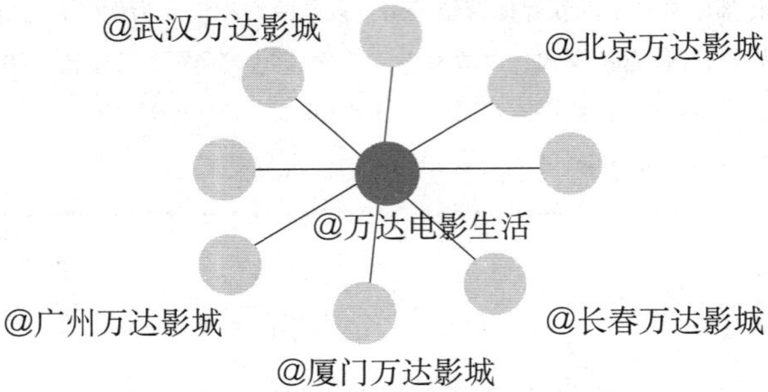

图 7-18　放射式微博矩阵

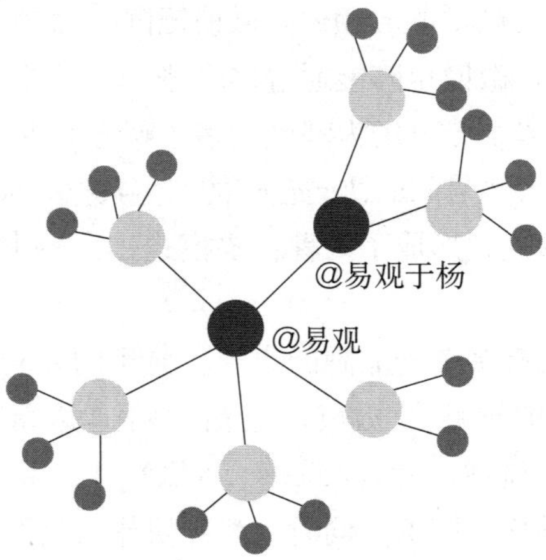

图 7-19　双子星式微博矩阵

二、 广告策略选择

经过数年的探索，各类企业微博所开展的包括广告发布在内的营销传播活动，已经积累了很多经验。这里重点介绍几类主要的广告策略：借势传播、打造热点、人本传播、影响有影响力的人。

（一）借势传播

微博具有较强的时效性和话题性，经常会因为某个话题或某个事件在短时间形成很高的讨论热度，此时，企业微博就可以视情况进行借势传播。目前常见的微博借势广告主要有两类：一是在某个热点话题或事件出现后，企业微博及时发布博文，将自己的产品、服务与这个话题或事件关联起来，典型的例子如“杜蕾斯官方微博”于2011年6月借势北京暴雨，发布可巧用杜蕾斯安全套做鞋套的内容。二是某个热点话题或事件中的一些元素，如话语表达方式、图形、图片、人物，可被企业微博用来进行加工创作，例如“小熊电器”借势“杜甫很忙”的涂鸦元素于微博上发布的相关广告；又如“北京联通”在索契冬奥会开幕式发生“奥运五环变四环”事件后，将自己的品牌标识“PS”到现场缺少一环的奥运五环标识中，并配发文字“＃五环变四环＃你没做到的，沃来帮你！”（见图7-20）；再如，当2015年4月一封只有一句“世界那么大，我想去看看”的辞职信走红网络后，“怡宝”在那封辞职信的下方配上了文案：“同意！祝你心纯净，行至美！”而“心纯净，行至美”正是矿泉水品牌怡宝的广告语（见图7-21）。当然，并非所有的热点话题或事件都适合借势，企业微博需要具体问题具体分析，重点考量话题、事件和自身品牌、产品的关联程度，以及判断有没有可能带来负面效果。

图7-20 “北京联通”的借势传播

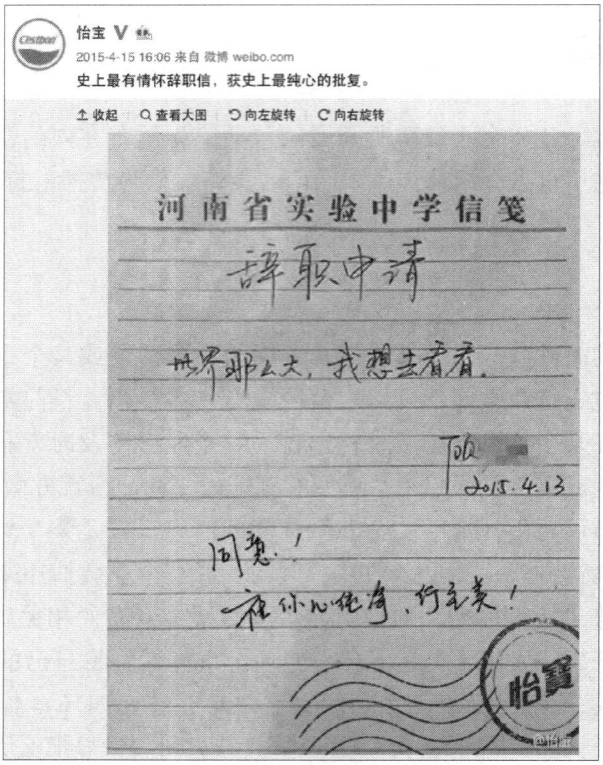

图 7－21 “怡宝”的借势传播

案例链接

“杜蕾斯官方微博”的借势营销

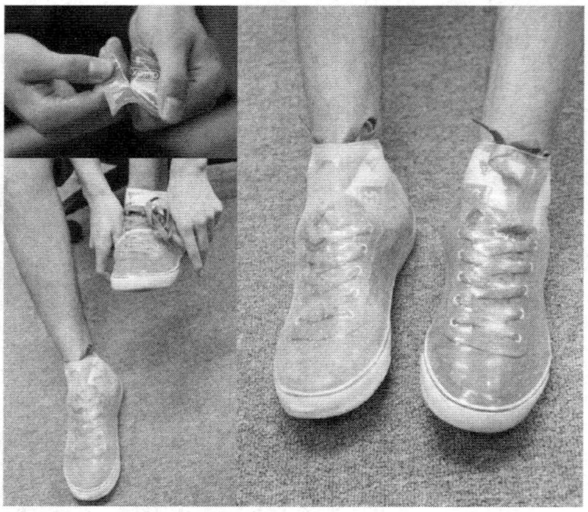

图 7－22 “地空捣蛋”发布的微博配图

2011 年 6 月 23 日下午，北京突降暴雨，雨势之大使多处地铁积水、市内大面积拥堵，致使很多人无法回家，该话题由此迅速成为当天的微博热点。“杜蕾斯官方微博”运营团队看准这一时机，主动借势策划微博事件将杜蕾斯植入其中。经过策划，当天下午 5 点 58 分，运营团队成员“地空捣蛋”发布微博：“北京今日暴雨，幸亏包里还有两只杜蕾斯。”在配图中，他详细介绍了自己如何把杜蕾斯套在新球鞋外作为鞋套，避免球鞋被弄湿、弄脏（见图 7－22）。微博发布后，由运营团队人员进行了前 6 次转发。5 分钟后，“杜蕾斯官方微博”对此发表评论：“粉丝油菜花（即有才华——笔者注）啊！大家赶紧学起来!! 有杜蕾斯回家不湿鞋～”并加以转发。20 多分钟后，该条微博就被转发超过 1 万次，杜蕾斯成为新浪微博一小时热门榜第一名，超过积水最为严重的积水潭和地铁路况信息；截至当晚 24 点，这条微博共计被转发近5.8万次，成为当日新浪微博转发排行榜第一名。至当年7月底，原始微博被转发了近9万次，若加上其他微博用户复制图文内容自行发布，该微博内容被转发次数超过15万次，微博传播覆盖了至少5 700万新浪用户。这一微博营销事件也被*China Daily*评为最具代表性的社交网络营销案例之一。

资料来源：黄河．新媒体实务［M］．北京：中国人民大学出版社，2012：90－92.

（二）打造热点

随着社会化媒体用户对话题关注度的提升，企业也可以自己打造和扩散热点话题，同时联手社会化媒体平台，不断催化相关产品或品牌的营销信息发酵氛围，发起相关活动，形成几何式扩散。[①] 热点话题或活动的打造，一是需要企业洞察受众的心理，比如同情、猎奇、恐惧、担忧等，并以此为基础设计有冲突的、悬疑式的、幽默搞笑的、反差明显的或故事性强的话题或活动，从而使话题或活动本身即具备传播势能，比如2009年澳大利亚昆士兰州旅游局为推广大堡礁的旅游业而推出的"世界上最好的工作"就极有话题性，2011年宝马设计的"沙漠怪圈"话题则充满悬念；二是尽可能地调动合适的意见领袖、媒体和微博用户的积极性，增强传播的力度，创造互动的可能，为受众提供充分的参与空间，凸显其主动性、提升其参与感；三是设计话题传播的步骤和执行细节，尽可能将话题推上微博热门话题榜。

案例链接

宝马打造热点话题 "＃沙漠怪圈＃"

近年来，"沙漠怪圈"这一神秘的超自然现象成为公众和媒体持续关注的热点之一。所谓的"沙漠怪圈"，即指在某种力量作用下，在沙漠中一夜之间所出现的某种规模巨大、造型复杂的几何图案，而人们往往将此种现象解释为"外星人行为"。借用这一概念，宝马于2011年为其1系家族打造了一次充满悬念的事件营销活动。

事件起始于2011年8月17日，新浪微博用户"摄影ER"发布一条消息："距离西宁开车3小时左右的戈壁上发现巨型怪圈！圆环和线条都十分规整且精确对称，沟壑很深，目测3～5cm。司机邹师傅说上周还没有出现，当身处在这个巨大怪圈之内的时候，那种感觉实在难于用语言表达，这样的现象唯一可以接受的解释就是外星人所为！！"

消息一经发布，便吸引了网民的广泛关注。不到一周的时间，该微博被转发了15万余次，有接近5万条讨论，在搜索引擎中有超过12 000条相关链接，在新浪微博中含有"沙漠怪圈"关键词的微博数量接近20万，连续3天位列新浪微博热门转发评论榜第一位。

网络的热度激发了某些媒体机构的兴趣，不仅《周末画报》《大周末》《外滩画报》等平面媒体对此事件进行了报道，甚至还有凤凰视频等"好事媒体"专门跑到事发地点

① 邵华冬，陈怡．广告主数字媒体营销传播［M］．北京：中国传媒大学出版社，2016：183.

进行航拍报道。

这均使“沙漠怪圈”这一事件显得愈发的神秘，并成功引起人们的讨论。联想到当时热议的“外星人光临”“2012 世界末日”等话题，人们的胃口被充分地调动起来，他们一再追问：真相到底是什么？究竟是不是外星人所为？

一个星期后，宝马公司在微博上宣布，“沙漠怪圈”事件是其策划的一次活动：“你是否和 BMW 1 系一样？崇尚自由，喜欢创新，独具一格；你总是希望用极具个性化的行为来表达性格？这就是 UN1QUE 精神！和我们一起来看看今年 1 系的新玩法#沙漠怪圈#，相信你已经关注到这一神秘的事件，TA 就是 UFO（UN1QUE For One），One 就是我们的 1 系，纯粹的 UN1QUE 精神的自我表达！”（见图 7－23）随后宝马公司发布了其拍摄制作的由三台宝马 1 系车加上导航仪，在经过精密计算并精准控制驾驶路线之后最终碾压而成“沙漠怪圈”的视频。

终于得知真相的网民随即展开了新一轮的转发，短短几天内，宝马这则微博就被转发超过 8 万次。与此同时，宝马 1 系独树一帜的品牌个性和精准、优越的操控性能也给消费者留下了深刻印象。

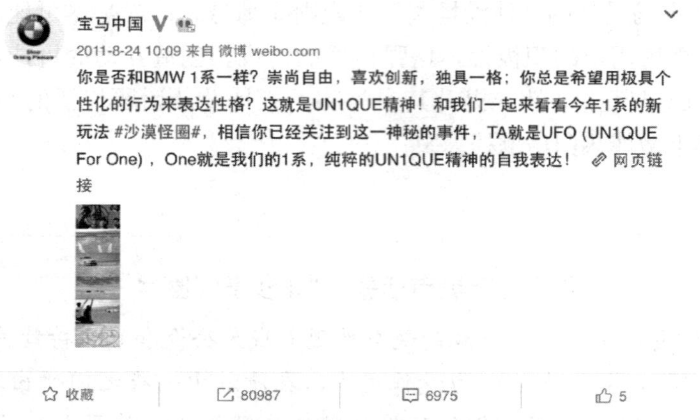

图 7－23　宝马打造“#沙漠怪圈#”话题

（三）人本传播

在微博这样的社交平台上，进行交互和构建关系是企业微博的主要任务，如果还以冷冰冰的机构形象示人，以单向灌输的方式传播，以枯燥、刻板的内容交流，企业微博的营销传播作用就难以真正体现。

在产品和服务同质化越来越严重的背景下，一个品牌能不能得到消费者的喜欢，很多时候并不在于产品和服务的质量如何，而是要看品牌有没有借助各类媒体平台与消费者展开平等、尊重、互信的对话，并在此基础上构建关系，使消费者对于品牌在形象方面有良好的认知、在声誉方面有广泛的认同、在信任方面有持续的认可。基于这样的认识，企业微博在与用户或粉丝交流时，就应一直秉持人本传播的原则，一方面进行形象定位塑造自身的人格，另一方面在传播、交互的过程中做到了解人、尊重人、关心人，让自己变得有人情、有人味儿。

这方面成功的例子已有很多，除了前文提到的“故宫淘宝”“杜蕾斯官方微博”等，2017 年上线的“雕牌雕兄说”也比较典型。

案例链接

“雕牌雕兄说”的人本传播

作为洗涤行业的著名品牌，雕牌近年开始将营销的目标消费者转向“80 后”和“90 后”的女性。这些女性已渐渐成长为家庭购买决策的主导者，尽管父辈们可以提供给她们很多的经验和方法，但她们对家庭和情感有着独特的观点和处理方法。为了更好地传递“有情有家有雕牌”这一核心主张，雕牌提出“新家观”作为与这些目标消费者的沟通主题。2017 年 2 月，雕牌开设了微博“雕牌雕兄说”推动“新家观”更好地落地，并为微博设计了“雕兄”这一拟人化 IP 形象，通过“雕兄”用“80 后”和“90 后”的语言与目标消费者沟通。

具体来看，“雕兄”被设定为女性“国民男闺蜜”，他的性格逗趣、机智，会耍贱、爱卖萌，符合年轻人和目标消费者的喜好。在定位上，“雕兄”延承了品牌“中国家庭情感关系的载体”的核心资产；在形象构建上，增加了对当代审美的理解，通过不断输出强化符合时代洞察和年轻人家庭关系处理观点的内容，保证“雕兄”是一个有血有肉、接地气又具备品牌人格的形象（见图 7－24）。

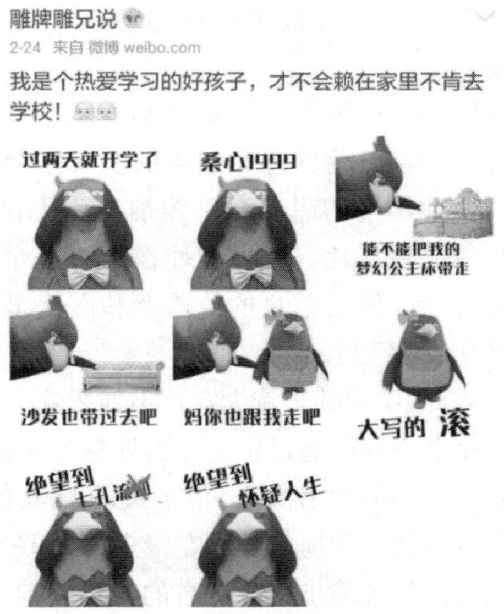

图 7－24　“雕牌雕兄说”发布的表情包

在运营上，“雕牌雕兄说”会常常与“海尔兄弟”“卫龙食品”“娃哈哈”等有着类似风格的企业微博进行互动，还会借助微博上的意见领袖进行推广。在 2017 年 3 月 8 日，“雕牌雕兄说”推出“三月女王节”讨好老婆、女友、妈妈、婆婆和女儿等诸“女王”的 38 个“新家观”，这些有趣、有爱、暖心的“新家观”打动了很多网民，成为网上的热点话题（见图 7－25）。

图 7－25　“雕牌雕兄说”发布“新家观”

资料来源：雕牌的年轻化，为什么会从微博上的一只雕兄开始？[EB/OL].（2017-11-02）[2018-02-22]. http://socialbeta.com/t/case-how-to-get-social-image-on-weibo-like-diaopai-201711；雕牌为什么要打造一个拥有近 60 万粉丝的“萌贱”网红？[EB/OL].（2017-04-24）[2018-02-22]. http://socialbeta.com/t/brand-how-diaoxiong-become-popular-2017-04.

（四）影响有影响力的人

关于意见领袖比较经典的定义是“在将媒介信息传给社会群体的过程中，那些扮演某种有影响力的中介角色者”①。在微博平台，意见领袖常被各企业的营销人员称为 KOL（key opinion leader）或“大 V”，他们往往是那些经常为他人提供信息和观点、能对他人施加影响的微博用户。这些意见领袖既可以是个人，也可以是组织；既可以是现实生活中的名人，也可以是在虚拟空间有影响力的微博用户；既可以是粉丝多元的明星、网红、写手，也可以是在垂直领域有话语权的专家、评论者、行业达人。一般来讲他们都有加 V 认证，有数量可观的粉丝，在某一领域有很多追随者，会频频发声、与粉丝互动。

随着社交媒体广泛地渗透至人们生活工作的方方面面，越来越多的人选择微博、微信等渠道作为信息和观点的主要来源，社交平台上个体的主体地位被前所未有地提升，由此催生的诸多意见领袖成为无论是线上还是线下都具有影响力的人。与 SNS、微信等平台相比，意见领袖在微博平台发挥的作用尤为突出，他们“是网络舆论的重要发起者、网络信息的传播者和网络事件的推动者，并可以将个人网络影响力辐射至现实生活中”②。

对此，“与其影响大众，不如影响有影响力的人”就成为很多企业进行营销的一个共识。企业微博可通过锁定并引导意见领袖去讨论和传播与企业或者产品有关的话题，借助意见领袖的背书快速、广泛地影响其他用户。针对不同类型的微博意见领袖，企业也需在保持线下沟通的同时在线上采取差异化的交互策略，例如向明星、公知、媒体人等公共意见领袖输出社会共享的时代精神、人文价值，以及自身的善意、道德、情怀，与其构建价值共同体；向专家、行业达人等专业意见领袖输出自己的社会责任、技术创新、行业前瞻，与其构建责任共同体；向草根意见领袖表达自己愿意倾听、主动对话的姿态，积极与其互动，回应其关切，与其构建彼此成就的命运共同体。

案例链接

方太用“#给你我的水#”传递爱心

中国是世界上水资源最贫乏的国家之一。为了呼吁社会珍惜水资源、表达自身的社会责任感，2017 年“世界水日”前夕，厨电品牌方太在官方微博“FOTILE 方太”发起了“#给你我的水#”公益行动，企业或个人都可以在微博上“捐出”品牌或自己名字中带水

① 费斯克，等. 关键概念 [M]. 李彬，译注. 北京：新华出版社，2004：192.
② 佟力强. 中国微博发展报告（2015—2016）[R]. 北京：人民出版社，2017：31.

部分，如“氵”“冫”等，共同助力缺水地陕西省白水县母亲水窖的修建（见图 7－26）。

在活动中，方太率先将产品水槽洗碗机更名为“水槽先碗机”，随后有 100 多家品牌、50 多家媒体机构、大量意见领袖和微博用户通过转发/评论的方式参与其中。比如，“上海交通大学”这样发声：“世界水日，请叫我上每交通大学（shang mei jiao tong da xue）。我愿响应方太水槽‘先’碗机的号召……最后我想提名 @上海日报 @上海大学 @沈南鹏 一起来！”（见图 7－27）一时间，微博上“捐水”者纷纷涌现，例如汉堡王将自己称为“又堡王”，河南商报更名为“可南商报”，Happy 张江换名为“Happy 张工”等，活动曝光量超过 1.2 亿。

当方太水槽洗碗机变成“方太水槽先碗机”，上海交通大学变成“上每交通大学”时，每个人都会感到不适。方太希望用这种不适感引导人们关注水资源的匮乏现状，与他们共同用实际行动为缺水地区送上关爱。同时，方太在传递爱心、践行社会责任的同时，也生动地向社会各界诠释了自己“因爱伟大”的品牌核心理念。

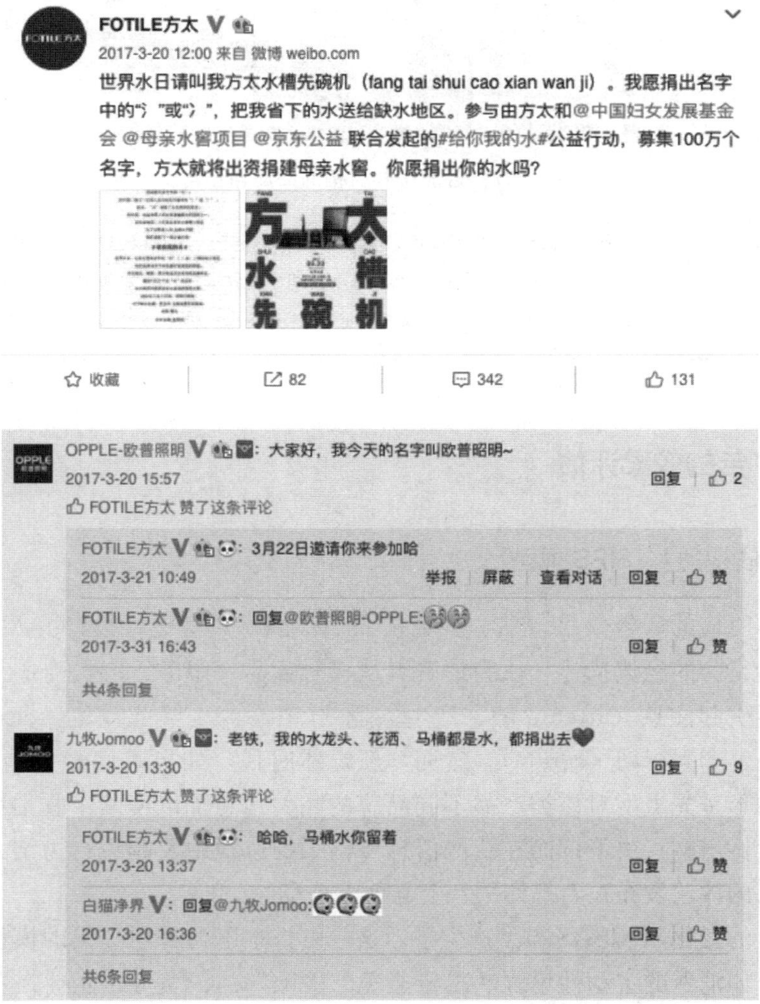

图 7－26　“FOTILE 方太”发起“＃给你我的水＃”活动

图 7－27　各品牌和机构的回应与参与

资料来源：庄何丽．方太为什么联合 100 多家品牌、50 多家媒体一起改名？［EB/OL］．（2017－03－29）［2018－02－23］．http：//www.adquan.com/post-2-36059.html；产品数字营销．世界水日，方太和 100 多家品牌、50 多家媒体开了一场公益大趴［EB/OL］．（2018－01－30）［2018－02－23］．http：//www.sohu.com/a/219823124_813625.

三、微博广告的效果评估

（一）评估视角：SIPS 模型

传统媒体时代的广告效果评估，多会按照 AIDMA 模型进行设计。AIDMA 模型是对消费者消费行为的经典描述，认为消费者从接触商品、服务、广告到最终购买经历了以下的过程：引起注意（attention）、产生兴趣（interest）、唤起欲望（desire）、加深记忆（memory）、产生行动（action）。然而，新媒体时代，如果人们希望购买某一产品，比较可能的情形是先上网对该类产品不同品牌的相关信息加以搜索、收集和比较，并根据这样的比较做出购买决策；而在获取信息和购买的过程中及购买行为结束后，人们还常常会把自己的体验发布在新媒体平台上与他人分享。

针对这样的变化，AISAS 模型产生了。这一由日本电通公司提出的模型认为基于消费者的变化，如消费的主动性增强、尽量避免"失败"的消费等，企业在营销的时候除了仍要在引起消费者注意（attention）、激发消费者兴趣（interest）和促进消费者行动（action）上下功夫，还需考量消费者的搜索（search）和分享（share）两个环节。

2011年，日本电通公司又基于AISAS模型提出了数字时代消费行为的分析工具——SIPS（sympathize共鸣；identify确认；participate参与；share & spread共享与扩散）模型，该模型深入解剖了数字平台消费者行为“search-action-share”三个环节形成口碑的内在规律。其前提判断是，数字营销策划的本质是要运用策略让消费意向趋同的人聚合在特定的信息平台，以形成消费者和品牌的“对话”；其中，找到推进消费者和品牌对话的信息起点是首要环节。①

SIPS模型认为，人们需要对企业在社会中发出的各种信息及生活者发布的与企业相关的信息产生共鸣，并确认哪些信息对自己有益之后，才会以一般参与、成为粉丝、变成忠诚顾客甚至狂热信奉者的方式参与到企业的营销传播之中，在参与的过程中及结束后，人们又会基于新媒体平台彼此连接的关系网络共享和扩散情绪、评论、体验等信息——这又会支持第一个环节共鸣的达成。

（二）评估要点

对于企业官方微博而言，发布传统意义上的商业广告自然无可厚非，然而，出于对微博开放互动、平等对话、关系传播等平台属性的考量，企业官方微博更应关注如何在互动中引发共鸣，在对话中获得信任，在关系构建中培育忠诚。若是将SIPS模型与微博现有的各类评价指标相结合，企业微博的评估要点有：

1. 注意和共鸣阶段

根据前文提及的种种策略，企业微博可以通过打造热点、借势传播、影响有影响力的人等方式在短时间内吸引人们的关注、激起人们的共鸣。这一阶段需重点关注微博信息的曝光度和好感度，具体指标包括：页面流量、品牌搜索量、品牌提及量、粉丝数量与质量、点赞量、话题热搜排名等。

2. 确认和参与阶段

如果微博用户认为企业微博传递的信息对他们有价值，他们就会参与到企业的营销传播活动之中。这方面的指标可按照用户的参与程度加以分类：（1）一般参与，指标为阅读量、视频手动播放量、平均播放时长；（2）成为粉丝，指标为粉丝增长量、粉丝质量；（3）积极参与，指标为评论量、评论内容、注册量、转发量、转发者影响力、回复量；（4）深度参与，指标为在线咨询量、在线订购量、应用下载量。

3. 体验和分享阶段

在微博用户体验活动、购买使用的过程中或事后，他们可能会将自身的感悟、情绪、经历、喜好、建议分享到自己的微博中，这些内容既可能会成为影响其他人产生共鸣的因素，也可能会成为他人购买决策的参考。此阶段的指标包括：用户原创的与品牌或活动相关的内容，这些内容的点赞量、转发量、阅读量，用户认知度和用户美誉度等。

在评估数据的获取方面，除了参考微博平台运营方提供的数据，还可以寻求第三方监测服务商的帮助。目前我国的第三方监测服务商有众趣、微博派、微博大师等，可对微博等社会化媒体平台的数据进行监测和分析。而微博上提供的第三方分析工具也可选

---

① 程士安．微博“粉丝”行为解读［J］．中欧商业评论，2011（11）：34－38.

择，例如“微博风云”能提供活跃度排名、影响力排名、微博等级等数据分析，运用“微博引爆点”和“转发粉丝数量统计”则能分析单条微博的传播，“微博分析家”和“微数据”可分析微博的关注、粉丝、评论和转发等数据。不过，上述手段并不能完全取代传统的广告效果调查，若想更好地分析微博用户的态度变化，需借助抽样调查、小组访谈等方法。

本章小结

微博是微型博客的简称，是一个基于用户关注关系的信息分享、传播及获取平台，它包括认证、私信、话题、微群、视频号等基础功能，也包括基于开放平台的服务功能。因其具有使用便捷、一对一传播和一对多传播结合、内容碎片化、交互性强和裂变传播等特点，故而成为最重要的社交媒体之一。

微博广告是微博最早的商业模式之一，现今也是微博最主要的营收点。依据发布平台的差异，微博广告主要分为两类：一是企业自助广告，即企业在自建的微博账号或合作的意见领袖的个人微博平台投放的广告；二是在微博提供的广告位置投放的广告。企业自助广告以内容作为划分标准，又包括产品广告、促销广告、品牌广告和活动广告四类；在微博广告位投放的广告则主要包括曝光类广告、搜索类广告和信息流广告三种类型。微博广告吸引广告主的因素主要在于：流量和热点带来的营销机会；广告互动性强；易于实现精准投放。

企业自建的微博账号、微信公众号和官方网站如今是许多企业进行营销推广时必不可少的传播平台或传播渠道。企业需要精心打造微博账号，进行富有人性化和亲和力的形象与内容定位；同时创建微博矩阵，提升营销传播的广度、深度和力度。

在广告策略方面，本章重点介绍了几种方法：借势传播、打造热点、人本传播和影响有影响力的人。

在效果评估方面，对于企业官方微博而言，更应关注如何在互动中引发共鸣，在对话中获得信任，在关系构建中培育忠诚。企业可以对传播的注意和共鸣阶段、确认和参与阶段、体验和分享阶段分别进行评估。在评估数据的获取上，除了参考微博平台运营方提供的数据，还可以寻求第三方监测服务商的帮助。

问题讨论

1. 要想让微博显得更加人性化，可以从哪些方面入手？

2. 与微信相比，微博广告的优势是什么？

3. 讨论：当品牌遭遇危机时，微博能发挥什么样的作用？应如何利用微博与消费者沟通？试收集几个这方面的案例。

第八章
微信广告

随着微信公众平台、微信支付、微信城市服务等功能的推出，微信已经不再是一个单纯的社交工具，而是广泛渗入人们的日常生活，与用户产生了密切关联。微信平台的营销价值和潜力也因此显现，在短短几年时间内，微信广告已在我国社交媒体广告市场中占据了重要地位。

本章在阐述微信的发展概况、属性价值的基础上，梳理了微信广告的概念、形式、特点等方面的内容，并介绍了洞察受众、讲好故事、融合场景、提供价值等运作方法。

第一节　微信概述

从最初的即时通信工具到如今的开放生态系统，微信在不断增加与完善功能的同时，也在强化自身的即时程度、拓展应用场景，由此带来的对规模化用户生活方式的重塑、信息的富媒体呈现、精准营销和场景营销的可能性、圈群特征，使其具有了特殊的营销价值。

一、微信的发展与功能

微信（WeChat）是腾讯公司推出的一款社会化媒体产品，支持用户间进行跨通信运营商、跨手机操作系统平台的文字、图片、语音、视频等形式的信息传收。它既可以实现点对点的交流，也可以在朋友圈进行信息分享，同时支持分组聊天、点对面传播等。微信将人际传播、群体传播、大众传播对等聚合，实现了三者的无缝链接和全面贯通。[①]

依托腾讯 QQ 已有的用户基础，微信自 2011 年 1 月上线便呈现出快速发展的态势，2012 年 3 月 29 日，距首发日仅 14 个月用户数量即达 1 亿；在接下来的 6 个月内，用户数又实现了 1 个亿的增长；至 2013 年 1 月 15 日，增长 1 亿用户的时间已缩短至 4 个月。[②] 截

---

① 彭兰．社会化媒体理论与实践解析［M］．北京：中国人民大学出版社，2015：278.

② 腾讯科技．腾讯微信用户量突破 3 亿，耗时不到两年［EB/OL］．(2013－01－15)［2018－02－27］．http：//tech. qq. com/a/20130115/000179. htm.

至 2021 年 9 月底，微信和海外版 WeChat 的合并月活跃用户已达 12.63 亿。[①] 作为即时通信应用的一种，截至 2016 年 12 月，微信在中国用户中的整体使用率达 92.6%[②]，直接带动信息消费 1 742.5 亿元，同比增长 26.2%[③]。

在公众号方面，2020 年公众号数量超过 2 000 万个[④]；在小程序方面，小程序数量在 2021 年 6 月超过 430 万，月活跃用户数达 9 亿以上，人均单日使用时长超过 22 分钟[⑤]；在视频号方面，2020 年底视频号总数超过 3 000 万，人均单日使用时长为 19 分钟[⑥]。依据腾讯旗下的企鹅智酷发布的《2017 微信用户 & 生态研究报告》，微信整体关系链已进入稳定期，微信好友中的“泛好友”越来越多，关系链由强关系链条衔接的家人、好友的范围向弱关系联系的泛工作关系网络延伸。

（一）微信的发展历程

从最初的 1.0 版至 2021 年 10 月底的 8.0.16 版，基于版本更迭和功能演进，我们可以梳理出微信经历了以下五个发展阶段：

1. 移动即时通信阶段

微信上线之初的核心功能是“即时通信（IM）”，进行点对点的信息传递，实质上只是将信息传播渠道由原来的移动通信网络迁移至移动互联网络。微信 1.0 版本只能发送文字和图片信息，随着之后功能的增加，信息符号形式更加多元化，呈现多媒体化特征。

2. 移动社交发展阶段

2011 年微信又推出了 2.0 版本，语音对讲成为微信区别于其他即时通信工具的重要功能之一。之后的微信 2.5 版本和 3.0 版本引入了社交元素，使微信具备了社交属性。新增的“查看在附近的人”“摇一摇”“漂流瓶”等功能在基于通讯录的熟人社交之外，补充了匿名、随机社交属性，增加了社交的趣味性。

3. 平台化阶段

2012 年 5 月，微信发布 4.0 版本，新增了朋友圈和 API 接口。API 接口开放后，微信支持用户从第三方应用向微信通讯录里的朋友分享音乐、新闻、美食、摄影等消息内容，从而进一步增加用户之间的互动，同时 API 接口的开放使得微信在将来能够成为一个强大的移动应用平台。同年 7 月，微信公众平台开始内测，使得微信迈向了平台化。

---

① 腾讯网．腾讯公布二〇二一年第三季业绩［EB/OL］．（2021 - 11 - 10）［2021 - 11 - 12］．https：//static. www. tencent. com/uploads/2021/11/10/d89fcf7a69f0dea47aff543fbe030e4d. pdf.

② CNNIC 中国互联网信息中心．2016 年中国社交应用用户行为研究报告［R/OL］.（2017 - 11 - 20）［2018 - 02 - 27］. http：//www. cnnic. cn/hlwfzyj/hlwxzbg/hlwtjbg/201708/P020170807351923262153. pdf.

③ 2017 年微信用户数据报告：活跃用户达 8.89 亿［EB/OL］.（2017 - 04 - 25）［2018 - 02 - 27］. http：//www. sohu. com/a/136382735 _ 184641.

④ 搜狐网．据说，微信群主最容易找工作?《2019—2020 微信就业影响力报告》来了［EB/OL］．（2020 - 05 - 31）［2021 - 11 - 12］．https：//www. sohu. com/a/398749776 _ 600308.

⑤ CSDN 技术社区．2021 年上半年小程序互联网发展白皮书-阿拉丁研究院［R/OL］．（2021 - 07 - 26）［2021 - 11 - 12］．https：//blog. csdn. net/u011948420/article/details/119112873.

⑥ 搜狐网．《2020 年视频号发展白皮书》：视频号 2021 年 GMV 有望突破 3500 亿［EB/OL］．（2021 - 01 - 21）［2021 - 11 - 12］．https：//www. sohu. com/a/445854373 _ 100106801.

4. 移动互联网入口发展阶段

2013 年 8 月，新增了“表情商店”“扫一扫”“游戏中心”“微信支付”等功能的 5.0 版本推出。微信支付加上微信集成的大量线下服务接口使得微信成为移动互联网重要的流量入口。通过微信钱包，人们可以实现手机充值、购买飞机票、进行生活缴费等各类生活服务功能。

5. 构建微信生态阶段

自 6.0 版本问世以来，微信版本的更新速度虽然放缓，但是微信的发展已逐渐从平台搭建转向更高一层的生态构建阶段，即培育一个森林、一个环境，让所有的动植物从里面自由生长出来，而不是微信自己把生态系统里面的每一块都做了。[①] 在随后的发展中，微信又增加了“小程序”“搜一搜”和“视频号”等应用，推动微信生态系统日益完善。

在版本更迭的过程中，随着功能的增加与完善，它的即时网络特征不断增强，应用场景得以拓宽（见图 8－1）。

（二）微信的功能模块

即时通信：在信息形式上支持语音短信、视频、图片（包括表情）和文字；既可进行点对点通信，也具有群聊功能。

朋友圈：用户可以通过朋友圈发表文字和图片，也可以将其他应用上的信息分享至朋友圈，还可以对朋友圈的信息进行“评论”或“点赞”。

微信公众平台：微信公众平台最初是面向名人、政府、媒体和企业等机构推出的合作推广业务，2012 年 8 月开始向所有用户开放，包括订阅号、服务号、小程序、企业微信（原企业号）四类账号。其中，订阅号重在向用户传达资讯；服务号为企业和组织提供业务服务与用户管理能力，主要偏向服务类交互；小程序则是一种不需要下载安装即可使用的应用，包含线下扫码、对话分享、消息通知、小程序切换、移动 App 跳转、历史列表、公众号关联和搜索查找等功能；企业微信为企业、学校、医院等组织提供专业管理工具，支持与小程序、微信支付等功能互通，实现高效办公与管理。

微信支付：微信支付是集成在微信客户端的支付功能，用户可以通过手机完成便捷支付。在绑定银行卡的基础上，微信支持微信公众平台支付、App 支付、二维码扫描支付、刷卡支付等方式。

视频号：基于兴趣、社交分发、算法推荐的短内容创作平台，用户可以在此发布图片、视频等内容，也可以转发视频号内容至朋友圈、聊天场景进行分享。

直播：基于 LBS 和社交推荐，用户可以浏览到附近的视频、直播，并能够搜索到自己附近一定地理范围内的其他用户。

扫一扫：为用户提供微信二维码、花草、动物、商品、翻译等“扫描-识别”功能。

摇一摇：随机交友板块，用户通过摇手机或点击按钮模拟摇一摇即可匹配到同一时

---

① 张小龙．希望微信搭建一个生态系统［EB/OL］．（2014－12－11）［2018－02－27］．http：//www.gamelook.com.cn/2014/12/194042.

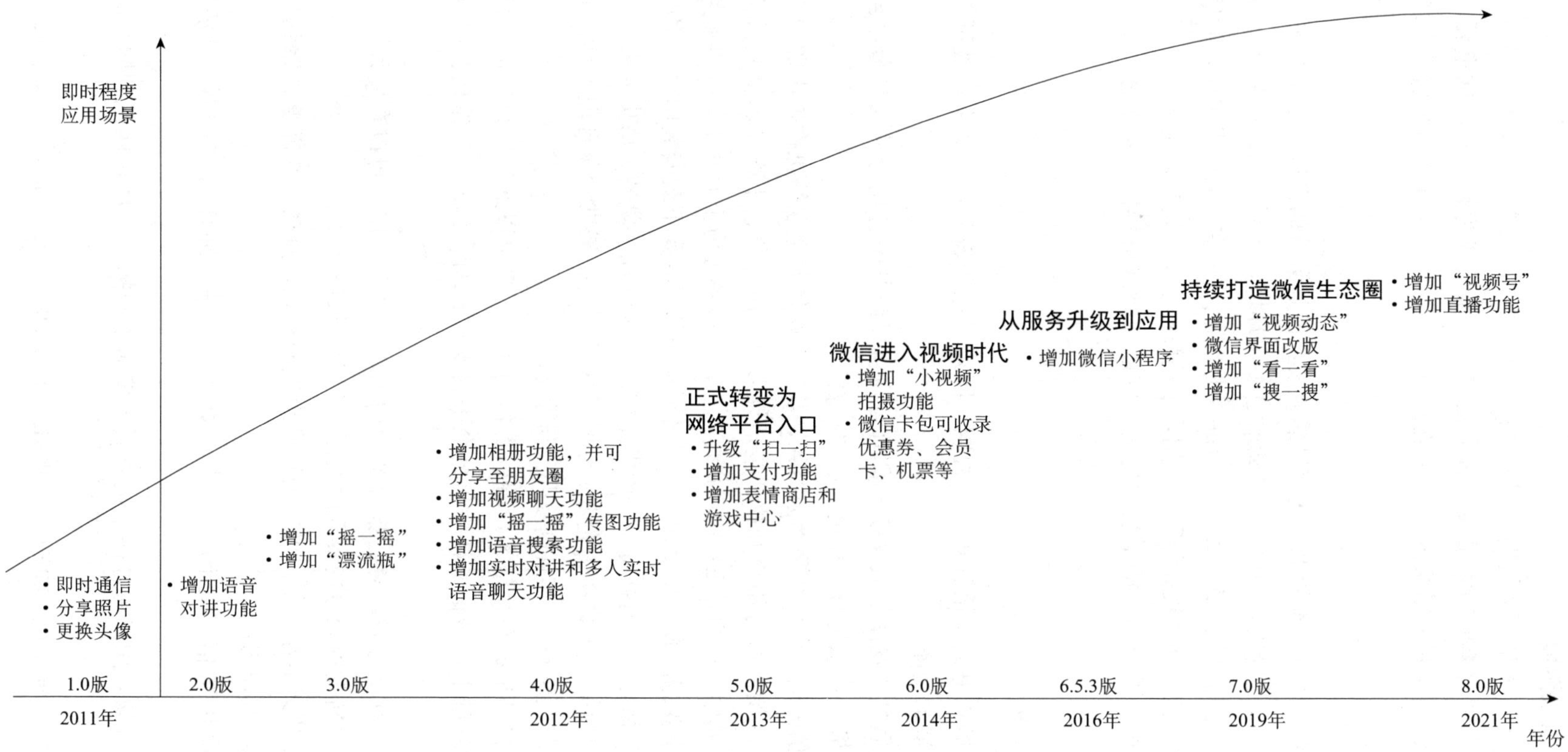

图8-1　微信版本演进

资料来源:根据微信官网信息整理。

段触发该功能的微信用户。

看一看：用户能在此查看好友通过点击“在看”推荐的内容，同时可在“热点”查看系统推荐的热门文章与视频。

搜一搜：用户可在此搜索微信内外的互联网信息，支持对朋友圈、公众号、表情包、小程序、生活服务、品牌等内容的搜索。

附近：用户可基于地理位置浏览所处地的“同城视频”和“同城直播”，以及搜索自己附近一定地理范围内的其他用户。

购物：接入京东旗下生活消费商城“京喜”购物，为用户提供购物服务。

游戏：用户可在此玩游戏（会显示好友游戏战绩和热门游戏排行），如“欢乐斗地主”和“天天爱消除”等。

二、 微信的营销价值

对于广告主而言，微信的营销价值主要体现在以下四个方面。

（一）对规模化用户生活方式的重塑

微信拥有极为可观的用户规模，如前文所述，至2021年9月，微信的月活跃用户已达12.63亿。由于微信构建的是基于熟人关系链的“强关系”网络，故而相较于微博等其他新媒体，用户的黏性较高。并且，随着微信功能的不断扩展，微信与人们的日常生活产生了密切联系，甚至重塑了人们的生活方式，这使得作为社交入口的微信还可以是生活服务的入口，乃至融信息传递、需求对接、支付购买、反馈分享等于一体的“一站式”营销平台。

（二）信息的富媒体呈现带来的营销创新可能

在微信平台，用户可以用融合了文字、语音、图片、动画、视频、超链接等多种表现元素的富媒体形式进行传播。基于这样的特性，近年来一些广告主和广告公司开发出H5、短视频、长图等多种创新的广告形式，吸引了很多用户的关注、分享，甚至还成为热点话题。

案例链接

微信H5广告《穿越故宫来看你》

2016年7月，腾讯与故宫合作举办“NEXT IDEA腾讯创新大赛”。在公开合作前，腾讯推出了《穿越故宫来看你》这一H5预热广告。

该H5广告以明朝皇帝朱棣从画中穿越到现代为故事主线，贯穿了8个场景：进入宫中；朱棣从墙上的画中跃下，戴着墨镜，唱起饶舌，跳起骑马舞；随后来到殿外，看到飞碟，并开始各种搞怪自拍；朱棣把自拍的照片做成了表情包发到后宫佳丽的QQ群中，向妃子们炫耀；妃子向皇上展示自己发现的新奇的VR游戏；官员们坐在办公室里讨论“NEXT IDEA 腾讯创新大赛”的举办事宜，背景墙上贴着大赛的宣传海报；最后弹出大赛报名的邀请和宣传栏。

整支广告以明朝皇帝为主人公，同时加入了 rap、自拍、朋友圈、VR、QQ、飞碟、电脑等各类现代元素，呈现出“故宫 IP＋互联网流行元素”的古今文化碰撞，营造了新鲜、搞怪、娱乐的风格，既符合宣传对象“创新大赛”的主题，也契合目标受众的喜好（见图 8－2）。

图 8－2　H5 广告《穿越故宫来看你》

资料来源：穿越故宫来看你：一支有魔性刷爆朋友圈的 H5 是如何产生的［EB/OL］.（2017－07－07）［2018－02－28］. http：//www. zcool. com. cn/work/ZMTcxNjc2Mjg=. html.

（三）基于数据挖掘、LBS 技术和社交推荐的精准营销及场景营销

由于现实的生活已与移动互联网日趋融合，因此，如果在法律允许的范围内对这些数据加以一定程度的挖掘，即可为广告主提供精准的用户标签或全景画像，为精准营销提供支持。另外，基于地理位置的服务，微信不仅能确定移动设备或用户所在的地理位

置，而且能提供与位置相关的各类信息服务，其“附近”“摇一摇”“直播”等功能均是以此为基础的。利用这一特性，现实的营销场景可复制到微信平台，广告主能更加便捷地识别、捕捉目标消费者，并及时提供定向服务。另外，在内容传播中，微信强化了“实名点赞”的社交推荐机制。用户在算法推荐之外，也能获得被“好友”欣赏、认可的背书内容。借助这样的推荐机制，微信广告将具有更强的亲和力、更高的接受度。

（四）圈群特征能增强营销的针对性和可信度

相互连通的微信公众号、朋友圈、微信群使微信具备了很强的媒体属性，方便广告主面向一个个社群或圈子展开一对多的营销传播。这些由用户根据兴趣、审美、价值、行业属性聚合而成的社群或圈子往往都特征鲜明、受众（粉丝）相似度高、受众（粉丝）对意见领袖比较信任，比如公众号“六神磊磊读金庸”聚集了一大批金庸迷，“年糕妈妈”网罗了大量关注育儿知识的父母，“Sir 电影”吸引了一众电影爱好者……面向这些社群或圈子进行营销会增强广告主营销信息的针对性和可信度，提升转化率。

正是因为上述的这些营销价值，微信广告的发展非常迅速，2021 年第 3 季度，腾讯“社交及其他广告收入同比增长 7%至人民币 190 亿元，主要反映了来自微信小程序和公众号的广告收入增长”①。

第二节　微信广告的类型与特点

微信广告有微信自营广告和微信公众号运营广告两种类型，包括朋友圈广告、公众号广告、小程序广告、视频号广告、病毒广告和植入广告等形态。微信广告具有即时互动、精准定向、基于强关系的裂变传播、内容与媒介环境高度融合等有助于实现和增强营销效果的特征，同时也存在着监管不易的难题。

一、微信广告的分类

从广义上看，微信广告既包括广告主在自建的官方订阅号、服务号、小程序和视频号上发布的商业信息，也包括微信自营的朋友圈信息流广告、公众号广告、小程序广告，还可纳入广告主与微信公众号自主合作投放的病毒广告、植入广告等形式（见表 8-1）。对广告主而言，微信广告既可用于公众号、应用、小游戏、品牌活动和门店的推广，也可为微信用户派发优惠券，还可借助 H5 活动预告等形式吸引用户登记、报名，以了解其购买产品或服务的意愿，收集销售线索。

这里重点介绍微信和微信公众号两类主体运作的广告。

---

① 腾讯网．腾讯发布 2021 第三季度财报，净利润达 395 亿元［EB/OL］．(2021-11-11)［2022-01-15］．http：//xw.qq.com/amphtml/20211111A0B4H700.

表 8-1　微信广告的分类

运营主体	广告类型	表现形式			描述
广告主	自建账号发布广告	以图文、视频等多元形式展现			广告主可根据自己公众号、服务号或视频号的定位自主发布广告信息。
微信	朋友圈广告	常规式广告			广告形态与用户朋友圈原创内容形式一致。
微信	朋友圈广告	卡片广告	非互动式广告	组合式卡片广告	微信提供标签信息（“限时抢购”“7 天无条件退换”）、行动按钮（“查看详情”“立即购买”）、倒计时（“距离活动开始的时间”）、选择按钮（在广告中提供 2～3 类产品/服务，用户可以自由选择）和视频号直播等多种组件，广告主可以灵活选择、组合展示广告信息。
微信	朋友圈广告	卡片广告	非互动式广告	全幅式广告	广告信息全部展示在一张没有边框的图片中，用户点击后可进入全屏视频界面进一步了解产品信息。
微信	朋友圈广告	卡片广告	互动广告	全景式广告	用户只需转动手机，就能够以 360°的全景视角浏览全景图片所展示的产品特征。
微信	朋友圈广告	卡片广告	互动广告	滑动式广告	以视频形式展现广告信息，用户跟随文字提示（如“滑动物品”）与广告进行互动。
微信	朋友圈广告	卡片广告	互动广告	长按式广告	用户跟随文字提示，在长按广告图片后可以触发“品牌氛围动效”（比如飘屏）。
微信	朋友圈广告	卡片广告	互动广告	轮播式广告	以轮播橱窗的形式展示广告信息（通常为 3～6 张图片），用户左右滑动即可查看完整内容。
微信	公众号广告	公众号底部广告			广告信息出现在公众号文章底部（内容区域和评论区域之间），用户点击后能够跳转至相应页面（如公众号、H5 页面等）。
微信	公众号广告	公众号文中广告			广告信息出现在公众号文章正文中（位置由流量主决定），其内容与所在微信号文章上下文密切相关。
微信	公众号广告	公众号互选广告			在微信广告平台上，广告主可以选择流量主进行广告投放，流量主则可决定是否接受需求。广告信息在公众号文章内进行展示，合作方式包括广告推荐模式和内容定制模式两类。
微信	公众号广告	公众号文章视频贴片广告			在 Wi-Fi 和 4G、5G 网络环境下，广告信息会出现在公众号文章内时长大于 3 分钟的视频内容中，包括图片（5 秒，不支持手动关闭）和视频（6～15 秒，支持手动关闭）两种形式。
微信	小程序广告	小程序 banner 广告			在小程序页面中，以横幅形式展现广告信息。
微信	小程序广告	小程序激励式广告			在小程序页面中，用户浏览广告内容的时长满足广告主要求后就可以获得相应奖励，比如游戏加分、复活机会等。
微信	小程序广告	小程序插屏广告			广告信息在小程序页面切换时以图文卡片形式弹出，支持用户随时关闭广告。

续表

运营主体	广告类型	表现形式	描述
微信	小程序广告	小程序格子广告	在小程序页面内将广告位划分为多个方格，这些格子均可用于展示广告信息（多为小游戏）。
	视频号广告	视频号互选广告	广告主和视频号流量主基于微信广告平台双向互选、自由达成合作的投放模式，广告创意基于视频号内容展开。
		推广视频号直播	在朋友圈、微信公众号、小程序和支付页订单详情页等场景中推广直播间及其内容。
		推广视频号视频	在朋友圈、微信公众号、小程序和支付页订单详情页等场景中推广视频号内容。
	其他广告	支付订单详情页广告	用户在线下门店或其他消费场所主动扫码支付，点击“完成”按钮后，支付页面会出现广告图文信息。
		红包封面植入广告	通过微信红包封面样式和封面故事进行品牌推广。
微信公众号	病毒广告	长图广告	高度为数十厘米甚至是数米的图。
		H5 广告	利用 HTML5 技术实现的数字广告。
		视频广告	以视频呈现广告内容。
		软文广告	将广告信息与文章内容有机结合，根据文章的位置不同可分为头条软文、二条软文等。
	植入广告	栏目冠名	为公众号的栏目冠名。
		金句冠名	从文章中提炼有感染力的“金句”置顶，在金句旁附上广告主相关信息。
		底部 banner	在文章底部设置的 banner 广告。
		其他	菜单栏植入、征集和投票植入、硬广植入。

（一）微信自营广告

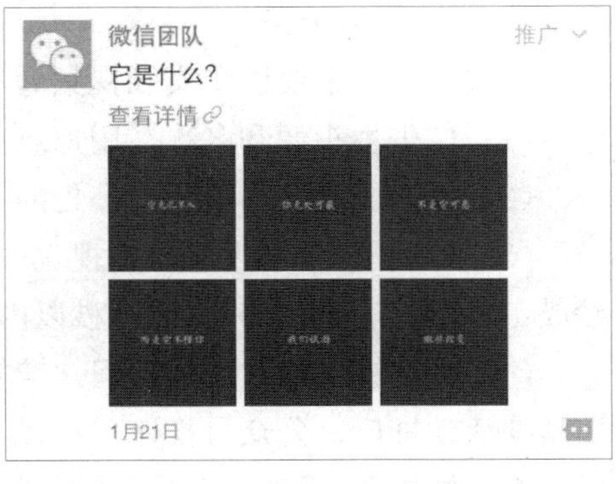

图 8-3 微信的第一条广告

微信自营的广告始于微信运行四周年的 2015 年 1 月 21 日，第一条是署名为“微信团队”的用户发布的六张带字的图片，文案分别为“它无孔不入”“你无处可藏”“不是它可恶”“而是它不懂你”“我们试图”“做些改变”。这条朋友圈广告的右上角有“推广”两个字，点开左上角的链接后会出现一张图片，上面写着“广告是生活的一部分”。该广告是微信广告的自我宣传，宣告广告成为微信的一种商业模式（见图 8-3）。

微信最初运作的广告均是典型的信息流广告，由文字和图片组成，点击下方的查看详情链接，可跳转到广告的落地页。另外，像普通的朋友圈内容一样，用户可对内容点赞、评论，微信好友间也能看到评论和点赞的内容。在发布此条广告后，微信团队表示会将用户体验放在第一位，此类广告的存续最终由用户来决定。在随后的运作过程中，除了对朋友圈中的信息流广告进行开发、优化，微信团队又推出了公众号广告。2018 年初，微信开始在小游戏“跳一跳”中植入广告；2019 年微信开启了“定制红包封面”功能，微信红包封面广告由此面世。此外，微信还开发出支付订单详情页广告等形式，广告呈现愈发丰富（见图 8－4）。截至 2022 年 1 月，微信自主运营的广告主要有朋友圈广告、公众号广告、小程序广告和视频号广告四类。

图 8－4 微信的游戏植入广告、红包封面广告和支付订单详情页广告

1. 微信朋友圈广告

微信朋友圈广告是以类似好友的原创内容形式在朋友圈中展示的广告。用户可以通过点赞、评论等方式进行互动，并依托社交关系链传播。此类广告主要包括常规式广告和卡片式广告两种形态。

常规式广告主要以图文和视频展示为主，其构成要素如下（见图 8－5）：

（1）广告主头像和名称，用户点击后会跳转至广告主公众号主页。

（2）外层文案，用于呈现广告的关键信息，通常不超过 40 字。

（3）外层图片/小视频，用视觉表现广告创意，图片最多支持 9 幅，小视频长度为 6 秒或 15 秒，点击可看时长 300 秒以内的完整视频。

（4）文字链，引导用户访问“链接详情页”以进一步了解广告详情，根据推广目的，如品牌活动推广、公众号推广、移动应用推广、微信卡券派发、门店推广，文字链可选择“查看详情”“了解公众号”“下载应用”“下载游戏”“预约活动”或“领取优惠”。

（5）门店标识（如有线下门店引导需求），用户点击即可跳转查看门店详情页，进而可开启地图导航、一键拨号等功能，进一步引导用户到店。

（6）用户社交互动，允许用户对广告点赞和评论，使其“参与”到广告之中。

卡片式广告与常规式广告有所不同，这类朋友圈广告是在突破原有形式的图片及视频尺寸限制的基础上，将图片、文案等融到一张“卡片”中，直观地呈现广告信息。卡

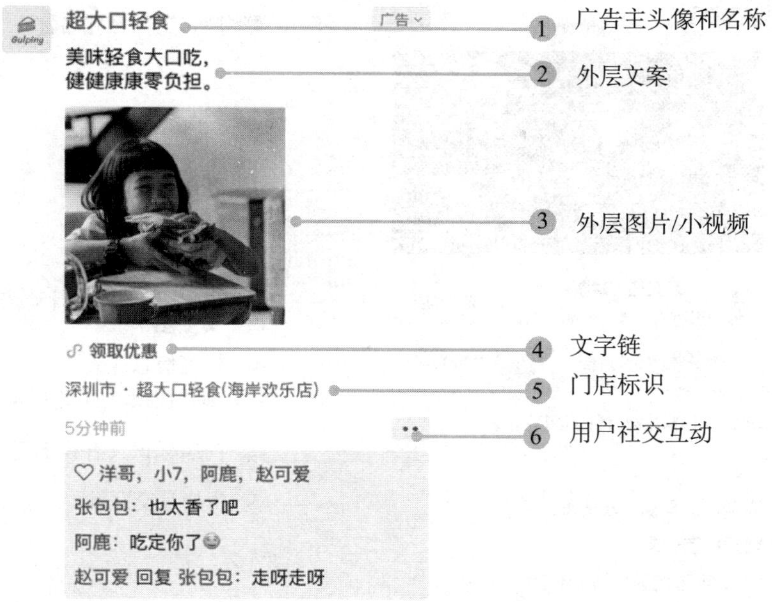

图 8－5　朋友圈常规式广告的构成要素

片式广告可划分为不具备互动功能的组合式卡片广告、全幅式广告，以及为用户提供互动体验的全景式广告、滑动式广告、长按式广告和轮播式广告。

以组合式卡片广告为例，其基本构成要素如下（见图 8－6）[1]：

（1）广告主头像和名称。

（2）外层图片/小视频，图片大小＜300k，视频时长在 6～30 秒之间。

（3）倒计时组件，用于提示用户距离活动开始或结束剩余的时间。

（4）广告文案，标题可以选择填写，少于 10 字，详情必须填写，二者均不允许换行。

（5）卖点图，广告主可添加文案用于提示用户产品卖点，标题和描述均不超过 10 字。

（6）标签信息，用于介绍产品特征，如“交易保障”“7 天无条件退换”，最多可设置 3 个，文案不超过 16 字。

（7）选择按钮，为差异化的目标用户提供不同的产品或服务选择（比如旅游产品广告提供的目的地“澳大利亚”和“土耳其”），用户点击后进入对应的详情页面。

（8）门店标识。

（9）用户社交互动。

（10）行动按钮，文案由推广目标决定，比如推广产品对应“立即购买”，推广公众号则对应“关注公众号”。

---

① 本部分提及的一些构成要素与朋友圈常规广告一致，因此除规格要求外不再重复介绍。

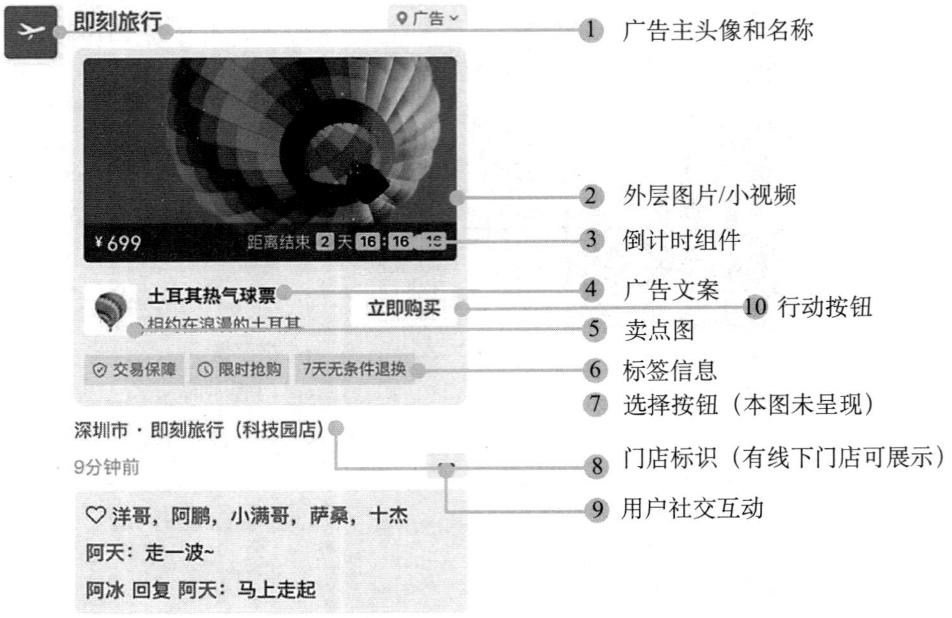

图 8-6 朋友圈卡片式广告的构成要素（以组合式卡片广告为例）

朋友圈广告可归于原生广告中的信息流（feeds）广告，即一种以信息流[①]形式出现在社交网络用户的视野之中，依据社交群体属性针对用户喜好和特点进行智能推广的广告形式。这一形式最早起源于美国社交网站 Twitter，随后被 Facebook、Instagram 等沿用，并进入中国社交平台。朋友圈信息流广告根据性别、年龄、受教育情况、偏好[②]、地域（国内常住地、境外差旅出行地）、移动场景（手机品牌型号、手机系统、联网环境）、用户反馈情况等标签对用户进行细分，在此基础上用算法为每位用户个性化定制图片或视频配以文字的广告，用户点击信息流广告“查看详情”的链接即可浏览详细广告信息。另外，朋友圈广告会在右上角标注“广告”字样（之前标注的是“推广”字样），以便用户识别这是赞助商提供的广告信息。用户还可选择“还不错”或“关闭此条广告”表达态度。如果用户对广告内容不点赞、不评论，广告内容会在 6 小时内消失（见图 8-7）。

为了进一步提升用户的互动意愿，微信朋友圈广告拓展了以下外层辅助功能：

（1）明星互动能力，在朋友圈广告中，使用明星的头像和名称替代原有品牌信息，使品牌更人性化、更容易吸引用户关注和互动。

（2）首条评论，广告可自带首条评论，使广告主可以像朋友一样在评论区与用户互动，激发用户参与讨论。

（3）艾特（@）好友评论互动，用户可以在评论区艾特好友，邀请他们共同观看、讨论广告内容。

① Facebook 将信息流定义为用户在主页持续更新的动态消息，信息流包括用户状态更新、照片、视频、网页链接、App 活动以及来自其他用户的群组行为。

② 偏好包括用户长期以来对某类事物的“兴趣”，以及在特定场景中发生过的固定关联行为。

（4）可能看到的微信好友数，广告可向用户展示其可能看到的好友数量，提升广告在用户社交关系中的影响力。

（5）转化数据外显，向用户展示广告转化数据，如显示应用的下载次数、商品的最近购买人数等，强化用户的行动意愿。

图 8-7 几类朋友圈广告

朋友圈广告以曝光量计费，曝光的单价或竞价购买的出价范围由广告创意外层媒体类型和投放地域①共同决定。当外层创意以视频形式呈现时，核心城市的投放价格为 180

① 目前，微信广告将投放地域划分为三类，“核心城市”包括北京、上海，“重点城市”包括广州、成都、深圳、杭州、武汉、重庆、苏州等 20 个高活跃城市，以及除上述 22 个城市之外的“其他城市”。

元/CPM，重点城市为 120 元/CPM，其他城市为 60 元/CPM；当外层创意为图片时，核心城市的投放价格为 150 元/CPM，重点城市为 100 元/CPM，其他城市为 50 元/CPM。广告主的投放可选用排期购买或竞价购买两种方式。排期购买的特点是提前锁定曝光量，同时提前冻结账户里预定排期的账户金额，CPM 单价按刊例价执行，单次投放总预算 5 万元起，向所有城市开放且适用于所有类型的朋友圈广告。竞价购买指的是广告主设置投放时间（0.5 小时～60 个自然日）及日预算（每日 1 000 元起），通过实时竞价（按千次曝光出价，价格可选区域为 1.5～999 元/CPM）的方式与其他广告主竞争广告曝光。

朋友圈广告凭借微信庞大的用户基数以及精准的投放，能够获得一定的广告效果。例如，在首批朋友圈广告中，宝马的广告上线 17 小时，直接的曝光总量接近 4 600 万，共获用户点赞及评论数量接近 700 万次，宝马公众号的粉丝增长了 20 万；vivo 的广告的曝光量接近 1.55 亿，用户点赞及评论数量多达 720 万次。①

案例链接

首批微信朋友圈广告

2015 年 1 月 25 日晚，首批微信朋友圈广告上线，“宝马中国”“vivo”“可口可乐” 3 个品牌的信息流广告出现在不同用户的朋友圈，成为当晚热议的焦点（见图 8-8）。

图 8-8　首批微信朋友圈广告

朋友圈广告推出后，有网友戏称朋友圈广告的推送是基于对用户的数据分析，“收到宝马广告是土豪，收到 vivo 广告是中产，收到可口可乐广告的是穷人”等相关段子迅速传播，也有不少网友将广告截图转发，进行自我调侃，形成了广告的二次传播，使这次广告演变为一场网民的狂欢。

资料来源：李娜，高柱，张晶晶．微信朋友圈广告：精准投放还是“绑架”营销［N］．工人日报，2015-02-04.

背景链接

智能化的朋友圈广告出价方式：oCPM

2017 年 11 月 15 日，微信朋友圈广告推出 oCPM（optimized cost per mille）出价方

① 徐婷．微信朋友圈广告营销策略分析［J］．新媒体研究，2016（23）：78，92.

式，即按优化目标出价。广告主根据自身实际推广需求，设定优化目标（如适用于品牌活动推广和门店推广的“获得更多可转化点击次数”，适用于移动应用推广的“获得更多推广页按钮点击次数”“获得更多 App 下载次数”“获得更多激活量”，适用于公众号推广的“获得更多关注次数”“获得更多公众号内注册次数”），并对优化目标出价，但仍按曝光次数收费。广告系统如同一个实时在线的优化师，根据广告主的优化目标和出价，利用腾讯海量数据和广告算法，智能优化、实时竞拍，将广告投放给最有可能转化的用户，实现广告效果最佳化。

与根据曝光出价的普通 CPM 竞价相比，oCPM 具有三方面的优势：

第一，广告主更容易出价。oCPM 是广告主根据自身实际推广的预期转化成本出价，因此不需要进行曝光-转化的计算，可以避免这一过程中的损耗，解决出价难的问题。

第二，成本更稳定。oCPM 基于大数据和 24 小时在线监测，能根据成本目标和实时投放效果进行快速计算和调整，在动态的流量竞争环境中，帮助广告主尽可能以稳定的成本获得转化。

第三，当 oCPM 广告转化成本稳定符合预期，且广告主希望进一步放量时，广告主可逐步释放原有定向限制，系统将智能地向更多潜在的高转化率且符合成本预期的用户投放广告，从而满足广告主“长期、稳定获量”的推广要求。

与此类似，oCPA（optimized cost per action）也是广告主在广告投放流程中选定特定的优化目标（比如移动应用的注册激活，网站的下单），提供愿意为此投放目标支付的平均价格，并及时、准确地回传效果数据后，微信借助转化预估模型，实时预估每一次请求对广告主的转化价值，设置自动出价方案，最终按照点击扣费；同时，微信的转化预估模型还会根据广告主的广告转化数据不断自动优化。

资料来源：广点通小助手．微信朋友圈广告上线 oCPM.（2017 - 11 - 15） [2018 - 02 - 28]．http://mp.weixin.qq.com/s/OouhbXb7lTf36Kjb7dhPLQ；微信广告．智能优化［EB/OL］．［2021 -11 - 12］．https://ad.weixin.qq.com/guide/2279.

2. 微信公众号广告

微信公众号广告以微信公众号生态体系为基础，以文章内容的形式嵌入微信公众号文章。目前，假如一个公众号的订阅量超过 500，运营者就可以申请成为微信“流量主”，将公众号中的指定位置（如文章页面底部、中间）交给腾讯广告投放平台（以前是腾讯的效果广告投放平台广点通）统一管理，供广告主投放广告，而流量主则按广告的点击率获得收入。通过广告投放系统，广告主的广告会定向投放到那些标签、受众、文章与其较为匹配的公众号上面。根据微信与流量主的分成方案，自 2019 年 6 月 1 日起，公众号原创文章流量主按照原创文章单日广告收入流水的 70%比例分成，即如果公众号原创文章单日广告收入流水为 10 万元，流量主可获得 7 万元（税前）。

根据流量主是否参与广告内容生产，微信公众号广告可以划分为非植入广告和互选广告两类。

非植入广告类的底部广告出现在图文消息底部，支持视频、图片、图文等多种卡片形式呈现广告信息，表现方式最为丰富（见图 8 - 9）；文中广告与底部广告类似，出现在公众号文章正文中，其内容与文章上下文具有相关性，以图片和图文卡片展示广告信息。

为了提升用户的点击数量，微信又增加了正文中的视频贴片广告，将图片（时长＜5 秒）和视频（6～15 秒）内嵌在 Wi-Fi 及 4G、5G 环境下公众号文章内时长超过 3 分钟的视频前，能够具象、简洁地展示广告信息，以更好地吸引用户的注意力。

图 8－9　微信公众号广告的主要形式（以底部广告为例）

公众号互选广告支持广告主与流量主在线上双向选择，这样广告主就能挑选与自己的品牌或目标人群更匹配的公众号投放广告，流量主也可对接与自己公众号调性相符的品牌及广告。公众号互选广告按照文章收费，文章价格由流量主自主决定。具体操作时，根据广告主与流量主的合作深度，支持广告推荐和内容定制两种合作模式（见图 8－10）。

广告推荐模式中，文章主题和内容无须与广告强相关。广告主需要提供品牌标语、口号等信息，流量主在文章末尾会将它们放置于广告卡片上方，同时需承诺曝光量，上线后 7 天内未达到承诺曝光量则按比例扣费。

内容定制模式中，广告需要与文章主题、内容保持高关联。流量主将结合粉丝喜好为广告主提供内容定制服务，双方可就内容合作的具体要求沟通、协商，文章内容经广告主审稿确认后发布，流量主无须承诺广告曝光量。

公众号广告售卖方式较为多样，公众号底部广告支持曝光竞价、曝光排期、点击竞价购买，公众号文中广告支持曝光排期、曝光竞价和点击竞价购买，互选广告按照单篇

图 8－10　广告推荐（左）和内容定制（右）公众号互选广告

文章计费（见表 8－2）。

表 8－2　微信公众号广告售卖方式分类

	曝光排期	曝光竞价	点击竞价
底部广告	外层视频创意 核心城市：40 元/CPM 重点城市：35 元/CPM 其他城市：30 元/CPM 外层图片创意 核心城市：35 元/CPM 重点城市：30 元/CPM 其他城市：25 元/CPM	每日广告预算 50 元起 视频按千次曝光出价，出价范围 1.5～999 元/CPM	每日广告预算 50 元起 图片按每次点击出价，最低出价 0.1 元
文中广告	核心城市：25 元/CPM 重点城市：20 元/CPM 其他城市：15 元/CPM		每日广告预算 50 元起 图片按每次点击出价，最低出价 0.1 元
视频贴片		每日广告预算 50 元起 视频按千次曝光出价，出价范围 1.5～999 元/CPM	
互选广告	按文章收费，价格由流量主自行决定		

3. 小程序广告

微信小程序广告的运作依托小程序与小游戏生态，利用专业数据处理算法帮助广告主实现高效精准的智能化投放。小程序广告的广告位由流量主（小程序拥有者在其小程序累计独立访客不低于1 000且没有严重违规记录时可申请成为流量主）决定，主要有：

（1）banner广告：与公众号底部广告样式一致，展现位置灵活，常见展现位置为文章末尾、详情页页面底部、信息流顶部或信息流之间，呈现样式包括图片式和图片名片式两种。

（2）激励式广告：用户在完成视频观看或页面浏览等任务后，可获得相应激励奖励。这类广告能够结合场景与情节为用户营造沉浸式互动体验。常见展现场景为：积分/金币奖励、解锁新功能、通关/进阶、道具体验。支持视频素材（横屏/竖屏）投放，横屏视频长度为6～15秒，竖屏视频长度为6～60秒。

（3）插屏广告：在小程序的界面切换过程中，如果用户触发流量主指定场景，广告就会以卡片方式弹出。用户可随时关闭插屏广告。

（4）格子广告：在小程序页面内将广告位划分为多个方格，这些格子均可用于展示广告信息（多为小游戏）。格子广告的常见展现位置为：文章末尾、详情页面底部、信息流顶部或信息流之间、小游戏场景切换、通关场景（见图8-11）。

banner广告　　激励式广告　　插屏广告　　格子广告

图8-11　微信小程序广告类型

4. 视频号广告

微信视频号广告是微信依托视频号在朋友圈、公众号等场景内展示的内容广告。视频号广告主要包含三种形式：视频号互选广告、推广视频号直播、推广视频号视频（见图8-12）。

视频号互选广告是广告主和视频号流量主[①]在视频号互选平台中双向互选、自由达成内容合作的广告形式。在这一平台上，广告主可根据品牌调性、目标人群等维度与

① 视频号流量主指通过视频号互选平台接受客户合作邀约，在视频号内定制和发布创意内容的创作者，视频号流量主可享受平台提供的品牌商机和安全的交易保障。

匹配的视频号创作者合作；视频号创作者接受合作邀约后，将结合品牌需求及粉丝偏好为品牌方定制创意内容，最终发布在视频号内，广告信息通常在视频消息内容区展示。

推广视频号直播与推广视频号视频是基于专业数据处理算法运行的程序化广告，可在朋友圈信息流、公众号文章页面、小程序页面等主要使用场景内展示。前者用于推广品牌的微信直播活动，能够引导目标用户进入并关注直播间；后者偏重展示广告主的视频内容，用户可点击跳转至广告主的视频号，并浏览更多相关的视频。此外，微信还为视频号广告提供了一系列行业组件（如引导用户在看直播时完成表单填写、添加企业微信等），旨在帮助广告主降低广告投放成本、优化转化效果。

图 8-12　微信视频号广告

（二）微信公众号运营的广告

与成为流量主依托腾讯广告投放平台发布广告的微信公众号不同，这类微信公众号自己撰写软文，设计和开发广告位，自行定价，直接与广告主进行线下交易。目前，选择自己运作广告的微信公众号通常都有数十万、数百万甚至千万级别的特征相似的粉丝，其文章的浏览量往往都可达到“10 万+”，因为读者的深度关注及对公众号的较高信任，其广告的转化（如 App 下载、公众号关注）效果较为理想。

这里我们可以参考微信公众号“丁香医生”的运作经验。① 丁香医生创建于 2014 年，定位是“有知识、有温度、有态度”的新一代大众健康媒体。起初，丁香医生聚焦健康科普与辟谣的知识输出，现在则拓宽传播范围，以生活方式、生命健康等话题主导内容方向，意在为用户提供全方位健康服务。运营至 2021 年，丁香医生已发布近 5 200 篇原

① dmc（DXY Marketing Center）. dmc 简介［EB/OL］.（2019-02-01）［2021-11-12］. https://e.dxy.cn/site-edc/detail/about-us#info-0；梅花网. 健康营销时代来了，丁香医生助力品牌拥抱流行新趋势［EB/OL］.（2020-09-04）［2021-11-12］. https://www.meihua.info/article/3890127386428416；CSDN. 2019 丁香医生商业合作报价 V3.0.xlsx［EB/OL］.（2021-04-18）［2021-11-12］. https://download.csdn.net/download/qq_38412739/16549684.

创文章，粉丝数超过 1 500 万，常年居于微信公众号健康榜第 1 名。丁香医生的粉丝多为一线城市的受过良好教育、有较高收入、追求生活品质、年龄在 30～40 岁的“新中产”人群，他们对健康信息的高度需求和分享意愿使得丁香医生的广告价值不断提升。2019 年，丁香医生的软文广告报价为：头条多图文消息 50 万元，次条多图文消息 25 万元，单图文消息 55 万元（见图 8－13）。

图 8－13 丁香医生的软文广告（部分）

丁香医生广告运作的特点主要体现在以下几个方面：

第一，锚定健康领域进行内容深耕，公众号内容与广告品牌匹配度高，能运用专业知识搭建内容与广告之间的桥梁，并以科学性为产品卖点加分。

第二，通过持续的科普培养大众的健康意识与习惯，以此唤醒消费者的潜在需求，不断提升公众号的营销价值。广告主可以指定相关品牌主题（内容不可定制，由丁香医生团队采编）对品牌理念进行宣传，丁香医生及旗下公众号（如“丁香妈妈”）会定期进行内容制作，以软文和硬广告结合的方式发布广告信息。具体的广告形式有栏目话题、文章外部缩略图、文章底部贴片 banner、文章顶部 logo、阅读原文链接等。

第三，遵循严格的品牌及产品筛选机制，注重广告品牌的“健康”属性和“健康”价值。在选品方面，丁香医生会考量合作品牌卖点的科学性，并要求品牌提供可靠的实验数据证明，通过审核后才展开合作，且原创内容修改不超过 2 次。

若是再细分这些微信公众号运营的广告的类型，大体可分为病毒广告和植入广告两类。前者是将广告本身变成大家愿意分享、易于分享的“病毒”内容，形式有长图广告、H5 广告、视频广告；后者则是专门根据品牌或产品特点撰写软文，或者将品牌或产品信息植入到公众号的栏目、菜单之中，于是就形成软文广告、栏目冠名广告、菜单广告、金句冠名广告、硬广植入等类别。

1. 病毒广告

病毒广告是在微信公众号上发布“病毒源”，即亲情类的、搞笑类的、励志类的或鸡汤类的广告内容，并通过微信用户的转发与分享，实现广告信息的大规模扩散，达到“病毒”式的传播效果。此类广告投入相对较低，借助社会网络传播机制传播，较易吸引人们的关注且广告信息更易被受众接受。前文提到的 H5 广告《穿越故宫来看你》就是一个很典型的病毒广告，而“局部气候调查组”为广告主创作的诸多微信长图广告大多也都引起了“裂变”传播。

案例链接

百雀羚陪你与时间作对

百雀羚创立于 1931 年，是历史悠久的国民老品牌之一。为了重塑品牌形象以唤醒消费者的记忆、激活新一代消费者的热情，百雀羚以“年轻”和“关怀”等为诉求发布了一系列广告，典型的如长达 427 厘米的一镜到底广告《一九三一》。

2017 年母亲节前夕，百雀羚推出“月光宝盒”系列产品，为了推广这一系列，创意机构“局部气候调查组”以百雀羚的诞生地上海为背景，用长图讲述了一个发生在 1931 年的谍战故事（见图 8-14）。

故事的主人公阿玲是某组织的成员，她正预备完成一个重要任务。一大清早，阿玲就借助游行学生队伍的掩护，顺利与组织成员接头；在路过西餐厅、洋行、裁缝铺、警察局、照相馆等地点后，于一家珠宝店门口再次与组织成员确认了目标的位置——六点钟方向；随后，她沿着百货公司、火车站的路线来到白灵大剧院门口，对准目标举起了手枪，在路人“开枪了，快跑啊”的惊呼声中，消灭了目标——“时间”，揭示了自己的任务就是“与时间作对”。

这则长图广告由微信公众号“局部气候调查组”首发，随后又经“4A 广告门”“旁门大道”等公众号助推，掀起了转发分享的热潮，“百雀羚”也一度成为受众关注的焦点。其成功离不开以下三个方面：

第一，简单易懂、精致有趣、颇有悬念、出人意料的长图给受众带来全新的广告体验，让人在拍案叫绝的同时忍不住随手转发。

第二，广告复古的画风和显著的年代感触动了人们的怀旧情绪。在多数化妆品广告都强调明星、科技等元素的背景下，百雀羚反其道而行之，用极具民国特色的谍战、旗袍、洋行、裁缝铺等元素作为广告的主题和背景，并在其中穿插了有关民国时期的知识，比如西餐进入上海的时间、如何鉴定银圆的好坏、民国时期的婚姻法等，这些小细节与百雀羚的国民老品牌形象非常贴合，很容易触动消费者的怀旧情绪，让他们忍不住点开、浏览、分享。

第三，故事情节环环相扣，伏笔丛生，能够勾起受众的好奇心。不断下拉的画面反映了主人公完成任务的剧情发展，受众只有看到最后才能知道最终结局——主人公的任务是“与时间作对”。这自然地引出广告主题“百雀羚，始于 1931 年，陪你与时间作对”，激发人们的国货情怀和东方美感。

图 8-14　百雀羚长图广告《一九三一》(局部)

资料来源：百家号．前方高能，解密百雀羚一张长图刷屏真相！[EB/OL]．(2017-05-10)[2018-03-02]. https://baijia.baidu.com/s?old_id=845136；每日一案例．百雀羚神广告，长图的刷屏．[EB/OL]．(2017-05-10)[2018-03-02]．http://mp.weixin.qq.com/s/Xux9nfBsFrh_D5Of4fx3yg.

2. 植入广告

微信公众号的植入广告多为定制式的原生广告（native advertising）。美国互动广告局在 2019 年发布的《原生广告手册 2.0》这样描述：原生广告是与页面内容紧密关联，融入于整体设计，且与平台行为一致的广告，以至于用户感觉广告是属于产品的一部分。它的最大特点是“广告即内容，广告即服务”，广告主希望以更贴近浏览内容、非促销的方式与消费者互动，加强品牌与消费者的联系；而广告与内容或服务之间的高度结合使企业能更巧妙灵活地让信息触达用户，并引起用户的兴趣，从而触发用户主动关注、点击、购买、进行二次传播等行为。原生广告的类型可以分为形式原生（与载体形式一致）

和内容原生（参与内容表达），而内容原生一般是基于形式原生的。①

基于上面的界定，原生广告既是一种让广告作为内容的一部分植入实际页面设计中的广告形式，也可被理解为以消费者本身使用该媒体的方式去接触消费者的广告形式。例如在微信里面，原生广告可以是一条朋友圈信息，也可以是一篇公众号文章；在微博里面，原生广告又可以是一条微博状态；在知乎里面，原生广告还可以是一条问题的解答。虽然对原生广告未有一致的定义，但对其基本特征已有共识，比如均是融入媒体环境，不破坏媒体调性、页面设计和内容的和谐，对受众的侵扰度低，受众的互动更多。

对微信软文植入广告来说，广告内容看起来是和公众号文章的前后文信息有关联的，而不是简单粗暴地切入读者的阅读过程。在这一方面，除了前面提到的“丁香医生”，“GQ实验室”和“新世相”等公众号也有很多让人眼前一亮的案例。

案例链接

“GQ实验室”：《当代女青年说“我好了”需要多久？》

“GQ实验室”是一个孵化于男性时尚杂志《智族GQ》的微信公众号，推送的文章大多是对社会热点问题的思考和调侃，且多以漫画呈现。截至2021年11月，该公众号拥有100多万活跃粉丝，几乎每篇文章的阅读量都有“10万+”。虽然其头条文章报价高达130万，但仍吸引了很多广告主。

2021年7月22日，“GQ实验室”推送了一篇长图文章《当代女青年说“我好了”需要多久?》(见图8-15)。文章一开始就列举了一个人在成年之后可能会在生活中遇到的各种“倒霉”事件，比如“挤过人山人海全力冲刺到地铁站之后喘着粗气看地铁在眼前开走”。接着文章开始讲述主人公“小堂”② 的故事：因为电话会议耽误时间摔碎了眼影盘，由于下雨路滑在餐厅门口摔倒，狼狈地出现在朋友的生日宴会上，等等。不过，小堂在心情平复后意识到，无论情况有多糟糕，“一定可以挺过去”，“我们没办法总能找到屋檐来躲雨，但如果能在雨中起舞，或许也可以变得更加自由”。而到了文末，则延续这个基调推出了广告：

> 当然，生活里还是会有很多时刻，糟糕得让人忍不住想骂几句，抱怨一会儿“怎么这么难啊”。不过，在这一个个撑不下去的日子里，总还有一些小小的闪烁的瞬间，让我们得以学会在一个个悲伤中起舞，学会在不安的情绪里，觅得一小处自由。
>
> 所以，不论遇到什么，尽量尝试给自己一个让情绪稳定下来的心态吧。
>
> 资生堂作为一个关注女性的品牌，这也是他们所坚持的品牌理念，希望帮每一个女生获得更稳更强的能量，从而美得更加自由。
>
> 比如拥有更稳更强的维稳能量的资生堂第三代红腰子精华，加速肌肤维稳微循环，淡泛红，去闭口，细毛孔。全方位提升肌肤的抵御力，耐受力，修护力。

---

① 艾瑞咨询．2017年中国原生广告市场研究报［R/OL］．(2017-12-04)［2018-04-12］．http://report.iresearch.cn/wx/report.aspx? id=3095.

② GQ实验室设计的与广告主“资生堂”同名的主人公。

希望每一个女生，都可以找到美与自己的平衡感。

不论是心态还是皮肤，都可以更稳更强。

图 8-15 “GQ 实验室”的软文植入广告

GQ 实验室的广告一般具有如下特点：接地气，能够与读者对生活的吐槽、心理活动产生共鸣；神反转，通常在读者深度沉浸在漫画情节时引入广告信息，这种“反转”在呈现产品特点的同时，也能够给读者带来惊喜、有趣的情感体验，例如文章评论区就有读者们“猝不及防”“文案好绝”“我是来看广告的”等针对广告形式和内容的评论；强关联，将读者的心理需求与广告主的产品特征相结合，利于拉近广告内容与用户的心理距离。

资料来源：36 氪．GQ 实验室、深夜发媸、名创优品、网易……如何利用创意打造爆款营销？［EB/OL］．(2019-05-07)［2021-11-12］．https://36kr.com/p/1723630501889；数英网．软文也能200 万+！GQ 实验室的神广告怎么脑洞出来的？［EB/OL］．(2018-03-17)［2021-11-12］．https://www.digitaling.com/articles/44336.html.

二、微信广告的特点

（一）即时互动

无论是企业通过自己创建的微信账号发布信息，还是在信息流中推送朋友圈广告，抑或是在知名微信公众号中植入广告，几乎都可以在极短的时间内完成（除了有的知名微信公众号因为客户较多需要排队投放，有时需要等待一两个月或者更长的时间才能发布广告），而一

① 许晓蕾．六神磊磊：不靠谱的广告我不接［N］．南方都市报，2017-07-23.

旦广告发布，微信用户又能以聊天、点赞、评论、转发、留言，以及点击、关注、下载、注册、响应活动等多种方式实时进行互动，从而由被动的信息接收者、旁观者变成具有主动性的阅听者、参与者、实践者、分享者甚至是策划者，有利于增强广告的传播效果。

（二）精准定向

大数据技术的发展为消费者行为的精准分析与深度挖掘提供了支撑，“人的语言表达、声音图像、地理空间、消费路径都会以数据的形式被记录，人与人之间的关系、互动、交流、情感也都能以数据的形式呈现”①。前文也曾提及，微信对于营销而言很重要的一个价值就是依托海量数据形成的精准定向能力：一是基础用户定向，包括地理位置、用户状态、消费能力、移动定向、基本信息、用户行为、天气定向、自定义用户等；二是垂直行业定向，即对重点行业进行深度定向标签挖掘，从而能够为广告主提供贴合行业用户特性的定制化标签；三是相似人群扩展，基于种子用户画像和社交关系链，根据种子用户行为特征匹配出最为相似的同类消费人群，增大量级。微信广告具备的这三种定向能力提升了广告与受众匹配的精准度，进而有利于增强广告投放效果，提升投资回报率（见表 8－3）。

表 8－3　微信广告可支持的基础用户定向

定向方式	描述
地理位置	根据用户所处商圈、地标、国内省市自治区、国外地区等位置进行定向。
用户状态	根据学历、婚恋、生活状态、商业兴趣（如旅游、汽车、金融）等状态定向。
消费能力	根据消费水平、居住社区价格、游戏内付费水平等进行定向。
移动定向	根据设备价格、操作系统、互联方式（如 Wi-Fi、4G、5G）、运营商等定向。
基本信息	根据年龄、性别、上网场景（公共场所、家庭、公司、学校）等信息定向。
用户行为	根据上网设备、App 行为（如活跃情况、消费情况）、付费用户、应用安装等条件定向。
天气定向	根据穿衣指数、紫外线指数、温度、天气气象（如阴晴、雷雨、沙尘）等数据定向。
自定义用户	根据自身需求定制投放目标，将广告投放到指定受众眼前，或将他们排除在外。

（三）基于强关系的裂变传播

在微信这一社交媒体的传播机制中，每个用户都是其中的一个节点，他们既独立组建群组，同时也与其他好友互为对方群组的成员。基于微信用户间的强关系链，微信广告推送给微信用户后，用户不仅可以与内容进行互动，其互动本身也会被其他好友看到，微信广告“不再是干巴巴地自己推广信息，取而代之的是朋友对服务的参与和关注，用

① 牛耀红．操控、赋权、话语空间：理解社交媒体广告的三个维度：以微信信息流广告为例［J］．编辑之友，2017（10）：47－52．

户看到的不再是纯粹的广告，他们所关心的是好友动态"[①]，广告信息在一个"圈子"或"社群"的定向好友之间传播后，借用户分享之力，传播至新的"圈子"或"社群"，广告信息得以进行多次传播，使广告在短时间内就能覆盖大量用户。

（四）内容与媒介环境高度融合

在移动互联网时代，人们的信息获取渠道变得更多元，接触的广告信息也随着信息总量的增加而相应增多，同时获取信息的主动性和能力也大大提升了，这导致的结果就是受众对强行呈现给自己的硬性广告的反感、漠视和排斥。而微信朋友圈的信息流广告和微信公众号植入广告均体现了原生广告的理念，即内容与媒介环境相融合，在为受众提供有价值的内容的同时降低了对用户体验的损害。这使得受众对广告的抵触性较小，甚至能被内容或形式所吸引，本着娱乐或寻求有效信息的目的去主动接受广告，这就有助于实现广告主、广告平台和用户三者的共赢。

（五）监管不易

由于形式变化快、运作主体多、传播路径复杂、广告信息不易分辨等因素，微信广告较之其他新媒体广告更难监管。这些难点主要表现为主体界定难、部门协作难、行政处罚难。在主体界定方面，由于广告的转发者往往数量众多，一旦广告内容涉嫌违法，要准确划分违法主体的法律责任就存在一定困难。在部门协作方面，市场监督管理部门对微信广告的监管有赖于腾讯公司、宽带接入商、网络行业管理部门等多方在技术上、管理上的配合，顺畅沟通与有效协作的成本较高、环节较多、难度较大。在行政处罚方面，微信广告的发布与传播具有跨行政区域的特点，加大了责任追究的难度。此外，在流量变现思维的主导下，不少微信公众号运营者屡屡利用刷流量的方式欺骗读者和广告主，如根据艾媒对2017 年营运类微信公众号行业刷量行为所做的调查，86.2%的微信公众号运营者曾有过刷量行为[②]，这会严重破坏微信公众号的生态，对微信广告的健康发展形成阻碍。

第三节　微信广告的运作

在移动互联网时代，信息的随时随地生产与扩散成为常态，"内容供应正在呈几何倍数增长，而内容消费却是有限的。在这种情况下，你必须加倍努力才能保住在受众脑中所占有的'份额'"[③]。对于微信广告而言，加倍努力的方向并不是加大发布的频率、扩展广告位的面积、以低俗和粗鄙吸引用户的眼球，而应该是更准确地洞察人们的内心、更真诚地讲好故事、更妥帖地融合场景、更专注地提供有价值的内容。

---

① 郭泽德．传统广告将死 社交广告崛起：社交媒体时代广告发展趋势及传播策略研究［J］．编辑之友，2015（7）：9－13.

② 艾媒．2017 年中国微信公众号刷量专题研究报告［R/OL］．（2017－09－30）［2018－02－28］．http：//www.iimedia.cn/57516.html.

③ 舍费尔．热点引爆内容营销的 6 个密码［M］．曲秋晨，译．北京：中国人民大学出版社，2017：8.

一、 微信广告的优化方向

（一）洞察人们的内心

广告主在选择微信作为广告信息的发布平台时，往往过于关心平台的影响力（如活跃粉丝数、阅读率、转发率等）和平台与品牌目标受众的匹配程度（例如，如果广告的目标受众是年轻的电影迷，那么选择在“独立鱼”等电影公众号上投放广告可能就比在“扔好店”等时尚购物公众号上投放广告更有针对性）。不过，这两个方面只能告诉广告主是否选对了媒体，却不能说明怎样才可以打动目标受众。在信息爆炸的移动互联网时代，假如广告信息没有观照目标受众的内心世界、没有回应目标受众的核心关切，那么即使量再大、密度再高也难以改变“信息飞沫化”的命运。2016 年 7 月 8 日，粉丝多为文艺青年的微信公众号“新世相”联合国内旅行类手机应用品牌“航班管家”，策划组织了“4 小时后逃离北上广”这一活动。当活动广告在微信发布后，不到 10 个小时阅读量就达到了 116 万，文章留言有 5 200 条，后台互动留言高达 80 000 条，成为网上热搜话题。这一活动之所以有如此大的影响力，很重要的原因即是“逃离北上广”这一主题观照到了大城市疲惫、焦虑的工作人群的内心：对于在北京、上海、深圳等地工作生活的年轻人来说，挤地铁上班、重复无差别的工作、经常加班熬夜等几乎已经成为枯燥生活的常态，他们越来越渴望能够放下这一切，不再只是在朋友圈羡慕他人，而是真正做自己的主，来一次属于自己的说走就走的旅行，做一件想做而没做的事。

案例链接

4 小时后逃离北上广

“来一场说走就走的旅行”居然成为现实！这是“航班管家”联手“新世相”策划的一个营销活动“4 小时后逃离北上广”——为北京、上海、广州这三个城市参与互动的人群中最先到达机场的 30 位提供免费机票，即时“送去”30 个未知的目的地。

2016 年 7 月 7 日晚，在活动正式开始前 10 小时，新世相推送了预热的文章《我刚刚决定不结婚了——18 个说干就干的故事，和 18 个想逃逃不掉的故事》，发出“明早 8 点，我带你马上离开”的信息。为了保证预热效果，新世相同时在微博上也做了预告。7 月 8 日 7 点 59 分，新世相公众号发布文章《我买好了 30 张机票在机场等你：4 小时后逃离北上广》，随后引起大规模的转发和热议（见图 8 - 16）。

图 8 - 16 新世相公众号发布的活动广告（上）和预热文章（下）

在文章一开始，新世相明确表示，“今天，我要做一件事：就是现在，我准备好了机票，只要你来，就让你走”，“瞬间决定的事，才是真的自己。4 小时后，你就可以做自己的主。你可以改正现在的生活，去旅行、去表白、去想去却没去的地方，成为想当而没有当成的人”。文章接下来的内容则介绍了活动的规则，对那些不在北上广和没有拿到机票的人给出其他承诺，并再次呼吁：“这一次，我希望激起一次集体行动，希望所有人能够做自己的主，现在就去做一件想做而没做的事：一次马上出发的旅行，一次告白，甚至一个电话。”（见图 8－17）

图 8－17 “4 小时后逃离北上广”活动文章的具体内容

很短时间内，很多粉丝赶到机场，那些拿到机票的粉丝都会看到机票上写着的专属于自己的出行任务，例如从北京到兰州的粉丝需要“认识一位董小姐，约她吃碗牛肉面，或去黄河上坐羊皮筏子”，从上海到佛山的粉丝要“找一个咏春师傅学几招”，从北京到杭州的粉丝要“去灵隐寺问10个心愿”（见图8-18）。

图8-18　领到机票的粉丝“晒”自己的机票和任务

作为拿到机票的参与者，自由职业者阿汤将飞去珠海，数一数10分钟内情侣路上到底会走过多少情侣。她说，早晨在床上看到推送，就决定不去上班了，把手机充电器塞进包包就出发，“就是想来一次任性的逃离，一直以来都太乖了”。另一位参与者文身师聂超恒将飞往宁波去看天一阁，而“工作压力太大想换个地方呼吸空气”是他参加活动的初衷。

（二）讲好故事

通常，“故事”可看作以一定的方式，对按逻辑和时间先后顺序串联起来的一系列由行为者所引起或经历的事件的描述。[①] 故事由事件、人物、背景和话语（传播媒介，叙事的视角、方式、时态）等元素构成。与新闻式、论说式等文案不同，故事体文案注重描写经历、强调过程变化、关心个体的戏剧性价值（如成长、蜕变、坚持信仰、克服困难等），能将抽象的观点形象化，更易激发受众的情感共鸣和行动，同时也更易于传播。克里斯托弗·布克通过对文学作品、电影和电视节目的分析，提出7种最易与受众产生共鸣的情节，分别是征服怪物、白手起家、追寻、旅程、喜剧、悲剧与重生。[②]

通过微信公众号发布的软文广告因为不受篇幅的局限，所以相比于其他新媒体广告

① 巴尔．叙述学：叙事理论导论［M］．谭君强，译．北京：中国社会科学出版社，1995：3．

② 南顿，迪克斯．故事营销有多重要：用终极故事和传媒思维打造独特品牌［M］．闾佳，邓瑞华，译．北京：中国人民大学出版社，2016：71-75．

形式来说更适合讲故事。至于如何将品牌融入广告，则可以借助 SCQOR（思扩）模型①进行设计：situation（设定情景）→complication（发现问题）→question（设定课题）→obstacle（克服障碍）→resolution（解决、收尾）（见图 8-19）。

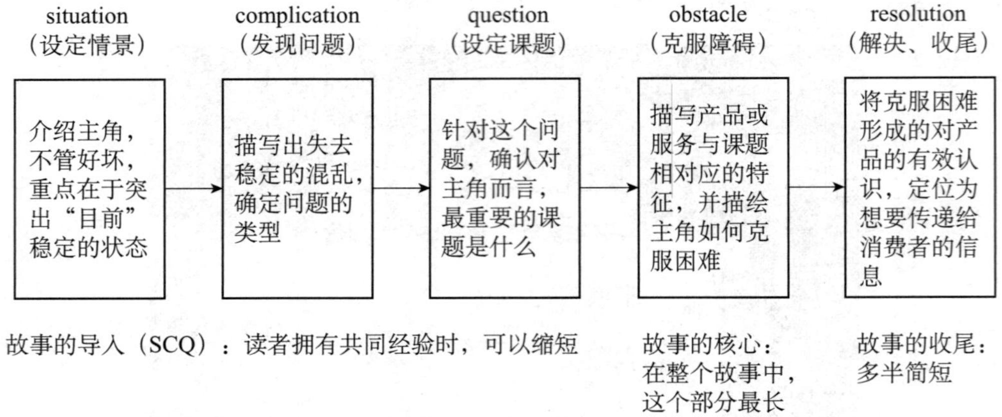

图 8-19　SCQOR 模型

目前，许多微信公众号都在尝试用讲故事的方法创作广告文案，首先讲述与品牌看似无关的故事吸引读者的注意力，调动其情绪，最后出其不意地引出广告内容、提示他们采取行动，让读者在情绪的起落和内容的转变中对产品和品牌留下深刻的印象。比如某微信公众号为三星蝶门·美食窗冰箱创作的广告文案《有一种幸福，是“你吃吧，妈妈不爱吃”》，就是由一系列主题为“美食与幸福”的故事构成的，而美食与冰箱之间本就存在密切的联系，这使得故事到广告的过渡更加连贯自然。

案例链接

《有一种幸福，是“你吃吧，妈妈不爱吃”》文案和评论

同事安迪气死了。

她妈妈给她寄了一大箱红薯，几十斤，然后快递费到付。

她说，快递费就好几十块，都能买好多红薯了。

结果当晚，我们加班到晚上 11 点，饿到不行，跑去把她的红薯拿到微波炉去烤了，妈呀，好香啊……

整个办公室都是烤红薯的香味。

而且这些红薯是红心的，咬一口，软软糯糯的，特别香，特别甜。

尤其是在冬天的北京，好冷啊，吃一口红薯，瞬间就觉得温暖了。

而且家里寄来的红薯，真的和超市买来的，吃起来完全不一样。

是小时候的味道，是妈妈的味道，也是幸福的味道。

很多人说，幸福很难得。

其实幸福很简单，就在一蔬一饭里。

① 高杉尚孝．麦肯锡教我的写作武器［M］．北京：北京联合出版公司，2013：139.

…………

小时候我觉得世界上最好吃的面，就是康师傅红烧牛肉面，但是家里穷，偶尔才会吃得到。

我经常各种撒泼耍赖，变着法忽悠妈妈，说别做饭了，我们吃方便面吧。

每次我妈会买两袋，一袋华丰一袋康师傅。

我很好奇，问她为啥不跟我一起吃康师傅，她总说华丰才是方便面里的第一美味，我觉得我妈品味太差了。

等我长大，懂事了才知道，屁的第一美味。

只是因为康师傅卖2块2，华丰卖8毛。

那时家里欠了一笔债，每个月都需要还钱。

我以为我忽悠了她，原来是一直被她忽悠。

…………

我很喜欢吃螃蟹，每次我回家，我爸就会买螃蟹，但我爸我妈每次都不吃，说他们年纪大了，螃蟹性凉、伤胃。

但是我知道，他们是舍不得吃，要留给我吃。

为了他们也吃，我每次都会留两只，说，“我吃不下了！不想啃，好麻烦啊！”

以前，这招都很管用，他们都会默默地吃一个。

这次“十一”回家，套路一样，我以为我得逞了，就去看电视，结果回到餐桌上，看到我爸把蟹肉和蟹黄都剥得好好的，放在我碗里，然后说了句“给爸爸一个面子”。

我低头看到，爸爸的手指因为剥壳都染黄了，还有点脱皮。

一句话没说，我就吃完了……

除了父母，可能再也没有人会为了我，把螃蟹剥得那么干净。

…………

原来，我们的幸福都在饭菜里啊。

那我要从一天五餐，变成一天八餐了。

对我来说，每天最幸福的就是，下班了回家，打开冰箱，看到里面装了满满的食物，就觉得超级幸福。

尤其是，里面装的都是我喜欢的东西，比如香肠、卤肉、红烧牛肉、酸奶、葡萄、冬枣……

还有每天早上不想起床，一想到冰箱里有草莓蛋糕在等我，立马就鲤鱼打挺起来了……

叫醒我的，不是什么梦想，而是冰箱里的食物。

我每次都会想，以后要有大大的厨房、大大的冰箱。

有没有那种特别大、能装很多很多食物的冰箱呢？

有。

这就是三星蝶门·美食窗冰箱。

冰箱采用蝶门设计，这是三星首创的设计。

还有641L超大容量，可以阻隔冷气，最大程度保鲜。

…………

快点“阅读原文”去预订吧，因为这款冰箱太受欢迎了，都已经卖断货了，现在可以预订，先买先得哦！历史最低价，错过就会涨价哦。

在这篇文章的诸多留言中，我们可以看到文章中的故事对读者的触动，比如：

女儿三岁半，有时候给她留点吃的东西，她会问我：“你不爱吃吗?”我总是回答她：“我爱吃，但我更爱你。”结果有一天，她把自己碗里的饭分给我了，我说：“你不爱吃吗?”小姑娘回答我说：“爱吃啊，但我更爱你!”一下子被暖到了。

家是农村的，记得上初二时家里很穷，爸妈很少吃到白面，我那会儿在离家十里的苏木住宿，有一次周五中午宿舍阿姨给我们做了馒头，我拿了三个馒头，但自己一个都没吃，趁别人不注意的时候装个袋子放进了包里，晚上回家给爸妈吃了，但妈妈只吃了一个，而且是哽咽着吃完的。

我一直记得我爸爱吃鱼尾巴。因为小时候每次吃鱼，尾巴都是他吃，不吃鱼肉，说只爱吃鱼尾巴，长大后才知道他只是想把鱼肉给我和妈妈吃。

（三）融合场景

对于广告主而言，必须基于消费者的心理和行为特征，认真思考他们在什么时间、什么地点（包括虚拟空间）、做什么事、遇到什么情况、产生什么心理、希望什么支持或改变，然后再设定或创造场景，将自身的广告信息、产品或服务的功能及优势与这些场景紧密结合在一起。从传统广告时代开始，这种策略已在许多广告中出现，如王老吉的“怕上火喝王老吉”，将“王老吉”凉茶与吃火锅和怕上火两种场景进行深度捆绑；功能饮料品牌红牛则把产品与“熬夜”场景关联，提出了著名的广告语“困了累了喝红牛”。而对于微信广告而言，场景广告已不单是通过设计一条“场景＋产品”的口号来打造其与特定场景的关联。基于微信的场景广告的最佳目标是在特定场景下（包括固定的场景，也包括动态的场景）为用户提供适配的信息或服务。这一方面要求广告主全面、精准地理解特定场景中的用户，包括对其个性的洞察以及对其既往习惯、当下状态的把握；另一方面还要迅速地找到并推送出与目标广告受众需求相适应的内容或服务。比如，2015 年 4 月 20 日唯品会基于朋友圈广告所进行的一次场景营销：4 月 20 日因谐音为“示爱日”，成了情侣、朋友之间相互表白所爱之人的节日；唯品会便借助这一天特殊的节日场景，向约 4 000 万人投放了一则名为《你的心动 TA 来买单》的朋友圈广告，鼓励用户选择自己中意的商品并通过“撒娇支付”功能邀请微信好友（如丈夫、男朋友等）为自己支付，进而成功将面向用户的品牌展示转化为用户的购买行为（见图 8－20）。

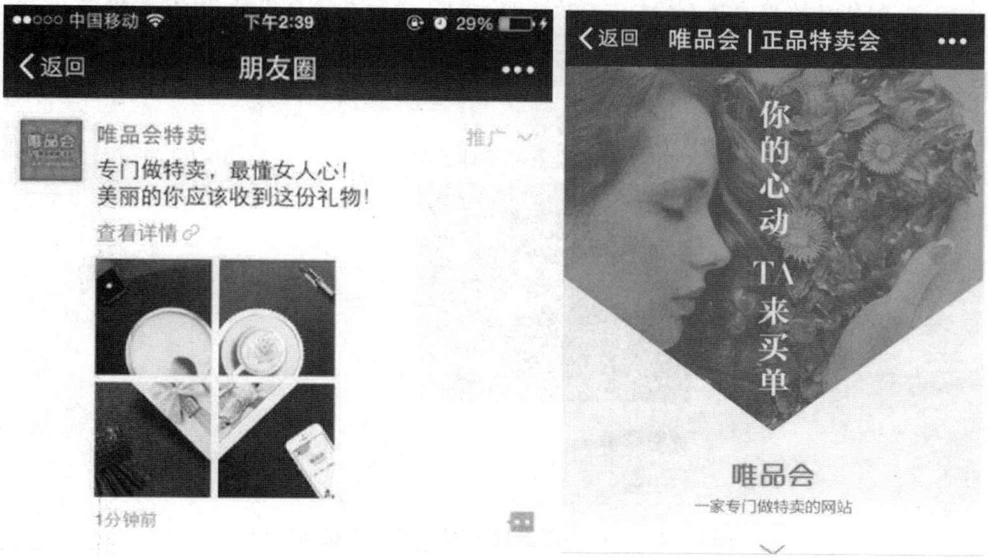

图 8-20　唯品会的朋友圈广告《你的心动 TA 来买单》

案例链接

红牛考试季：红牛能量自习室

为了将“你的能量超乎你的想象”的品牌精神及“提神醒脑，补充能量”的产品特征传递给大学生群体，培养他们对产品的认知，提升产品体验，红牛于 2016 年 6 月 12 日推出了微信朋友圈广告《红牛能量自习室》。

每年的 6、7 月是国内高校的考试季，大学生忙于复习备考，这让学生的备考需求与红牛的品牌诉求和产品功能产生了契合。特别是很多学生虽然身在自习室，但经常被手机吸引而分散注意力，不能专心复习。针对目标群体的这一特征，红牛在高校期末备考期间推出“红牛能量自习室”的概念，以“红牛能量自习室，万人一起上自习”的创意，将线下自习室“移景”至线上，通过线上品牌互动、线下产品体验，加上校园的实地活动，完成了一场基于场景化的整合营销传播。

广告依据年龄、兴趣、职业、地域等数据，精准定向于红牛销售区域所覆盖的北京、上海、广州、深圳、南京、成都等大学高校人群。在考试季期间，用户点开“红牛能量自习室”活动页面，就进入现实中自习环境的网络化“移景”——用户可选择教学楼、图书馆等自己平时喜欢的自习场景。在这些自习场景中，用户可以看到来自五湖四海的真实的同学已经处于自习状态，用户接着选择极具话题性的趣味昵称（如“软妹”“学霸”“糊涂虫”“书呆子”）并落座就能开始自习，这些昵称即与用户的微信头像匹配起来。如果用户觉得这个在线自习室不错，还可通过分享按钮邀请好友一起上自习。活动中，假如用户能专注自习 15 分钟或 45 分钟不使用手机，即可获得不同的奖品激励；若是使用了手机，计时器将会重新开始。通过这样的活动，红牛将手机这个原本可能对注意力造成干扰的载体，成功转变成了激励学生专注学习的平台。借助线上互动及好友间的相互邀请，这次活动完成了超过三百万人次的专注自习体验。活动中，坚持 45 分钟不碰手机、认真自习的用户达到34万人次，坚持15分钟专注自习的用户为47万人次（见图8-21、图8-22）。

图8-21 “红牛能量自习室”微信朋友圈广告

对于这一场景营销，《新营销》这样点评[①]：

学习，是在校生的主要任务。如何能将品牌、产品与学习形成关联，并产生真实的互动体验？其一，红牛选择把自己与学习场景绑定，以解决手机对学习的不良影响作为主要思路，提炼出“专注”这一诉求点。其二，“专注”与红牛的品牌精神有着自然的逻辑关系：摆脱手机干扰、专注于学习，你会体验到什么是“你的能量超乎你想象”。其三，当用户高度专注地学习时，也需要补充更多的能量来支持学习状态，这又为红牛开拓了恰到好处的饮用时机。这样，从场景到饮用时机，从需求痛点到产品体验，最终引申到“你的能量超乎你想象”的品牌精神，形成了完整的品牌体验闭环。

图8-22 “红牛能量自习室”活动页面

① 红牛能量自习室［EB/OL］.（2017-05-16）［2018-03-03］. http://www.sohu.com/a/140995382_771087.

资料来源：丁俊杰，李西沙，黄升民，等．广告作品与数字营销年鉴 2017 [R]．北京：中国人民大学出版社，2017：425－427.

（四）提供价值

作为融入社交媒体环境和依托多元场景的原生广告，微信广告只有多为用户提供与其生活、利益、需求、情感等有关联的、有价值的内容，真正把自己变成人们生活的一部分，才能避免被信息的汪洋淹没或损害用户的体验。对此，广告主应尽可能地使微信广告具有以下价值的一项或多项：

娱乐价值，即微信广告的内容或形式有趣味，能带给用户乐趣，比如酷炫的 H5 广告和别出心裁的长图广告往往都具有一定的娱乐价值。

资讯价值，即微信广告可满足用户生活和工作方面的资讯需求，比如根据用户的地理位置推送的商家信息就可能对用户形成帮助；而短视频微信公众号“一条”瞄准对生活品质和审美有要求的消费人群发布的电商广告，则利于目标用户对自己向往或认可的“中产”生活方式有更全面的了解（见图 8－23）。

图 8－23　“一条”发布的电商广告

知识价值，即微信广告利于增加用户对事物的认识，知识可以是“知道是什么”，也可以是“知道为什么”，还可以是“知道怎么做”和“知道是谁”，比如茶叶品牌在微信中介绍茶文化和茶艺。

案例链接

微信朋友圈广告《我在秦陵修兵马俑》让用户沉浸式体验文物修复

2020 年 12 月，文博探索节目《国家宝藏》第三季和电视剧《大秦赋》的播出提升了公众对以秦兵马俑为代表的中国文化遗产的关注度。基于这样的背景，为了进一步增加公众对兵马俑修复工作以及中华传统文化的了解，秦始皇陵博物院联合腾讯公益推出了微信朋友圈广告《我在秦陵修兵马俑》（见图8－24）。

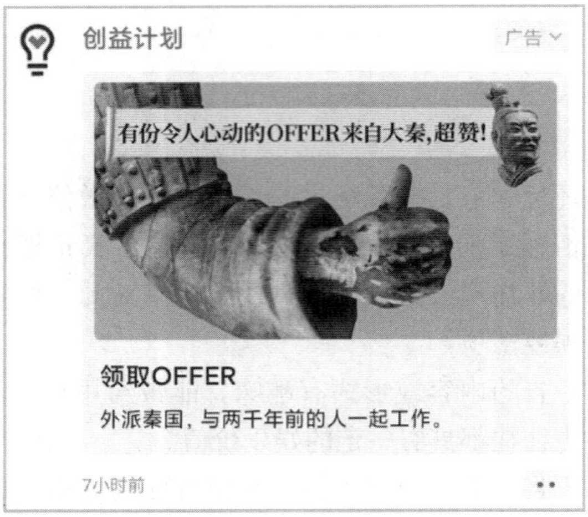

图8－24　微信朋友圈广告《我在秦陵修兵马俑》

用户可由广告卡片进入H5页面（见图8－25），点击“开始修复”后，就能在1号坑高级军吏俑、2号坑跪射俑和2号坑立射俑中选择一类进行修复。整个修复流程分为残片清理、彩绘保湿、彩绘加固和躯体拼接四个步骤。每一类兵马俑的修复流程和修复工具都有差异，比如军吏俑要用羊毛刷清理，立射俑得用“手术刀”剔除泥垢等。在拼接修复环节，用户需观察不同的残片结构并划动屏幕，通过旋转、上拉等互动手势完成“躯体拼接”，残片拼接成功后的转场动画以3D旋转方式360°展示修复成果。当完成上述工作后，用户可以选择观看所修复兵马俑的背景介绍，进一步了解它的特征。H5还会生成一份包括文物信息和修复工作介绍的“修复报告”，供用户分享至社交平台。

创意人员是这样介绍该H5的设计流程的①：

在移动传播技术快速发展的背景下，秦始皇陵博物院希望借助数字创意向年轻受众普及秦兵马俑背后的故事，提升秦始皇陵这一珍贵文化遗产的吸引力。过去几年，文物修复工作始终具有较高的讨论热度，而H5有助于人们感受专业、生动、有趣的兵马俑修复过程，满足其好奇心进而实现广泛传播。

为了让整个修复过程更加有趣，这支H5采用了拟人化处理，让兵马俑扮演修复指导人员，用诙谐幽默的语言向用户传递修复知识，寓教于乐。比如跪射俑的“就算我皮糙肉厚，也经不住两千年的折腾啊，快治治我的皮肤病”，又如立射俑全程都说陕西方言，等等。

在制作方面，创意人员一方面从纹饰、眼角、手指等细节极致还原了陶俑身上的斑驳和历经2000多年的沧桑；另一方面，在修复中涉及的各种知识，均是由创意人员翻阅大量资料，并在秦始皇帝陵博物院专家的指导下总结而成。这支H5在12月26日上线，短时间内收获了近370万的点击量。

---

① https：//www.digitaling.com/projects/147035.html.

图 8－25　《我在秦陵修兵马俑》H5 页面

资料来源：英扬传奇．腾讯公益丨有份令人心动的 OFFER 来自大秦，不来试试吗？［EB/OL］．［2021－11－12］．http：//www.ccead.cn/alxq.html？idx＝19&type＝case1&action＝get_case_info_data；数英网．腾讯公益 H5：我在秦陵修兵马俑［EB/OL］．（2020－12）　［2021－11－12］．https：//www.digitaling.com/projects/147035.html.

情感价值，即微信广告能让用户感知到爱、情义、美好、欢喜等积极、正面的情感，比如白酒品牌江小白的朋友圈广告文案“这个冬天，不要让兄弟的情义慢慢变冷”，就让很多用户觉得心里“暖暖的”（见图 8－26）；又如奔驰 smart 的微信视频广告《love，lasts》以“爱，不会老去”为主题传递着温暖。

图 8-26　江小白的朋友圈广告

案例链接

奔驰 smart 的微信视频广告《love， lasts》

七夕是中国传统的情人节，当商家大多将目标瞄准年轻人时，奔驰 smart 与花艺工作室 MENG Flora＋进行了跨界营销活动。MENG Flora＋在每次大型布展结束后，都会将剩余花材重新整理、设计，送给那些平时没有机会收到鲜花的群体。在这次活动中，重新设计的花束由专人驾驶 smart 送给敬老院里的老人，让他们感受到爱意。

2016 年七夕节当天，奔驰官方微信公众号推出视频《你过来，我有场白头偕老的爱情要和你谈谈》，视频记录了从制作花束、驾车送花到老人们收到鲜花的反应等整个活动过程。视频末尾出现文案“生命总会老去，但爱情不会，这是藏在今天每一束花中的秘密，也是 smart 希望每一位心中有爱的人都能悉心收藏的秘密，爱将伴你穿越所有岁月”。广告推出后，微信公众号的阅读量较平日提升 100%（见图 8-27）。

这则广告打破常规，规避了七夕节“单身狗”“秀恩爱”等通俗话题，选择以“爱，不会老去”为主题，关注在这个节日被忽视的群体，达到了在同质化严重的节日营销战役中突围的效果，并通过温暖的调性打动了消费者，引发了人们在社交平台上的自发传播，强化了 smart 品牌想别人未想、温暖、浪漫、有爱的形象。

图 8-27 奔驰 smart 在官方微信公众号发布的广告

资料来源：丁俊杰，李西沙，黄升民，等．广告作品与数字营销年鉴 2017 [R]. 北京：中国人民大学出版社，2017：622.

二、 微信广告效果监测

对于微信公众号广告，广告主可以通过登录广告投放平台，依据广告位位置、推广商品类型（公众号、品牌活动、iOS 应用、Android 应用、免费卡券等）、广告信息（广告名称、自定义时间）等方式自助查询广告的监测数据，形成数据报表。数据主要包含如下 6 个关键指标①：

曝光量：指定筛选条件下广告的总曝光数量，反映广告展示的数量。

点击量：指定筛选条件下广告的总点击量，反映广告被点击的数量。

点击率：指定筛选条件下广告的总点击率，反映广告被查看及点击的关系，点击率越高广告转化情况越好。

点击均价：指定筛选条件下广告平均点击价格，反映一个投放广告产生一个点击的消耗费用，控制合适的点击耗费可以合理控制广告成本。

商品指标：指定筛选条件下广告转化的商品量，公众号投放为关注量，Android 应用投放为下载量，iOS 应用投放和品牌投放无商品指标。

总消耗：满足指定筛选条件的广告的总消耗，反映广告账号的总消耗情况。

对于微信朋友圈广告效果数据，广告主也可以通过系统进行查询。数据报表会呈现核心数据和互动数据，以及关键指标明细，每小时更新。其中，核心数据包括总曝光、

① 腾讯．微信广告 [EB/OL]. (2018-01-08) [2018-02-28]. http://ad.weixin.qq.com/learn/n46.

总花费和下载完成量；互动数据则有详情查看量、图片点击量、点赞评论量、关注量、转发量等五项指标；关键指标明细表会列出广告投放人群、地区、每日预算、出价、花费、详情查看量、详情查看率等具体数据。

除上述的预算消耗、曝光类数据外，广告主还能根据使用场景，选择查看费用类、曝光类、点击类、互动类、转化类、传播类、负反馈等 100 余项数据指标（见图 8－28），实现对“品牌触达—用户互动—效果转化”路径的覆盖。

图 8－28　广告主自定义报表界面

在广告投放完成后，广告主也可以通过系统查询朋友圈排期购买的广告及单次投放的金额在 5 万元以上的互选广告的结案报告，报告由广告触达、用户停留、点击互动、视频播放、社交传播、用户洞察及明细数据等部分组成，广告主通过这些信息对广告投放效果进行全面评估。

广告触达：广告对目标人群的覆盖情况，包括曝光量、触达用户数、触达次数，以及扣费曝光、赠送曝光的比例。

用户停留：用户愿意花多长时间了解广告主品牌，包括用户在广告上的平均停留时长及分布情况。

点击互动：用户在广告上的互动行为表现，包括点赞、评论、点击素材、头像昵称等点击和互动数据。

视频播放：广告视频的播放情况，包括用户的短视频、完整视频观看数据及观看时长分布。

社交传播：主动分享投放广告的用户数量，以及分享后为品牌带来的增值曝光。

用户洞察：描述广告曝光用户、点击用户、互动用户的画像特征，了解什么样的用户对投放广告更感兴趣。

明细数据：可下载明细 excel，分析不同广告组合的投放效果。

对于微信公众号、小程序和视频号的流量主而言，他们也可通过交易系统的“数据统计”页中的“广告位数据”板块分广告位查看所选时段的关键数据、关键指标趋势图及每日数据明细，指标包括拉取量、曝光量、曝光率、点击量、点击率、eCPM（千次展示有效收益，广告每展示 1 000 次后所能够获得的广告收入）及广告收入（见图 8－29）。

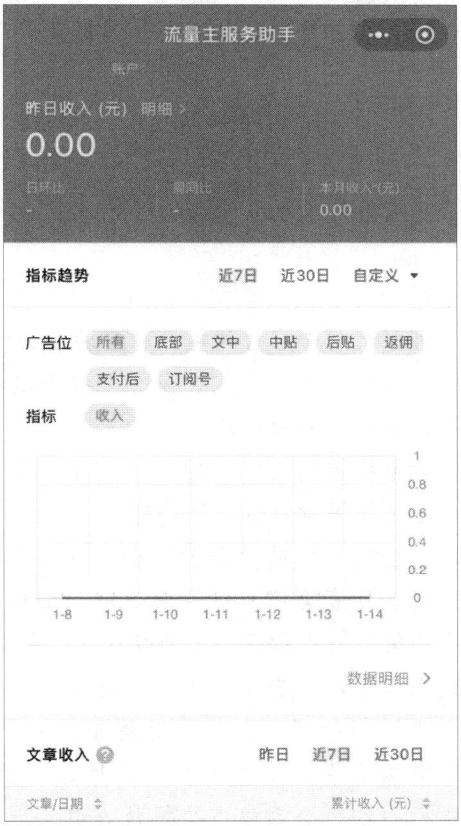

图 8－29　流量主的广告位数据查询界面（局部）

对于由微信公众号自主运营的软文广告，则通常关注其阅读量、点赞量、转发量、评论量、收藏量、文内广告视频的播放量、“阅读原文”链接的点击量等传播效果指标，以及关注量、下载量、注册量、购买量等转化效果指标，转化效果一般还会考虑 CPA（cost per action，每行动成本），CPA 越低也说明广告效果越好。

本章小结

微信是腾讯公司推出的一款社会化媒体产品，支持用户间进行跨通信运营商、跨手机操作系统平台的文字、图片、语音、视频等形式的信息传收。微信将人际传播、群体传播、大众传播对等聚合，实现了三者的无缝链接和全面贯通，从而在我国社交媒体广告市场中占据了重要地位。微信好友中的“泛好友”越来越多，关系链由强关系链条衔接的家人、好友的范围向弱关系联系的泛工作关系网络延伸。

对于广告主而言，微信的营销价值主要体现在以下四个方面：对规模化用户生活方式的重塑，信息的富媒体呈现带来的营销创新可能，基于数据挖掘、LBS 技术和社交推荐的精准营销和场景营销，圈群特征能增强营销的针对性和可信度。

从广义上看，微信广告既包括广告主在自建的官方订阅号、服务号和视频号上发布商业信息，也包括微信自营的朋友圈广告、公众号广告和小程序广告，还可纳入广告主与微信公众号自主合作所投放的病毒广告、植入广告等形式。

微信自营的广告包括微信朋友圈广告、公众号广告、小程序广告和视频号广告。朋友圈广告以曝光量计费，凭借微信庞大的用户基数以及精准的投放，能够获得一定的广告效果。公众号广告以微信公众号生态体系为基础，以文章内容的形式嵌入微信公众号文章。小程序广告依托小程序与小游戏生态运营。视频号广告由视频号承载，在朋友圈和公众号等场景内展示。

微信公众号运营的广告则是自己撰写软文，设计和开发广告位，自行定价，直接与广告主进行线下交易，其又可分为病毒广告和植入广告两类。

微信广告的特点在于即时互动、精准定向、基于强关系的裂变传播、内容与媒介环境高度融合，但也因此而存在监管不易的难题。

对微信广告而言，加倍努力的方向在于更准确地洞察人们的内心、更真诚地讲好故事、更妥帖地融合场景、更专注地提供有价值的内容。

对于微信公众号广告，广告主可以通过登录广告投入系统，依据广告位位置、推广商品类型、广告信息三种方式自助查询广告的监测数据，形成数据报表，主要包含曝光量、点击量、点击率、点击均价、商品指标、总消耗这6个关键指标。

对于微信朋友圈广告效果数据，广告主也可以通过系统进行查询。数据报表会呈现核心数据和互动数据，以及关键指标明细，每小时更新。其中，核心数据包括总曝光、总花费和下载完成量；互动数据则有详情查看量、图片点击量、点赞评论量、关注量、转发量等五项指标；关键指标明细表会列出广告投放人群、地区、每日预算、出价、花费、详情查看量、详情查看率等具体数据。

流量主也可通过系统查询所选时段的关键数据、关键指标态势图及每日数据明细。

对于由微信公众号自主运营的软文广告，则通常关注其阅读量、点赞量、转发量、评论量、收藏量、文内广告视频的播放量、“阅读原文”链接的点击量等传播效果指标，以及关注量、下载量、注册量及购买量等转化效果指标。

问题讨论

1. 微信的好友关系和社交方式与微博相比有什么区别？
2. 如何在微信上讲好品牌故事？试举一例并分析其讲故事的策略。
3. 讨论：对于微信公众号自主运营的广告，如何更好地提升其营销价值？

第九章
移动 App 广告

以智能手机为代表的移动终端之所以日渐普及并深度渗入人们的日常生活，离不开移动 App（即移动应用程序）的丰富与创新。在达到一定量级的下载、拥有较多用户之后，出于赢利的考虑，很多移动 App 的运营方也开始涉足广告经营。近两年，移动 App 广告快速被市场接受，其市场规模也迅速增长。

本章对移动 App 的发展状况做出描述，接着介绍移动 App 广告的主要形式和运作方式。

第一节 移动 App 概述

随着智能终端和移动操作系统的迭代，移动 App 快速成为公众日常生活中不可或缺的信息入口和内容载体。经过几个阶段的发展，其开发主体、覆盖领域、市场格局、行业竞争等方面皆呈现出新的特征。

一、移动 App 的概念与分类

移动 App（application 的缩写）是指通过预装、下载等方式获取并运行在移动智能终端（如智能手机、平板电脑）上、向用户提供信息服务的应用软件。[①] 用户通过应用商店[②]下载或更新 App 就能使用开发商提供的产品或服务，主要的应用商店包括苹果的 App Store，谷歌的 Google Play Store，黑莓的 BlackBerry App World，微软的 Marketplace 等，国内则有安卓市场、应用汇，豌豆荚以及小米应用商店等。

与追求"一站购齐"的传统互联网信息与服务相比，App 一方面简化了用户获取信息的路径，便于用户在移动状态下操作；另一方面，每个 App 只提供一种专业内容或服务，在加强内容的专业化与个性化的同时，还可针对其功能诉求和终端的屏幕特性开发

① 国家互联网信息办公室．移动互联网应用程序信息服务管理规定［EB/OL］．(2016-06-28)［2018-04-15］．http：//www.cac.gov.cn/2016-06/28/c_1119122192.htm.

② 应用商店也称应用市场，是指平台提供商拥有并运营的开放式数字商业市场，第三方开发者能够向平台提供商的客户销售 App 和增值服务。

出个性化的界面①，以带给用户更优质的使用体验。目前，App 已经成为移动终端主流的信息入口和内容载体。

根据移动 App 的开发模式，可以将其分为 Native App（原生开发模式）、Web App（网页开发模式）及 Hybrid App（混合开发模式）三类。②

Native App 也可称为原生 App，它是基于智能移动终端操作系统编写运行的第三方应用，不同的操作系统要求采用不同的语言和框架进行开发，其发布审核流程较为严格。Native App 的处理速度快，设备（如摄像头、拨号功能）调用能力强，部分功能可以支持离线使用，节省用户流量。它的发布入口统一，用户能够在应用商店中依据不同的分类快速查找、下载和更新应用。iOS 系统下的“音乐”“iBooks”等都是这类 App 的代表（见图 9-1）。

图 9-1　Native App 界面（iOS 系统）

Web App 是基于浏览器运行的第三方应用，它的入口也以浏览器为主。由于使用 HTML5③ 技术进行开发，该类 App 能够以同一版本在不同的操作系统中运行，大大降低了开发和维护的成本；灵活的审核流程也缩短了 App 的更新周期。用户无须下载安装，也无须更新应用，只要打开浏览器就可以使用需要的应用。Web App 具备一部分 Native App 的功能，比如 LBS、本地数据存储、音视频播放等。Web App 的运行效率受

---

① 彭兰．移动互联网时代的传播变革［R］．// 官建文，唐胜宏．中国移动互联网发展报告（2013）［M］．北京：社会科学文献出版社，2013：18-33.

② 王鑫．Native App 与 Web App 移动应用发展［J］．计算机系统应用，2016（9）：250-253；顾春来．App 应用程序开发模式探究［J］．硅谷，2014（5）：35-36；刘春华．基于 HTML5 的移动互联网应用发展趋势［J］．移动通信，2013（9）：64-68.

③ HTML5 泛指 Web 应用技术标准，主要包括 HTML5、CSS3、JavaScript、Web Application API 等一系列标准。

限于移动设备的浏览器性能，部分功能不支持离线使用，而且只能调用一部分硬件设备功能，其交互体验稍逊于 Native App。此外，由于 Web App 的发布审核不够严格，在安全上也存在一定隐患（见图 9－2）。

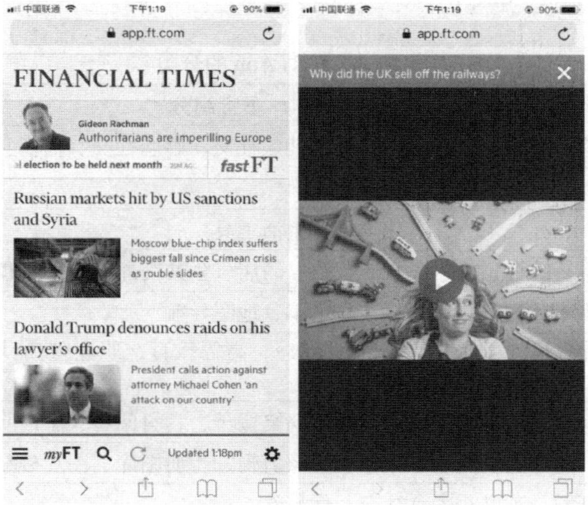

图 9－2　Web App 界面

顾名思义，Hybrid App 是介于 Native App 和 Web App 间的第三方应用，它的原理是在 Native App 中内置浏览器，将相应的功能页面以网页的形式呈现。Hybrid App 兼具用户体验良好、跨平台及低成本优势，目前许多主流 App 都以 Hybrid App 为基础框架进行开发，如 Facebook、百度搜索、携程、支付宝、美团、淘宝等（见图 9－3）。

图 9－3　Hybrid App 界面

除上述分类方式，还可按照用户对 App 功能的需求将移动 App 分为不同的大类，如 App Store 有报纸杂志、财务、参考、导航、儿童、工具、购物、健康健美、教育、旅游、美食佳饮、商务、社交、摄影与录像、生活、体育、天气、图书、效率、新闻、医疗、音乐、娱乐等 20 余个类别①；我国工业和信息化部则将移动 App 划分为游戏、音乐视频、生活服务、新闻阅读、日常工具、社交通讯、教育、系统工具、拍照摄影、运动健康、电子商务、金融、主题壁纸及其他等 14 个领域。在这些大的类别下还能依据其垂直功能进一步细分（见表 9-1）。

表 9-1　移动 App 的分类

类别	垂直细分
通讯社交	即时通信、匿名社交、微博博客、社区社交、婚恋社交、情侣互动
应用开发	应用商店、厂商商店、游戏商店
移动工具	实用工具、办公工具、美化工具、生活工具
旅游服务	旅游资讯、综合预订、民航、铁路、酒店、公共交通、行程管理、民宿短租
出行服务	打车、租车、拼车、代驾、共享单车、地图导航
学习教育	早教辅导、K12（幼儿园到十二年级）、高等教育、职业/技能培训、语言学习、教育工具、出国留学
电子阅读	阅读平台、手机漫画、专业读物、搞笑段子、百科问答、有声听书
图片摄影	照相机、图片编辑美化、摄像、影像剪辑、相册图库、图片分享
餐饮服务	点评、订餐、菜谱、美食社交、优惠券
育儿母婴	母婴购物、母婴社区、母婴健康助手、母婴实用工具
移动医疗	预约挂号、问诊咨询、医药服务、医疗辅助工具、医疗资讯文献、养生保健
快递物流	快递、物流
生活服务	社区购物、家政服务、婚庆服务、综合分类信息、宠物服务、政务服务、法律咨询
汽车服务	驾考摇号、汽车资讯、汽车交易、汽车养护、违章车险、加油油耗、行车辅助、综合汽车服务、电动汽车
健康美容	美妆美业、运动健身、减肥瘦身、健康管理
新闻资讯	报纸新闻、综合新闻、趣味新闻、杂志资讯、体育资讯、科技资讯、军事资讯、时尚资讯、商业资讯、娱乐资讯
移动视频	综合在线视频、垂直在线视频、聚合视频、电视视频、垂直直播视频、真人视频、短视频、视频播放器
音乐音频	综合音乐平台、电台、音乐工具、手机铃声、音乐娱乐、音乐播放器
网络购物	综合电商、垂直电商、海外购物、生鲜电商、团购、导购、娱乐票务、抽奖购物、购物助手、二手闲置
智能硬件	智能家居、智能穿戴、智能健康、智能安防
房产服务	买房/租房、房产运营、房产金融、房产开发商、房产效率工具、房产装修
人力资源	招聘、兼职、实习、职业社交、人力资源新闻、社保公积金、eHR 系统
区块链	区块链、区块链资讯
新零售	餐饮、购物
虚拟现实	VR、AR
手机游戏	动作、冒险、跑酷、赛车、飞行、射击、街机、桌面、卡牌、娱乐场、骰子、音乐、休闲、智力、文字、角色扮演、模拟经营、体育、策略、棋牌、游戏助手

资料来源：整理自 Talking Data 移动观象台的应用排行，网址为 http：//mi. talkingdata. com/app-rank. html。

① 整理自 iOS15. 2 版本下的 App Store。

二、 移动 App 的发展

移动 App 的出现和发展得益于智能终端和移动操作系统的演进。虽然自 20 世纪八九十年代起就有移动应用问世，但移动应用发展的真正转折却出现于 2008 年。2008 年 7 月，苹果公司为匹配其新的智能手机产品——iPhone，推出了应用商店 App Store。在上市两个月后，App Store 的应用下载次数就超过 1 亿，2009 年底，这一数字增长为 25 亿。① 这种成功的商业模式吸引了移动运营商、手机生产商、技术开发商等加入移动应用开发和应用商店建设的队伍，国内如中国移动、中国联通、中国电信等运营商以及百度、腾讯、360 等互联网企业都相继展开了各自移动商店的运作。之后，移动通信技术的进步、智能设备的升级换代为移动 App 的发展创造了更加良好的环境，即时通信、移动社交、音视频、游戏、移动电商、生活服务等企业纷纷在此领域布局以争夺用户资源。

近十年来，从满足用户的基本需求和娱乐需求，到推动其消费模式变革、为其提供便利的线下服务②，移动 App 已经基本覆盖用户的日常生活。据统计，2021 年全球主要国家③每个 Android 终端用户平均每天在 App 上花费的时间长达 4.8 小时④，与 2019 年相比增长了 30%。

根据功能演进的轨迹，移动 App 的发展可以归纳为模式探索期、互联网服务迁移期、模式爆发期、需求挖掘与深化融合期、“云上”办公生活期等几个阶段（见表 9-2）。

表 9-2　移动 App 发展的几个阶段

时期	特征	代表 App
模式探索期（2010 年前后）	基于触屏、陀螺仪等移动设备特性探索应用模式，主要集中在游戏、工具领域。	水果忍者、鳄鱼小顽皮爱洗澡
互联网服务迁移期（2011—2012 年）	被传统互联网所验证过的服务向移动端迁徙，包括社交、视频、游戏、购物等，更多的是服务平台的拓展。	手机淘宝、QQ、新浪微博、爱奇艺
模式爆发期（2012—2014 年）	结合移动设备特性与用户刚需的应用开始爆发，产品与服务有别于传统互联网，是真正属于移动时代的产品。	微信、饿了么、陌陌、滴滴出行
需求挖掘与深化融合期（2015—2019 年）	更多的细分需求被挖掘，传统产业与移动互联网加速融合。	美团单车、Keep、映客、盒马
“云上”办公生活期（2020 年至今）	新冠肺炎疫情爆发以来，远程办公、线上教育、社区网络团购等应用大大改变了用户的生活、工作及学习方式。	钉钉、腾讯会议、叮咚买菜

---

① 孙建昆．苹果：App Store 的创世纪［J］．互联网周刊，2011（5）：38-40.

② 王帅．移动互联网应用年度盘点［R］．//洪京一．移动互联网产业发展报告（2015—2016）［M］．北京：社会科学文献出版社，2016：87-95.

③ 包括巴西、印度尼西亚、韩国、墨西哥、印度、日本、土耳其、新加坡、加拿大、美国、俄罗斯、英国、澳大利亚、阿根廷、法国、德国、中国。

④ App Annie. 2022 年移动市场报告［R/OL］．（2021-01-13）［2022-01-26］．https：//www.appannie.com/cn/go/state-of-mobile-2022.

续表

时期	特征	代表 App
未来趋势：移动应用产品数量增速减缓，精细化、个性化、创新服务成为市场发展主要目标。同时，5G、人工智能、物联网等新技术的引入与规模化应用会持续深化移动 App 与用户生活场景的融合进程。		

资料来源：TalkingData. 2016年中国移动互联网行业发展报告［R/OL］.（2017-02-17）［2022-01-16］. http：//mi. talkingdata. com/report-detail. html? id=499；TalkingData. 用户行为变迁 行业垂直深耕：疫情下的2020年移动互联网报告［R/OL］.（2020-04-07）［2022-01-26］. http：//mi. talkingdata. com/report-detail. html? id=996.

总体而言，移动 App 的发展呈现以下几个特征：

第一，开发主体多元，覆盖领域广泛。首先，门户网站、新闻网站、垂直网站、搜索引擎、网络视频、电子商务、移动社交等互联网公司推出了基于智能手机的 App 入口；其次，新兴的创业公司和个体开发者不断挖掘细分市场，各类个性化和本土化的 App 应运而生，如 O2O、直播、短视频、出行、本地生活、共享单车、直播等垂直类 App 迅速成长；另外，在移动互联网的冲击下，为了获得竞争优势，大量的传统行业也纷纷推出 App 产品，希望借此实现与移动媒体的融合。

第二，市场格局基本稳定，马太效应明显。我国移动应用市场在经历了一段迅猛发展的过程后进入了稳定增长的阶段。截至2021年11月，我国第三方应用商店在架应用下载总量为20 924亿次①，用户在应用商店的总支出达到3 661亿元②。目前，北京、上海等一线城市及杭州、成都等二线城市的市场成熟度已达到很高的水平，为 App 开发者带来了可观收入③；而互联网普及率加速提升的三线及以下城市和农村地区等下沉市场也成为互联网企业的“兵家必争之地”④。从整体来看，强者更强的马太效应也愈发明显。一方面，2021年11月我国市场检测到的 App 在架数量为272万款⑤，而活跃率高的绝大部分为百度、阿里、腾讯和字节跳动等互联网“巨头”旗下的应用，如腾讯系的微信、QQ、腾讯视频、腾讯新闻，阿里系的手机淘宝、支付宝、优酷视频、高德地图，百度系的手机百度、百度地图、百度贴吧，以及头条系的抖音、今日头条等，这些应用占据了用户近70%的移动互联网使用时间⑥，也把持了绝大多数的流量。虽然还有数量众多的处于“中长尾”的 App，但其获得的用户流量较为有限。另一方面，移动端用户人均安装和打开的应用款数趋于稳定，加之有关部门逐步加强对移动应用市场的合规性监管，每年均对涉嫌违规的 App 下架整治，我国在架 App 的数量自2019年就持续缓慢下降⑦，愈发激烈的“一屏之争”进一步提高了新开发的 App 的进入门槛。据极光大数据统计，

① 中华人民共和国工业和信息化部. 2021年1—11月份互联网和相关服务业运行情况［EB/OL］.（2021-12-30）［2022-01-26］. https：//www. miit. gov. cn/jgsj/yxj/xxfb/art/2021/art_2af6ee6593e041919ea187e1fc82dc69. html.

② App Annie. 2022年移动市场报告［R/OL］.（2021-01-13）［2022-01-26］. https：//www. appannie. com/cn/go/state-of-mobile-2022. 此处用户支出为总支出（未去除商店分成），原数据单位为美元（567.62亿美元），以2021年美元平均汇率6.45为基准换算为人民币。

③ App Annie. 2017年度回顾报告：应用经济突飞猛进的一年［R/OL］.（2018-01-17）［2018-04-08］. https：//www. appannie. com/cn/insights/market-data/app-annie-2017-retrospective/.

④ 中国互联网络信息中心. 第48次中国互联网络发展状况统计报告.［R/OL］.（2021-09-15）［2022-01-26］. http：//www. cnnic. net. cn/hlwfzyj/hlwxzbg/hlwtjbg/202109/P020210915523670981527. pdf

⑤ 同①.

⑥ 极光大数据. 2021年Q3移动互联网行业数据研究报告［R/OL］.［2022-01-27］. https：//www. jiguang. cn/reports/550.

⑦ 董月娇，胡修昊. 2020年中国移动应用市场发展现状及趋势分析［R］. //唐维红，唐胜宏. 中国移动互联网发展报告（2021）［M］. 北京：社会科学文献出版社，2021：177-192.

2021 年第三季度用户流量价值排名前 100 的 App 中，仅有 19 个是新晋 App，其中还包括由淘宝、美团和京东派生的点淘、美团优选、京东极速版、京喜等 App。[①]

第三，超级 App 加速平台化进程，新兴领域兼并扩大，垂直领域连接更多用户需求。发展至今，我国移动应用市场用户增长速度减缓，获客成本不断增加，依托存量市场推动业务增长成为发展的关键。[②] 以微信、手机淘宝、京东等为代表的一批在移动互联网发展早期就积累了大量用户的“头部 App”，在稳定获取流量的同时，也在增加用户的“停留时间”、提升用户体验、打造一站式应用平台。这种“超级 App”能够扩大单个 App 的服务范围，如用户可在微信中获取新闻资讯、购物、打车等，2017 年上线的小程序[③]、2021 年上线的视频号与直播功能更增强了微信塑造用户生活方式的平台能力。此外，以美团、携程等为代表的新兴领域 App 则通过并购坐稳行业领先地位；以抖音、哔哩哔哩为代表的垂直领域 App 在持续挖掘其核心业务的价值之外，也开始依托自身流量生态，陆续开发支付、购物等多元服务功能模块，力图连接更丰富的用户需求。

第四，移动 App 在发展过程中对社会产生双重影响。一方面，种类繁多的移动 App 给用户带来了多样的娱乐手段和便利的生活。手机社交场景、消费场景与现实场景之间不断融合[④]，加速了日常生活的移动化，用户通过 App 就能满足衣食住行等大部分日常需求，相关产业也随之搭上了移动互联网的快车，迎来了新的发展契机。这种趋势在新冠肺炎疫情的持续蔓延下得到了进一步强化，各传统行业加速与移动场景的融合，比如，2020 年移动在线教育应用的用户增速高达 70.8%[⑤]。另一方面，App 的快速发展也带来了一系列无法回避的问题：其一，传统的知识产权保护体系遭遇持续冲击。如有的信息推荐平台未经允许便抓取并推送其他媒体独家所属的版权作品，侵害了相关媒体的信息网络传播权。其二，对网络用户的隐私保护形成威胁。据艾瑞咨询调查，81.8%的移动 App 用户最重视的应用指标就是“个人信息安全”，但用户个人信息安全满意度仅为 58%。[⑥] 目前国内仍有许多移动 App 强制、过度、超范围获取个人信息，如 2021 年 5 月 10 日，网信办通告有 84 款 App 违法违规收集个人信息，具体行为包括未经用户同意收集个人信息和违反必要原则收集与其提供服务无关的个人信息[⑦]。其三，App 内容良莠不齐，不利于移动互联网健康有序的发展，更冲击了社会道德底线。对此，有关部门也

---

① 极光大数据．极光：2020 年 Q3 移动互联网行业数据研究报告［R/OL］．(2020-11-05)［2022-01-26］. https：//www.jiguang.cn/reports/513；极光大数据．极光：2021 年 Q3 移动互联网行业数据研究报告［R/OL］．(2021-10-19)［2022-01-26］．https：//www.jiguang.cn/reports/550. 根据极光大数据提供的计算方法，App 的用户流量价值是根据流量规模、流量质量、用户特征和产品特性等指标计算得到流量价值指标值，它反映的是 App 实现广告方面的变现能力，即该 App 每年在广告方面的潜在收入。

② TalkingData. 用户行为变迁 行业垂直深耕：疫情下的 2020 年移动互联网报告［R/OL］．(2020-04-07)［2022-01-26］．http：//mi.talkingdata.com/report-detail.html? id=996.

③ 小程序，全称微信小程序，是一种不需要下载安装，用户通过微信“扫一扫”扫描小程序码或搜索就能使用的应用。

④ 宋树萍．手机 App 与现实生活场景化［J］．重庆社会科学，2017 (5)：112-116.

⑤ 董月娇，胡修昊．2020 年中国移动应用市场发展现状及趋势分析［R］．//唐维红，唐胜宏．中国移动互联网发展报告 (2021)［M］．北京：社会科学文献出版社，2021：177-192.

⑥ 艾瑞咨询．中国移动应用趋势洞察白皮书：总览篇［R/OL］．(2020-12-29)［2022-01-26］．https：//report.iresearch.cn/report_pdf.aspx? id=3710.

⑦ 中国网信网．关于腾讯手机管家等 84 款 App 违法违规收集使用个人信息情况的通报［EB/OL］．(2021-05-10)［2021-11-12］．http：//www.cac.gov.cn/2021-05/10/c_1622225924090817.htm.

采取了一定的措施，如中共中央网络安全和信息化委员会办公室于 2020 年 11 月开展了移动应用程序信息内容乱象专项整治，新浪微博、豆瓣、微信等应用也进一步加强了对平台内容的常规监管，比如微信在 2021 年 8 月 28 日发布了《关于进一步规范财经类自媒体账号内容发布的公告》，就是针对财经类自媒体账号内容存在违法违规、造谣传谣、片面曲解或恶意篡改内容等现象进行整改。

第二节　移动 App 广告的类型与特点

移动 App 的广告主要包括展示类广告、植入类广告和其他可提供目标消费者更深入、更人性化互动体验的广告。展示类广告有开屏广告、插屏广告、banner 广告、信息流广告、积分墙广告、推荐墙广告、公告广告、移动短视频广告、激励视频广告等形式，植入类广告则有品牌定制 App 和移动 App 植入两种运作方式。移动 App 作为广告投放平台具有聚合碎片化受众、实现精准投放和创新表现形式等优势。

一、 移动 App 广告的分类

移动 App 广告是指将广告主的商品或服务信息投放到移动 App 上的广告方式，是移动广告的重要组成部分。

在移动广告发展的早期，短信、彩信等是主要的广告发布形式，之后移动端的 WAP 网站有了较多的用户流量，WAP 广告应运而生。2011 年以后，移动互联网进一步升级，智能手机得到普及，移动 App 越来越被用户所青睐，移动 App 的广告位从无到有，其运作人员通过将移动 App 广告与传统媒体类比（如把开屏广告比喻为杂志封面，将信息流广告比作报纸的头版、第二版、第三版等）的方式让广告主迅速熟悉。如今，广告主不断增加在移动端的广告投放，行业广告主需求旺盛，品牌广告主预算增加，同时，原生广告、移动视频广告等更加丰富的广告形式出现为移动端提供了更广阔的广告空间。[①]

目前，广告主基于移动 App 的广告运作主要有三类：其一，在 App 上投放品牌展示类广告，这除了在其他章节提到的 banner 广告和信息流广告，还包括移动 App 特有的开屏广告、积分墙广告、移动短视频广告等形式；其二，利用有价值的、用户喜爱的手机 App 进行品牌植入，这主要包括品牌定制 App 和在运作成熟的 App 中植入两种方式；其三，利用 App 与目标消费者实现更深入、更人性化的互动体验，如 LBS 广告、二维码广告和 AR 广告。

（一）移动 App 展示类广告

1. 开屏广告

开屏广告通常在用户打开移动 App 时自动以全屏方式呈现 3～5 秒，具体表现形式有静

---

① 艾瑞．2015 年中国移动应用广告平台市场研究报告［R/OL］.（2015－03－31）［2018－04－09］. http：//port. iresearch. cn/report/201503/2329. shtml.

态图片、GIF 图片、flash 和视频等，视觉冲击力强，不过，一般来说用户可以选择跳过广告。以今日头条“品牌展示通投广告”为例，其 2022 年的开屏广告每天为 7 轮播（用户未关闭 App 后台进程时，展示间隔为两小时；关闭 App 后台进程后再启动可再次进行随机展示），其中 6 条广告面向全国用户，1 条广告定向投向区域市场（如北京区域），广告可选择是否链接落地页，按天售卖，可点击的静态 3 秒广告位价格为 896 万元/天/轮，不可点击的价格为 128 万元/天/轮，动态 4 秒广告位价格则为 1 120 万元/天/轮。

对于专业性很强的垂直移动 App，广告主除了关注流量数据，也特别重视 App 的使用场景、用户等与自身的契合度，例如某空气净化器品牌会选择天气信息 App“天气通”，某专车品牌会选择航班数据 App“飞常准”（见图 9-4）。

图 9-4　开屏广告示例

需要提到的是，由于开屏广告“弹窗信息标识近于无形、关闭按钮小如蝼蚁、页面伪装瞒天过海、诱导点击暗度陈仓”①等问题影响了用户的使用体验，工业和信息化部于近年加大了对 App 开屏弹窗信息骚扰用户问题的整治力度。

2. 插屏广告

插屏广告在游戏类或视频类 App（通常在暂停时会出现）中较为常见，分静态图片、GIF 动图和视频，具有尺寸较大、视觉冲击力强、容易被用户点击等特点，但也比较影响用户体验。插屏广告较多用 CPC 和 CPM 计费（见图 9-5）。

图 9-5　插屏广告示例

---

① 中华人民共和国工业和信息化部．工信部大力推进 App 开屏弹窗信息骚扰用户问题整治［EB/OL］．（2021-07-08）［2022-01-26］．https：//www.miit.gov.cn/jgsj/xgj/gzdt/art/2021/art_5f841d495ab74e9a9aaf6e95c033d2ad.html.

3. banner 广告

banner 广告又称横幅广告或旗帜广告，是 App 广告的主要形式，一般出现在 App 界面的顶部或底部。从形式上分为静态横幅、动画横幅、互动式横幅，内容可以是纯图片、纯文字，也可以是图文结合。它尺寸较小，对用户干扰程度低，广告信息重点突出，主要以 CPC 方式计费（见图 9－6）。

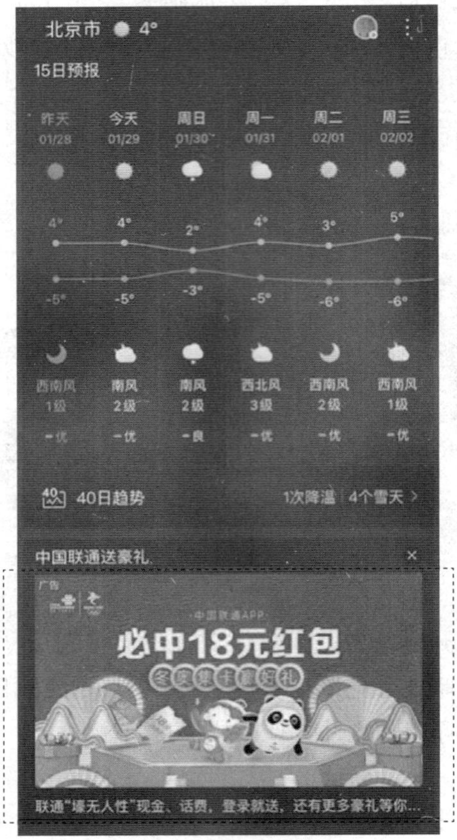

图 9－6 banner 广告示例

4. 信息流广告

信息流广告一般出现在信息流固定位置中，其展示样式和信息流常见样式一致，目的是不让用户产生阅读的阻碍感，同时提升广告的点击率。这类广告常见于社交类 App（如微信朋友圈、微博）、资讯类 App（如今日头条、腾讯新闻）、视频类 App（如腾讯视频、抖音短视频）和搜索类 App（如 UC 浏览器、QQ 浏览器）中。腾讯新闻将信息流广告置于要闻频道、视频频道、推荐频道等多个频道以及文章页面内，广告位置不固定，类型有信息流左文右图、信息流大图、三小图、组图和视频等（见图 9－7）。

此外，如网易有道词典等垂直领域的 App 中的信息流广告则更加贴合产品特征，这类信息流广告在推荐产品或服务的同时也较好地满足了用户在外语方面的学习需求。

关于信息流广告的更多详情，请参阅本书第五章和第八章的相关内容。

图 9-7　信息流广告示例

5. 积分墙广告

积分墙广告是指在移动 App 内展示各种积分任务，如下载安装推荐的优质应用、注册、填表等，以供受众完成任务获得积分（也可能是虚拟道具、现金实物奖励）的页面。积分墙广告通常以文字或按钮提醒（如“获取免费精品”“精品推荐”等）的形式引导用户进入积分墙下载页面，用户只要下载相关应用程序就能获得积分。积分墙广告按 CPA 计费，有米、多盟、万普、点乐等公司均运作此类广告，整合众多移动 App 开发者形成有价值的积分墙广告资源（见图 9-8）。

图 9-8　某积分墙的使用说明

6. 推荐墙广告

推荐墙广告是指在移动 App 内展示推荐应用的广告形式。移动 App 内置推荐墙，用户通过这一页面可以下载推荐的 App。推荐墙没有积分驱动，带来的转化更加真实有效，拥有多个 App 的开发者还可以借助推荐墙推荐自己的其他应用。与积分墙相比，推荐墙具有流量真实、搜索方便、用户质量高等优点，利于游戏或应用获取优质用户和优质

App Store 榜单、提升搜索排名（见图 9－9）。

图 9－9　推荐墙广告示例

7. 公告广告

公告广告也叫 App 活动广告，常发布于电商类或社区类 App 的首页，如图 9－10 中的“京东快报”（或“京东秒杀”），它按次购买，能够不断滚动播放广告信息。

图 9－10　公告广告示例

8. 移动短视频广告

2015 年，微博开始兴起以“秒拍”为代表的短视频，随后，抖音、快手、火山小视频等短视频 App 凭借全新的设计风格、操作方法，以及便捷有趣的使用体验（“直接拍、直接上传到社交媒体”的模式简化了视频的制作和上传过程，同时还可以使用多样特效），迅速受到年轻人的喜爱。据 Sensor Tower 统计，2018 年春节档至 3 月 17 日，抖音

App 持续独霸中国 App Store 单日下载量榜首共 17 天[①]，此种受用户追捧的现象也使得短视频 App 迅速吸引了广告主的关注。目前，移动 App 的短视频广告主要有基于原生广告思维运作的短视频信息流、短视频节目（多为竖屏模式）等形式，比如下面提到的爱彼迎和肯德基的例子。更多内容请参阅第十章。

案例链接

爱彼迎用短视频广告提升品牌好感度

移动 App 抖音在国内首先推出了全屏竖屏的视频信息流广告形式，不仅与抖音上的普通视频内容形态一致，也非常契合移动端用户碎片化阅读的特点，易于传播分享。据用户覆盖美国 18～24 岁群体 48%的 Snapchat（一款"阅后即焚"照片分享应用）的一份调研报告显示，在其平台上全竖屏视频广告的播放完成率比横屏视频广告高出 9 倍，而且与其他形式同类广告相比，竖屏视频广告吸引的视觉注意力要高出 2 倍。可以预见，全屏竖屏呈现可能会成为视频信息流广告的主流趋势。

2017 年 9 月，民宿预订平台 Airbnb（中文名为"爱彼迎"）在抖音推出了一支时长为 15 秒的短视频广告（见图 9－11）。由于抖音的大部分视频内容中用户本人都会出镜，因此抖音建议爱彼迎在视频广告中加入其租客的镜头，不仅更加"抖音范儿"，契合平台调性和用户偏好，也让视频内容更有说服力。很多用户看完后评论"半天硬没反应过来是广告"，"广告还能这么打"。高度原生化的广告跟平台内容无缝衔接，让用户接受度更高，愿意主动参与点赞、评论等互动行为，从而更好地传递品牌信息。

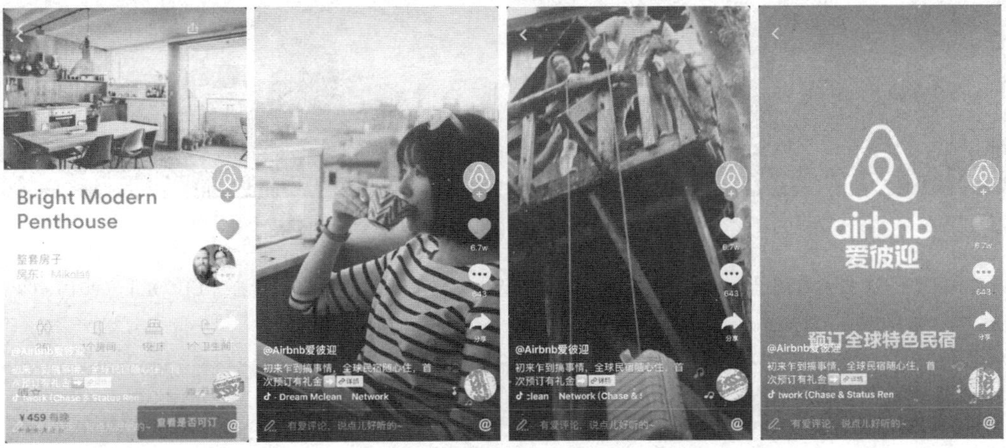

图 9－11　爱彼迎抖音广告

资料来源：天擎．广告效果超行业 4 倍：Airbnb 如何借助抖音短视频广告与年轻人沟通？[EB/OL]．(2017－11－09) [2018－04－12]．http：//www.skytech.cn/article/4457.html.

---

① Sensor Tower. 抖音连续霸占 App Store 已 17 天，打破 2017 年初以来所有非游戏类 App 之榜首持续天数纪录 [EB/OL]．(2018－03－07) [2018－04－12]．https：//sensortower-china.com/blog/tik-tok-record-ranking-cn.

案例链接

今日头条为肯德基定制《头条新早范》

为了更好地推广旗下的“帕尼尼”早餐产品，肯德基与今日头条进行合作，尝试短视频广告的形式。广告的目标受众是18～25岁的年轻人群，他们兴趣广泛，容易接触新事物，对能够引发社会舆论的娱乐和社会热点事件感兴趣。为此，今日头条借助自身的平台优势及内容分发优势，为肯德基帕尼尼定制了一档晨间视频类节目《头条新早范》，用晨间“吐槽”新闻的方式，传递肯德基的“不怕主义”（见图9-12）。

节目以“内容性植入”和“硬广植入”相结合的方式，将产品信息和生活热点进行场景式融入。如“人生最大的乐趣，就是边吃帕尼尼边看头条新早范，我是建国。许多单身狗都蓄谋成为宇宙无敌超人，一人可以翘起生活的杠杆，什么都可以，但还是怕寂寞空虚和生病，怕感冒了只能喝热水，但自从看了《一条狗的使命》后，单身狗看到了新的曙光，原来这个世界除了人类的爱，宠物还是可以陪你过完一生的。《一条狗的使命》号称是‘外国狗狗版的三生三世’，导演……（对影片的介绍），不过电影结尾说了一句很发人深思的话：思考活着的意义是愚蠢的，活在当下，每天吃帕尼尼，什么都不怕……这个月你终将不寂寞，因为有我，有帕尼尼，还有不怕新闻，没有什么怕是帕尼尼解决不了的……”。

图9-12　肯德基《头条新早范》广告

资料来源：金投赏官网．肯德基帕尼尼《头条新早范》：“不怕体”趣味新闻播报［EB/OL］.（2016-07-25）［2018-04-13］. http：//winner. roifestival. com/cn/winners/detail/d198bii.

9. 激励视频广告

激励视频广告常见于游戏App，是一种让用户通过观看广告视频来获取游戏中特定权益（如复活、道具、线索）的广告形式。它通常以15秒至30秒的广告视频融入游戏场景之中，部分广告可以选择关闭或是跳过。激励视频广告多采用CPM方式计费。

（二）移动App植入类广告

1. 品牌定制App

品牌定制App也称作自建App，即企业自己设计制作App，然后将产品和服务信息植入App里。目前一些企业已经意识到，与其不断优化其网站在移动设备上的用户体验，不如推出企业的专属 App。相对于 WAP 网站而言，定制 App 不仅能够带给用户视觉上的愉悦感，还可为用户提供更多样的服务。此外，App Store 和 Google 上的 App 索引功能有了很大的进步，不同种类的 App 都更容易进入相应的目标群体的视线，这客观上也加快了企业推出专属 App 的步伐。

在具体建设过程中，可以采取企业自建或委托第三方公司建设等方式推出企业专属 App。这类 App 必须结合企业自身特征，符合目标消费群体的偏好，真正为用户提供价值，如此才利于品牌和产品认知度的提升，搭建起品牌与消费者之间沟通的桥梁。例如，卡夫食品公司曾在 2009 年上线了一款名为“iFood 助手”的手机应用程序，用户可以按照程序中的食谱学习做菜，不过做菜的食材都属于卡夫的产品，用户在参照食谱时，也会接收到这些产品的推广信息。类似的例子还有法国航空推出的“Music in the Sky”。

案例链接

法航 App：天空中不只有飞机，还有好听的音乐

2012 年，法国航空推出了一款音乐移动应用“Music in the Sky”，希望以此让用户感知到“当你抬头仰望天空的时候，空中不止有轰鸣而过的飞机，还有好听的音乐”（见图 9－13）。

图 9－13 用“Music in the Sky”可以捕捉空中的音乐

法国航空在航班上为乘客提供高品质的音乐服务，该应用便是使地面上的用户也能享受航班上的音乐。巴黎的 BETC 创意公司将法国航空提供的音乐散布到天空中，安装了该应用的用户可以举起手机对着天空捕捉这些散布在空中的音乐。该应用使用了增强现实技术（AR），屏幕拍到的天空画面中有一个音乐瞄准窗口（类似于射击游戏，只是瞄准的目标变成了音乐），如果用户当前所在位置的天空中有法国航空公司提供的音乐，屏幕中就会出现音乐小圆点，对准相应的圆点就可以收听这一音乐。不同国家空中散布的歌曲会有所不同。此外，应用中还内置了一些互动小游戏，通过游戏用户还能赢取优惠机票。

这一应用将旅行、天空及音乐等感性元素相结合，具有较强的互动性和娱乐性，在游戏中实现了优惠机票推广和品牌形象树立的目标。

资料来源：Music in the Sky：天空中不只有飞机 还有好听的音乐［EB/OL］.（2012－11－22）［2018－04－13］. https：//www.leiphone.com/news/201406/1122-liuyun-music-in-the-sky.html.

2. 移动 App 植入

将广告信息植入移动 App 中的方式是一种软广告，有助于让品牌或产品被用户潜移默化地记住并接受。常见的 App 植入方式有以下几种①：

（1）视觉替换类植入。适合快消品牌、汽车品牌等在新品上市阶段，植入娱乐游戏类、社交类、工具类移动 App 中。比如 2019 年运动品牌李宁与手机游戏 App 荒野行动合作，在该手机游戏中的游戏商店推出了多款李宁虚拟潮流服饰及道具（见图 9－14）。又如一直播、唱吧等娱乐类 App 将应用中“送礼”“打赏”等元素替换为品牌内容进行植入。

图 9－14　李宁在手机游戏 App 荒野行动中的植入

（2）栏目植入冠名。这类广告植入看重品牌产品特点与所选移动 App 功能特点的匹配度，通过品牌推荐、品牌提示等植入手段提升用户对品牌的好感度。比如大众点评冠名不同类型的餐厅排行，墨迹天气中“58 同城”对找工作栏目的冠名等（见图 9－15）。

（3）意向拦截。这类广告植入通常以工具类 App 为主，通过广告内容满足用户的需求以提升品牌好感度或引导 O2O 行为。比如高德地图等导航类应用的 POI 拦截广告。POI 是 point of interest 的首字母缩写，意为“兴趣点”，它可以是飞机场、火车站、学校、购物中心等。基于对用户在这些地理位置的行为数据分析，可以更深刻地理解用户的行踪习惯，实现基于 POI 数据标签的投放。

（4）行动顺应。以新闻资讯类 App 的汽车频道为例，用户在频道查阅信息时，除了向

① 黄薇，罗晶，应花，等．实战第三屏：移动营销实务十讲［M］．北京：电子工业出版社，2014：65－67.

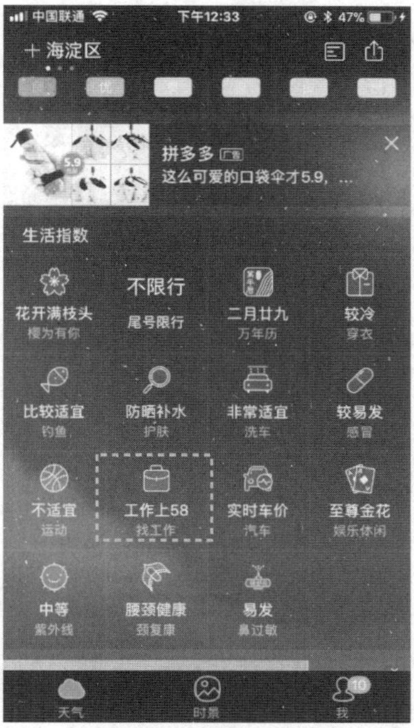

图 9-15　栏目植入冠名示例

其提供信息资讯，还可植入“一键试驾”等互动入口，一旦用户产生想要询价或试驾等意愿，就能及时连接最近的经销商的服务，实现用户行为有效顺应的品牌营销服务植入形式。

（5）专项活动策划。广告主可以依据某一类型 App 的特征，借助社会热点话题，针对品牌营销目标开展专题活动策划，从而体现品牌理念，甚至是改变人们的观念和生活方式。比如网易考拉海购（简称“网易考拉”）借助综艺节目《爸爸去哪儿》所展开的一系列营销活动。

案例链接

网易考拉让爸爸不再“隐形”

2017 年，在综艺节目《爸爸去哪儿》第五季热播之际，网易旗下的考拉海购在微博上发起了“#隐形爸爸#”和“#丧偶式育儿#”① 等话题，并以图片形式发布了此前对几位遇到“隐形爸爸”的妈妈的采访内容，如“都说父爱如山，他真的就像一座山一样，矗在那里一动不动，只顾着玩手机打游戏，孩子哭了只会叫老婆”“让他送孩子去幼儿园，他说看孩子哭得可怜，自己看了于心不忍，又把孩子接回家了”。妈妈们发自内心、极富感染力的“吐槽”引发了社会对爸爸在家庭中“缺位”情况的关注。

借助这一传播热度，网易考拉在微博发布了一系列活动海报（见图 9-16），通过列举家庭生活中的各种场景：夜深时孩子等待爸爸回家，孩子发高烧对妈妈说想爸爸等，提出疑问：中国爸爸去哪儿了？

---

① 指父亲在养育孩子的过程中缺席的情况。

图 9-16　网易考拉在微博上发布的广告海报

同时，网易考拉邀请节目嘉宾刘畊宏拍摄了一支广告片，为消费者展示了面对孩子时手足无措、状况百出的“隐形爸爸”是如何在网易考拉的帮助下慢慢蜕变成孩子信赖的父亲。网易考拉希望让大家知道“中国爸爸其实就在孩子身边”。

为了实现 O2O 活动的效果，让整个事件不止停留于节目中，网易考拉又联合租房 App 小猪短租，打造出四大风格的考拉“洋屋民宿”（见图 9-17）。在节目播出期间，邀请爸爸们带着孩子一起旅行、一起参与各种游戏，让他们在网易考拉搭建的高品质生活环境中与孩子沟通，让爸爸不再“隐形”。

图 9-17　网易考拉与小猪短租联合打造“洋屋民宿”

作为生活方式的倡导者，网易考拉除了宣传旗下产品以外，更多的是在向年轻爸爸传递一种生活理念——给孩子更多的陪伴和关爱。网易考拉通过深度挖掘日常生活中普遍存在的问题，在用暖心"小"爱的方式来传递和实现"大"爱诉求的同时，有效提升了人们对网易考拉的好感度。

资料来源：《爸爸去哪儿 5》快播完了，玩得最 666 的赞助商竟然是这家［EB/OL］.（2017-12-04）［2018-04-15］. http://www.meihua.info/a/70695.

（三）其他移动 App 广告

1. LBS 广告

LBS（location based service，基于位置的服务）是通过电信移动运营商的无线通信网络或外部定位方式（如 GPS）获取移动终端用户的位置信息，在地理信息系统的支持下，为用户提供相应服务的一种业务。该业务包括两个主要环节：一是确定移动设备或用户所在的地理位置；二是提供与位置相关的各类信息服务。相较于传统移动广告，LBS 广告更可对消费者的现实生活（如查找附近商家、下载优惠券等）提供助益，同时其所提供的将"签到"同步发布到社交网站、奖励用户虚拟荣誉勋章等服务亦迎合了消费者希望在社交圈中分享和炫耀的心理，这使得 LBS 及依托于其上的广告受到消费者青睐。对广告主来说，LBS 广告可以整合本地生活信息、社交服务、游戏元素以及场景化服务于一体，并可获得用户的主动聚集和签到信息，比单向的硬广告更有助于广告主与消费者的沟通，广告效果无疑也更好。第四章提到的 iButterfly 就是这类广告的代表。另外的例子如星巴克推出的 Mobile Pour 服务，用户走在路上时如果想喝咖啡，就可以用 Mobile Pour 这一 App 点单，不一会儿就会有人踩着滑轮车为用户送上咖啡（见图 9-18）。

图 9-18　星巴克 App Mobile Pour

2. 二维码广告

二维码广告是在手机与移动互联网的基础上推出的一种新型营销方式。二维码区别于一维条形码，呈黑白相间的矩形形状，可以比一维条形码拥有更多的数位。而二维码广告主要指的是将广告主或商品及服务的相关信息以二维码的形式进行编码，移动互联网用户只要使用手机拍下或扫描任何载体上的此二维码，经过手机识别后即可自动上网获取该商家或商品及服务的详细信息，或者变为移动 App 程序中的一个环节。虽然在

App出现之前就已经有利用二维码开展移动营销的先例，但囿于当时移动互联网络的信息传输速度、智能手机的普及程度等，二维码广告一直没有发展起来。移动App成为移动用户的常用软件之后，二维码广告通过与App结合才有了较快的发展，其信息形式更加多元，使用方法更为有趣，与用户的沟通更为深入。

案例链接

拜耳中国的App营销新招：扫二维码换游戏道具

2011年11月，拜耳中国推出了一款名为“白片弹弹乐”的游戏App。该款游戏除了本身玩法新颖外，令人眼前一亮的是游戏中采用了二维码扫描技术，让玩家通过扫描拜耳中国旗下的感冒药品牌“白加黑”白片装药盒上的二维码来获取游戏道具。

首先，拜耳中国将“白片弹弹乐”这款App设定为弹射类游戏，游戏中玩家将“白加黑”白片弹射到感冒患者口中即可瞬时发挥药效，治愈游戏人物的感冒，“白加黑”白片的药效诉求得以清晰呈现（见图9-19）。

同时，在游戏中，玩家为了获取高分必须首先购买“白加黑”白片装，然后用iPad/iPhone摄像头扫描药盒上的二维码标签，这样才能得到“瞄准器”，并通过该道具增强弹射的精准度。

图9-19 “白片弹弹乐”的游戏界面

此外，伴随“白片弹弹乐”在App Store的上线，拜耳公司还推出了为期六个月的活动来支持这款游戏的整体营销——以玩家在“白片弹弹乐”游戏中心中的分数排名为依据，每个月向排名第一的玩家送出iPhone手机一部；此外，每个月都有吉祥物“瞌睡羊玩偶”送给排名靠前的玩家们。这又进一步激发了用户对该款App的下载及使用，提升了此次营销活动的整体效果。

资料来源：艾瑞网．App营销新招：扫二维码换游戏道具［EB/OL］．(2011-11-16)［2018-04-13］．http://wireless.iresearch.cn/88/20111116/156247.shtml.

3. AR广告

AR（augmented reality，增强现实或混合现实）是利用计算机生成一种逼真的视、听、力、触和动等感觉的虚拟环境，通过各种传感设备使用户“沉浸”到该环境中，使用户和环境直接进行自然交互。其优越性体现在实现虚拟事物和真实环境的结合，让真实世界和虚拟物体共存。

2008 年 AR 技术第一次运用于 App 中，人们可以通过智能手机的摄像头去找寻真实环境中的触发点，而 AR 技术特有的“虚实结合、实时互动、三维定位”功能也都可以通过智能手机这一轻便的终端和移动互联网的快速数据传输来实现。AR 技术提供的高度虚拟增强现实效果、交互体验以及定位功能，能为用户创造全新的使用体验，依托于其上的广告，不仅不会引致用户的反感，还会引起用户的兴趣和吸引他们的参与。

案例链接

1 号店借力 AR 技术，首创线下“虚拟体验店”

2012 年 10 月，电商 1 号店联合奥美中国，利用 AR 技术开设了“虚拟体验店”，吸引了众多消费者的关注和参与（见图 9－20）。

该活动通过如下方式实现：1 号店打造了一款名为“无限 1 号店”的手机 App，并在后台选择开店地址的经纬度、设置触发热点。只要用户在手机里下载并安装该款 App 应用，通过 GPS 定位，就可以查看到其附近的“无限 1 号店”。而当用户走入设置触发热点的相关区域后，就能在手机上直接看到对应的 3D 版虚拟体验店；随着用户的走动，这些虚拟体验店也会呈现出相应的空间变化。在布局方面，这些“无限 1 号店”完全模拟线下超市：有虚拟的入口大门、大门处有迎宾员，店里有指示牌、通道、货架，货架上展示着商品，更设立有进口牛奶、进口零食等专区，也会安排专门的品牌馆，其中有联合利华、联想、宏碁和亨氏等多个知名品牌。

目前 1 号店已经在北京三里屯、蓝色港湾、朝阳公园、国贸、西单等著名商圈开设了 100 多家虚拟体验店，并计划将该项目拓展至上海、广州、深圳等城市，在全国共开设超过 1 000 家的虚拟体验店；而每家虚拟体验店“占地”1 200 平方米，货架上一次性“呈现”1 000 个商品，商品会每天定时自动更新，并且会 24 小时营业。

为了推广此项目，1 号店还特地准备了“英国豪华双人游”抽奖、“百万礼品免费送”等互动方式，以提升“无限 1 号店”的人气。

图 9－20　“无限 1 号店”的 App 使用界面

资料来源：和讯网. 1 号店借 AR 技术进军线下 要开 1000 家“虚拟体验店”[EB/OL].（2012－10－19）[2018－04－13]. http://tech.hexun.com/2012-10-19/146994131.html.

案例链接

百事可乐联合网易云音乐发布 AR 互动广告

2021 年，百事可乐在全球范围推出了“POPFIZZAHH”主题活动。所谓“POPFIZZAHH”，就是表示可乐罐打开、泡沫溢出过程中的“Pops”和“Fizz”，以及加入冰块的“Clinks”和饮用中发出的“Ahhs”等音效。

为了提升活动关注度，百事可乐大中华区联手网易云音乐，依托 AR 识别和特效处理等技术，以百事可乐的小蓝罐为基础，为消费者带来了一场视觉和听觉相融合的奇妙体验。当消费者购买印有“ffffst”的小蓝罐可乐后，打开网易云音乐 App，使用“扫一扫”功能扫描小蓝罐侧面图案，就能进入活动界面：在快节奏的背景音乐中，从小蓝罐中喷涌而出的可乐、气泡、冰块会跟随着代表活动主题的“Pops”“Fizz”“Clinks”和“Ahhs”的音画特效在屏幕中蹦跳，最终出现广告语“听自己的，热爱全开”（见图 9-21）。

图 9-21　网易云音乐互动界面截图

资料来源：易现 EZXR. 百事可乐×网易云音乐 ｜ 开罐来一场颠覆感官的酷爽 AR 体验［EB/OL］.（2021-04-23）［2021-11-30］. https：//ezxr. com/news/detail？id=136.

4. 其他常见的移动 App 广告

除上面介绍的种类，在实践中还有很多其他移动 App 广告产品，表 9-3 对其中常见的做出了介绍。

表 9-3　其他常见的移动 App 广告

形式	特征	示例
轮播图/焦点图广告	出现在首页频道轮播图固定位置，比如在 6 张轮播图中，广告固定出现在第 3 位，可展示广告大图和文本信息。轮播图广告可依托于“频道”进行横向扩展。	

续表

形式	特征	示例
文章详情页顶部横幅广告	在文章正文顶部，针对特定文章展示一条横幅图片，这样的图片也可利用作为品牌露出展示。	
文章详情页末尾广告	指在文章详情页的末尾部分，展示一张广告图，展示位置如右图所示。	
文章详情页相关文章广告	指在文章详情页的末尾部分，会显示一组相关文章列表（在视频下方也可显示一组相关视频），其中可插入一条广告信息，一般固定在某一位置，样式和文章样式一致，可以有图或无图。	
搜索条默认文案广告	该广告形式为隐性广告，可售卖的是关键词展示，字样为“大家都在搜”，作为占位符出现在首页搜索条中。	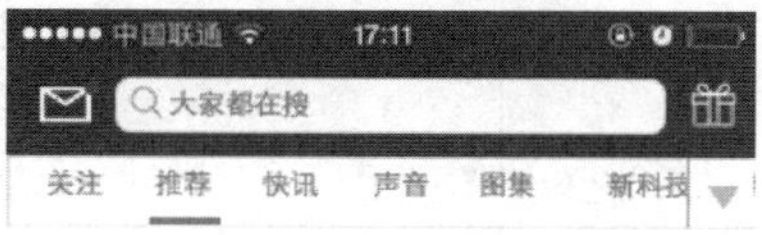

续表

形式	特征	示例
搜索热词文案广告	该广告出现在搜索的默认入口页，在“搜索热词”区域显示设置的广告热词，为显性广告，带有“广告”标记。	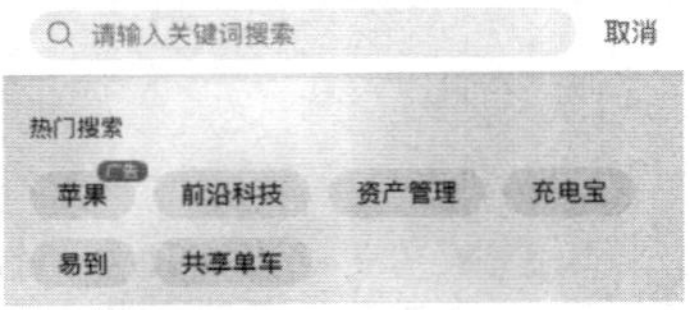
底部导航皮肤广告	底部导航 button，可根据特定广告商或特定主题，进行图标上的替换，以体现广告主品牌。	
顶部频道导航角标广告	顶部频道导航，可根据特定广告商，在文字右上角展示其图标。	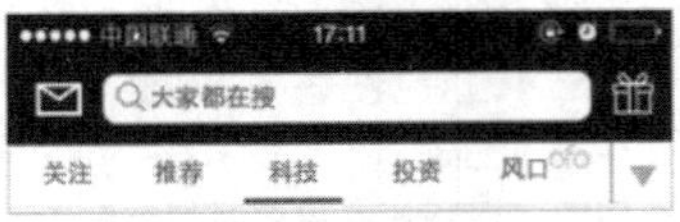
频道横幅广告	一般出现在频道轮播图下方和信息流第一条上方，展示样式为固定横幅图片，并可点击跳转到二级页面。	
页面右下角图标	一般出现在媒体类 App 页面右下角，可以是动图，也可以是静态图，代表品牌形象。点击后可展开二级导航入口，也可直接进入广告页面。	
全页面换肤广告	广告品牌以 App 皮肤的形式存在，用户可选择指定皮肤，应用皮肤后，App 的页面样式主题切换成为广告主定制的一整套 UI 样式。如天天快报为王者荣耀提供的主题皮肤。但此种广告形态过于强硬，适合大众接受度高的品牌展示，且需要一定的开发成本。	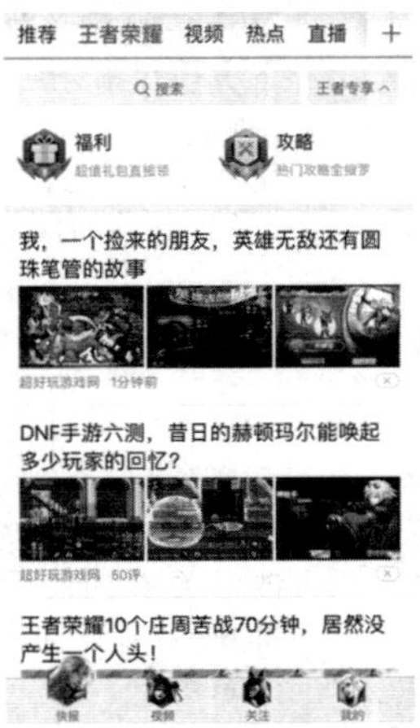

续表

形式	特征	示例
频道二级入口按钮广告	出现在某个频道，位于信息流第一条新闻上方，可点击跳转到二级页面。	
下拉刷新品牌露出广告	首页各频道下拉刷新时，可在拉出区域展示广告。	
分享页面浮层广告	点击分享，弹出的分享浮层上可露出广告信息。	
私信推送广告	在 App 内以私信形式将广告信息推送给用户。	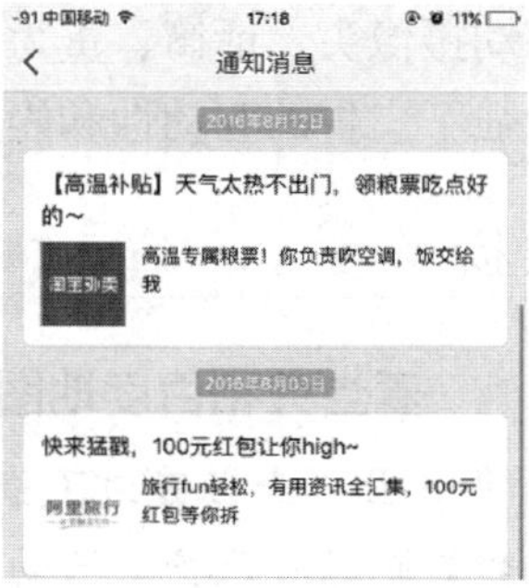

资料来源：易播网．20 种产品运营必备媒体类 App 广告媒体形式［EB/OL］.（2017－06－16）［2018－04－10］. http：//www.51ebo.com/repstation/4160.html.

二、 移动 App 广告的优势

对广告主而言，移动 App 广告的优势主要体现在以下几方面：

第一，移动 App 能够聚合碎片化受众，实现无缝营销。一方面，随着应用开发意识和技术的不断进步，越来越多兼具专业化、实用性和交互特征的 App 诞生，更好地凭借兴趣、需求、身份、审美、志向等元素，将先前以碎片化状态分散于各地理位置的受众重新聚合，形成企业能够接触互动、清晰刻画并展开对话的移动社群，从而促进了“共同体”的成型；另一方面，作为“带着体温的媒体”，移动设备的便携和伴随特征使得移动 App 所提供的内容和服务能够在任意时间、任意地点、任意场景触达用户，在降低营销传播成本的同时还能帮助企业开展动态的、契合消费者移动生活图景的“无缝”营销。

第二，移动 App 可帮助企业进行精准投放。首先，因为手机等智能移动终端具有鲜明的私人属性，用户间往往不会共享设备的使用权，因此他们更容易在这些终端搭载的 App 上保存较为私密的个人信息、建立社交网络等。简言之，移动 App 与用户间“一对一”的密切关系使得企业在法律法规允许的前提下，通过追踪用户浏览行为而获取的相关数据拥有更高的参考价值，相关的分析结果有助于企业实现更精准、更个性化的投放。其次，移动 App 的运行往往需要用户开启定位服务，因此移动终端的位置可视为用户所处位置。通过对终端位置的定位，企业得以分析并预测用户的行为模式，从而有针对性地判断和设计场景以推送商业信息。再次，企业还能参考用户对移动 App 发布的营销信息的反馈（点击、浏览、关闭等）及时调整后续营销策略及投放内容。最后，移动 App 涉及方方面面，很多 App 的用户都有分众或者小众的特征，这意味着广告主能够根据自身特点选择相应的 App 进行营销活动，更容易触达目标消费者群体。

第三，移动 App 丰富了营销内容的表现形式，让企业以更具创意的方式与消费者展开对话。得益于 NFC①、LBS、AR/VR、人工智能等技术的发展，过去以文字、图片、视频为主的营销内容能够摆脱平面的单向传播的限制，借助 App 融入用户的生活场景并鼓励他们参与到营销过程之中，这利于减少用户的抵触情绪，让他们在有意思或有意义的互动中潜移默化地接收企业所传播的信息与价值。此外，由于移动终端功能丰富，广告能够调动摄像头、话筒、重力感应、触屏等硬件功能，从而进一步丰富了广告的呈现形式，增强了广告的互动性和娱乐性。

案例链接

麦当劳和百度地图合作发起 “樱花甜筒跑酷 0 元抢” 活动

2014 年 9 月，麦当劳为了推广新推出的樱花口味圆筒冰激凌，与百度地图合作发起了“樱花甜筒跑酷 0 元抢”活动（见图 9－22）。活动共分为四步：第一步，用户从百度

① NFC（near field communication）即近场通信技术，使用该技术的设备可以在彼此靠近的情况下进行数据交换。

地图 App 进入活动页面，点击“开跑 GO”；第二步，显示最近的麦当劳距离，甜筒融化倒计时开始；第三步，根据百度地图路线规划跑酷到达麦当劳；第四步，到店成功抢到樱花甜筒，根据店员指示进行操作。这一活动利用了百度地图 App 的智能定位和推送技术打造了 O2O 互动体验，活动期间共获得了 2 000 多万的页面访问量，50 多万次分享，在社交媒体上也获得了近7 000万的阅读量。

图 9－22　樱花甜筒跑酷活动 App 界面

资料来源：麦当劳樱花甜筒 0 元抢：现实版跑酷 [EB/OL].（2015－01－09）　[2018－04－09]. www. sohu. com/a/665188_109588；百度地图＋麦当劳 樱花甜筒跑酷 App 活动 [EB/OL].（2014－09－01）[2018－03－19] https：//www. digitaling. com/projects/13166. html.

不过，虽然优势明显，移动 App 广告也存在着一些亟须解决的问题。第一，由于目前新媒体广告监管存在漏洞，违法成本相对低廉，部分企业一味追求自身利益发布虚假广告，导致移动 App 虚假广告泛滥（可参见第三章相关内容）；第二，目前移动广告行业普遍存在刷量作弊①行为，尤其是激活数据②作弊，2020 年移动效果广告推广激活异常率高达 66. 3%③，这对 App 广告行业的健康运作以及广告主的合法权益造成了严重侵害；第三，移动 App 广告追求精准投放的过程中可能会侵犯用户的个人隐私，如 2021 年 10 月微博和微信所属公司就因未明确区分个性化广告与非个性化广告、默认开启个性化广告权限被用户起诉④；第四，许多移动 App 生命周期较短，导致用户及数据的积累都非

① 目前已知的一些作弊手段，除刷量外，还有伪造 IP、上报拦截、浏览器模拟等。

② 激活行为是指用户通过推广链接首次下载并启动 App。

③ TalkingData. 流量聚拢 营销下沉：疫情下的 2020 移动广告行业报告 [R/OL]．（2020－09－22）[2022－01－27]．http：//mi. talkingdata. com/report-detail. html? id＝995.

④ 南方都市报．个性化广告默认开启、设有效期涉侵犯个人信息 微信微博被诉 [EB/OL]．（2021－11－01）[2022－01－27]．https：//www. 163. com/dy/article/GNNVCGNF05129QAF. html.

常困难，对于广告主投放策略制定的影响也较大①。

第三节　移动 App 广告的运作

移动 App 广告主要以程序化购买方式进行运作。本节先介绍程序化购买的概念和特征，继而阐述程序化购买的类型和运作方式，并将其与传统广告购买流程加以对比。基于移动 App 的特点，广告主可采取原生设计、个性定制、极简趣味等策略制作移动 App 广告。

一、以程序化购买为核心的运作流程

（一）程序化购买的概念与特征

无论何时，广告主的目标都是在合适的时间、地点，对合适的人传递合适的品牌和产品信息，最终促使用户能在需求出现的瞬间第一个想到该品牌和产品，并进而产生购买意愿。在信息飞速增长的移动互联网时代，传统的媒体排期采买方式在精准营销和运作效率等方面都难以满足广告主的需求，加之媒体流量卖方也迫切期望将“剩余流量”变现②，在技术等多重因素的助推下，程序化购买应运而生。

程序化购买是数字营销的重要趋势，也是移动 App 广告主要的交易方式。所谓的程序化购买是与传统人力购买方式相对的广告购买方式，指通过数字平台代表广告主自动地执行广告媒体购买流程。基于海量数据、信息和知识，程序化购买可以帮助广告主从媒体购买（media buy）转化为受众人群购买（audiences buy），从关注流量到深挖数据，通过不断完善技术水平，企业能够智能快速地完成广告的策划、管理、定位、投放、优化和报告全流程；程序化购买首要解决的不是精准问题，而是碎片化覆盖的问题。

2012 年是中国广告程序化购买发展的元年，经过几年的发展，我国的程序化广告，无论是媒体方、广告交易市场、程序化买家、检测方、广告代理公司、广告主等商业角色，还是流量规模、质量、基础技术设施、交易模式、各方意识及认识等都已日趋成熟。据不完全统计，目前数字营销预算中“程序化购买”基本已经占到了 20%～30%的份额，各广告交易市场每年的交易额都在成倍增长。③ 2021 年全球社交媒体网站、视频网站的程序化购买份额均已超过 55%。④ 而随着人工智能、区块链和物联网等新兴技术的成熟和逐步普及，程序化广告将会在营销洞察、策略输出、内容创意、媒体投放、效果评估反馈等方面实现更全面的智能化，为广告主提供更为高效可靠的闭环式全链服务。⑤

---

① 艾瑞咨询．2015 年中国移动应用广告平台市场研究报告［R/OL］．（2015－03－31）［2018－04－14］. http：//report. iresearch. cn/report/201503/2329. shtml.

② 九枝兰．营销大咖说：互联网营销方法论与实战技巧［M］. 北京：人民邮电出版社，2017：103.

③ 吴俊．程序化广告实战［M］. 北京：机械工业出版社，2017：18.

④ 199IT. 2021 年全球各渠道广告程序化购买份额（附原数据表）［EB/OL］．（2022－01－29）［2022－01－30］. http：//www. 199it. com/archives/1385524. html.

⑤ 陈韵博．程序化广告的道与术［M］．北京：社会科学文献出版社，2020：162－168.

对广告主而言，程序化购买的优势体现在如下几方面：

其一，程序化购买能通过技术手段对整个数字媒体广告投放过程中的各个环节进行信息化，如广告采买、投放以及后续的数据回收、报表追踪、持续优化投放等环节均可通过程序化的方式来自动完成，从而提高效率。

其二，程序化购买能够管理和分析各方数据，在广告投放及营销活动中，将数据激活到所有需要用到数据的广告及营销工具中，并通过控制频次、定向等方式来减少预算浪费、提升投放效果①。

其三，与传统媒体购买方式相比，程序化购买能够使广告主和代理商拥有更多对于营销技术、数据以及媒体资源选择的控制权②。

（二）程序化购买的类型和运作方式

程序化购买主要依靠四个平台来完成，即需求方平台（demand side platform，DSP，如品友、多盟）、供应方平台（supply side platform，SSP，如腾讯、新浪、优酷）、广告交易平台（ad exchange，ADX，如百度 BES 交易服务、腾讯广告）和数据管理平台（data management platform，DMP，如腾讯广告、达摩盘）。其中，SSP 主要面向广告的卖方，它们可以自行管理媒体广告位，并与 DSP 对应，该平台用于优化广告位、展示有效性、展示竞价等；ADX 是连接广告买卖双方的交易平台，其交易机制是通过竞价选出价格最优的合作者；DMP 是一个双向服务的数据管理平台，广告交易中的买卖双方都可以通过 DMP 平台获得有效数据，从而进行分析、利用，以便在交易过程中实现自身利益最大化；DSP 面向广告主和广告代理，专注于定向技术、自动优化、动态出价及创意优化。

程序化购买主要通过 RTB 和 Non-RTB 的方式来进行。RTB（real time bidding）即实时竞价，是需求方平台和广告交易平台在网络广告投放中采用的主要售卖方式，指在分析网民互联网使用数据的基础上，广告主能于极短的时间内（通常为 50 毫秒）对网络目标受众竞价以获得网络广告展现机会的方式。Non-RTB 即非实时竞价，采用优先出价或事先约定的价格进行结算。

具体而言，程序化购买可以分为如下四类③：

其一，以固定价格购买预定库存④，即程序化预定（automated guaranteed，AG），是指供需双方根据之前确定的价格和比例购买广告库存。

程序化预定在市场营销实践中还有另一种说法，即私有程序化购买（programmatic direct buy，PDB）⑤。它指广告主买断高端媒体资源，运用程序化投放的方式进行对接和

① YANG T. 程序化购买，构建营销新生态 [J]. 中国广告，2016（5）：39－40.

② 同①.

③ 艾瑞咨询．中国移动程序化购买行业报告 2014 年［R/OL］.（2014－08－18）［2018－04－17］. http：//report. iresearch. cn/report/201408/2243. shtml.

④ “广告库存”是供应方角度的概念。它可以分为预定库存和未预定库存。预定库存是指需求方预定供给方某一特定广告位固定比例的曝光量，以通过固定价格方式售卖；与之相对的则是未预定库存，它可以通过固定价格、受邀竞价和公开竞价方式售卖。

⑤ Interactive Advertising Bureau. Programmatic everywhere? Data，technology and the future of audience engagement [R/OL].（2013－11－24）[2018－04－17]. https：//www. iab. com/wp-content/uploads/2015/07/WinterberryGroupWhitePaperProgrammaticEverywhere. pdf.

优化投放。PDB 适用于拥有多个子品牌或者多种投放物料的大型广告主，它能在统一广告位针对具有不同特征的目标受众投放不同的广告，有效管理广告主自采的媒体广告资源，更好地提高投放效率①，PDB 也被称为“保价保量”模式②。

其二，以固定价格购买未预定库存，即优先购买（preferred deals，PD），通常是指需求方按照固定价格优先购买供应方未预定的广告库存，如芒果移动为保证开发者的利益，在优先购买的基础上开发出一对一轮询问价的售卖方式，即按照一定顺序向需求方发起询价，需求方反馈的价格（实际的成交价格并不固定）满足条件即购买成功，否则向第二家发起询价。

其三，以受邀竞价购买未预定库存，即私有化交易（private auction，PA），是指仅有供给方指定的需求方才可以购买未预定库存③。

其四，以公开竞价购买未预定库存，即开放式交易（open auction，OA），是指所有需求方均可购买供给方的未预定库存。

表 9－4　四种经典的程序化购买模式及其特征

购买方式		供求特征	广告位库存	出价方式	资源拥有者
Non-RTB	程序化预定	单一供给方 对应单一需求方	预定库存	固定价格	广告主私有
	优先购买		未预定库存	固定价格， 事先出价	
Non-RTB 或 RTB	私有化交易	单一供给方 对应少量需求方		受邀竞价	少量广告主
RTB	开放式交易	单一供给方 对应所有需求方		公开竞价	公开

资料来源：https：//www.iab.com/wp-content/uploads/2015/07/WinterberryGroupWhitePaper ProgrammaticEverywhere.pdf；艾瑞．中国移动程序化购买行业报告 2014 年［R/OL］.（2014－08－18）［2018－04－17］. http：//report.iresearch.cn/report/201408/2243.shtml.

目前移动端程序化购买的广告形式包含 App 端和移动手机 WAP 网页两种，主要有视频类（如视频前贴片）、展示类（如开屏广告、旗帜广告等）、文字类（如文字信息流）等形式。以 RTB 方式为例，程序化购买的流程如下（见图 9－23）：

在准备阶段，供给方 SSP 会将网页或 App 等媒体方所拥有的广告资源与 ADX 对接，同时需求方 DSP 会向广告主网站发起 cookie 映射④请求，针对广告的投放需求加工用户标签，并对接 ADX/SSP 完成 cookie 映射过程。

在正式投放阶段，当用户访问特定媒体（如网页或 App）时，会触发广告位的展示机会，此时媒体会向 ADX 发送竞价请求，并接入广告位相关信息。在收到竞价请求后，

① 品友互动．2016 年程序化广告实用白皮书［R/OL］.（2016－09－21）［2018－04－18］. https：//fm.ipinyou.com/new3w/upload/file/admin/21250299081184994.pdf.

② 吴俊．程序化广告实战［M］. 北京：机械工业出版社，2017：26.

③ 近年出现了 PMP（private market place，私有交易市场）的说法，私有化交易（PA）可以视为 PMP 的狭义定义。PMP 将传统的私有交易方式与移动营销相结合，广告交易的买卖双方不再通过竞价建立合作关系，而是广告主优先抢占优质广告位，再设计程序自动管理广告投放，有针对性地向受众投放广告。

④ Cookie 的主要功能是实现用户个人信息的记录，其根本用途在于帮助网页保存有关访问者的信息。由于不同网页中的 cookie 无法通用，因此每个用户可能拥有很多个 cookie，而 cookie 映射就是在不同的网页之间建立连接，使用户信息得以统一，并为广告投放所使用。

ADX即向多方DSP发起竞价，同时为其提供广告位、用户等信息。DSP平台在接收信息后则将用户信息与广告主的投放需求匹配，并由此决定是否参与竞价以及预估的出价区间；随后把出价结果返回至ADX平台进行RTB比价。ADX接着选择相应时段内出价最高的广告主的素材返回媒体加以展示①，且一并将竞价结果返回DSP。最终，用户在媒体平台看到广告，整个竞价流程完成，ADX与DSP双方统计广告费用。②

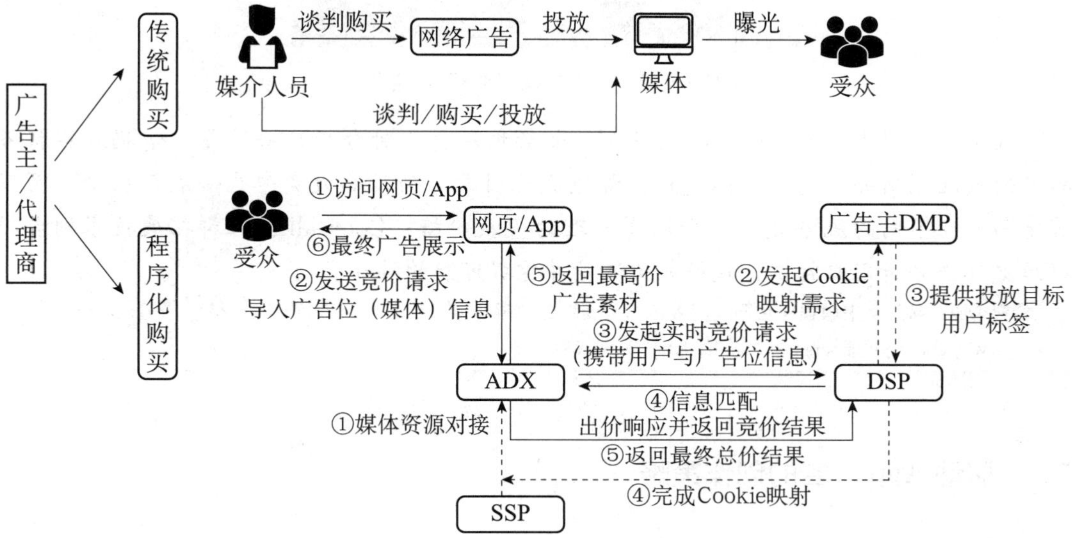

图9-23 程序化购买流程与传统购买流程对比

注：图中虚线代表程序化购买的准备阶段流程，实线代表正式购买阶段流程。

案例链接

苏宁“818”发烧节的程序化购买

每年的8月18日是电商平台苏宁易购的店庆日，也是众多电商的品牌活动日。在这一时段加大对外部用户的营销有助于获得市场竞争优势，更好地提高平台内销量。2016年8月，苏宁易购与移动互联网公司有米科技合作，通过程序化购买实现了一次精准投放（见图9-24）。

在目标人群设定上，有米根据产品的使用分布情况，按照用户的地区、状态、爱好、历史行为进行四大维度定向，细分出一线城市、基层收入、数码爱好者、家庭主妇、历史点击用户等人群设定包，进行组合的定向投放。

在媒介选择上，有米选择覆盖主流大众的“头部”资讯类、社交类、影音类App进行重点投放，搭配信息流、开屏、焦点图等广告形式，以触达契合产品目标的上班族、大学生、家庭主妇等用户。其广告内容大多是直接展示活动优惠，让用户能快速被卖点吸引。

① 许正林，杨瑶．基于大数据的移动互联网RTB广告精准投放模式及其营销策略探析［J］．上海大学学报，2015，32（6）：104-117.

② 陈韵博．程序化广告的道与术［M］．北京：社会科学文献出版社，2020：60.

图 9－24　苏宁易购“818”广告示例

在技术应用上，有米的 Youmi DMP 大数据库会实时分析广告流量，依据人群标签模型的匹配判断并筛选出目标受众；智能竞价引擎为项目高效竞争广告展示机会，帮助苏宁易购在不同的流量波动时期取得合理的投放价格；Look-alike 人群拓展技术则会根据历史点击分析用户特征，找寻相似流量并挖掘可能的潜在受众。

资料来源：易观．中国程序化购买广告市场年度综合分析 2017［R/OL］．（2017－04－26）［2018－04－17］．https：//www.analysys.cn/analysis/trade/detail/1000735/.

二、 移动 App 广告的创作策略

移动 App 更强调实用、定制、互动、趣味等属性，根据这样的特点，广告主在创作移动 App 广告时可以重点采取以下策略。

第一，原生设计。“原生”概念的核心在于使商业信息与传播环境（包括界面环境、上下文环境、移动 App 使用环境等）有机融合。例如，在 2016 年 7 月问答社区知乎开通机构账号后，不少企业便通过运营自身知乎账号的方式，借助互动问答、内容征集、活动召集、互动投票等手段将自己打造为某一领域的“意见领袖”，在有效输出知识的同时也让用户更自然、更深入地了解了企业的商业信息。

案例链接

穷游锦囊和天猫的知乎运作

穷游锦囊是中国原创旅行指南品牌，它在知乎上开通了机构账号，并通过解答知乎上各类有关“穷游”的问题传播品牌信息。至 2018 年 3 月，其知乎账号共回答了 279 个问题，发表了 263 篇文章，粉丝数近 30 万。

穷游锦囊的知乎账号定位为有用、有趣、能救命的旅行指南，旨在分享旅行经历和实用信息。为了提供更专业和丰富的实用信息，穷游锦囊邀请了其分布在全球 50 多个国家的签约作者参与到知乎问答中。穷游锦囊通过问答为用户提供匹配需求的实用信息，在获取用户信任的基础上无形中实现服务推广和品牌塑造的目标（见图 9－25）。

2017 年 6 月，天猫为了向更多消费者传达“理想生活上天猫”的品牌理念，通过知乎机构账号发起了三条以“理想生活”为主题的提问——“哪些兴趣爱好改变了你的人生轨迹”，“你有哪些兴趣爱好让你的钱包被掏空”，以及“买哪五件东西最能实现你的理

想生活”，吸引了不少用户前来互动回答（见图 9-26）。

系列提问递进式呈现。天猫先是有奖向用户征集体验类故事，接着向用户请教买哪些东西能实现自己的理想生活。问题与用户息息相关，容易调动用户参与、分享的积极性。同时，天猫也能通过用户的回答了解用户是如何看待和定义理想生活的，从而对其消费者有更深入的了解。而对用户的回答，又向受众传递了天猫的价值观。

图 9-25　穷游锦囊在知乎的回答

图 9-26　天猫在知乎上的提问

资料来源：梅花网．品牌怎么做知乎营销？［EB/OL］.（2017-07-31）［2018-04-13］. http：//www.meihua.info/a/69877；梅花网．如何高效利用知乎商业产品？［EB/OL］.（2016-10-31）［2018-04-13］. http：//www.meihua.info/a/68025；中国财经时报网．看懂这几个知乎案例，告诉你品牌如何更贴近消费者［EB/OL］.（2017-08-11）［2018-04-13］. http：//finance.china.com/jykx/news/11179727/20170811/25104283_all.html.

第二，个性定制。广告主可通过移动 App，让用户根据自己的喜好针对广告主的产品或服务进行个性化的搭配、设计，实现线下难以达成的体验，增进其对广告主的了解。这方面的例子比如宜家在2017年推出的基于iOS系统自带的AR功能运作的移动App“IKEA Place”。运用这款App，用户可以将准备布置的家具环境“扫描”进App界面，随后就能在屏幕所示的环境中添置虚拟家具，并从各个角度查看效果。除了随意摆放家具，用户还可调整家具尺寸、颜色、制作材料等参数，以进一步明确自己的产品需求。借助移动App，宜家既能让用户熟悉产品，还能弥补用户线下体验的不足，并为用户提供更有针对性的服务（见图9-27）。

第三，极简趣味。移动App广告若能让用户很容易地感到有趣、有用，用户就更易产生注册、下载、付费、体验、分享、评论等行动，从而达到更佳的传播效果和销售效果。前面曾经提到的杜蕾斯“宝贝计划”、白加黑“白片弹弹乐”等都是有代表性的趣味性很强的案例。此外，为了借势建军90周年这一热点，美图类App天天P图在2017年建军节期间，与人民日报客户端联合推出“我的军装照”H5（天天P图首页也有介绍信息和步骤引导），用户上传自拍照、选择年龄后就能生成专属的军装照；有趣的设计吸引了大量用户的参与，天天P图的下载量和活跃度得到显著的提升（见图9-28）。

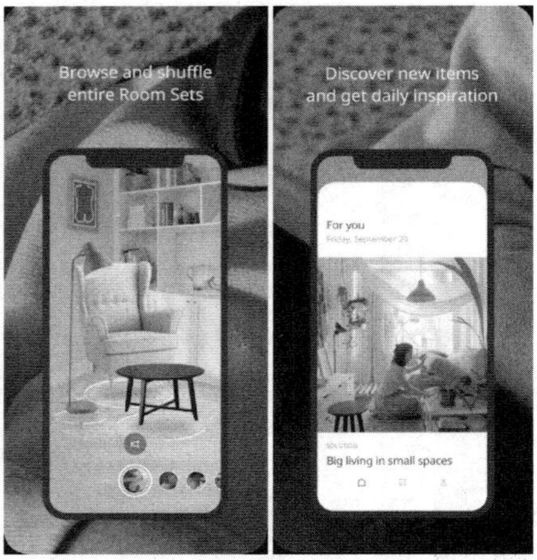

图9-27　用户可运用App自定义家具布局

图9-28　天天P图发布的“我的军装照”信息

案例链接

耐克设计 Nike Training Club 帮助用户实现锻炼计划

让消费者深度了解品牌或产品，建立起品牌与消费者在信息、情感、利益、价值等方面的关联，是企业 App 营销的重心。Nike 为帮助用户实现锻炼计划，推出了一款名为 Nike Training Club（耐克训练营）的 App（见图 9－29）。

这个具有综合训练功能的 App 由专业教练研发，将 Nike 多年的训练研究和专长融合成一个为用户提供个性化健身体验服务的工具，让用户得以随时随地拥有个人训练师——用户可实时查看训练计划，追踪训练进度，督促自己坚持锻炼。它使用户在运用此款 App 获取价值的同时，对 Nike 的品牌也产生好感，提升了消费者与品牌间的黏性，增强了与品牌间的情感联系。

图 9－29 Nike Training Club 界面

资料来源：孟梦．Nike Training Club：你的私人健身教练［EB/OL］．（2011－07－25）［2018－04－13］．http：//www.techweb.com.cn/innovation/2011-07-25/1070420.shtml.

三、 移动 App 广告的效果评估

移动 App 广告的效果评估数据主要包括展现数据、转化数据、互动数据以及专门针对视频广告的数据。表 9－5 罗列了具体的数据指标。

表 9-5 移动 App 广告效果评估的主要数据

展现数据	展示数	广告展示数
	点击数	广告点击数
	点击率	点击数/展示数×100%
	平均点击单价	总花费/点击数
	平均千次展现费用	点击率×出价×1000
	总花费	广告投放消耗额
转化数据	转化数	下载完成数、表单提交数、电话拨打数、激活数等
	转化成本	广告消耗额/转化数
	转化率	转化数/点击数
互动数据	收藏数	该广告被用户收藏的总次数
	评论数	该广告收到的总评论数
	转发数	该广告被转发的总次数
视频广告数据	位置	广告在 App 中的位置
	展示数	广告展示次数
	点击数	有转化的点击数+有效播放数
	有转化的点击数	到落地页的点击、点击安装应用及点击拨打电话
	有效播放数	播放完成数、用户主动播放中断≥5 秒、自动播放中断≥10 秒（中断表示该用户没有看完视频）
	主动播放数	用户主动播放视频产生的播放数（包含自动播放和主动播放）
	播放数	广告播放时间>0 秒的总次数（包含自动播放和主动播放）
	平均单次播放时长	视频播放总实际时长/播放总次数（不包含跳跃的时长）
	播完率	播放完成数/播放总次数
	Wi-Fi 播放占比	Wi-Fi 环境下的播放数/播放总次数

资料来源：今日头条．今日学堂［EB/OL］.［2018-04-16］http://ad.toutiao.com/academy/help/?category_id=6392846631913390081.

本章小结

移动 App 是指通过预装、下载等方式获取并运行在移动智能终端（如智能手机、平板电脑）上、向用户提供信息服务的应用软件，它是移动终端主流的信息入口和内容载体；移动 App 广告是指将广告主的商品或服务信息投放到移动 App 上的广告方式，是移动广告的重要组成部分。

在移动广告发展的早期，短信、彩信等是主要的广告发布形式，之后移动端的 WAP 网站有了较多的用户流量，WAP 广告应运而生。2011 年以后，移动互联网进一步升级，智能手机得到普及，移动 App 越来越被用户所青睐，移动 App 的广告位从无到有，其运作人员通过将移动 App 广告与传统媒体类比的方式让广告主迅速熟悉。如今，广告主不断增加在移动端的广告投放，行业广告主需求旺盛，品牌广告主预算增加，同时，原生广告、移动视频广告等更加丰富的广告形式的出现为移动端提供了更广阔的广告空间。

目前，广告主基于移动 App 的广告运作主要有三类：其一，在 App 上投放品牌展示类广告，这除了在其他章节提到的 banner 广告和信息流广告，还包括移动 App 特有的开屏广告、积分墙广告、移动短视频广告等形式；其二，通过利用有价值的、用户喜爱的手机 App 进行品牌植入，这主要包括品牌定制 App 和在运作成熟的 App 中植入两种方式；其三，利用 App 与目标消费者实现更深入、更人性化的互动体验，如 LBS 广告、二维码广告和 AR 广告。

对广告主而言，移动 App 广告的优势主要体现在以下几方面：能够聚合碎片化受众，实现无缝营销；可帮助企业进行精准投放；移动 App 丰富了营销内容的表现形式，让企业以更具创意的方式与消费者展开对话。但同时，移动 App 广告目前也存在着缺乏规范、虚假广告泛滥、点击欺诈、侵犯用户隐私、生命周期短等问题。

程序化购买是数字营销的重要趋势，也是移动 App 广告主要的交易方式。基于海量数据、信息和知识，程序化购买可以帮助广告主从媒体购买转化为受众人群购买。

移动 App 更强调实用、定制、互动、趣味等属性，由此广告主在创作移动 App 广告时可以重点采取原生设计、个性定制、极简趣味等策略；其效果评估数据主要包括展现数据、转化数据、互动数据以及专门针对视频广告的数据。

问题讨论

1. 你平时用哪些类型的移动 App？试着总结自己使用移动 App 的特点。

2. 广告主在选择移动 App 投放广告时，应考虑哪些因素？

3. 试举一个你认为有创意的企业运用移动 App 进行营销传播的案例，并分析其策略。

第十章
短视频广告

随着5G、AI及移动互联技术的进一步发展，我们正加速进入一个全新的“视频社会化时代”①，视频化表达成为信息流动的普遍形式。在这一进程中，尤以短视频的发展最为突出。据CNNIC第48次《中国互联网络发展状况统计报告》数据显示，截至2021年6月，我国手机网民规模达10.07亿，短视频用户规模为8.88亿，占网民整体的87.8%。②短视频成为与即时通信比肩的社交应用，可观的用户规模赋予其越来越高的营销价值，各类短视频平台随之开发出诸多新兴的广告形式，如竖屏广告、直播电商等，为广告主提供了更多自我表达与链接用户的可能。

本章将首先阐述短视频的发展历程，接着介绍短视频广告的种类与特点，最后结合平台的内容生态梳理短视频广告的优化策略及效果评估的核心指标。尽管短视频与直播是两种不同类型的视频表达形式，如短视频强调在尽可能短的篇幅里为用户提供丰富的内容，而直播动辄长达数小时，更注重即时性与在场感，但鉴于本书对新媒体广告的分类是以平台载体为划分依据，看直播亦是当下用户在短视频平台的主要内容消费行为，因此本章将直播广告纳入一并讨论。

第一节　短视频概述

经过近十年的发展，服务边界与经济效能不断拓展、提升的短视频，不仅是公众社交媒体使用的重要形态，也成为互联网平台的新型社交语言。能够打造沉浸度更高的内容消费空间、对多元文化的兼容和对大众表达欲的激发，以及“不止于看”的协同创意传播，使短视频具备了独特的营销价值。

一、短视频的兴起与发展

短视频是指以移动智能终端为传播载体，依托于社交平台及社交链条③，适合用户在

---

① 人民日报中国品牌发展研究院．中国视频社会化趋势报告（2020）［R/OL］．（2020-12-03）［2021-11-15］．http：//www.cnr.cn/rdzx/cxxhl/zxxx/20201201/t20201201_525348537.shtml.

② 中国互联网络信息中心．第48次中国互联网络发展状况统计报告［R/OL］．（2020-08-27）［2021-11-15］．http：//www.199it.com/archives/1302651.html.

③ 常江，田浩．迷因理论视域下的短视频文化：基于抖音的个案研究［J］．新闻与写作，2018（12）：32-39.

移动及短时休闲状态下观看，播放时长在数秒到数分钟不等的视频内容产品。[①] 随着用户规模的不断增多、平台功能持续完善，短视频逐渐从过去的单一工具型应用转型为集文娱消遣、社交购物、生活服务等多功能于一体的综合应用平台，这一过程大致可分为四个时期。[②]

（一）探索启动期（2011—2013 年）

美国是最早涉足移动短视频社交应用的国家。2011 年 4 月，一款名为 Viddy 的短视频应用在美国上线。Viddy 包含拍摄剪辑、滤镜美化、转发评论等功能，支持用户上传并分享长度为 30 秒的视频短片，并可同步嵌入 Facebook、YouTube、Twitter 等平台，力图使视频交互精细化（well-produced）和小巧化（bite-size）[③]，由此开启了社交媒体的影像对话时代。2013 年，Twitter 正式推出短视频社交应用 Vine，支持用户拍摄 6 秒长的视频短片。图片社交应用 Instagram 紧随其后，于同年 6 月在平台增加视频拍摄分享功能，用户可上传 15 秒以内的视频片段。短视频由此成为全民参与、颇受欢迎的视频类产品。

海外短视频应用的成功模式引起国内互联网企业的关注与效仿。2012 年 11 月，原本供用户制作并分享 GIF 动图的快手从工具型应用向短视频社区转型。2013 年 8 月，新浪微博在手机客户端内置秒拍应用，支持 10 秒内的短视频拍摄；同年 9 月，腾讯推出短视频应用“微视”，可供用户进行 2 至 8 秒的短视频拍摄。这两款应用也同时具备简易的滤镜美化等编辑功能。随着智能手机的普及，短视频应用渐渐为用户熟悉、体验，并初步培养了用户利用碎片化时间观看、制作、分享短视频的意识和习惯，孕育了“短视频社交”这一移动互联网平台新型社交方式的雏形。

2013 年 12 月 4 日，国家工信部向中国移动、中国电信、中国联通发放 TD-LTE 牌照，标志着我国电信产业正式进入 4G 时代，而 4G 商用是直接“引爆”短视频发展的技术信号。

（二）平台爆发期（2014—2016 年）

经由技术快速迭代、资本持续注入、用户踊跃生产等多重合力助推，短视频进入了爆发增长期。2014 年 5 月，美图秀秀公司推出短视频应用“美拍”，该应用融合了人像特效、视频滤镜、高清画质、背景音乐等要素，凭借其简易但强大的编辑功能，一上线就占据当月全球非游戏类免费应用榜首。为了鼓励用户分享与互动，美拍在平台设立话题专区，其创立的“全民社会摇”活动就曾成功申请吉尼斯“最大规模的线上自创舞蹈视频集”世界纪录，用户不必具备任何舞蹈功底，只需跟着强劲的节奏模仿点头、晃肩、

---

① 刘鹏飞．我国短视频平台的发展历程与走向［J］．新闻与记者，2019（1）：81－84.

② 阶段划分主要参考：清华大学 & 字节跳动．新型文化业态语境下短视频的发展之路［R/OL］．（2019－08－27）［2021－11－15］．http：//www.199it.com/archives/928372.html；国盛证券研究报告．短视频行业研究框架：从内容生产、分发、消费看各平台异同［R/OL］．（2021－02－09）［2021－11－15］．http：//www.199it.com/archives/1203096.html；前瞻经济学人．2022 年中国短视频行业全景图谱［R/OL］．（2021－10－12）［2021－11－15］．https：//baijiahao.baidu.com/s?id=1713383942870058156&wfr=spider&for=pc。

③ 张梓轩，王海，徐丹．“移动短视频社交应用”的兴起及趋势［J］．中国记者，2014（2）：107－190.

甩手、扭腰等动作，就能录制主题视频参与其中。同年8月，新浪微博的内置应用“秒拍”凭借“冰桶挑战”的接力活动使日活跃用户达到200万。年末，腾讯微信也在聊天及朋友圈界面嵌入短视频拍摄功能。2015年5月，一款主打“人生如戏，全凭演技”的对口型式短视频社交应用“小咖秀”上线，用户可以选择喜欢的影音段落用对口型的方式自由演绎，应用推出不到半年，日活跃用户就跃升至500万。

这一阶段短视频应用的竞争主要通过以下两条路径：一是进一步完善拍摄与编辑的功能属性，为用户提供低成本、低门槛、高质量的剪辑工具；二是提升分享与互动的社交属性，鼓励用户利用短视频进行社交展演，创造出属于自己的“土味艺术”与“魔性文化”，通过病毒式传播更大范围地争夺用户心智。短视频应用的发展趋势体现为编辑界面更为智能、画面呈现更为优质、创作主体更为多元、互动组件更为丰富、社区生态更为活跃。一些专业新闻机构也开始推出独立的短视频应用，或是将短视频功能嵌入既有平台来丰富自身的素材采集、报道形式以及传播渠道。与此同时，短视频也成为自媒体内容生产的重要载体，是热点舆情传播链条中的关键一环。[①]

自2015年起，算法技术成为短视频发展的主要推力。为了帮助用户从海量信息中筛选其真正感兴趣的内容，并提升用户的创作积极性，快手提出“公平普惠”的核心价值观，引入去中心化算法分发机制，为大量“低赞”和普通用户生产的长尾视频做社交化推荐，激励用户的记录、分享和表达。[②] 2016年9月，抖音立足音乐短视频社交进入短视频市场。与快手“公平普惠”的价值观念不同，抖音在起步阶段以“年轻化、技术流、新潮范”为平台调性，其内容分发由基于用户兴趣的算法驱动，重视内容质量权重，优质视频曝光度高，更偏向于围绕明星和KOL（key opinion leader，关键意见领袖，意为被某群体信任且有较大影响力的人）做中心化运营。至2016年底，用户规模达到1.53亿人[③]，短视频应用也从单一的工具属性不断延伸至社区和媒体平台。2016年3月，短视频创意领域的代表人物“papi酱”获得1 200万元的融资，标志着短视频行业成为内容创业者青睐的新领域。

（三）快速成长期（2017—2019年）

在竞争愈发激烈的背景下，完成了初始用户积累的短视频应用纷纷通过赞助热门综艺、引入“流量明星”等方式参与到扩大市场份额、抢夺用户注意力与时间的争夺战中。这客观上推动短视频的使用时长不断增加，对即时通信、长视频等行业形成较大冲击。短视频行业由此进入以MCN机构崛起、平台内容多样、商业变现加速为主要特征的快速成长期。

短视频时长短、易制作、实效强等内容特征，既契合了用户的碎片化观看习惯，也满足了人们个性化的表达需求，短视频内容创作成为大众潮流。在生成海量UGC（user

---

① 刘鹏飞．我国短视频平台的发展历程与走向［J］．新闻与记者，2019（1）：81－84.

② 王珏，李佳咪．短视频平台发展的“快手”路径：专访快手副总裁岳富涛［J］．新闻与写作，2019（10）：84－88.

③ 艾媒报告．2016—2017中国短视频市场研究报告［R/OL］．（2017－04－21）［2021－11－15］．https：//www.iimedia.cn/c400/51028.html.

generated content，即用户生成内容）内容的同时，大量 PGC（professional generated content，即专业生成内容）和 PUGC（professional generated content＋user generated content，即专业用户生产内容或专家生产内容）也成为短视频平台的内容供应者，MCN 机构随之繁荣起来。MCN 模式于 2009 年诞生于美国，全称多频道网络（multi-channel network），该模式将内容创作者联合起来，并与平台及变现方（如广告主、电商平台、版权购买方）相连接，帮助短视频内容创作者解决商业推广、流量变现等问题。国内 MCN 机构在 2017 年经历了爆发式增长，于 2019 年达到 2 万多家。抖音、快手也推出巨量星图（抖音）和磁力聚星（快手）"达人"营销平台，向 MCN 机构开放并为其提供政策支持。

基于兴趣分发的算法机制虽然能够保障内容消费者的娱乐性体验，但"投其所好"式的内容分发容易造成用户的视野孤岛，还会导致注意力资源向同质化内容过度集中。为了平衡流量分配，推进内容多样化，短视频平台推出针对垂直类创作者的流量扶持计划，如快手的"光合计划"、抖音的"创作者扶持计划"，在巩固原有美食、音乐、舞蹈、时尚等娱乐性内容的同时，拓展细分二次元、游戏、短剧等娱乐性垂直类内容及手工艺、农业、文旅、教育等产业功能性垂直类内容，从创作源头提高平台内容的数量及质量，拓宽短视频的内容价值与适用场景。为了给用户提供多样化的视听体验，短视频平台相继开放了直播功能。平台的"达人矩阵"除了短视频内容创作者外，又新增了主播这一类别。此外，短视频平台的活跃又使机构性用户对短视频及直播的重视度不断提升。媒体、政府机构、企业及其他组织开始将短视频、直播作为一种新的公共性传播手段。统计显示，截至 2018 年 12 月，经认证的媒体抖音号、政务抖音号超过 6 800 个。这也意味着在微博、微信之外，短视频平台成为公共性传播的另一个重要平台。①

短视频日渐成熟的内容生态与持续增长的用户规模，加速了自身的商业化进程，也使短视频平台成为品牌营销的新阵地。以抖音和快手为例，两者于 2017 年开始各自的商业化布局，变现方式从最初的流量变现，即利用自有的广告营销系统，聚合、关联广告主与平台实现开屏广告、信息流广告、搜索广告、达人广告等形式的广告投放，延展为流量变现、内容变现、电商变现并重的多元商业格局。内容变现指短视频平台通过扶持自制剧、晚会、综艺等精品化的自媒体内容，探索内容付费和打赏订阅等模式。电商变现则是指短视频平台通过围绕 IP（intellectual property，知识产权）、KOL、热点事件等创作短视频或开设直播间，构建"引流＋变现"一体化的商业模式，以自建电商端口或提供第三方电商平台的跳转链接为路径，推动内容消费者向商品消费者转化，并从商品的推广与销售行为中获利。② 在布局电商变现这一进程中，短视频平台的直播业务得到了进一步发展。此前，短视频平台的直播主要分布在秀场直播、游戏直播、娱乐直播等领域，用户的虚拟礼物打赏是直播业务的主要盈利模式。随着以淘宝为代表的电商平台将视频直播与电商业务相结合，探索推动了直播电商这一数字营销新模式并获得了可观的

---

① 彭兰．短视频：视频生产力的"转基因"与再培育［J］．新闻界，2019（1）：34－43.

② 姚林青，顾恩澍．短视频电商模式的演进机理研究［J］．现代传播（中国传媒大学学报），2021（1）：123－128.

收益[①]，短视频平台也意识到了“短视频＋电商”及“直播＋电商”的变现价值，“带货”成为短视频平台的营销新生态，平台的价值链也因此得以延伸。

（四）平稳沉淀期（2020年至今）

经过近十年的发展，短视频不仅是公众社交媒体使用的重要形态，也成为互联网平台的新型社交语言。它以不同于图文的富媒体社交方式，既反映着人们的生活状态，也在制造着流行标签。[②] 如今短视频行业总体月活跃用户规模超过8亿，增长速度变缓，进入流量深耕、内容治理、平台优化并行的平稳沉淀期。

就行业层面而言，抖音以6亿的日活跃用户在规模上领跑短视频市场，与快手一同组建了二超多强的短视频差异化竞争格局。具体分类主要有以抖音、快手为代表的社交平台型短视频应用，以剪映、快影为代表的摄影工具型短视频应用，及以B站、梨视频为代表的聚合内容型短视频应用。2020年，腾讯继微视后再次介入短视频领域，于1月在微信平台推出视频号功能，依托微信的用户规模和社交关系链的分发方式，成为短视频行业新的有力竞争者（见图10-1）。

由于短视频准入门槛低，自我审查机制不足，在行业快速发展的背景下，逐渐暴露出其存在的低俗内容、虚假内容、版权纠纷等问题。为此，我国加强了对短视频行业的监管。如中国网络视听节目服务协会发布了《网络短视频平台管理规范》和《网络短视频内容审核标准细则》，在2021年的修订版中，针对社会高度关注的泛娱乐化、低俗庸俗媚俗问题的新表现，以及泛娱乐化恶化舆论生态、利用未成年人制作不良节目、违规传播广播电视和网络视听节目片段、未经批准擅自引进播出境外节目等典型突出问题，为各短视频平台一线审核人员提供了更为具体和明确的工作指引。为了促进网络直播营销健康有序发展，《网络直播营销管理办法（试行）》也于2021年5月开始施行。

伴随着5G商用的启动、人工智能和大数据技术的发展，短视频的服务边界与经济效能也大幅度提升，直播带货、线上教育、视频办公、远程医疗等均是视频产业横向拓展的代表。2020年2月，抖音平台将App名称由“抖音短视频”更名为“抖音”，并逐步上线抖音支付等功能，即是短视频平台从单纯的娱乐场景拓展至生活、工作场景，向基础设施和通用平台转型的一次尝试。

二、短视频平台的营销价值

短视频区别于传统视频以及其他社交媒体平台的独特营销价值主要体现在平台环境、内容生产和互动模式三个方面。

（一）平台环境：打造用户身心沉浸度更高的内容消费空间

短视频常在媒体报道中被形容为“时间黑洞”，意指用户在观看短视频时，处于一种

① 2019年“双十一”期间，淘宝直播带来高达200亿的成交额，此数值约是2018年的15倍，2019年也被称为“电商直播带货元年”。

② 彭兰．移动视频：一种手段，多种表达［J］．传媒观察，2020（7）：5-12.

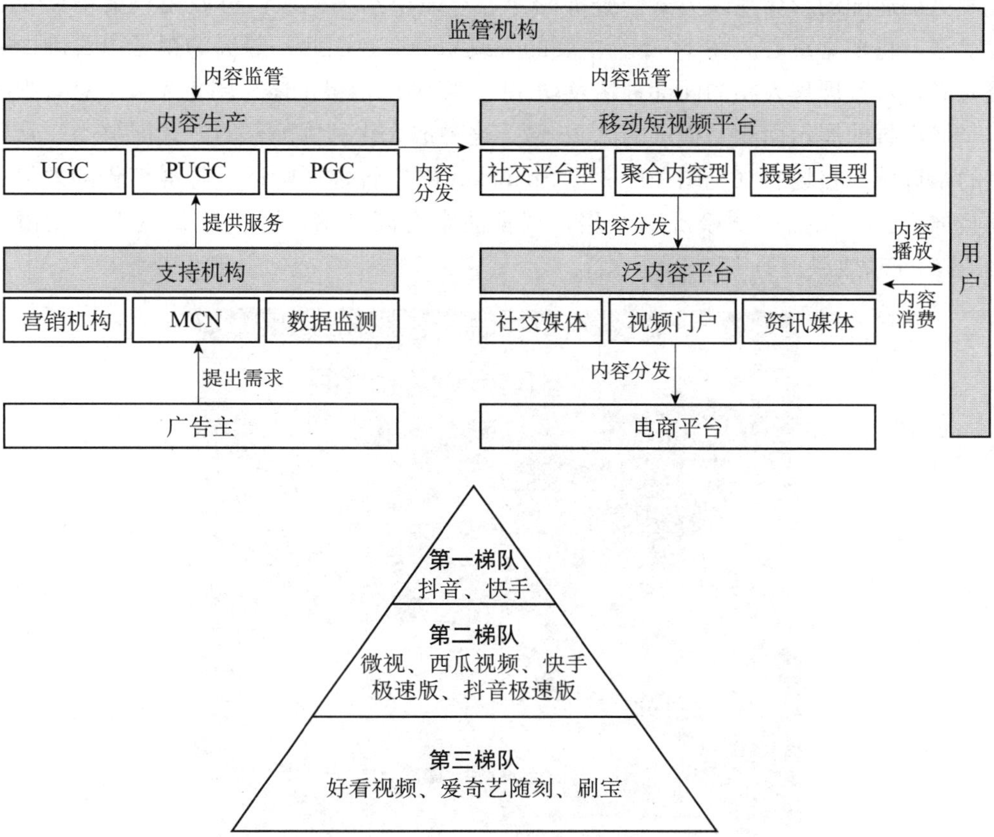

图 10-1 短视频的产业链（上）和主要企业（下）

资料来源：卡思数据．2020 短视频内容营销趋势报告［R/OL］．（2020-03-16）［2021-11-15］．http：//www.199it.com/archives/1020354.html.

欲罢不能的体验状态，以至于忽略了时间的流逝。极光数据 2021 年发布的数据显示，当前国内移动网民人均每日 App 使用时长为 5.1 小时，短视频耗时最长，约人均每天 1.5 小时。[①] 之所以有如此高的用户黏性，原因在于相比微博、微信等社交媒体，短视频平台打造了一个令用户身心沉浸度更高的内容消费空间，而这又具体表现于竖屏体验与平台分发逻辑下的推荐机制两项特质。

其一，与移动端更适配的竖屏视觉体验，带来更强烈的视觉冲击和场景沉浸感。在传统影视行业，宽高比为 4∶3 及 16∶9 的横屏长期作为标准主导着影像生产的视听语言规范，直至以抖音、快手为代表的短视频应用开创性地推出 16∶9 的竖屏全屏影像展现方式，让竖屏视听内容的生产与传播成为主流。据 Scientia Mobile 的报告显示，智能手机用户有 94%的时间，都是以竖直的方式拿着手机[②]，这意味着竖屏是与移动端单手握

---

① 极光 App. 2021 年 Q2 移动互联网：行业数据研究报告［R/OL］．（2021-08-23）［2021-11-15］. https：//page.om.qq.com/page/OaI0X79W27TYb88t9JpMafnA0.

② Scientia Mobie. Mobile overview report［R/OL］．（2018-09-05）［2021-11-15］. https：//www.scientiamobile.com/movr-mobile-overview-report.

持方式更加适配的影像呈现方式。竖屏影像通过缩小水平视域，可使用户集中目光达到注视状态，将视觉重心放在 1～2 个主要的人或物身上。因此，竖屏的视觉语言画面往往删繁就简，着重展现人物的面部神情及动作①，以突出拍摄主体、弱化无关信息。根据测算，竖屏广告的展示面积是横屏的 3.16 倍，这种最大化利用屏幕的方式能够为受众营造更多的亲近感与在场感（见图 10－2）。Snapchat 的广告数据验证了竖屏广告的效果——全屏竖屏广告的完播率比横屏高 9 倍，视觉注意力高 2 倍，竖屏广告点击率比横屏高 1.44 倍，互动效果提升 41%。②

图 10－2　横屏与竖屏对比示意图

其二，基于弱关系的兴趣推荐机制既能激发用户的好奇心，也降低了用户对营销内容的戒备心理。微信、微博的信息流浏览界面均按照时间顺序呈线性排列，除了平台广告，系统不会主动推送未关注账号发布的内容。在这类由强关系支撑的社交应用中，用户会天然对陌生信息产生戒备心理。而当用户进入以抖音、快手为代表的短视频平台，由于首页推送的内容受到用户属性、个人兴趣、自主订阅以及平台推荐等叠加算法的影响，用户自己也无法预料刷到的下一个视频是什么，内容观看的随机性会削弱他们对陌生账号内容的警惕心理。为此，用户会在一种好奇与期待下，被信息流不断刷新、内容彼此独立的短视频持续吸引，处于被逗乐、被触动，或是被震惊的情绪唤醒状态。然而，短平快的阅览节奏决定了短视频用户的满足感往往只停留片刻，这种意犹未尽之感，又会激发用户继续主动寻求刺激，通过指尖的无限上滑陷入一个没有浏览尽头的“时间黑洞”里。

① 陈欣钢，任毅立．视听语言的破与立：从传统影像到竖视频［J］．新闻与写作，2020（12）：56－60.

② 抖音 & 知萌．抖音竖屏广告创意指导手册［R/OL］（2018－09－05）［2021－11－15］．https：//www. useit. com. cn/thread－20257－1－1. html.

此外，用户在使用如微信这类强关系型社交应用时常会在即时通信、朋友圈及评论区各界面来回切换，注意力会被应用的其他核心功能分散。而在抖音、快手等短视频平台，用户的主要时间都花费在信息流界面的视频浏览中，注意力更为集中。综合以上因素，短视频平台打造了一个以用户兴趣为驱力、身心高度沉浸的娱乐空间，为营销内容赢得用户的注意力创造了更好的平台环境。

（二） 内容生产： 更强的兼容性， 更自我的表达欲

短视频的内容生产不是对电影或电视影像的简单模仿，也不是将传统视频网站上的内容精简搬运的跨屏复制，而是一种颠覆式创新——主题上以日常生活取代宏大叙事，内容上以个人视角取代专业标准，形式上从自我隐匿转向自我呈现。如果说微博是“围观的力量”，微信是“社交的力量”，那么短视频则凸显了“表达的力量”。

诚然，在微博、微信等社交媒体平台的点赞、转发、留言，乃至开设自媒体账号，均是一种自我表达，但以上平台以“图片＋文字”作为主要交流方式，文字的抽象提炼及图像的精致化呈现对于普通民众而言仍有较高的表达壁垒。得益于网络基础设施的快速发展和以智能手机为代表的媒体终端功能的不断完善，人们观看和制作短视频的成本大大降低，用户自我表达的渴求得到了更好的满足，从而令草根文化大放异彩。尽管有些作品显得过于粗放、零碎，但其能引起用户共情并参与其中，正是因为视频中短而亲切、简而生动、小而美好的质朴生活底色。短视频生机勃勃、无拘无束且不断推陈出新的日常美学，消弭了传统意义上审美活动与日常生活的界限。[①] 此外，与微博平台的“匿名”表达境况不同，短视频平台的用户逐渐从“隐匿表达”转向“自我呈现”，他们愿意公开面容，展演生活，营造人设，平台呈现本人化、互动真实化的趋势[②]，也因此形成了区别于其他社交媒体的独特文化基因与平台气质，赢得了诸多年轻用户的青睐，短视频平台也由此成为广告主抢占年轻人市场的营销阵地。此外，短视频平台的内容生产主体多元化的特质，又令广告的创意表达得以跳出传统单一的精英叙事视角，在兼容并包的内容生态中，通过融合不同细分群体的流行元素展现出更多可能。

（三） 互动模式： “不止于看” 的协同创意传播

从文化维度来看，短视频快速流行的主要因素是其便捷的“模仿拍摄”模式，即用户通过模仿某些或具有流行潜质、或触发流行情绪敏感点的热门短视频中的行为或叙事，令其在极短时间内迅速进入公共文化议程的创作方式。[③] 在操作上，用户只需点击拍摄，就可以调取平台中嵌入的滤镜、道具、音乐、特效乃至系统自动生成的视频模板，再进行自己的模仿展演与剪辑，创作出同款热门视频。

迷因理论有助于我们更好地理解短视频平台用户的模仿行为。“迷因”是英文单词meme的音译，意为“模仿的东西”，又被译作“模因”。它可以表现为一个视觉符号、一句文案，也可以是一个动作或声音，在不同语境中能不断复制、扩散、变异，既是传

---

① 刘永昶．移动短视频的众生话语与审美裂变［J］．学海，2021（1）：174－180.

② 李天语．短视频新传播特征及策略探究［J］．中国出版，2021（19）：46－49.

③ 常江，田浩．迷因理论视域下的短视频文化：基于抖音的个案研究［J］．新闻与写作，2018（12）：32－36.

播的载体，也是源于文化又超越文化的传播元点。① 在互联网语境下，迷因又指在用户不断模仿、修改的情况下快速传播的具有感染性的图像、视频和流行语。② 以抖音平台为例，音乐是抖音迷因的主要驱动元素，大量的抖音短视频以音乐为纽带，通过简单易学的手势舞及相应的特效滤镜刺激用户拍摄同款视频，满足其自我展现的需求。在抖音平台的舞蹈关键词标签下，累积的视频浏览量已破千亿。

短视频平台以“迷因”为载体、关系、纽带的用户协同创意生产，给营销带来的价值是：广告不再是瞬时性的展示，而是具备了与用户深度互动的可能。若用户能从品牌营销信息中提取互动迷因，基于自身创意进一步演绎和再造，就能够更深入地参与到品牌营造的沟通空间中，实现多层次、立体化、低成本的传播，帮助品牌突破“广告即看见”的传播局限。③

第二节　短视频广告的类型与特点

与其他平台的广告相似，短视频广告的运作也有平台统一经营和广告主自建账号发布商业信息两种。具体的形式囊括了开屏广告、信息流广告、搜索推荐广告、定制创意社交话题广告、流量倾斜、企业认证广告、达人合作广告和直播广告。总体而言，短视频广告原生感显著、用户自主创作空间大、利于快速导向购买环节、能实现精准化推送和精细化反馈。

一、短视频广告的分类

短视频广告可分为平台广告与自助广告两种。平台广告指短视频平台支持的广告投放形式，自助广告指企业及用户以自建账号的方式在平台发布广告。

（一）平台广告

1. 开屏广告

开屏广告位于用户进入短视频 App 的启动界面。知名市场研究公司 Neuro-Insight 的研究显示：用户在浏览信息流的前 30 秒，大脑反应和记忆度处于最佳状态④，从沟通时机上看，品牌在用户“第一眼可见的位置”进行广告展示，能够起到事半功倍的营销效果。

在计费方式上，开屏广告通常采取 CPT（cost per time，即按展示时长付费）方式，广告主可选择在全天内任一时间段投放，用户只要在这段时间内打开短视频 App 就能看

---

① 沈虹．创意传播的沟通元与广告创意传播［J］．广告大观（理论版），2012（4）：47－58.

② COLEMAN E G. Phreaks，hackers，and trolls：the politics of transgression and spectacle［C］//MANDIBERG M（Eds）. The social media reader. New York and London：New York Unioersity Press，2022：99－119.

③ 胡雅雯．抖音信息流广告的创新研究［D］．北京：北京外国语大学，2020.

④ 抖音广告助手．抖音 TopView 超级首位广告上线，全新移动营销感官体验来袭［EB/OL］．（2019－04－02）［2021－11－20］. https：//mp. weixin. qq. com/s/rLpuUcpFpF_kMV1rgpRNEg.

到广告。传统开屏广告分为静态、GIF 动图、视频三种表现形式。相对而言，静态开屏广告适合突出核心产品信息，而动态视频广告鲜活生动，更具观赏性。以抖音、快手为代表的短视频平台在此基础上加以创新，推出更具视听冲击力的 TopView 超级首位广告（抖音）和 EyeMax 广告（快手）。其运作原理均是在启动界面营造 3 至 5 秒的全屏、有声、无干扰的沉浸式观看体验，随后无缝衔接品牌完整的视频内容，广告页面浮现查看详情等互动组件，支持跳转至品牌官网、企业号主页或是与品牌相关的话题聚合页，为用户进一步的消费探索行为提供路径。

2. 信息流广告

信息流广告是短视频平台最常见的广告形式之一。此类广告具备以下三个特征：一是原生性，承载着品牌或商品信息的广告在内容风格及嵌入形式上与媒介环境高度契合，能够自然融入用户不断刷新的信息内容之中；二是精准性，信息流广告采取基于用户大数据和程序化购买的投放策略，一定程度上保证了用户兴趣与推送内容之间的关联，实现千人千面的差异化投放，减少用户对广告的抵触感；三是互动性，信息流广告是一种双向传播，用户可以自主选择观看还是跳过，也能够通过点赞、评论、分享等机制表达个人喜好，或通过互动组件跳转进相关商品页面（见图 10－3）。由于互动性赋予了用户更大的自主选择权，也相应降低了广告的侵扰度①，故而与微信、微博平台的信息流广告相比，短视频信息流广告的原生性与互动性更强。其原因在于，广告受制于媒介的内容展示逻辑，虽然微信与微博平台也存在部分信息流视频广告，但如果用户不主动点击打开，这些广告就与平面图文展示无异，无法达到有效的传播效果。② 而在抖音、快手等短视频平台，信息流内容是采用自动播放机制，往往在用户意识到这是一则广告之前，营销信息就已经传达给了用户。在计费方式上，短视频信息流广告主要采取社交媒体平台通用的 CPC（cost per click，即按单次点击成本付费）与 CPM（cost per mille，即按千次展示成本付费）两种模式。

图 10－3　短视频信息流广告的互动组件

3. 搜索推荐广告

搜索推荐广告指用户在短视频应用的搜索框输入关键词，触发广告的品牌名称与关联词后，于搜索结果的首位展示品牌或商品信息。搜索推荐广告相较于其他广告形式的优势在于，搜索是一种主动行为，体现了用户明确的个人需求，因而会有较高的转化率。例如，当用户搜索“性价比高的电脑”时，搜索界面就会根据“电脑”“性价比”等关键

① PASHKEVICH M，et al. Empowering online advertisements by empowering viewers with the right to choose：the relative effectiveness of skippable video advertisements on YouTube［J］. Journal of Advertising Research，2012，52（4）：451－457.

② 徐智，杨莉明．微信朋友圈信息流广告用户参与效果研究［J］．国际新闻界，2016，38（5）：119－139.

词，展示电脑品牌、电商平台以及相关科技博主的电脑测评内容供用户做决策参考，而通过竞价排名等计费方式购买了搜索广告位的品牌将会出现在推荐首位。

一般而言，以视频呈现为主的搜索结果会比静态的图文更为生动、直观。以抖音为例，搜索推荐广告除了以常规的视频自动播放形式出现，还会以全屏的 Lottie 动画[①]作为搜索结果弹出，广告更具趣味性。2020 年抖音平台的日均视频搜索量已突破 4 亿，这也让营销决策者意识到搜索推荐广告在信息视频化时代的独特价值。

除了搜索框、搜索发现界面，短视频的热门榜单也是搜索推荐广告的展示区，其呈现方式为在热点词条标注“商”或“荐”的字样，向用户表明这是一则广告（见图 10－4）。

图 10－4　搜索推荐广告示意图

4. 定制创意社交话题广告

此类广告是短视频平台为品牌量身定制的整合营销互动方案，如抖音、快手平台的挑战赛，B 站的召集令、上新日等营销活动。在实施过程中，平台会定制创意社交话题，以信息流广告或热搜榜话题词为触发点，将用户导流至品牌话题页；接着再借助明星和平台达人为活动造势，号召用户参与创作和讨论；最终通过 PUGC＋UGC 的产出反哺品牌内容，提升广告的曝光度与趣味性，助力品牌快速完成触达、聚拢、发酵、互动、转化的营销链路。

以抖音为例，其挑战赛的实质是品牌与平台、达人联手进行的内容共创。品牌方通常会提前设定能引起用户兴趣的挑战主题，定制专属的视频特效或音乐片段，并设置相应奖品提升用户参与的积极性。抖音挑战赛可分为模仿型和创意型两大类别：模仿型包括道具互动、特效合拍、贴纸换装等简易玩法，鼓励用户套用特效模板模仿品牌或达人创作的范例视频；创意型包括剧情原创、线下打卡等更开放的创作形式，鼓励用户围绕品牌调性或产品卖点产出原创情景短剧。由此，二次创作的价值借助短视频低门槛动员内容生产模式，被广告行业真正利用起来。

---

① Lottie 动画：一套跨平台的动画效果解决方案。

案例链接

OPPO Reno2 抖音挑战赛 ＃这波操作稳了＃

2019 年 9 月，OPPO 公司推出 Reno2 系列新品手机。为宣传“视频拍摄超级防抖”这一核心卖点，OPPO 在抖音企业号上线原创定制 Hiphop 歌曲《给你一个稳》，并在平台发起＃这波操作稳了＃全民挑战赛。按照活动规则，只要用户在有效期内使用定制款脸部抖动的特效贴纸，或带上话题＃这波操作稳了＃并@ OPPO 抖音官方账号晒出防抖创意视频，就有机会获得新品手机、流量奖励、抖音奇妙夜晚会门票等福利。活动结束后，相关话题视频播放总量达 529.3 亿次，位于同期品牌挑战赛的榜首。

此次挑战赛之所以获得良好的传播效果，除了明星、KOL 的引流作用，也离不开传播主题的通俗性、趣味性。“这波操作稳了”是当下流行的游戏用语，也十分贴合抖音平台的语境，以此结合易于互动的定制款脸部抖动特效贴纸和背景音乐中“怎么抖都不怕”的歌词，能够让用户在如游戏般的互动拍摄体验中感知 OPPO 想要传达的拍摄防抖功能。

此外，“这波操作稳了”也具有一定的主题延展特性，留给达人比较丰富的创作空间。例如有测评达人“OPPO 有料局”通过用 OPPO Reno2 拍摄滑板、滑雪等运动进行手机防抖实测，并与其他手机拍摄画面进行效果对比。舞蹈达人“不齐舞团”根据音乐片段《给你一个稳》创作舞蹈视频，用 OPPO Reno2 全程录制，展现手机动态场景拍摄的防抖效果。而舞蹈视频同时又能够作为拍摄模板，吸引更多用户参与挑战。原创情景短剧达人“我有个朋友”将观众引入海上表白的浪漫情境中，尽管帆船因为海上的风浪颠簸不已，但是 OPPO Reno2 依然稳稳地记录下美好的心动瞬间，配合“浮动的心情终于平静，只因你说在一起”的剧情，将“稳”从功能属性延展至情感维度，手机成为浪漫爱情的见证者、记录者、参与者。通过这种充满温情的叙事，OPPO Reno2 的核心卖点深入人心（见图 10－5）。

＃这波操作稳了挑战赛主页

企业号发布挑战赛

明星演绎脸部抖动特效贴纸

“OPPO 有料局”拍摄防抖实测　“不齐舞团”达人舞蹈创作　“我有个朋友”达人短剧

图 10 - 5　OPPO Reno2 抖音挑战赛活动页面

资料来源：数英．#这波操作稳了！@OPPO 给你一个稳［EB/OL］.（2019 - 11 - 26）［2021 - 12 - 10］. https：//www. digitaling. com/articles/234464. html.

5. 流量倾斜

在短视频平台，广告主可以通过购买流量的方式提升视频播放量及互动热度。例如抖音的“DOU+”和快手的“快手粉条”就是承担此种营销助推功能的视频“加热”工具，让广告获得更大曝光度。以“DOU+”为例，广告主在抖音 App 内即可便捷购买，无须等待排期。“DOU+”分为系统智能推荐与自定义定向推荐。系统智能推荐会将广告投放给与内容标签关联度较高的用户，定向推荐则可根据广告主的要求，把用户画像细分至性别、年龄、地域、兴趣等维度实施精准投放，成本约 0.02 元/人（见图 10 - 6）。购买“DOU+”投放后，广告主还能实时监测额外流量倾斜带来的数据变化，并获取新增互动用户的大数据信息。

通过“DOU+”投放的广告可无缝融入推荐界面的信息流中，在短时间内为广告获取“自然流量池”① 之外的补充流量。但需注意的是，根据抖音的算法机制，如果用户反馈较为正向，通过“DOU+”就能让广告获得更多曝光度，假如用户反馈较为负面，“DOU+”补充的曝光量会加速内容的“死亡”。② 由于短视频在平台的传播都存在一定的生命周期，故而流量倾斜更适用于广告上线初期的宣发推广。

（二）自助广告

1. 企业认证广告

企业可通过自建账号并加以认证的方式在短视频平台直接进行营销传播。如果被认

① 指未付费状态下，根据各平台的算法分发机制获得的内容曝光度。

② 卡思数据．DOU+应该这么投［EB/OL］.（2020 - 07 - 15）［2021 - 11 - 25］. https：//mp. weixin. qq. com/s/sC6oIuauI5WA95jdEdF-tA.

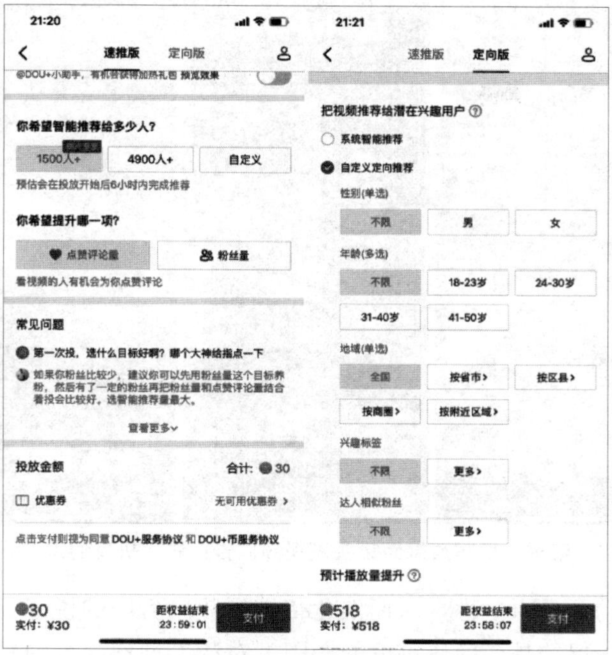

图 10-6 “DOU+”投放界面

证为抖音或快手的企业蓝 V 账号、B 站的品牌号等，企业既能通过认证标识保证账号在平台的唯一性、官方性与权威性，也能享有未认证账号无法使用的特殊权限，如抖音可为企业蓝 V 账号提供定制主页、营销工具、数据监测、粉丝管理等服务。截至 2020 年 10 月，抖音企业号用户数已突破 500 万。①

不同于拍摄周期长、制作成本高的传统视频广告，短视频平台影像表达的低门槛让企业得以跳出传统精良制作的模式化广告叙事，根据自身推广需求，以生活化的视角主导视频的拍摄与发布。例如，荣耀 20 系列手机在其抖音蓝 V 账号发布的短视频广告中演示了如何利用荣耀手机的超级微距镜头放大针眼，使穿针引线变得轻而易举的过程。视频末尾插入广告语“做手机我们是‘认针’的”（见图 10-7），一语双关，以推荐生活小窍门的方式凸显手机微距高清拍摄的核心卖点，画面简单朴实但传播效果显著。

此外，企业认证账号除了拥有发布产品信息、促销活动、品牌动态的基础功能，通过自产内容（即发布短视频、定制音乐和特效等）、合作内容（即与平台达人合作等）及共创内容（即在平台发起挑战赛等）触达用户，也能够通过链接第三方电商平台，或是开通平台自有电商的方式，为用户提供更多元的消费服务，企业账号由此成为既能持续输出影响力，也能直接实现收益的品牌营销阵地。

2. 达人合作广告

活跃的 PUGC 内容生产是短视频平台的生态特色。具有一定粉丝量的平台达人因其独特的个人魅力，以及创作上的专业性，能够将产品卖点或品牌诉求与其自身特色紧密结合。若能再融合剧情反转、换装、科普、逗趣等平台流行元素，将“广告”包装成

---

① 巨量引擎．抖音 2020 企业经营白皮书［R/OL］．(2020-11-13)［2021-11-25］．http：//www.199it.com/archives/tag/2020.

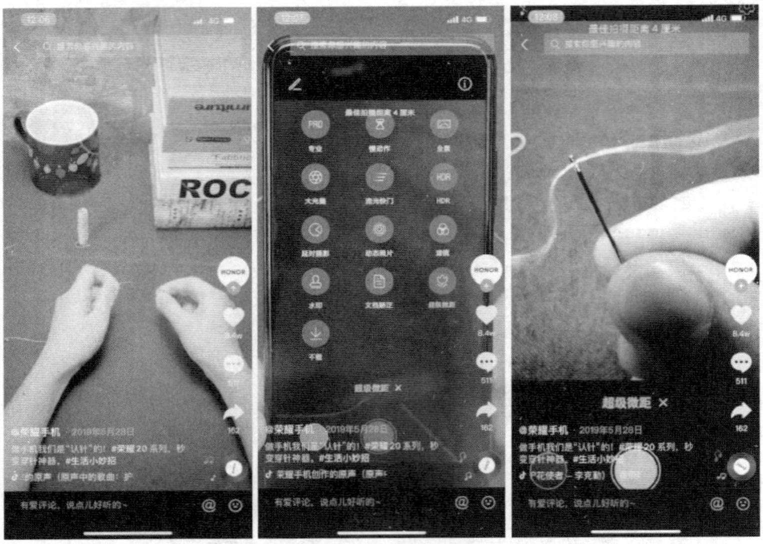

图 10－7　荣耀手机超清微距镜头短视频广告：做手机我们是“认针”的

“内容”，就会使营销更具原生性，从而淡化传统视频广告中的说服与植入痕迹，降低用户的抵触感。值得一提的是，用户也可能会因为对达人创作内容的喜爱转而对其代理的品牌心生好感，这种移情效应能否实现与内容的品质密切相关。

为了更好地将广告主的需求与达人匹配，同时对达人加以规范管理，各短视频平台建立了达人营销平台与 MCN 机构展开合作，抖音的巨量星图、快手的磁力聚星等，均是以平台算法为驱动力，在洞悉达人影响圈层与企业诉求的基础上，以商业服务的方式提高两者间的匹配精准度与合作效率。

案例链接

B 站 UP 主“老师好我叫何同学”在 B 站的商业植入尝试

2021 年 10 月 17 日，B 站 UP 主“老师好我叫何同学”（以下简称“何同学”）发布了《我做了苹果放弃的产品》的视频，登上 B 站热门榜首位。视频讲述了他花费两个月时间，以四年前苹果公司的 AirPower（iPhone 的无线充电插座）设计理念为灵感，改造出契合当代白领工作需求的，兼具无线充电、时间锁、智能提示、伸缩桌腿等功能的办公桌 AirDesk。视频推出后，作为 AirDesk 组件之一的乐歌升降桌产品销量暴增，乐歌公司的股价飙升 13.51%，市值增长 5.9 亿元。

作为 B 站知识视频领域的代表创作者之一，何同学在 B 站拥有 890.7 万粉丝，视频播放数达 2.5 亿次（截至 2021 年 12 月 22 日），2019 年、2020 年接连跻身 B 站百大 UP 主。在 B 站官方对他的描述里，何同学是“一名充满少年初心的 UP 主，他擅长用简单干净的文字传递信息，运镜丰富，转场行云流水，配乐舒适自然，内容‘贼有意思’”。在粉丝眼中，哪怕对科技知识与电子产品不甚了解，也依然能从他的视频中找到乐趣与感动。何同学曾以 2 000 亿总像素素材完成与 600 万粉丝 ID 的合照，粉丝在他的视频中“不仅是看产品测评或学习知识，而且是看见了一种新的思维方式，一种人类与科技为伍的极致浪漫”。

在凭借《有多快？5G在日常使用中的真实体验》《我拍了一张600万人的合影》等内容，参与央视综艺《开讲啦》录制、对话苹果CEO蒂姆·库克等活动“出圈”后，何同学的《我做了苹果放弃的产品》是其首次商业植入尝试。而用户之所以对植入内容并不反感，甚至表示认可且期待未来能有更多与品牌的联动，其根本原因是何同学优质的内容输出。

在接近8分钟的视频中，前7分钟都是以何同学一以贯之的视频风格详述他为什么要做AirDesk，以及这张黑科技办公桌的诞生过程。之所以要给办公桌增加自动升降功能，是因为剪视频时他常常一坐就是5到6个小时，肩颈酸痛难忍，出于对健康的考量设计了一款久坐之后会提醒自己起身活动的升降桌。乐歌此时作为办公桌组件出现在视频里，几乎没有植入痕迹。直至片尾，何同学感谢乐歌的赞助，露出品牌标识，观众才反应过来这居然是一则广告（见图10-8）。但这并不影响用户对视频中展示的创意的认可度，弹幕纷纷在刷“天才脑洞”“疯狂心动”“硬核广告”“想要同款”……可以想象，即使何同学不将其作为广告，评论区也可能会有用户提问：“这组可伸缩桌腿可以去哪里买？”此类达人合作广告是品牌从达人的内容影响力中挖掘商业价值的有益尝试。在完成高质量内容输出的同时实现广告植入，品牌得以通过优质内容提升认知度与好感度，进而拉动产品销售，与目标用户建立友好关联，实现内容与商业的双赢。

图10-8　《我做了苹果放弃的产品》短视频截图

资料来源：娱乐独角兽．B站UP主“何同学”带动乐歌股份暴涨13%：知识视频撬动“资本蓝海”[EB/OL].(2021-10-19)[2021-12-15].https：//36kr.com/p/1446676658415488；36氪．B站想做品牌主的银行，存什么？取什么？[EB/OL].(2021-12-11)[2021-12-15].https：//36kr.com/p/1522693574938752.

3. 直播广告

目前，多数短视频平台都开通了直播功能，直播用户规模增长迅速，截至2021年6月已达6.38亿人[1]，看直播成为短视频平台用户的另一习惯，由此催生了依附于直播的新型广告形式。因此，本章将直播广告列为短视频广告的一个特殊类别。

直播广告是指广告主运用直播这一视频实时传播技术展开的商业信息传播活动。具

① 中国互联网络信息中心．第48次中国互联网络发展状况统计报告[R/OL].(2020-08-27)[2021-11-15].http：//www.199it.com/archives/1302651.html.

体而言，直播广告可分为场景展示类和直播电商（又称直播带货）类。两者的区别在于，场景展示偏向实时记录，而直播电商中突出主播推销这一元素。主播会实时地运用语言、形象、试用感受等形式向消费者宣传、推广产品或服务，吸引消费者做出购买决策。[①] 换言之，场景展示遵循的是“货对人”的营销逻辑，而直播电商遵循的是“人对人”的营销逻辑（见图 10－9）。

图 10－9　爱彼迎慢直播（场景展示）与“央视 Boys”的带货直播（直播电商）

依托于直播即时感、在场感、强互动的内容生态，用户可以在直播界面通过弹幕、评论、打赏虚拟礼物等形式与广告主实时互动。但直播广告播完即止，若不借助录屏回放等形式难以进行二次传播，因此直播广告更注重提升在线交易效率，希望用户能对广告信息即时响应。广告主往往会通过场景构建、聊天答疑、发放优惠券等形式，或是营造一个沉浸式的互动卖场，或是允以高性价比的商家承诺，刺激用户的消费行为转化。例如，为了号召用户早起吃麦当劳早餐，麦当劳在 B 站发起“夏日追光计划”，通过为期 28 天不间断的日出直播，将 28 座城市日出升起的全过程展示在用户面前，高峰时段有上万人聚集在麦当劳的 B 站直播间一起等待日出的瞬间。在直播期间，麦当劳会公布当日的优惠券密码，鼓励用户在看完直播后兑换优惠券吃一顿丰盛的早餐。直播日出既是为了呼吁人们养成健康的生活习惯，也把麦当劳“答应我记得好好吃早餐”的营销诉求融入其中，以一种情感对话的方式代替叫卖式推广，将正向积极的生活习惯与品牌理念巧妙相融（见图 10－10）。

相比于场景展示型直播，直播电商还显露出较强的人格化 IP 属性。其原因在于，主播作为线上导购员是直播电商链路中的关键一环。尤其是自 2020 年以来，受新冠肺炎疫

① 孟雁北．直播带货中主播商业宣传行为的规制研究［J］．人民论坛，2020（9）：116－119.

图 10－10　麦当劳“夏日追光计划”直播日出场景效果图

情的影响，“直播＋电商”这种线上无接触式的“带货组合”成为拉动消费、提振经济的新引擎，各地政府也出台了直播电商扶持政策，客观上促成了电商主播构成阵容的多元化。除了明星、网红、KOL，商业领袖、政府官员也可以成为带货主播。主播的粉丝数量、人格魅力、选品能力、议价能力、沟通能力或是其自带的某种特殊身份，均会对带货效果产生影响，因此直播电商具有一定的达人合作广告特性。

二、短视频广告的特点

（一）原生感显著，广告侵扰度低

短视频广告的原生感体现在三个方面。一是形式的原生感，即短视频广告高度兼容平台的浏览环境，不易被用户第一时间察觉，如为了契合竖屏视觉为主的短视频内容生态，诞生了竖屏广告这一新兴的创意表达形式。二是内容创作的原生感，为了让广告尽可能地不被用户一键滑过，就需淡化广告的植入和说服痕迹，消除内容与广告的边界，围绕产品量身定制创意表达。这是竖屏情感短剧、反转短剧成为热门的短视频广告创意形式的重要原因。三是气质上的原生感，真实化的表达、年轻化的审美、生活化的视角、个性化的态度、幽默化的内核、娱乐化的风格更符合短视频用户对内容的期待。哪怕是奢侈品牌，想要在短视频平台占据一席之地，也必须顺应用户的这些期待。

知名奢侈品牌古驰（Gucci）在入驻抖音时，特意添加了“意料之外的风格领袖”话题词，首支视频邀请了两位老年模特配合着简单易记的旋律随意地左右抖动。此后 Gucci 又连续发布了风格类似的“抖动”视频，有网友调侃 Gucci“还不会玩抖音，以为抖音就是抖”。但正是这些令人迷惑的抖动视频，流露出一种“又土又潮”的气质，吸引了 5 000多位网友自发地模仿拍摄同款时尚视频（见图 10－11），相关话题词的视频播放次数近 500 万，远远超出奢侈品牌抖音广告的平均播放量。

（二）从触达到体验，用户自主创作空间大

短视频内嵌的创意工具，如美颜滤镜、视频拼接、背景分割、贴纸特效等，让内容

图 10－11 Gucci 抖音短视频广告＃意料之外的风格领袖＃

生产变得简易、高效，也提升了传播的趣味性。低门槛的参与机制、高娱乐性和互动性的内容生态，让短视频广告不再是单纯的展示类营销，而是具备了体验营销、病毒营销的特质。提升用户参与的积极性会为品牌带来营销红利，受众的自发传播能够让品牌以低成本投入的方式实现裂变式传播效果。例如，电影《哪吒之魔童降世》在进行电影宣传时，开通抖音官方账号“小爷哪吒”，并授权抖音嵌入电影同款贴纸特效（见图 10－12）。超过 40 位明星通过用贴纸特效扮演“哪吒”有意或无意地为电影做宣传，全网近 700 万网友拍摄了同款贴纸短视频为“哪吒”代言，与特效贴纸相关的视频单日投稿量超过 100 万，电影话题词＃哪吒之魔童降世＃收获了共计 187.9 亿次的播放量。

图 10－12 《哪吒之魔童降世》贴纸特效

案例链接

短视频云看展：UCCA美术馆在抖音发起#谋杀香蕉#挑战赛

一根平平无奇的香蕉可以被当作一件艺术品吗？意大利国宝级艺术家莫瑞吉奥·卡特兰（Maurizio Cattelan）的回答是，艺术没有固定的规则，只要你有想法就可以。他在超市花了30美分购入一根有些许氧化的香蕉，接着用灰色防水胶带将香蕉“封印”在展墙上，一件名为《喜剧演员》的艺术品就这样诞生了（见图10-13）。尽管颇具争议，但这件作品的成交价曾高达15万美元。

图10-13　莫瑞吉奥·卡特兰作品《喜剧演员》

《喜剧演员》一经展出就吸引了很多人到现场合照打卡，并引发了一场关于“艺术的本质”的探讨。无论是感到困惑还是备受启发，被逗笑或是被激怒，感叹他是天才抑或想骂他是骗子，围绕“天价香蕉”的对话、质询及思考一直在继续。卡特兰并没有公开阐述这件作品的意义，他更期待人们对这件作品有各自的解读。

2021年11月，试图将艺术从“神坛”推回现实世界的卡特兰，为自己的作品在UCCA尤伦斯当代艺术中心的中国首展取名为“最后的审判”，并向所有人发出一封“请随意审判我的作品”的邀请函。

在线下展览开幕的同时，承办方UCCA尤伦斯当代艺术中心联合抖音作为展览合作平台，提供包括观展信息介绍、作品视频导览在内的一站式看展服务，并联合卡特兰本人在抖音发起#谋杀香蕉#挑战赛（见图10-14），以《喜剧演员》这一作品为依托，鼓励用户充分挖掘自己的个性，创造出属于自己的“香蕉艺术时刻”。活动结束后，UCCA尤伦斯当代艺术中心将会挑选出5名优质内容创作者送出展览衍生品托特包。

在抖音平台掀起的这场“谋杀香蕉”浪潮中，创作者们除了模仿艺术家本人展示的“飞镖扎香蕉”，还衍生出了“谋杀香蕉的100种方式”。有人用刀叉，有人用长剑，有人把香蕉贴在了枕头上……在厨艺达人的视频里，香蕉还被做成了披萨，“谋杀香蕉”一时间改头换面变成了“谋杀披萨”。人们通过展现自己的个性与专长，与艺术有了更多的交汇（见图10-15）。艺术家自带的话题性，以及平台联合机构富有创意的主题策划，让原作品中的戏谑和幽默得以再次发酵，这一场社交传播在传达艺术家理念的同时，以日常而有趣的方式契合了平台受众对艺术内容的接受度。#谋杀香蕉#挑战赛的话题热度破

图 10-14　莫瑞吉奥·卡特兰在抖音发布的“谋杀香蕉”指南

亿，并且登上过抖音热榜前十名，对于并非传统意义上有“热搜体质”的文化艺术类机构来说，能在抖音热榜上取得这样的成绩实属难得。

图 10-15　抖音＃谋杀香蕉＃挑战赛短视频用户创作内容

看展在过去往往被认为是阳春白雪、只有“专业人士”才有兴致体验的事。而现在曾经“高冷”的艺术馆也改变了沟通方式，利用短视频营销逐渐走向更广泛的消费人群，鼓励大家用一种互动和娱乐的方式参与艺术、平视艺术，传达出哪怕你完全不懂艺术，也能创造出生活中的闪光瞬间的创作理念。卡特兰的这件《喜剧演员》，某种程度上正是由艺术家本人和这些积极参与的短视频创作者共同完成的作品。UCCA 在抖音平台发起的这场挑战赛，是契合平台调性也兼顾当代艺术专业性的一次有益尝试，吸引了更多用户去线下积极感受艺术的能量。

资料来源：三联生活周刊．当代年轻人如何与世界相处？让生活入侵艺术［EB/OL］（2021－12－10）［2021－12－15］．https：//mp. weixin. qq. com/s/TskDKcGJvAUDhQwb _ xSZ3A；乌云装扮者．关于难懂的当代艺术，竟然在这个 App 里找到了解答［EB/OL］（2021－12－11）［2021－12－15］．https：//mp. weixin. qq. com/s/ZENgOtWs42xNIzaxLmZk-Q.

（三）缩短转化路径，导向即看即买

为了将平台内用户的内容消费和社交行为的流量变现，实现平台商业模式的创新，“短视频＋电商”及“直播＋电商”成为短视频平台的演进趋势之一。如今，短视频广告页面的多元互动组件为用户提供了一键跳转至品牌主页或是电商页面的接口，用户可在短视频 App 内完成消费行为，实现即看即买（见图 10－16）。一键跳转有助于通过减少用户的消费决策环节以降低用户购买转化过程中的流失率。

图 10－16　短视频广告的即看即买界面

除了打通平台一站式的数字化营销渠道，直播广告中显露出的具有煽动性的情绪感染也缩短了用户从“心动”到“行动”的转化路径。以直播电商为例，主播是这类广告中链接品牌与用户的关键节点，主播往往会通过信息密集、情感强烈、形式丰富的情感互动提升销售额度，将用户的注意力转化为购买力。① 直播广告中的情感动员方式主要体现为如下三点：

一是优化表述激发用户想象。例如主播在推荐口红色号时，除了亲身试色，还会将其匹配至“适合约会的时候涂”“适合见家长的时候涂”等具体场景，为用户提供商品信息之外的情感共鸣。此外，独特的语言风格既是主播人格魅力的一部分，还能够占领用户心智，如某知名主播在描述商品时经常使用的“Oh My God!”“我的天哪！买它！买它！买它!”就因此成为风靡一时的网络流行语。

二是通过集体活动唤醒、刺激和促成购买。算法推荐将趣缘群体聚拢至直播间，原本私人化的购买行为呈现出社群化的“团购”或“集体逛街”倾向，并通过弹幕建构出一幅虚拟的、面对面的交流情境。② 这一方面有助于主播通过聊天、分享私人故事等给用户带来如朋友般的陪伴感；另一方面，主播也可以通过抽奖、倒计时秒杀等集体活动对用户进行情绪唤醒，营造紧张的时空氛围感带动商品抢购。

三是营造综艺氛围提升用户愉悦感。直播带货的典型场景，是无数匿名用户共同围观一场以主播为主角、以受邀进直播间的嘉宾为配角、以观众为群演的表演秀。③ 想要让动辄数小时的直播持续维系热度，需让用户在消费的同时有戏可看。因此，在直播广告中插科打诨的段子表演与才艺展示占据了相当大的比重。

品牌或商品在短视频平台的创意化、场景化、娱乐化呈现，能够优化用户的购物体验。视频相对于图文而言有助于减少消费的不确定性，带给平台用户眼见为实的放心感、高性价比的实惠感、卷入主题场景的沉浸感。平台碎片化、高频次的内容推送也加快了用户处理信息的节奏，降低了用户在接收营销信息时的防备感，更易产生消费冲动④，短视频广告也因此显露出不俗的“带货”实力。

（四）实现精准化推送和精细化反馈

精准化推送的关键在于底层数据的处理，即建立用户标签库作为广告定向投放的基础。以抖音为例，其底层数据来自字节跳动的数据系统，该系统可整合广告主数据（企业官网、企业CRM数据）、字节跳动系产品用户大数据（抖音、今日头条、西瓜视频的用户数据）、合作第三方数据（视频会员、游戏、金融应用的用户数据）等，纳入抖音的程序化广告购买平台。据抖音营销中心2019年发布的报告显示，抖音的云图系统通过数据分析，能够支持21类一级标签（如创意）、101类二级标签（如手工、绘画）、400类三级标签（如剪纸、变装）等⑤，广告主可自由选择契合品牌定位的人群标签进行多维度定向。除了常规的人群定向，还可根据用户的浏览历史、即时兴趣偏好来匹配相关内容。

---

① 肖珺，郭苏南．算法情感：直播带货中的情绪传播［J］．新闻与写作，2020（9）：5－12.

② 燕道成，李菲．场景·符号·权力：电商直播的视觉景观与反思［J］．现代传播（中国传媒大学学报），2020（6）：124－129.

③ 丁汉青．直播带货的“本相”与“异相”［J］．新闻战线，2020（5）：36－40.

④ 姚林青，顾恩澍．短视频电商模式的演进机理研究［J］．现代传播（中国传媒大学学报），2021（1）：123－128.

⑤ 抖音．2019抖音短视频营销通案［R/OL］．（2019－05－15）［2021－11－15］．https：//zhuanlan.zhihu.com/p/99821442.

在反馈方面，短视频的单条视频停留时间、跳转位置、点赞、评论以及转发等行为，都可以被完整记录，并成为优化效果评估时的主要参考依据。

尽管短视频广告特色鲜明、优点突出，但我们也需要认真审视其存在的问题。例如，由于短视频低门槛的准入机制，和目前短视频行业普遍存在的唯流量、唯转化率的功利心态，短视频广告的品质常常难以保证，低俗化、同质化问题日渐凸显。2020 年，抖音平台日均投放 80 万条信息流广告物料，碎片化、高频次的内容推送机制，容易让短视频广告内容生产者陷入素材与创意瓶颈，抄袭“爆款”随之成为获取流量的捷径，其结果就是千篇一律的广告套路反复曝光，导致平台用户出现审美疲劳。

相关研究也对短视频广告中的用户参与价值进行了反思，如是否所有的受众参与活动都意味着更好的传播效果？虽然引发参与的短视频广告利用了平台用户创造内容低门槛的优势，但是其注意力也有可能被与广告无关的“洗脑”音乐或夸张贴纸吸引，商业信息在跟风和模仿中被稀释。①

第三节 短视频广告的运作

短视频平台创造了一个用户身心沉浸度更高的营销环境。为了更好地提高广告的接受度和卷入度，实现由内容消费到商品消费的用户行为转化，广告主需结合平台的内容生态建立与用户的深度联结，同时对短视频营销的全链路实时追踪，以智能效果分析来动态优化广告的创意表达。

一、 短视频广告的优化策略

（一） 契合平台调性， 打造人格化形象

尽管不同短视频平台的内容调性气质不一，如抖音相对更加娱乐化，快手更偏生活化，B 站更为年轻化，但各平台的内容生态还是具备原生感显著、人格化突出等共性特征。原生感源于短视频制作门槛低、用户范围广的特质，在内容表达上更注重视角生活化、叙述故事化，而非追求形式上的精致感。人格化源于短视频用户积极的自我表达意愿，再加上以竖屏为主、更为聚焦的拍摄视角，能营造出短视频更具亲密感的一对一专属交流的对话语境。对此，广告主有必要在理解短视频独特文化基因的基础上塑造与之相契的人格化形象，在与平台用户共通的语义空间里，与用户平等对话，让品牌变得有情感、有态度、有温度。

例如，饿了么在抖音平台竭力打造“蓝骑士”的服务形象，其账号简介宣称“只要叫我的名字，我就会来保护你”。除了不断更新用户以第一视角记录的见义勇为、使命必

---

① 王昕，吕梦婷．基于叙事理论的短视频广告研究：类型与批判［J］．现代传播（中国传媒大学学报），2019（12）：101－105.

达的蓝骑士等常规内容，饿了么账号还推出了“下午 3 点的蓝骑士都在干吗”系列短剧，记录非高峰送餐时段外卖骑手的个人生活（见图 10－17）。外卖骑手不再是先前大众印象中被算法驱使、疲于奔命的刻板形象，而是有诸多隐藏技能傍身，不断带给用户惊喜的鲜活个体。通过这样的传播，有品质的“蓝骑士”也渐渐在用户群体中“入脑”“入心”。

图 10－17 饿了么“蓝骑士”打造人格化形象

案例链接

彩虹糖：设计一支只有 Z 世代才看得懂的广告

如何俘获 Z 世代的心？果汁糖品牌彩虹糖给出的答案是：上 B 站，与该平台的 Z 世代用户对“暗语”，创作一支只有他们才看得懂的广告。

2021 年 4 月，彩虹糖在 B 站首发了一条“奇奇怪怪”的广告（见图 10－18）——两个年轻人在遛狗时只用拼音缩写对话，如“PYQ，NKLM”“KL，XSWL”“233333”“WMKD”。随后彩虹糖继续借助 B 站发酵“彩虹糖全是缩写梗①新番”话题，邀请 B 站 UP 主客串字幕组，发弹幕翻译缩写。

之所以在广告里不说“人话”，是因为那些拼音缩写正是 Z 世代的“暗语”。自 2019 年以来，网络出现了各式各样的缩写词 AWSL、DBQ、YYDS，AWSL（啊，我死了）更是成为 2019 年 B 站“年度弹幕”，使用多达 329 万次。为了延续缩写词的讨论热度，彩虹糖紧接着推出第二波，邀请大家一起头脑风暴有奖破译“CHT”（见图 10－19）的含义，还在抖音同步上线话题＃万物皆可 CHT＃，扩大缩写词讨论声量的同时为电商引流。视频中的弹幕“CHT”被主人公戳中后会化为彩虹糖雨落下，使观者将“CHT”与“彩虹糖”关联。但 Z 世代的想象力显然不止于此，还有人破译出超荒唐、吃馄饨、传话筒、炒河豚的含义。随后彩虹糖把网友的“译文”汇编成视频集锦作为营销的收官之作，

① 梗为网络用语，其实是对“哏”字的误用，意指某一故事桥段、滑稽或有趣的言辞。

在网友的花式解读下，"CHT"不仅是彩虹糖的缩写，也形成了品牌与用户共创的品牌故事。

图 10－18　彩虹糖 B 站短视频广告截图

"解读 CHT"系列视频在 B 站获得 6 000 万次曝光，两度上榜 B 站最热门视频，共计超过 73 万次参与，吸引了 Z 世代对彩虹糖的关注。与彩虹糖日常营销活动相比，此次活动触及的消费者年龄层中，25 岁以下消费者占总消费群体的比例由 50%提升为 70%。

图 10－19　彩虹糖"全次元请破译 CHT 是什么"活动界面

资料来源：数英．彩虹糖玩缩写梗，CHT 是什么？[EB/OL]．(2021-05-10)[2021-12-26]．https://www.digitaling.com/projects/162259.html.

案例链接

宝马汽车春节“玩梗”营销：“爸妈我，年在一起”

在 2021 年春节期间，宝马的品牌 logo“BMW”又有了新的解读，继“别摸我”之后，宝马又造出了“爸妈我年在一起”的网络新梗。

因受到新冠肺炎疫情影响，2021 年春节处在鼓励“就地过年”的特殊政策背景下，整体的社会情绪较为低落。宝马在抖音平台上线了《BàMāWǒ 年在一起》系列短视频，希望借助抖音年轻化的用户基础与娱乐化的营销氛围，通过更活泼轻快的春节营销传播，提升品牌在年轻用户群体中的好感度。短视频拍摄了 6 组风格迥异的家庭，以各地方言和不同视角，风趣幽默地演绎出年轻人和爸妈宅在家一起过年时，因生活习惯的迥异产生的既相互“嫌弃”又相互关爱的“甜蜜的烦恼”，在逗笑人们的同时，让年轻人意识到“爸、妈、我”过年时团聚在一起的幸福感。宝马通过对“BMW”含义的二次延伸，将“BMW”与“爸妈我”深度关联，并传达“年在一起”珍视团圆与亲情的品牌主张。短片里不论是年轻人与长辈之间的代沟痛点，还是亲人之间的温情与关爱都是广泛的社会话题，能够触达各类人群，激发消费者对品牌的情感认同。

与此同时，宝马在抖音平台借助全民任务挑战赛的形式，以 6 支短片为示例，号召用户拍摄全家团聚的视频，参与“BMW 爸妈我年在一起”全民任务主题挑战赛，热门视频将会获得流量奖励，让年轻人以调侃“BMW”标识为契机，晒出和爸妈“年”在一起的有趣瞬间。最终主题挑战赛获得 1.3 亿的曝光量，既将宝马汽车的品牌名与中国春节的节日内涵有了更进一步的衔接和融合，又表达了品牌积极与消费者玩在一起的态度，拉近了与消费者的情感距离（见图 10-20）。

图 10-20　宝马中国#BMW爸妈我年在一起#短视频广告主题挑战赛界面

《BàMāWǒ年在一起》广告的主创团队在采访中谈到，“汽车品牌在抖音做营销，最核心的一点是不用一直端着，很多品牌在短视频平台火的都不是精美的广告影片，而是有意思、有噱头的内容。所以品牌可以利用抖音的热点和潮流玩法，持续经营品牌形象，打造品牌独特的人设”。在后续的情人节营销中，宝马依然抓住了年轻人“爱玩梗”的心理，将“BMW”释义为“Be My Wife”，携手曾执导《隐秘的角落》的导演辛爽创作了一部“关于一台车和两个人”的爱情故事《婚礼》，围绕用户常常将宝马作为婚车这一行为展开跨时代的场景再现，在片尾还展示了来自全国各地的宝马婚车影像，用心程度让用户感动之余加深了对品牌的好感度。

无论是《BàMāWǒ年在一起》里的“爸妈我”，还是《婚礼》中的“Be My Wife”，都是宝马在充分把握中国本土网络流行语元素的基础上，通过短视频平台的“玩梗营销”淡化品牌高冷印象，塑造有趣、有温度、接地气的品牌人设的有益尝试，在消费者的脑海中植入了宝马年轻、多元的品牌形象，以此获得消费者更多的认同。

资料来源：品牌营销官．继“别摸我”后不断造新梗，宝马越来越会玩了［EB/OL］（2021-03-09）［2022-01-15］．https：//mp. weixin. qq. com/s/_GuCC-MMlijRhvdZEyrkmA；数英．专访数英奖金奖背后，看品牌&代理商共解时代命题［EB/OL］（2022-01-12）［2022-01-15］．https：//mp. weixin. qq. com/s/4-OzbmZg4Khdz-To2_01bg；巨量引擎．BMW App春节，BaMaWo年在一起［EB/OL］（2021-02-01）［2022-01-15］．https：//www. digitaling. com/projects/183630. html.

（二）提炼互动迷因，实现用户共创

短视频的互动营销价值不仅在于让广告变得更有趣味性，还在于让互动体验从“看广告”，到“玩广告”，再到“拍广告”，用户真正成为广告创意的执行者。广告由此不再是瞬时性展示，而是延展为与用户共创的协同展演。广告主可充分利用短视频的“迷因效应”，提炼具有感染力的图像、视频、音乐、舞蹈或流行语等元素，创新激发创意表达的内容互动方式，把创作权递交到用户手中，让用户在参与过程中获得被尊重、被看见、被喜爱的良性互动体验，以此建立与品牌及其他创作者的情感关联，自发地成为传播链中的一环，实现传播的社交裂变。

案例链接

蜜雪冰城借“神曲”激发用户创作热情

“你爱我，我爱你，蜜雪冰城甜蜜蜜。I Love you，You Love me，MIXUE Icecream & Tea。”如果有人看过冰激凌与茶饮品牌蜜雪冰城主题曲的 MV 超过三遍，那么很可能脑海中就会把这首“魔性”的曲子循环播放。凭借这首中英双语的主题曲和软萌的“雪王”品牌动画形象，蜜雪冰城无论在饮品界、短视频界、舞蹈界还是表情包界都具备了很高的热度。在 B 站，蜜雪冰城 MV 主题曲的播放量近 2 000 万；在抖音，蜜雪冰城的关键词累积了 112.4 亿次播放量。

蜜雪冰城的主题曲改编自美国传唱度颇高的经典民谣《Oh! Suzanna》，朗朗上口的旋律拥有成为“爆款神曲”的几大基因——段落高度重复、旋律欢快、节奏感强、歌词通俗易懂。除了蜜雪冰城的品牌名称，歌词里就只是“你爱我”“我爱你”“甜蜜蜜”，没有指向性明显的利益导向和推销感，不易引起用户反感。而萌趣十足的雪王动画形象，搭配“魔性”旋律与简单歌词，产生了奇妙的化学反应，引发用户的热情创作。如 B 站 UP 主根据原版背景音乐和雪王的形象，二次创作出方言版、外语版、京剧版、电音版蜜雪冰城主题曲视频（见图 10－21）。

图 10－21　用户对蜜雪冰城主题曲的二次创作

在上线主题曲的同时，蜜雪冰城在抖音推出了同款背景音乐的真人舞蹈视频。如果用户在蜜雪冰城的部分线下加盟店以唱跳的方式演绎主题曲，可以免费领取一杯饮品。若是用户带上店铺定位发布歌舞打卡视频，还有机会获得抖音官方的流量扶持。不少网友积极响应，以千奇百怪的方式演绎这首“神曲”，门店一时间成为行为艺术的聚集地。此时网友在上传视频时加上了＃社死＃的关键词条，“社死”即“社会性死亡”，其作为网络流行语的含义多指在公众面前出丑。事实上，这种出丑、尴尬一直主宰着短视频领域的大众心理，其背后亦反映出年轻人在虚拟世界里狂欢，在线下生活中尴尬的社交状态。越是“出丑”，越具有观赏价值，越能满足人们展示自己的动机。“社死”成为令主题曲再一次被追捧的互动迷因，＃蜜雪冰城社死现场＃话题词获得 14 亿的播放热度，登上同时段抖音热榜第一名（见图 10－22）。

在整个活动过程中，蜜雪冰城的歌舞真正成为一种社交货币，拍摄或者分享蜜雪冰城的主题曲视频变成了一场社交行动，参与者把这首歌曲及其延伸出的舞蹈、表情包、饮品视为一种潮流文化，作为标榜自己引领时尚的潮人身份的佐证。此后，蜜雪冰城还在线上发起＃捕捉野生雪王＃、＃蜜雪冰城表情包＃、＃蜜雪冰城隐藏菜单＃等话题，都是运用了用户共创的方式为品牌造势。

图 10－22　蜜雪冰城短视频互动营销的活动页面

资料来源：数英．蜜雪冰城主题曲刷屏又洗脑，为什么我却讨厌不起来？[EB/OL]（2021－06－25）[2021－12－26]．https：//www. digitaling. com/articles/471169. html；品牌见实所．从蜜雪冰城热度全网蔓延，我划了 3 个互动营销重点！[EB/OL]（2021－08－06）[2021－12－26]．https：//www. digitaling. com/articles/474977. html；数英．2021 “社死营销” 大火，品牌为什么扎堆玩起了尴尬？[EB/OL]（2021－07－26）[2021－12－26]．https：//www. digitaling. com/articles/489838. html.

（三）重视场景设计，激活隐性需求

短视频作为记录生活与表达自我的平台，覆盖了生活的方方面面，为品牌提供了无所不能的可视化植入场景。此外，得益于平台打造的高度沉浸式娱乐空间，短视频作为一种陪伴式内容与用户的喜好需求如影随形，为品牌提供了基于兴趣推荐的用户触达通道。在“是否感兴趣”与“是否真的需要”一样都能对用户的消费行为产生影响的时代，经由兴趣导向，短视频广告可能会激活用户自己还未意识到的隐性消费需求。

需要注意的是，平台短平快的内容浏览节奏决定了短视频广告与用户的黄金沟通时间约为 3～5 秒。为避免用户将广告一键滑过，广告必须重视场景设计、凝练叙事能力、优化第一印象、激活隐性需求。在实践中除了立足于用户的真实生活场景，直入主题式地展示产品卖点外，短视频广告往往会在片头采取提出问题、勾起悬念、制造矛盾等方式设置诱因，引导用户思考。例如，有达人在推荐某零食品牌的年货大礼包时，就预先构建了“如何应对亲戚塑料式关心”[①] 的场景，一旦主人公被打扰到不胜其烦时，就拿出年货大礼包“堵”上亲戚的嘴，通过戏剧化的表现手法为用户创造出一个原本并没有意识到的消费需求。

---

① 塑料式关心：假模假式、走过场般的“关心”，意指一种虚与委蛇、碍于情面的浅层社交。

对于直播广告而言，场景作为一种社交与商业情境，能够为用户带来沉浸体验，萌生情感共鸣、激活消费需求。具体而言，广告主可采取真实场景还原与展演场景虚构两种模式吸引用户。真实场景还原除了能让用户获得与线下逛商场同频的情境体验，也能进一步满足用户的好奇心与窥探欲。例如有直播广告将直播间搬去工厂、果园等生产一线，把过去被商家隐藏在“后台”的场景搬至“前台”，让用户进一步了解生产制作乃至物流分发的全过程，提升用户对品牌及产品的信任度。而展演场景虚构则致力于塑造特定人设、设置戏剧化的冲突剧情，再通过主播与用户插科打诨的互动方式，提升用户观看直播的愉悦感和沉浸度。用户的情绪状态越积极，越容易忽略自身实际需求而产生非理性的购买意愿。①

案例链接

引领“追剧式”购物，佰草集把宫廷剧《延禧攻略》搬进直播间

直播已经成为当下的营销常态，但在短视频平台，若没有头部主播和明星引流，想要获得用户的注意力变得愈发艰难。对此，护肤品牌佰草集的策略是，打造差异化直播场景，借助宫廷剧 IP《延禧攻略》，把直播间装饰成古风味十足的“延禧宫”。主播盘起发髻、穿上古装化身“娘娘”，自称“本宫”，助理则化身“嬷嬷”和“丫鬟”，把直播带货演绎成一出看点十足的“宫斗剧”（见图 10－23）。

图 10－23　“佰草集延禧宫正传”直播广告场景

佰草集是上海家化集团旗下主打中草药护肤理念的国货品牌，品牌的目标用户是 18～35 岁、生活在一至二线城市的知性女性，入驻抖音是为了提升品牌在年轻消费群体中的能见度与好评度。策划团队抓住了年轻女性爱追剧的兴趣偏好，并选择宫廷剧这一与国货有着较高关联度的影视 IP，将产品植入其中。古装＋国货＋宫廷剧的元素，也赋予了产品一层“宫廷御用”的神秘色彩，勾起了用户的好奇心。

① 李莎，戴建华，于亚莹．网络环境下非理性购买行为的实验研究［J］．商业经济研究，2016（2）：33－36.

与传统的叫卖式直播广告不同，佰草集的宫廷直播淡化主播身份，每位主播都是沉浸在剧中的演员，从前方主播到后方场控的一言一行，都需自动代入到宫斗剧中。每当用户进入直播间，就能看到实时更新的“一出好戏”。例如遭遇网络卡顿，主播就会怀疑“是不是隔壁皇后娘娘又在偷偷剪我们网线了”。若评论区有用户提问，主播也会根据用户的昵称，用王爷、格格、娘娘之类的称呼与之互动。若当日直播间完成销售额度，主播就会收到晋升官阶的“圣旨”，反之则会降级。当观众达到一定人数，品牌方会在后续直播中安排新角色登场，由此煽动用户的持续观看欲望及抢购热情。

“佰草集延禧宫正传”作为一个全新的抖音账号，开播一周就冲进了抖音直播带货销售额实时榜单 TOP 50，在 2021 年“双十一”期间成功吸粉 23 万用户，从一众仍在比拼高性价比的同质化广告中脱颖而出。佰草集宫廷版直播将内容与商业结合，适当穿插剧情，用户不易产生审美疲劳，为品牌常态化直播的场景设置提供了一个可参考范本。

资料来源：时代周报．中小主播内卷惨烈［EB/OL］（2021－11－12）［2021－12－26］．https：//www.163.com/dy/article/GOK8T5EG0519APGA.html；每日经济新闻．佰草集现象级直播间，是如何诞生的［EB/OL］（2021－12－18）［2021－12－26］．https：//baijiahao.baidu.com/s?id＝1719458694264079362&wfr＝spider&for＝pc.

（四）构建价值认同，实现品效合一

数字营销时代，品效合一成为广告主的普遍诉求。“品”即品牌效应，目标是在用户心中建立良好的品牌忠诚度；“效”则指向销售转化，目的在于获得立时可见的销售业绩。[①] 品效合一即追求营销价值的最大化，兼得品牌美誉度与产品销售量。

在效果广告层面，具有情绪感染性，且实现了即看即买的短视频广告优势显著。法国心理学家古斯塔夫·勒庞曾在《乌合之众》中提及“在与理性永恒的冲突中，感情从未失过手”，这一点在短视频平台的内容消费中也得到了印证。用户的行为与情绪关联甚密，他们会为新奇、有趣、情怀、同情展开消费行动，感性化决策让“野性消费”成为互联网的一道奇观。例如，运动品牌鸿星尔克因在河南郑州“7·20”特大暴雨灾害中低调捐款 5 000 万触动了网友的正义感，一家亏损多年的企业在关键时刻“倾囊相助”令人“破防”[②]。网友纷纷涌进鸿星尔克的直播间力挺国货。在抖音，“鸿星尔克品牌官方旗舰店”和“鸿星尔克官方旗舰店”两个账号 22 日直播销售额总和达到 1.37 亿元。

而在品牌广告层面，即形象化、立体化输出品牌价值观、打好情怀牌这一点上，短视频广告的优势同样得天独厚。从图文到视频，不仅仅是静态素材向动态素材转变，带来更生动的画面、更具视觉冲击力的产品或服务的展示，更重要的是能通过以竖屏为主的视听语言营造出一种“听我说”或是“带你看”的亲密氛围，从而拉近品牌与用户的情感距离。仍以鸿星尔克为例，短视频与直播不仅是品牌的带货窗口，也是与用户对话

① 丁俊杰．“品效合一”是非辨［J］．中国广告，2019（9）：101－102.

② 破防指因遇到一些事或看到一些信息后情感上受到很大冲击，内心深处被触动，心理防线被突破。

的平台。因低调捐款事件进入公众视野的鸿星尔克 CEO 吴荣照成为良心企业家的代表，在热搜逐渐退潮之时，品牌为了维系与用户的良性互动，在短视频平台连载“打工人小吴的一天”系列视频，分享 CEO 巡店、带货等工作日常。吴荣照也在直播间呼吁用户理性消费，并传达“热搜和流量都只是暂时的，只有做好产品质量才会有好的口碑”“国产品牌应有民族自信和技术自信”等企业理念，进一步巩固了鸿星尔克亲民、务实、有担当的品牌形象（见图 10－24）。广告主在短视频平台应重视对话语境的打造，综合运用场景布局、叙事技巧、互动体验等手段调动用户好奇、愉悦、欣赏、兴奋等情绪，并进一步为用户提供其所认同的审美价值、情感价值、娱乐价值、互动价值等，以此实现用户与品牌深层次的心理共振与情感共鸣。通过上述手段将用户引导至基于价值认同的共情式消费，正是数字营销时代实现品效合一的有效路径。

图 10－24　鸿星尔克短视频内容页面

案例链接

蜂花：用朴素情怀撬动“野性消费”

因为被传“倒闭”而上了热搜，成立 36 年的老牌国货蜂花没想到自己会以这样的方式“翻红”。2021 年“双十一”前夕，蜂花发布了洗发乳和护发素新品，但在新品图片曝光后，却遭到不少网友吐槽：包装设计难看、售价低，甚至有人怀疑蜂花是不是因为濒临破产，所以没钱做包装，一时引发了网友的怀旧与惋惜，涌至蜂花抖音官方旗舰店求证。

虽然品牌辟谣，表示自己“家大业大”，依然“蜂花正茂”，网友依旧忧心忡忡。在网友接力建构的人设故事里，蜂花是一个低调、良心、性价比高的国货品牌。10 年来只涨价 2 元，企业成立 36 年从未受过任何行政处罚。之所以被人淡忘以至于怀疑品牌接近破产，实则是这些年始终在遭受国际品牌花式营销的冲击，而坚持研发大众普惠型产品、走朴实路线的蜂花，就像这个时代不会用手机的老年人，令网友同情不已。

于是，网友们带着拯救良心国货的使命感，一边在直播间“野性消费”，一边在评论区对蜂花的包装设计和产品建言献策，甚至直接晒出自己为蜂花设计的产品包装图。2021 年 11 月 15 日，＃为了蜂花不倒闭也是拼了＃以 980 万热度冲上了抖音热搜榜第一。

抖音账号“蜂花官方旗舰店”在10天内涨粉72万，一天内卖出了2万单，相当于平时一个月的销售量。

然而蜂花也意识到，这种情绪冲动带来的“野性消费”只是一时的，品牌在保持质朴的同时，还需拥抱新的市场变化，才能在“翻红”之后持续长红。借助话题热度，蜂花以抖音为阵地展开了一系列包括直播在内的营销活动。由蜂花董事长亲自出镜，发布#蜂花向全抖音征集新设计#的话题挑战活动，邀请用户和蜂花一起推出一款全民共创的纪念版包装设计产品，奖励最高达8 888元，话题词下累积了1.2亿次播放。这也让消费者与品牌之间形成一种价值共创的默契，增进了用户对品牌的认同感。为了更生动地展现旗下一款固发防脱洗发水的功效，蜂花以时下热门的搞笑视频短剧的形式，记录公司技术部员工使用该款洗发水后的发量变化。通过在短视频平台开展诸如此类求新求变的尝试，品牌打通了与年轻用户的语义空间，为品牌的年轻化带来了更多可能（见图10－25）。

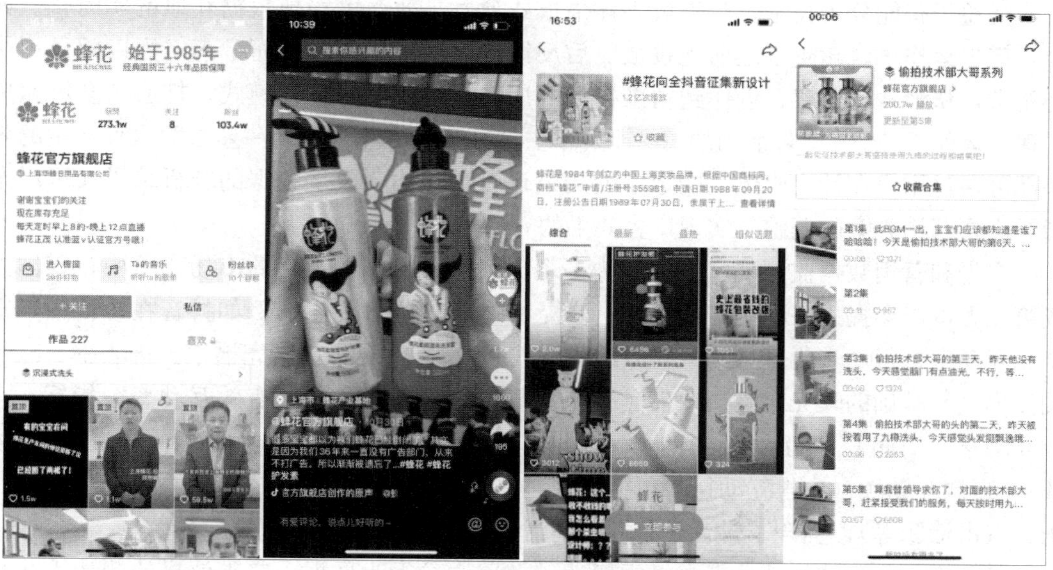

图10－25　蜂花短视频广告界面

在该案例中，蜂花既实现了销量的增长，也令品牌在用户心中的形象焕然一新，实现了品效合一的营销诉求。蜂花所做出的示范是：一个因为低调和良心而获得舆论同情的品牌，在被突如其来的流量托至顶峰之后，用不断强调理性消费、澄清倒闭传闻、虚心接纳消费者建议、拥抱市场新变化等行为，证明了其真诚朴实、表里如一、踏实做事、以消费者为中心的价值观，这是说服更广泛的消费人群愿意继续为它“野性消费”的根本原因。

资料来源：人民日报．蜂花忙不迭哭穷，买家上赶着下单，究竟发生了什么？［EB/OL］（2021－11－23）［2021－12－28］．https：//baijiahao.baidu.com/s?id=1717232010050644329&wfr=spider&for=pc；SocialMarketing．从不打广告的蜂花，被网友带火了［EB/OL］（2021－11－15）［2021－12－28］．https：//mp.weixin.qq.com/s/6f1OvSKxIpxy3k4mf0zOmQ；铅笔道．当蜂花被传倒闭，57万用户干了这样一件事［EB/OL］（2021－11－18）［2021－12－28］．https：//mp.weixin.qq.com/s/1jfItG7_inHNTAjHQIC3Hw.

二、 短视频广告的效果评估

短视频广告作为互联网广告的一大类别，其广告监测存在一些共性指标，如曝光率、独立访问者数量、点击率、广告独立点击者数量等。[①] 但与一般互联网广告不同的是，基于平台算法驱动，实现了精准化投放的短视频广告具备了一定的智能化广告特征。在新的营销环境、广告形态及智能技术的综合作用下，短视频广告的效果评估在流程上追求全链路追踪、在指标上更重视互动与即时转化率。

全链路营销指从消费者第一次与品牌接触、产生认知开始，到最终完成转化的全过程中，通过广告等营销手段不断引导消费者渐次进入下一阶段，以达到营销目标的营销方法。链路即用户从首次接触品牌到完成转化目标的心理路径或行为路径。全链路营销注重品牌与消费者接触的每一个节点，聚焦用户全链路的行为转化。[②]

得益于智能分析技术，广告效果评估模式愈发高效，可实现数据获取的实时化。如今，广告运作早就超越了之前先投放、后反馈的线性评估模式，而是落实为以效果评估为纽带，从消费者洞察、创作到精准投放的广告全流程闭环运作模式，打通了全链路广告智能运作系统。[③] 广告活动的每一个环节、每一条媒介渠道、每一步投放操作产生的效果都可通过用户在社交媒体上的数字使用痕迹量化得出，效果数据的分析结果又可动态指导广告营销方案的调整，实现广告效果的“秒优化”。[④]

广告和营销数据监测现已发展成为一个庞大的市场，在激烈的市场竞争中，媒体方或第三方可能会提出一些全新的指标，以提供差别化数据服务。[⑤]例如抖音在短视频点击率、互动率、行动转化率（购买、激活或下载率）、有效观看率、完播率、进店率、账号关注率这些基础的曝光、点击、转化效果指标之外，首次提出“有效互动率”指标。有效互动率＝有过广告互动行为的 UV/广告曝光 UV（UV 即 unique visitor，独立访客数），强调互动性（广告互动行为包括点赞、评论、转发、关注、进入主页、查看相关音乐、点击话题等），契合了抖音平台用户高活跃度、高黏性的特性。

可以看出，为捕捉消费者在短视频营销链路中的行为数据，广告效果的测量手法总在推陈出新。但广告监测和效果评估是一个多主体市场，例如有短视频广告的自有服务平台巨量引擎（抖音）、磁力引擎（快手），还有如秒针系统、AdMaster、卡思数据、飞瓜数据等第三方平台，各主体对广告效果测量的专业程度不一，不同机构给出的效果研究关键数据存在一定差异，因此，短视频广告效果研究虽然朝着体系化、精细化的方向发展，但依然存在诸多需要进一步规范的地方。

---

① 中广协．中国互联网广告投放监测及验证要求［R/OL］(2020－12－07)［2021－12－25］．http://www.china-caa.org/uploads/downloads/adtoufangyanzhengyaoqiu.pdf.

② 央视市场研究 CTR．短视频全链路营销白皮书［R/OL］(2021－03－23)［2021－12－25］．https://xw.qq.com/cmsid/20201104A0I8XV00? f=newdc.

③ 姜智彬，师梦瑶．广告智能评估：基于共振效应的识别，分析与应对模型［J］．现代传播（中国传媒大学学报）2021，43 (4)：121－127.

④ QIN X B，JIANG Z B. The impact of AI on the advertising process：the Chinese experience［J］．Journal of Advertising，2019，48 (4)：338－346.

⑤ 周丽玲，郝昱佳，董梦媛．计算广告效果测量的核心问题［J］．国际品牌观察，2021 (4)：28－30.

本章小结

短视频是指以移动智能终端为传播载体，依托于社交平台及社交链条，适合用户在移动及短时休闲状态下观看，播放时长在数秒到数分钟不等的视频内容产品。短视频的发展大致经历了探索启动期、平台爆发期、快速成长期和平稳沉淀期四个阶段。

对于广告主而言，短视频平台的营销价值主要体现在平台环境、内容生产和互动模式三个方面。就平台环境而言，短视频打造了一个用户身心沉浸度更高的内容消费空间，为营销内容赢得用户的注意力创造了更好的平台环境。在内容生产方面，短视频平台低门槛的生产机制凸显了其高度兼容的内容生态，以及用户更积极、更自我的表达欲，其对年轻人有着强大的吸引力，又令广告的创意表达得以跳出传统单一的精英叙事视角，在兼容并包的内容生态中，通过融合不同细分群体的流行元素展现出更多可能。在互动模式上，短视频平台以“迷因”为载体、关系、纽带的用户协同创意生产，使广告不局限于瞬时性展示，而是具备了与用户深度互动的可能。

从广义来看，短视频广告可以分为平台广告与自助广告两种。平台广告指短视频平台支持的广告投放形式，包括开屏广告、信息流广告、搜索推荐广告、定制创意社交话题广告、流量倾斜广告。自助广告指企业及用户以自建账号的方式在平台发布广告，包括企业认证广告、达人合作广告、直播广告这三类。

短视频平台广告的特征包括如下四点：其一，原生感显著，广告侵扰度低；其二，从触达广告到互动广告，用户自主创作空间大；其三，缩短转化路径，导向即看即买；其四，实现了广告的精准化推送和精细化反馈。尽管短视频广告具备诸多优点，我们仍须认真审视其存在的问题。如由于短视频低门槛的准入机制，和目前短视频行业普遍存在的唯流量、唯转化率的功利心态，短视频广告的品质常常难以保证，低俗化、同质化问题日渐凸显。

在广告运作上，广告主可通过四个层面优化其广告策略：契合平台调性，打造人格化形象；提炼互动迷因，实现用户共创；重视场景设计，激活隐性需求；构建价值认同，实现品效合一。在广告效果评估阶段，实现了精准化投放的短视频广告具备了一定的智能化广告特征，因此在曝光率、点击率、广告独立点击者数量等互联网广告监测的共性指标外，还打通了以效果评估为纽带，从消费者洞察、创作到精准投放的广告全流程闭环运作模式，催生了全链路广告智能运作系统，推动着新媒体广告效果研究朝着体系化、精细化的方向发展。

问题讨论

1. 短视频广告与微博广告、微信广告有何共性与区别？
2. 具备何种特质的元素能转化为风靡短视频平台的迷因？请举例说明。
3. 自选一个品牌，基于平台营销生态设计一则具有互动性的短视频广告。

第十一章

其他新媒体广告

除了前面几章所介绍的广告形式，还有许多持续时间久、市场规模比较大或是发展势头强劲的新媒体广告值得关注，比如门户网站广告、视频网站广告、电子商务网站广告、户外新媒体广告和OTT广告。

第一节　门户网站广告

门户网站是互联网上非常成功的媒体形态，作为Web 1.0时代的典型代表，虽然它的重要性已不复当年，但仍然以多样化的网络服务满足着大量用户的信息需求。门户网站广告随着门户网站的发展不断丰富，是网站重要的收入来源，也是新媒体广告的重要组成部分。

一、门户网站概述

（一）门户网站的定义与类型

门户（portal）网站是网民获取互联网信息和服务的入口，通过此类应用系统，网民可以直达各类互联网信息资源、享用多样化的互联网信息服务。最初的门户网站以提供搜索引擎和网络接入服务为主要业务，后来出于赢利和扩展用户规模的需要，门户网站逐渐转变了自身定位，拓展了新的业务类型，开始提供新闻、搜索引擎、聊天室、邮箱、影音资讯、电子商务、网络社区、网络游戏等多种服务。有的研究者认为门户网站由门、户、路组成，门即主页，户是主页上的各个板块，路是搜索引擎。①

事实上，随着网络环境及上网方式的改变，门户网站的内涵与外延一直在变化。我们今天谈论的门户网站与20多年前雅虎网站（YAHOO!）初创时所代表的门户网站已经有很大的不同。曾经以提供搜索服务为主、引导网民进行网上冲浪的“门户”角色已经几经更迭；从搜索到新闻，再到游戏、社区、博客和微博，门户的主业一直在转移。如今的门户网站是一个提供网络信息及应用服务的综合平台，其信息内容及应用功能几乎

① 钟瑛，张胜利．我国商业门户网站差异化竞争及其发展［J］．现代传播（中国传媒大学学报），2008（3）：110.

无所不包，从第一代以新闻为主，到第二代重视发展博客、播客、游戏和电子商务，再到第三代以 SNS、微博等社会化媒体为发展方向，新旧业务与功能之间并非取代和颠覆的关系，而是不断整合与叠加（见图 11－1、图 11－2）。①

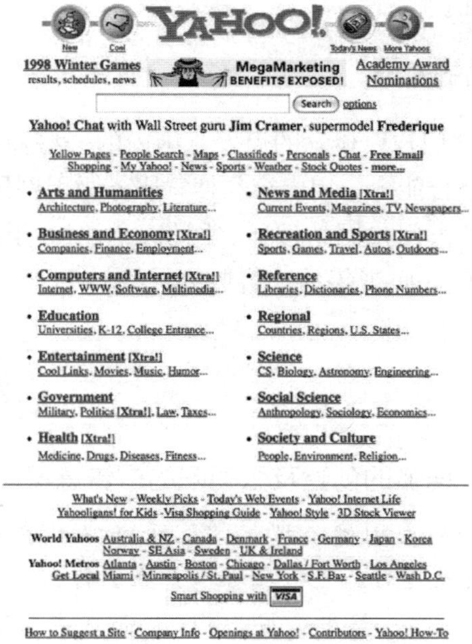

图 11－1　1998 年的雅虎网站

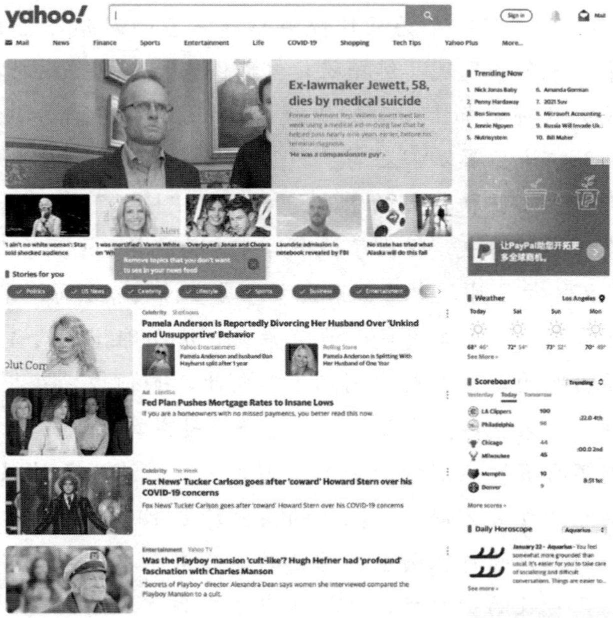

图 11－2　2022 年的雅虎网站

① 黄朝钦，钟瑛．从“媒体平台”到“关系网络”：综合门户网站的经营现状与模式转型［J］．现代传播（中国传媒大学学报），2014（7）：6－12.

不过，无论门户网站的功能如何变化，我们仍然可以按照以下三个标准对它做出界定：一是足够大的人群浏览量（每日每百万人中有 4 万以上的人浏览）；二是盈利模式包括广告、付费搜索、电子商务等几方面（游戏的收费可视为电子商务的一种）；三是所提供的功能性应用需尽量全面。[①]

（二）我国门户网站的发展

1998 年，受美国雅虎“门户”概念的启发，国内的一些商业网络媒体开始致力于提升自身的网络信息操作和整合能力，用内容和搜索服务吸引网民，以增加网页的点击率，吸引资本的注意。我国的几大门户网站搜狐、网易、新浪亦于此时形成，这三个网站于 2000 年先后在纳斯达克上市，而当年的广告收入分别达到了 580 万美元、3 010 万元人民币及 2 094 万美元。

背景链接

搜狐的创建及张朝阳的广告意识

1995 年 11 月，张朝阳从美国麻省理工学院获得博士学位后归国。在次年 8 月拿到第一笔 17 万美元的天使投资后，一心要进入互联网行业的他创办了互联网技术公司（Internet Technology Company)，英文缩写是 ITC，而在去工商局申请注册的时候，工商局要求中文名一定要按 ITC 的中文谐音翻译，最后该公司叫“爱特信信息技术有限公司”。

1996 年底，张朝阳搭建了一个为网民提供信息服务的网站作为其公司的主营项目。在网站运营的过程中，张朝阳发现其链接栏目（提供来自其他网站内容的超链接）“指南针”赢得了不少网民的欢迎，加上受到雅虎模式[②]的启发，张朝阳决定将“指南针”做大，不仅将其置于网站重点位置加以推荐、请专人开发搜索引擎产品，更将分类目录定位为整个网站的发展方向，并把网站的中文名更改为“搜狐”——狐狸的机敏、灵活和聪慧的特质符合搜索的功能特点，提出了一个后来广为流传的口号：“出门找地图，上网找搜狐”。就这样，1998 年 2 月，中国首家大型分类查询搜索引擎“搜狐”正式诞生。

在确定了发展方向后，搜狐却遭遇了生存危机，公司账上现金消耗殆尽，亟须进行第二轮融资。但由于当时的美国人对中国仍十分陌生，如何成功获得海外融资成为张朝阳所面临的巨大挑战。如果说第一次融资还多少源于股东对张朝阳个人的信任以及私交，那么，第二次融资则不再有情感因素的帮忙。但正是这长达半年的艰难的融资经历，令张朝阳再次确定了网站的发展方向——在他的商业计划书中，他表示一个商业网站应该主要做资讯和导航，而门户的特征则应是信息的集合者而不是制造者；同时他也意识到网络广告之于网络媒体营收的重要性，并描述出了广告收入的曲线，以及对页面点击率与广告之间成长关系的算法、收入模式等。这些均在日后搜狐的发展中一一体现出来。

---

① 中国科技网．新门户标准［EB/OL］．（2007－07－26）［2018－03－17］．http：//www.cnetnews.com.cn/new/net/lend.

② 当时雅虎就是一个以超链接为主体的网站，采取分类目录的方式对内容进行组织。

1998年4月，爱特信获得来自英特尔公司、道琼斯、恒隆公司、IDG国际数据集团和美国哈里森公司等风投机构共计220多万美元的第二笔风险投资，公司也随之更名为搜狐公司。1998年9月，搜狐实行全面改版，在页面功能设置上，不仅集成了新闻和搜索引擎两个传统功能，还增添了财经、体育、多媒体、外国资源、企业集锦、搜狐调查等特色内容；1999年3月，搜狐又推出了新闻及内容频道，并提供多种网络服务，从而有了综合门户网站的雏形。此外，感受到股东对收入要求的压力，张朝阳的工作重心也逐渐开始转移至提升搜狐网站的知名度和网络广告客户的开发上。

资料来源：林军．沸腾十五年：中国互联网1995—2009 [M]．北京：中信出版社，2009：36-44.

2001年，全球互联网泡沫破灭，各大股市网络股股价狂跌。受其影响，中国互联网企业进入了艰难的时期，面临着巨大的生存压力。以新浪、网易、搜狐三大门户网站为例，尽管它们都在2000年先后登陆纳斯达克，但随后股价便一路下滑，最低时仅为每股几十美分。

而与此同时，我国国内信息化程度不断加深、互联网行业环境日渐改善、基础设施建设持续进行、移动互联网崭露头角，这又为网络媒体提供了发展机遇。在此种情况下，各门户网站将关注焦点从“融资”转移到“赢利”上，重点针对自身市场和用户特征，重新定位并打造差异化的竞争策略，推出、优化其网络广告、手机短信、网络游戏等业务，从而实现了不同程度的转型并获得盈利。随着盈利模式的探索及国际互联网行业的回暖，经历了营收低谷的三大门户网站于2002年底及2003年初开始扭亏为盈，并随之一直保持营收的高速增长。

自2004年开始，搜索类、游戏类、垂直类、视频类网站快速成长，渐渐分流了综合门户网站的用户和收入，2006年互联网广告市场门户网站独大的结构就被打破。为了更好地应对竞争，门户网站一方面借势社交媒体发展的浪潮推出微博、微信、移动客户端、网络游戏等重量级产品，另一方面在借鉴和摸索中创造出了许多新的营销产品和营销手段，更有一些行业的领先者形成了自己独特的营销理念和营销体系。在营销理念和体系层面，典型的比如：新浪根据“介质＋方法＝效果”的判断提出了IMPACT理念，网易聚焦精准性、目标性、连续性、有效性和回报性提出了POWER理念，腾讯提出了更加注重人、关系和数据的MIND理念，搜狐以“最大化整合营销”为核心提出MARTRIX理念（详见第二章）。在营销产品和手段层面，有代表性的则有：

腾讯除了整合旗下的社区、视频、搜索、门户等网络平台，向广告主提供一站式跨平台投放服务，还于2013年1月11日正式发布Tencent AdExchange广告实时交易平台，成为国内首家进军RTB（real-time bidding，实时竞价）市场的门户媒体①。腾讯在与市场上大部分主流的DSP② 完成对接后，力求打造一个广告主、代理商和媒体多方共赢的实时广告交易平台。Tencent AdExchange能够通过人群数据库和实时竞价技术，实现广告主自动竞价购买面向每个人的展示广告，优化广告资源的分配。

---

① 财经网．腾讯正式发布Tencent AdExchange进军RTB市场 [EB/OL]．(2013—01—11) [2018-03-17]．http：//stock.caijing.com.cn/2013-01-11/112428108.html.

② DSP（demand side platform，需求方平台）是一个综合性管理平台，利用DSP，广告主可以在广告交易平台对在线广告进行实时竞价。

搜狐提出“产品矩阵”的概念，整合其旗下的搜狐门户、手机搜狐网、搜狐新闻客户端、搜狐畅游、搜狐视频、搜狗等互联网和移动互联网的多屏平台及数据资源，据此推出“汇算”营销系统，为广告主提供跨平台的精准营销服务。

新浪微博经过几年“叫好不叫座”的运作之后，于2013年推出微博“粉丝通”广告产品，能向所有新浪微博用户精准定位投放商业信息，这些信息会显示在微博信息流的顶部或靠近顶部的位置。

此外，各门户网站还加大了自我营销的力度。例如，搜狐成为2008年北京奥运会唯一的互联网企业赞助商，借势奥运开展奥运报道、组织和发起奥运主题活动等系列营销活动；网易竞争成为2010年广州亚运会合作伙伴，不仅负责建设广州亚运会官方网站、开展亚运报道，还组织了“我撑广州、支持亚运”等系列活动；腾讯在2011年开发出基于移动终端的即时通信程序微信后，不仅在QQ邮箱、QQ游戏大厅、QQ三国、腾讯拍拍、QQ空间、QQ校友等自有平台上植入微信的宣传广告，还在公交、地铁和其他网络媒体等渠道投放了广告，这促使微信的用户规模在433天内便突破了一亿，在20个月内就突破了两亿。

近年来，在手机网民快速增长且超越PC网民、社交平台地位不断凸显、个性化信息推荐技术日臻成熟、新媒体企业将重心放到生态系统的打造（如阿里巴巴聚焦“人与交易”、腾讯聚焦“人与交流”、百度聚焦“人与信息”，并都力图延伸到“人与服务”）等因素的影响下，门户网站面临着人才流失、流量减少、营收降低等诸多困境。① 对此，门户网站均在持续进行创新和转型，例如网易在推出网易云音乐、有道、网易CC直播、网易薄荷直播、网易云计算、网易宝、易信等多个产品的同时，还积极发展电商，孵化出网易考拉、网易严选、网易味央、网易推手等多个电商平台及电商品牌。

二、门户网站广告的类型与特点

（一）门户网站广告的类型

基于上述营销创新与业务转型，门户网站不仅在广告呈现终端上从PC端跨越至移动端，也结合自身的网站业务特征和媒体资源特色在广告类别上进行拓展，例如搜狐在开发搜索引擎搜狗后，即开始运营搜索引擎广告；网易结合自身的电子邮箱、网络游戏两大优势服务，进入邮箱营销、游戏植入式营销等领域；而腾讯、新浪则借助其在社交平台上的优势（如腾讯的微信、新浪的微博等）开发相应的广告。这里主要介绍各门户网站PC端最为依赖的展示类广告，移动App广告、搜索引擎广告、微信广告、微博广告等本书另有章节专门阐述。

1. 旗帜广告

旗帜广告（横幅广告）又叫banner，因其形状为长方形而得名，是互联网广告中最早出现的、最基本的广告形式，一般为200×170、300×150或300×130像素，格式为JEPG

---

① 龚进辉．门户网站江河日下：人才流失过快［J］．互联网经济．2016（7）：83；蔡宁伟．门户网站何去何从？［J］．互联网经济．2016（7）：82.

或 GIF（以网易为例），可以使用静态图形，也可用多帧图像拼接为动画图像。

旗帜广告制作简单，投放方便。门户网站中的旗帜广告一般会滚动播出多个广告主的广告，按天计费。旗帜广告可链接到广告主着陆页（落地页），其创意空间较大，就算用户不点击也能接触广告信息，因此较受品牌广告主的欢迎（见图 11－3）。

图 11－3　旗帜广告示例

2. 按钮广告

按钮广告（图标广告）又名 button，因其体积较小、形似按钮而得名。主要为 120×60、100×50、88×31、120×90 像素的小型 GIF 等格式。

按钮广告可以是一个企业的标志，一个形象、图标，或一个按钮的形状。因为图形尺寸较小，可以被灵活地放置在首页、频道、子频道等各级页面的任何位置。

按钮广告通过超链接与有关信息相连，当网民用鼠标点击它时，也可链接到广告主的着陆页。按钮广告的广告效果主要在于吸引目标消费者的主动点击，其创意需具有简洁、直接、富有冲击力等特点（见图 11－4）。

图 11－4　按钮广告示例

3. 通栏广告

通栏广告以横贯页面的形式出现，按位置可分为顶部通栏、底部通栏、中间页面通栏等，按表现形式分有超载通栏、扩展浮层通栏、扩展下推通栏等，按互动方式还可分为静态通栏和触发通栏等。通栏的格式为 GIF、JPG 或 PNG，它一般位于整个页面中最焦点的区域，广告面积大，客户关注率高，适合于有实力的大、中型企业进行品牌宣传（见图 11－5）。

目前，门户网站的首页通栏广告多为轮换展现，搜狐的首页通栏广告为 5 轮换，刊例价是 44 万元/天/轮换；网易的首页顶部通栏广告为 4 轮换，刊例价是 60 万元/天/轮换①。

图 11－5 通栏广告示例

4. 全屏广告

用户打开浏览页面时，广告以全屏方式出现数秒，可以是静态的页面，也可以是动态的效果，然后逐渐缩成普通的 banner 尺寸或消失，进入正常阅读页面。网民一般可以选择关闭广告，因此全屏广告的优点是能够在用户体验影响较小的情形下，仍具有较强的视觉冲击效果（见图 11－6）。

全屏广告一般按时段计费，以搜狐 2022 年第一季度的刊例为例，其体育频道的静态全屏广告刊例价为 35 万元/天/时段，动态全屏广告刊例价为 42 万元/天/时段，每日最多投放 6 小时（9～10 点/10～11 点/11～12 点/14～15 点/15～16 点/16～17 点）。

5. 矩形广告

矩形广告通常展现于门户网站页面的两侧，像素为 300×250，格式有 JPG 和 GIF。此类广告比较醒目，是各门户网站重要的广告素材（见图 11－7）。如果在文章页呈现，矩形广告也被称为“画中画广告”；因为广告与文章内容融为一体，因此到达率较高，而广告主也可以选择与自己目标受众匹配的页面内容进行投放。画中画广告可以是图片、视频或者富媒体（见图 11－8）。

矩形广告也采用轮换呈现的方式，例如搜狐首页的右侧第一矩形广告每天有 4 轮换，

① 如无特殊说明，本节所指刊例价皆为搜狐 2022 年第一季度刊例及网易 2022 年上半年刊例。

图 11－6　全屏广告示例

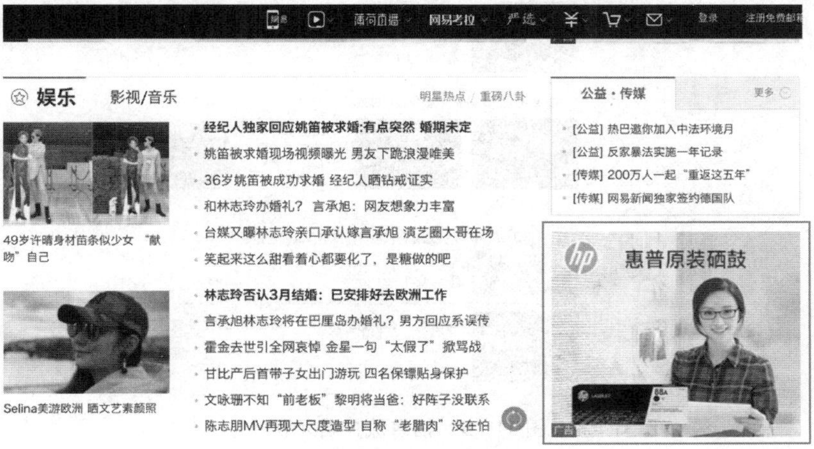

图 11－7　矩形广告示例

图 11－8　画中画广告示例

刊例价为 45 万元/天/轮换，其他位置的矩形广告有 2 轮换、3 轮换或 1 轮换。

6. 信息流广告

与微博和微信等社交媒体的信息流广告类似，门户网站的信息流广告随具体的网页内容“流”而呈现，形式可以是小图、组图、通栏及文字链（见图 11－9）。搜狐财经频道和科技频道的首页中，每 5 条信息会出现 1 条信息流广告，其广告位为“第 5 条信息流”“第 10 条信息流”直至“第 25 条信息流”，总共 5 条。如果呈现方式是小图/组图/通栏，那么财经频道首页信息流广告的刊例价会从第 1 条广告的 30 万元/天/轮换（1 轮换）递减为第 5 条广告的 13 万元/天/轮换（1 轮换）。

图 11－9 信息流广告示例

7. 文字链广告

文字链广告是以一行文字作为一个广告，点击可进入相应的广告页面。这一广告类型对用户干扰较小，位置较灵活，广告效果比较依赖文案的吸引力（见图 11－10）。文字链广告按天计费，如网易首页根据广告位置不同有 9 万元/天/条和 10 万元/天/条两个价位。

8. 焦点图广告

焦点图是门户网站用图片组合播放的信息表现形式，一般都置于网站的首页或频道首页非常明显的位置。焦点图广告占用焦点图的某一帧，当切换到该帧时，广告自动展示或播放（视频格式），内容展示一定时间或播放完毕后，才会轮换到下一帧内容。焦点图广告利于创造较好的曝光度和较高的点击率。只要用户停留在该页面，广告将不断重复播放（见图 11－11）。由于效果突出，所以焦点图广告的价格也较高。以搜狐为例，其首页的焦点图广告为 3 轮换，价格高达 100 万元/天/轮换。

9. 视窗广告

视窗广告是以数字视频为主要表现形式的新媒体广告，从屏幕右下角浮出，固定在右下角位置。播放器带有关闭、音量调节及静音按钮。有的门户网站的视窗广告允许广告主自定义视窗形式或者进行扩展（见图 11－12）。

图 11－10　文字链广告示例

图 11－11　焦点图广告示例

图 11－12　视窗广告示例

10. 魔图广告

魔图是一种互联网图片广告产品，它体现了“图片即广告”的理念——魔图投放技术在网站主页面提供的广告位上完成魔图系统的植入，对页面的加载和布局几乎没有影响，无须为其出现而修改任何现有的内容，这样就相当于在现有的网站中开辟了全新的广告位（见图 11－13）。

通过精准投放技术，魔图广告能够“把正确的信息传达给正确的人”。它的呈现方式如下：第一步是利用定位技术自动定位页面中的图片；第二步是在图片中自动加载为客户定制的浮层标签元素；第三步是当浮层被触发后相应的展示层自动弹出。① 通过扩展浮层的创意和动效设计，魔图广告可实现在原本的 PC 页面图片上多种形态（比如异形、联动等）的富媒体广告展示，增加用户对广告的接受程度和参与交互的意愿，引起目标受众点击广告、进入广告主网站注册、下单等一系列后续行为。

按照呈现方式的差异，魔图广告可分为底栏交互魔图、标签扩展魔图等类别。

图 11－13 魔图广告示例

除了上面列举的广告，门户网站还有很多其他的广告形式，表 11－1 以搜狐为例对其中的部分形式做出介绍。

---

① 派择．2014 普利司通魔图推广［EB/OL］．（2014－07－31）［2018－03－19］．http：//www.3mbang.com/p－59269.html.

表 11－1　其他门户网站广告形式

广告形式	展现规则	广告图示
首页 loading 页	广告位置：开屏，首页显示 1 秒之后，首先出现 loading 广告；有 5 秒展示时长，可点击跳过；素材出现，由下至上浮入 1 秒；素材消失，由上至下浮出 1 秒；可点击进入客户指定页面；每台机器在每时段，随页面刷新最多展现 4 次。	
全屏浮层	素材可为 PNG 静态图片或 SWF 动态视频；播放时长 5 秒；全屏浮层广告每日最多投放 6 小时；每台机器每时段，随页面刷新最多展现 4 次；广告在首屏展现，广告展现 5 秒后消失；用户点击广告素材，可跳转至客户指定页面；同时段的静态全屏浮层与动态全屏浮层互斥。	
背投	页面打开后，自动弹出一个新空页面，在空页面上展现广告；无频控限制；用户点击广告素材，可以进入客户跳转页面。	
推拉窗	底部推拉窗广告每台机器每天随页面刷新最多展现 4 次；广告展现于屏幕底部，广告展现 5 秒后，回收至左侧 button；点击左侧 button 或浮条可跳转至客户指定页面；点击“关闭”可关闭 button；鼠标滑过 button，可触发展现浮条广告 2 次。	
导航栏幕帘	于频道顶部导航下方显示，素材不能遮挡频道 logo、主导航栏区域、页面整体框架；在大屏下也需保持较高的清晰度。	

续表

广告形式	展现规则	广告图示
对联	素材在首屏展示，不随页面上下移动，有明显的“关闭”字样；用户点击广告素材，可以进入客户跳转页面；分辨率在 1 360 以下则不展现此广告。	
底纹	用户打开网站页面后，页面会出现以广告主 Logo 为主要视觉元素辅陈开的底纹，右上角有“关闭广告”按钮，点击按钮可关闭广告。	
动态皮肤	用户打开首页，自动展现动态皮肤广告；5 秒后自动收起广告；右上角有“重播”按钮，点击可重播广告；重播按钮右侧为“关闭广告”按钮，点击按钮可关闭广告；一个用户一天至多可见 2 次动态展现效果；点击广告任何区域可跳转至客户落地页。	
流媒体＋右悬停按钮	用户打开页面后，流媒体从首屏页面中弹出，覆盖页面内容，背景透明，可手动关闭；动态展示 8 秒后，回收到右侧悬停按钮；右侧悬停按钮下方有“关闭”和“重播”字样；广告素材不随页面下移；屏幕分辨率≥1 440 时，回收按钮展现 100×100 像素的素材；分辨率＜1 440 时，回收按钮展示 60×60 像素的素材；用户点击流媒体及回收按钮，可跳转至客户落地页。	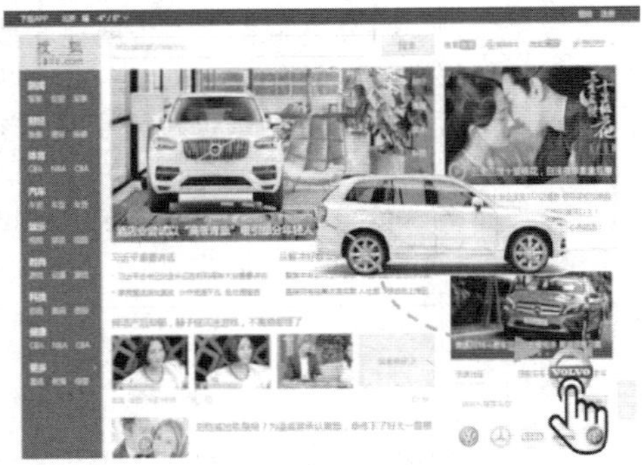

此外，顺应移动互联网发展的潮流，门户网站针对 WAP 端也开发出不少广告形式，例如搜狐 WAP“手机搜狐网”中就包括浮层类、全屏类、焦点图类、信息流类、通栏类、文字链类、文章页中插类、组图类等八类，但总体而言与 PC 端区别不大，在此不再赘述。

（二）门户网站广告的特点

1. 广告形式多样

相比于其他新媒体，发展历程最长的门户网站的广告形式最为丰富，为广告主提供了非常多样的选择。而在移动互联网快速发展的背景下，门户网站又纷纷向移动端拓展，由此形成覆盖多个媒体平台、融合多种媒体格式、跨屏、跨产品线且面向多类垂直细分受众的广告形式。

2. 受众群体广泛

门户网站用户数量庞大，拥有非常广泛的受众群体，其用户使用比例仅次于搜索引擎，例如新浪（www. sina. com. cn）2018 年初各周的日均 PV 浏览量均在 9 000 万以上，日均 IP 访问量约为 3 000 万，而搜狐的相应数据更高[①]。庞大的受众群体意味着优质的注意力资源，也是门户网站广告收入维持增长的重要基础。

3. 信息容量较大

门户网站的广告几乎都设置了超链接，只要互联网用户点击广告，就会进入包含更多广告信息的广告主的落地页，从而利于其对广告主的产品及服务有更加深入的了解。相较于传统媒体广告，这是显而易见的优势。

4. 广告投放便捷

近年，门户网站顺应实时竞价、自主购买的大势，纷纷推出各自的广告交易平台，在提升广告主投放效率的同时也吸引了不少中小客户。例如新浪推出的“轩辕”“龙渊”和“扶翼”，使广告主在无须制定广告排期的情况下，只需要确定覆盖的人数以及频次和时间即可完成投放（见图 11－14）。

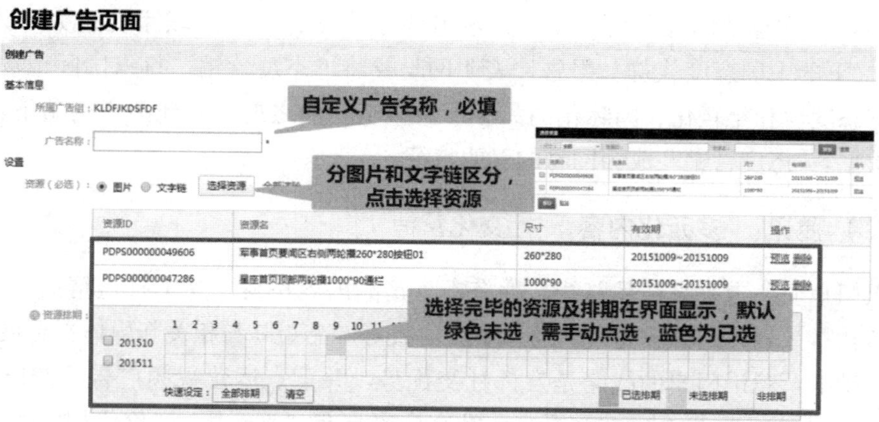

图 11－14　广告主可通过新浪轩辕系统选择广告资源并自主排期

5. 更加精准且能契合场景

通过对自身用户的注册信息、位置信息、浏览记录、社交记录、第三方记录等方面数据的挖掘，门户网站能对每个用户进行属性推测，为其打上“都市白领”“运动健身”“时尚达人”“购车一族”“商旅人士”“美食老饕”“投资理财”“家居家装”“游戏部落”

---

① http：//alexa. chinaz. com/sohu. com.

“亲子家庭”“旅游出行”“高端人士”“青春校园”“极客人群”等标签①，继而经过标签打分并根据阈值来判断用户所属人群，这样就使得门户网站广告的投放更加精准。此外，门户网站广告在投放时也更多地考虑售卖场景，比如品牌客户、影视娱乐、新片发布、App 下载、快消、电商、重要日子等，从而更好地保障广告的 CTR（click-through-rate，点击通过率，指的是用户通过广告到达目标页面的数量除以广告的展现量）。

三、移动互联时代门户网站的营销策划思路

为了更好地应对移动互联网给自身营销模式带来的挑战，各门户网站纷纷基于自身的战略目标和优势资源做出营销策划的调整。本部分以网易、腾讯、搜狐和新浪四大门户网站为例进行阐释。②

（一）网易：品牌化思路，有态度营销

网易一直坚持比较个性化的发展路线。基于网易跟帖衍生出来的“有态度”已成为网易的特色标签。相对于个性化资讯客户端，网易更强调专业编辑生产的有态度和有温度的内容，同时通过跟帖标签等产品去了解用户的态度，形成“态度画像”，基于此开展“态度营销”。与传统展示广告相比，基于标签的精准广告效果更好。而“态度营销”与其他标签（例如兴趣）最大的不同是，它与情感直接挂钩。一个用户在不同时间、不同地方、不同场合，会有不同的态度，态度是情感层面的表达，体现的是一个用户的价值观和生活理念。如果平台有能力洞察到用户的态度，就可以帮助广告主更精准地找到与用户沟通的“连接点”，从而与用户产生情感上的共鸣，同时也利于增加用户黏性。

2016 年，在戛纳国际创意节上，网易开设了专场论坛，并联手北京大学发布首部《移动时代下的中国态度族群》报告，表明网易要将“态度营销”打入国际市场的姿态。通过“有态度”和年轻化、国际化的品牌形象塑造，加之拥有其他门户网站不具备的海量态度数据，“态度营销”成为网易的鲜明特征。

（二）腾讯：多元化内容，社交化营销

腾讯门户业务走垂直精品路线，拥有不少精品内容栏目。为了打造精品，腾讯还确定了内容扶持计划，走开放路线，通过天天快报等产品矩阵与相关新媒体平台展开竞争。

在营销上，腾讯门户的战略是发挥社交优势，并重点运营视频广告。2016 年 5 月，腾讯发布了“AD+”理念，在其看来，社交广告具有“不干扰”“价值相关性”和“层层递进”三大优势，借助于移动支付、LBS、账号体系等手段，能够同时做好品牌与效果营销，轻易实现转化。腾讯还明确今后会在社交视频广告上发力，浏览腾讯网不同页面均会有视频自动播放，其中一些就是视频广告。

目前最能体现腾讯社交广告优势的是微信和 QQ 上的广告，例如朋友圈广告、微信

---

① 新浪龙渊的标签设置方法。

② 赵思远．四大门户的移动营销套路［J］．计算机与网络，2016（6）：42－43.

公众号图文。腾讯新闻客户端等门户产品需要有更多动作去吸引用户登录和互动才能实现真正的社交化。

（三）搜狐：视频是未来，娱乐化营销

2016 年一季度搜狐品牌广告营收为 1.26 亿美元，其中，搜狐网（不计搜狐视频）的营收为 4 500 万美元，搜狐视频营收为 4 100 万美元，视频占据搜狐营收的半壁江山。

之前搜狐新闻客户端有三个菜单：新闻、视频和“我的”，如此重视视频，在曾经的四大门户中是绝无仅有的，这表明搜狐将其门户业务的未来放在视频上。这一点在随后得到了验证：2020 年末的搜狐大会上，搜狐董事局主席兼首席执行官张朝阳表示，搜狐将“直播作为集团中台，驱动媒体价值升级”确定为发展战略，并广泛应用在搜狐视频的自制综艺、搜狐旗下的原创活动 IP，以及搜狐新闻的直播栏目中。

在应对自媒体潮流方面，搜狐是最早尝试做“媒体开放平台”的门户，较早实现了个性化，在 2015 年还上线了自己的公众平台，2016 年大力推广明星频道，回到搜狐擅长的娱乐上。

搜狐还有一个战略是本地化内容，2016 年初上线了 365 个本地频道。在营销上，搜狐一直有较强的“娱乐”基因，不论是加强视频还是力推明星品牌均表明了这一点。而娱乐背后是女人经济、粉丝经济、年轻用户，这些标签都意味着搜狐最擅长的是品牌营销而不是效果营销。搜狐 2016 年还大力推广“红包”营销，用户可以边看新闻边刷红包，也体现了营销的娱乐化。由于加强了本地频道的运作，O2O 营销也已被搜狐提上日程。

（四）新浪：精品化内容，稳健型营销

新浪相对而言比较“尴尬”，门户网站与微博是独立的两个公司运营，而微博很大程度承载了新浪系业务在移动端的价值，尤其是微博在大力转型“内容化”后，承担了个性化资讯客户端、短视频和直播品牌等角色，与新浪移动端的业务形成了重合。

在内容端，新浪基于其在传统门户时代的积累，强化专业内容优势，例如“精读”品牌就是将新闻客户端杂志化，主打“深度阅读”。除此之外，新浪在汽车、女人、体育等频道上依然很强势。新浪在内容端重视精品化，反而弱化了“自媒体内容”和“开放式内容”，其开放内容平台的推出在几大门户中最晚。在营销上，新浪更重视品牌营销，尤其是汽车、金融等传统品牌大户，如果走杂志化、精品化的内容路线，品牌广告显然更加适合。

不过，相对于网易做态度营销、腾讯做社交营销、搜狐做娱乐营销而言，新浪还缺少类似的鲜明标签。在移动互联网尤其是社交媒体广告的冲击下，其门户广告收入连年下滑，新浪 2020 年二季报显示，新浪传统门户网站等媒体广告仅占营收的 10%。2021 年 3 月 23 日，新浪正式宣布完成私有化，从美国斯纳达克退市，原新浪门户业务将与微博业务更紧密地整合，而垂直业务例如新浪财经、新浪金融和新浪体育等将更加独立地

发展。[①]

第二节　视频网站广告

自 2004 年我国第一家专业视频网站上线开始，我国视频网站在过去十余年内发展迅速，现今已经成为我国网民所使用的基础网络应用之一。在发展过程中，视频网站广告的广告价值持续彰显、广告形式不断推陈出新、广告服务方式也日臻完善。

一、 视频网站概述

（一）视频网站的定义与类型

视频网站是指在完善的技术平台支持下，供互联网（包括 PC 端和移动端）用户在线流畅发布、浏览和分享视频内容的网络媒体。[②]

按照不同的维度，可以对视频网站进行多样的划分。

基于网站的背景，视频网站可分为下述三个类别[③]：（1）专业视频网站，指以优酷、爱奇艺、腾讯视频为代表的，由民间资本开设的专门提供视频服务的网站平台；（2）门户视频网站，即门户网站设立的视频频道，如搜狐视频、新浪宽频等；（3）传统媒体视频网站，即传统媒体开办的视频平台，如湖南卫视的芒果 TV、中央电视台推出的中国网络电视台等。

根据网站提供的视频业务类型，又可将视频网站分为：（1）视频分享类网站，提供用户将自己拍摄、制作的视频内容上传，以及对其他用户的视频内容进行分享、评论等互动业务，如哔哩哔哩、酷 6 网等；（2）视频点播或直播类网站，指专门提供视频内容（如影视剧、动漫、新闻资讯等）直播或点播业务的网站，如腾讯视频、芒果 TV、斗鱼等；（3）P2P 流媒体网站，采用 P2P（点对点传输）技术，基于特定的客户端软件，可提供视频文件边下载边播放的业务，省去了用户等待下载的时间，该类网站以 PPS 为代表；（4）视频聚合/视频导航网站，指基于搜索技术，在每个视频内容中提取数秒关键帧，为用户提供搜索、整合视频内容服务的网站，但网站自身不生产或提供内容，如百度视频。[④]

依据视频内容产品的形态，还可将视频网站分为短视频平台和中长视频平台。短视频平台是指专门提供播放时长在五分钟以下的网络视频的播放平台[⑤]，典型的如抖音、快

---

① 搜狐．新浪完成私有化，中国互联网“纳斯达克第一股”退市，门户时代落幕［EB/OL］（2021－03－23）［2022－01－21］．https：//www. sohu. com/a/456926172_120780844.

② 李良荣．网络与新媒体概论［M］．北京：高等教育出版社，2014：45.

③ 方迎丰，余思慧，简予繁．视频广告概论［M］．武汉：武汉理工大学出版社，2013：5.

④ 艾瑞咨询．2007 年中国网络视频报告［R］．2007；马世聪．中国网络视频市场生态图谱 2017［R/OL］．（2017－04－10）［2018－03－12］．https：//www. analysys. cn/analysis/trade/detail/1000717/.

⑤ 艾瑞咨询．中国短视频行业研究报告［R/OL］．（2017－12－29）［2018－04－18］．http：//report. iresearch. cn/report/201712/3118. shtml.

手、一直播等移动直播平台；而其他的视频网站则可被划入中长视频平台。

（二）视频网站的发展状况①

早在2004年之前，我国互联网上已经有了视频类服务，但未出现专业化的视频网站。直到2004年11月，专业视频网站——乐视网的成立，打破了这种局面，拉开中国视频网站成长的序幕。截至2020年，我国网络视频活跃用户规模达到10.01亿。②网络视听产业规模破6 000亿元，行业发展也愈发成熟。其中，短视频领域市场规模占比最大，达2 051.3亿元；综合视频以1 190.3亿元规模位列其次；网络直播领域增长迅速，市场规模为1 134.4亿元。③

其一，行业竞争寡头垄断格局形成，新兴平台不断崛起。近年，分别依托百度、阿里、腾讯三大互联网行业“巨头”的视频网站——爱奇艺、优酷、腾讯视频凭借着资本优势，不仅购买优质内容资源，而且逐步加大投资和自制优质内容，从而占据了用户流量的入口，并遥遥领先于其他视频网站。与此同时，芒果TV、哔哩哔哩、咪咕视频等其他视频网站，以及以直播为代表的短视频平台也在逐步探索自身的发展策略，寻求差异化竞争优势，成为行业内新兴的竞争力量（见图11－15）。

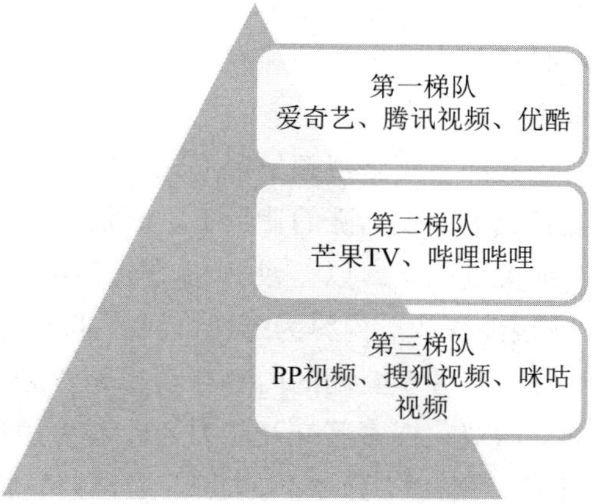

图11－15　视频网站整体格局

其二，自制内容跨越式提升，内容行业升级。自2015年起，基于内容采购成本过高、行业内同质化内容竞争激烈等考虑，视频网站逐步进入影视剧、综艺、纪录片的内容自制领域，一方面旨在借此节约内容采购成本，另一方面也希望通过提供植入广告等更为丰富的营销形式、促进会员付费业务以及探索版权分销模式等措施提高营收。这促使近年来网络视频自制内容的数量和品质均有了跨越式提升，爱奇艺、优酷、腾讯等三个代表性视频网站在内容制作方面所采用的制播模式、宣发方式等都对我国既有的内容行业构成深远影响，促进了内容行业的升级。如优酷针对年轻女性定制了宠爱剧场，爱奇艺为聚合优质短剧打造了迷雾剧场，剧场化成为视频网站播出的重要编排方式，呈现出品牌运作的特点。

其三，盈利模式增多，内容评价指标日渐成熟。基于优质的版权内容采购及内容自制，国内网络视频用户的付费比例持续增长。据《2021中国网络视听发展研究报告》统计，有45.5%的用户在半年内为网络视频节目付费，近六成“90后”和“00后”是付费用户，付费习惯已逐渐养成。④以爱奇艺为例，自2019年开始，会员收入就反超广告收

---

① 张逸，贾金玺．中国视频网站十年进化史［J］．编辑之友，2015（4）：11－16；中国视频网站发展研究课题组．中国视频网站发展研究报告［J］．传媒，2014（6）：8－13.

② 中国互联网协会．中国互联网发展报告（2021）［R/OL］．（2021－07－29）［2022－01－25］．https：//new.qq.com/omn/20210714/20210714A0207G00.html.

③ 中国网络视听节目服务协会．2021中国网络视听发展研究报告［R/OL］．（2021－06－23）［2022－01－25］．http：//www.199it.com/archives/1256385.html.

④ 同③.

入占据50%以上的营收份额，专注提供多元化内容和用户体验的会员策略已逐步显现效果。[①]这令我国长期以广告为单一收入来源但内容费用和带宽成本却日渐高昂的视频网站得以逐步摆脱亏损的困局，也使得在传统的广告营收之外，付费业务、无线增值、版权分销、IP商业化、自营电商等成为业界探索的新热点。如芒果TV于2020年12月推出小芒电商，发挥其平台独有的优质明星综艺内容优势，布局以新潮国货为特色，通过明星艺人联名或推荐引流，以社交为互动手段来提升用户购买意愿的电商模式，进一步开发粉丝经济。同时，视频网站对网络视频内容的质量评价也愈发成熟——从原本仅依循“点击量”去衡量内容影响力，到探索包括播放时长、会员付费意愿等指标在内的新型评价体系。如优酷在2017年11月公布了新的网络大电影的分账模式，其采取会员有效观看时长分账，由会员观看有效时长、有效播放量对应单价两个指标来综合考量影片的质量优劣。

其四，创新视频呈现形式，增强用户交互体验。在流量红利逐渐触及天花板、会员拉新成本愈发高涨的背景下，高清沉浸、社交性和互动性成为网络视频平台影响用户留存的关键因素，以互动视频为代表的新型交互式视频产品应运而生。互动视频是指以“非线性视频”内容为主线，在“非线性视频”内容上开展的可支持时间域互动、空间域互动、事件型互动的内容互动视频业务。该业务具有分支剧情选择、视角切换、画面互动、游戏化探索等交互能力，能够为用户带来强参与感、强沉浸度的互动观看体验（见图11-16）。[②] 自2019年始，爱奇艺、腾讯视频、优酷、芒果TV、哔哩哔哩等平台纷纷开始尝试互动视频，相继推出了《明星大侦探之目标人物》《他的微笑》《我+》等多部互动视频节目。

图11-16 互动视频界面截图

---

① 罗兰贝格．夹在理想与现实中的长视频［EB/OL］．(2021-12-14) ［2022-01-25］．http：//www.199it.com/archives/1358720.html.

② 国家广播电视总局科技司．5G高新视频—互动视频技术白皮书（2020版）［R/OL］．(2021-08-01)［2022-01-25］．http：//www.nrta.gov.cn/module/download/downfile.jsp？classid=0&filename=f78f396915044e89938f7a3e5d3e19c5.pdf.

二、 视频网站广告的类型与特点

（一）视频网站广告的类型

除了与门户网站类似的页面广告，视频网站比较有特点的广告类型还有以下几种。

1. 视频贴片广告

视频贴片广告又被称为视频插片广告，是指在视频片头、片尾或播放过程中插播的广告。按照广告插入时间和位置不同，该类广告可分为视频播放前贴片广告、暂停贴片广告和播放后贴片广告三种形式。这种广告是视频网站在诞生初期仿效电视媒体而推出的广告形式，也是视频网站所运营的最重要的广告形式。在运营初期，视频网站担心破坏用户体验，要求视频广告采取随机插入的方式，广告时长一般不超过 15 秒；但随着视频网站用户规模的增长、广告主对该类广告价值认可度和投放量的提升，视频网站开始逐步增加贴片广告的时长，甚至强制非会员用户必须观看完才能看视频。① 现今，视频网站一般会根据视频的时长来设置贴片广告的长度，如对于两分钟的视频节目，广告时长不超过 20 秒；超过 10 分钟的视频，广告时长则为 45 秒至 120 秒不等（见图 11－17）。

图 11－17　腾讯视频的贴片广告产品“以一递三”

近年来，为了迎合广告主精准投放的需求以及优化用户观看视频的体验，一些视频网站对视频贴片广告进行了进一步的创新：一方面，依托大数据技术，视频网站可按地理位置、人群特征、用户行为等指标进行精准投放；另一方面，在普通视频广告的基础上添加即时、有效的互动元素（如动画、交互按钮、表单等），从而增加用户对视频贴片广告的操作功能、提升用户的参与感（见表 11－2）。

表 11－2　各视频平台近年推出的视频贴片广告产品

网站名称	视频贴片广告产品	简介
爱奇艺	众里寻 TA	根据用户性别、年龄进行定向的精准贴片广告投放，其数据来源于 2.5 亿共同使用百度、爱奇艺的用户，包括其社交、搜索、观影、团购、App 使用、浏览等信息。
	一搜百映	将百度的海量搜索数据与爱奇艺的视频观影行为有效关联，通过对搜索用户的行为分析提前预知消费者购买偏好和意向，根据搜索关键词定向投放关联广告。

① 秋叶，刘勇. 新媒体营销概论［M］. 北京：人民邮电出版社，2017：55.

续表

网站名称	视频贴片广告产品	简介
优酷	满天星	融合多方数据，从兴趣关注、消费属性、生活态度等维度洞察用户行为特征，除基础人口属性标签外，还按行业偏好聚类，帮助广告主定向并挖掘潜在目标受众，实现精准投放。
	享看广告	广告播出5秒后，用户可依兴趣自行选择跳过或继续观看，将选择权交给用户。结合精准人群定向及智能投放行为优化，避免曝光浪费，同时进一步催化用户对品牌的兴趣，开创国内视频贴片广告可跳过的先河。
腾讯视频	以一递三	一个贴片广告可同时展现3支3分钟以内的短视频，用户选择后点击就能触发播放，打破传统贴片的时间限制。
	MaxView 沉浸式贴片	通过3秒与原生传播环境更融合的全屏贴片吸引用户注意力，在短时间内调动用户接收信息的积极性。贴片内容帮助品牌铺开声量、展示形象，同时可直达品牌官网与电商平台，注重用户体验的同时亦实现品效协同。
芒果 TV	趣味贴片	支持贴片广告以点击、滑动、摇一摇、语音、原生落地页等更丰富的形式与用户互动。
	剧情选择贴片	在视频的某一时间点，用户需通过选择来触发感兴趣的剧情，激发用户互动意愿的同时，打造有故事的品牌形象。
搜狐视频	先声夺人	用户可借助语音与广告产生互动。在贴片广告播放时，若用户按照提示，按住广告中的语音按钮并喊出指定广告语且通过语音识别后，该广告就可以被跳过。
	慧眼识 TA	基于大数据对人群的精准画像，搜狐可以找到并针对目标人群反复沟通。广告主可选择按 UV 追投，对目标人群进行2+、3+甚至n+的反复投放和深度曝光。如果广告主有多款系列广告片，也可以按广告片系列次序对同一用户进行故事线投放，这样可以保证同一位用户有序了解到整个品牌故事，从而提升品牌好感度。

资料来源：整理自各视频平台官方网站。

2. 植入广告

植入广告是指广告主通过提供免费的产品或服务、直接付费等方式，有意识地使商品或服务及其品牌名称、商标、标识等信息隐匿在媒介内容中，以期影响消费者的一种广告形式。① 不同于赞助广告或冠名广告，该类广告最大的特征在于广告信息隐蔽、与视频内容（如视频背景、台词或人物对白、故事情节等）关联相对紧密，因而可以达到既不招致用户反感和抵触，又不知不觉影响用户的认知、态度与行为的潜移默化的广告宣传效果。

随着新技术的发展和广告主营销理念的变迁，视频网站也持续优化植入广告，这表现在：

其一，后期智能广告植入，基于视频内嵌广告技术和AI技术，视频网站推出了相应的后期广告植入产品（如爱奇艺的“AI创可贴”、芒果TV的“三维实体植入”、腾讯视频的“如影随形”），对视频成片自动搜索出适合植入的视频内容点位，并将广告主的特

① 中国人民大学舆论研究所《植入式广告研究》课题组．植入式广告：研究框架、规制构建与效果评测［J］．国际新闻界，2011（4）：6-23.

定信息（如商品海报、产品实体、动态视频等）快速植入相应的画面或位置上，从而突破了传统植入广告只能在视频前期拍摄、制作过程中植入的周期，实现了后期内容制作乃至播出等环节的动态广告植入，延长了植入广告的售卖周期。以中华恐龙园与腾讯视频“如影随形”的合作为例，在 AI 技术的加持下，“如影随形”能够通过对视频中场景、台词、人、物、行为的智能分析，实现 7 000 多个动态场景分类，而后通过定向识别筛选出相应场景将品牌植入其中。中华恐龙园通过“如影随形”选取了多部剧集，将广告植入与“出游”剧情自然融合。当热播剧《亲爱的热爱的》的剧情提到“游乐园”时，中华恐龙园结合该场景伴随式跳出实体广告（见图 11－18）。

图 11－18　中华恐龙园在腾讯视频投放的“如影随形”广告

案例链接

xAd 系统实现后期动态广告植入

xAd 是一套可以让视频作者和已授权的视频网站动态地给视频插入植入性广告的解决方案，它利于增加单个视频的广告容量，让视频作者在其作品中添加可供出售的广告空间并从中受益。

通过 xAd 技术，视频作者只需选择要插入广告的场景和位置，经过 xAd 的分析和处理，便能为视频添加一个个可重复利用的广告空间。而广告主只需在系统内完成上传广告素材、选取植入场景、确定媒介播出计划等简单操作，便可实现在不同地区、不同用户播放同一视频的时候，植入 3D 模型、图片或悬浮的 3D 文字等多种形式的广告。同时，xAd 系统还能为植入内容提供媒体指导与植入效果指导，以帮助广告主实现精确、实时、量化的广告投放。

资料来源：李晓红，辉颖．视频网站盈利模式与运作创新 [J]. 重庆社会科学，2012（10）：48－55；环球网科技. AdTime：“大视频”中的原生广告 [EB/OL].（2014－05－06）[2018－03－12]. http：//www. techweb. com. cn/news/2014-05-06/2033357. shtml.

其二，以“创意中插”的形式深入植入广告。该类广告由影视剧剧组而非广告公司拍摄制作，具体表现形式为在影视剧播放过程中，插入由剧中“角色”拍摄、与剧情有一定关联的广告创意内容，如网剧中的“脑洞时刻”“小剧场”等。例如，在优酷上线的网剧《大军师司马懿之军师联盟》中，每一集剧集中会插播一个名为“轻松一刻”的由剧中人物出演的小剧场广告，时长 30～45 秒，如司马昭和司马师以可口可乐“密语瓶”为武器，“弹幕大战”三百回合；曹真为了鼓舞士气，请来“厨房好帮手”华帝魔镜烟机助阵，以美食唤起士兵们的斗志，取得了战争胜利。

其三，借助“视链”技术，将植入广告与购物、视频网站及电子商务网站相打通。该类广告产品以爱奇艺的“AI 雷达”、芒果 TV 的“AI 探索”（见图 11－19）为代表，其原理是依托 AI 技术，自动识别视频内所出现的产品、明星等内容触发点，并以浮屏、视点、电商页面等形式在视频播放页面上发出提示（如产品的购买页面、明星的代言品牌或同款商品等），用户点击之后便会进入相应的购买界面，从而达到缩短用户消费决策流程、提升广告转化率等目的。

图 11－19　芒果 TV“AI 探索”广告示例

3. 定制内容

定制内容是视频网站结合广告主的特点为其打造的剧集、栏目、微电影、纪录片等视频内容，往往能将品牌的精神、定位、广告语、广告创意等信息融入视频的内容之中。

其运作方式有二：一是广告主委托制作，即广告主向网站提出约片、植入、冠名等广告需求，由网站的销售部门与内容部门进行联系，共同制定剧本、演员、广告等方案，然后再找导演及专门的制作机构制作相应内容；二是平台自发制作，由视频网站的自制部门自行提出拍摄方案、负责整个视频内容的监制流程，而销售部门会在该过程中负责广告招商、销售。

相较于贴片广告、植入广告等广告形式，定制内容具有下述优势。其一，投入较低。广告主不必按照传统的广告代理模式向媒体付费，只需承担广告信息的制作成本及一定的前期推广费用即可，这无疑大大降低了广告主的营销投入。其二，裂变式传播。此类广告不同于传统广告“一对多”的辐射状传播，而是借助社会网络的传播机制，让用户将营销信息分享、传递给与他们有关系的个体。其中，每一个传播者都是这个传播网络的一个节点，每一次传播都是一次“裂变”，都有可能覆盖该节点的整个社会关系，由此实现了信息在短时间内的几何级增长。其三，用户接受度高。量身定制的内容，不仅可使得视频内容与品牌信息高度结合，避免了硬性广告对用户的干扰，而且相对较长的视频时长又可充分阐释品牌的理念、内涵，从而促进品牌与视频用户深度沟通和对话，激发用户的情感共鸣。

如 2019 年 9 月，一站式出行平台滴滴联合喜剧内容公司笑果文化在腾讯视频推出了一期定制综艺节目《七嘴八舌吐滴滴》，脱口秀演员庞博、王建国、思文等作为用户代表吐槽滴滴的导航、价格、乘车安全、叫车成功率、系统派单等问题。滴滴公司总裁携三位产品经理轮番上阵回应吐槽，并提出针对用户痛点的解决方案。通过“自揭伤疤”的做法，用幽默的自黑式营销释放大众对滴滴公司的负面情绪，也让滴滴用综艺节目的方式面向用户完成了一场“成绩汇报”。

4. 赞助/冠名广告

赞助广告指广告主通过提供资金、物品等方式资助某类网络视频节目或栏目，视频网站在视频内容中以视频片头标版（节目开始时出现字幕并配音）、主持人口播、滚屏字幕鸣谢、视频内容嵌入广告元素（如产品陈设、演播室展现企业 logo）等方式对广告主品牌或产品加以宣传的一种广告形式。当广告主资助金额相对较大时，视频网站还会以品牌或产品名称作为相关视频、栏目的名称前缀加以宣传，这便是冠名广告。相较于视频贴片广告、页面广告等硬性广告，赞助广告和冠名广告很难被用户跳过或屏蔽，有些主持人口播广告、产品陈设广告还凭借着与视频内容的巧妙结合而更容易为用户所接受，因而具有较好的渗透效果。

以爱奇艺推出的自制综艺节目《奇葩说》为例，在 2014 年推出第一季时美特斯邦威用 5 000 万元获得了冠名权；而到了 2017 年的第四季，该节目则获得了小米手机、纯甄酸牛奶、海飞丝、闲鱼 App、美年达果味汽水等五个广告主共计 4 亿元的赞助费，小米更是斥资 1.4 亿元拿下了独家冠名权[①]。

5. 角标广告

角标广告原是指在视频内容播放过程中，悬挂在屏幕右下角的广告标识。该类广告

---

① 近 4 亿招商额蝉联网综第一，《奇葩说》第四季即将开播，小米独家冠名 [N/OL]. (2017-03-25) [2018-04-15]. http://news.pedaily.cn/201703/20170325410611.shtml.

虽然占据屏幕的面积较小，但却能伴随视频播放的全过程，具有播放时间长、到达率高、不可规避且广告费用相对较低等优势。

在近年的发展过程中，为了进一步提升用户的兴趣、增强用户的参与，视频网站还对角标广告的展现形态和出现方式加以创新，推出了“弹幕广告”“压屏条”等新的广告产品。“弹幕广告”是在视频屏幕上方以弹幕形式出现的广告信息，用户在 PC 端将鼠标放置至广告信息上方时，广告会即刻放大，点击后可跳转至其他活动页（见图 11－20）。“压屏条”是在视频播放过程中，在屏幕上出现与特定视频内容（如台词）密切相关的品牌 logo、广告文案等信息（见图 11－21）。典型的如爱奇艺推出的“创可贴”产品，即是基于智能技术，在分析、抓取视频内出现的明星、剧情（如人物的行为、动作、情感）、台词（人物对白、语音）等数据的基础上，自动植入广告主的创意文案，从而形成广告信息与视频内容的互动。

图 11－20　1 号店投放的弹幕广告

图 11－21　压屏条广告示例

（二）视频网站广告的特点

视频网站广告的主要特点是广告与内容结合较为紧密，互动性强，以及有助于实现多屏联动式营销。

与那些独立于内容而存在的新媒体“硬广告”相比，视频网站广告能在将广告信息与视频内容高度关联的基础上，凭借多样化的广告形态（如压屏条、创意中插、定制内容营销等），在不打扰用户观看内容、保证用户体验的前提下，充分传达品牌理念和产品特点。

在互动视频的基础上，视频网站广告也衍生出新兴的互动广告营销。爱奇艺于2019年发布《互动视频广告白皮书》，率先规范并提供互动视频广告创作指南，并在其平台自制的综艺节目《中国新说唱》（2019年第8期）中利用互动视频平台（IVP）制作出行业首支互动视频广告（见图11－22）。广告中互动选项的设置有助于激发用户的好奇心理，从而驱动其主动选择观看广告，并通过尝试不同选择来解锁分支剧情，延长广告曝光时长。此外，AR/VR等人工智能技术在视频营销领域的运用，也赋予了用户视听之外的“云”社交与游戏化探索体验。

图11－22　爱奇艺首支互动视频广告

伴随移动互联网和智能电视的发展，网络视频用户开始从PC端逐渐向移动端、智能电视端迁移，这使得各个视频网站亦相应地加速了对这些终端的布局，如推出自身的移动App及智能电视内置应用等软件，以期覆盖用户的视频消费场景、全面提升用户流量。基于这种布局，视频网站广告得以在PC电脑、手机、电视等终端间实现多屏联动。例如，爱奇艺率先打通了PC端和移动终端的广告后台，直接促使其移动视频广告投放增长速度创业界之最。① 在三网融合及5G商用的背景下，以PC、手机为代表的生活常用小屏，和以IPTV、OTT TV为代表的家庭观看大屏的组合将成为趋势②，多屏联动的强曝光、全链路式广告资源位的开发成为视频平台的主流营销布局。如爱奇艺的整合营销平台奇麟2.0、优酷的家庭全域星产品均可实现跨屏广告投放，覆盖更多视频观看场景。

三、视频网站广告的运作

广告主在运作视频网站广告时，可结合视频网站广告的特性，依循广告投放的步骤，对广告投放环节、内容设计环节、互动与反馈环节和效果评估环节分别加以优化。

---

① 7年7个关键词：视频网站带来的营销变革路径解析［EB/OL］.（2017－04－24）［2018－04－15］. http：//www. sohu. com/a/136057573_657211.

② 艾瑞咨询．2020年中国视频内容全产业链发展研究报告［R/OL］（2021－01－13）［2022－01－25］. http：//www. nrta. gov. cn/module/download/downfile. jsp？classid＝0&filename＝f78f396915044e89938f7a3e5d3e19c5. pdf. https：//baijiahao. baidu. com/s？id＝1688665317765847015&wfr＝spider&for＝pc.

（一）运用新技术增强广告投放的精准度

经过多年的运营，视频网站已经积累了大量的用户数据，加上近年来在资本的推动下视频行业的投资、并购等行为不断增多，视频网站与其他网站和数据源的合作日渐深入，这使得视频网站在自身之外获得了海量的、多维度的用户数据（如优酷可从阿里处获取电商数据、爱奇艺可获取百度的搜索数据），从而为视频网站广告的精准投放提供了良好的数据支持。另外，得益于近几年大数据技术、人工智能技术的发展，视频网站为用户进行精准画像、自动识别视频内容等成为可能，这又增强了视频网站广告投放的精准度。

在此种背景下，爱奇艺、优酷等代表性视频网站均推出了涵盖用户属性、地理位置、用户行为、视频内容等多个维度的精准营销产品（见表11－3）。相应地，广告主在运作视频网站广告时，也应积极借助这些精准营销产品，根据多个维度指标提升视频网站广告投放的精准度，优化投入产出。

表11－3　代表性视频平台推出的精准营销产品

精准化维度	标签分类	产品名称
用户属性	年龄/性别/学历/收入/职业/职位	众里寻TA（爱奇艺）、满天星（优酷）
LBS	根据移动端的实时地理位置信息投放	IGRP（芒果TV）
用户行为	剧目追投/演员/购物/搜索/浏览	一搜百映（爱奇艺）、明星追投（芒果TV）
视频内容	热剧资源/美剧/自制剧/特定剧目	AI雷达（爱奇艺）、AI探索（芒果TV）

资料来源：整理自各视频平台官方网站。

（二）将广告与视频内容深度融合

为了将广告与视频内容深度融合，广告主一是要选好与自身行业特质、营销目标等最契合的视频内容，二是要最大限度地将广告信息与所投放内容产生关联。

对于前者，目前的状况是，汽车、电器、网游、金融等行业的广告主，多偏好感性诉求较强的广告，对短小精悍、情节丰富、适合品牌讲故事的微电影投放较多；以日化类品牌为代表的快消品可选择网络定制剧，根据剧情发展进行植入；时尚类、美食类等具有题材性的品牌则可选择网络视频栏目（如网络综艺、网络剧集等），通过多种形式的广告投放展现品牌丰富的内涵。此外，不同时长的网络视频也可以满足广告主差异化的需求。如短视频因其时长较短、内容节奏较快，更适合周年庆、促销、活动、新品上市等短期、即时见效的广告宣传；而长视频则更注重品牌内涵的诉求、品牌历史文化的呈现、品牌精神的贯穿等。①

对于后者，可有两种实现方式：一种是将用户喜爱的或高度关注的社会热点和社会话题、所追求的情感（如亲情、友情、爱情）和价值观念（如公平、正义）等转化成品牌广告内容，从而激发用户的主动关注和分享。以2020年在腾讯视频热播的女性群像剧《三十而已》为例，基于对剧集内容、社交媒体话题讨论度等维度的洞察，腾讯视频将“30岁，加油”作为营销主线，并延展出女性群体勇敢无畏、打破桎梏、无限可能、坚

① 邵华冬，陈怡．广告主数字媒体营销传播［M］．北京：中国传媒大学出版社，2016：205－209.

强独立等价值观，携手韩束、唯品会、开心鼠英语等品牌打造情感、产品相融合的主题营销（见图 11－23），从传统“剧情向”营销迭代为“态度向”品牌价值观输出，让用户与品牌不单纯是“售与购”的关系①，而是产生富有共鸣的情感交流，逐渐在用户心中建立品牌伴随与情感联想，探索了价值观式主题营销的新可能。另一种是基于技术对视频内容加以分析，在后期投放与场景、人物、剧情等相互关联的广告内容，继而增加与用户的互动和销售引导，典型的如广汽丰田在热播美剧《神盾局特工》中的暂停广告位上，设置了与剧情相关的问答题目。

图 11－23　腾讯视频热播剧《三十而已》主题营销

（三）激发用户与广告的互动意愿

广告主可尝试通过积极引入 H5、摇一摇、AR/VR 等新兴技术优化广告创意表现，激发用户与广告的互动意愿，增强用户的参与感和接受度。

这方面的例子如伊利与秒拍合作打造的专属 AR 广告。为了宣传旗下乳酸菌饮料产品伊利畅意 100%，将该款产品帮助消化的产品功能和视频内容有机融合，伊利在秒拍上发起了一个吃货节悬赏活动，鼓励用户上传和分享美食品尝、美食制作、大胃王比拼等相关内容的视频，还为此提供了诸多特效。当用户选择伊利畅意 100%特效，并在录制视频时张开嘴巴，就能看到一瓶虚拟的伊利畅意 100%送到口中，不仅配有“咕咚咕咚”饮用的动态特效，而且在喝的过程中用户

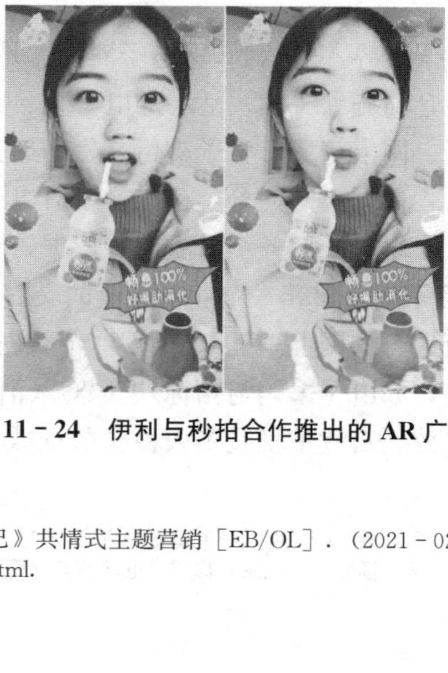

图 11－24　伊利与秒拍合作推出的 AR 广告

① 广告门.《三十而已》×多品牌：“热搜收割机”《三十而已》共情式主题营销［EB/OL］.（2021－02－06）［2022－01－25］. https：//www. adquan. com/post－2－301693. html.

脸上还会出现金光闪闪的小星星，屏幕上也会同时显现该款产品的广告语“畅意 100%，好喝助消化”（见图 11 - 24）。

（四）升级广告效果评估体系

在视频网站广告发展早期，囿于技术发展、行业内缺乏统一的广告评测标准等局限，且为了方便广告主对该类广告价值的理解以及对广告效果的评估，视频网站将其广告效果评估体系与电视媒体的贴片广告评测体系统一起来，并参照电视广告设置了按千人成本计费（CPM）、按广告的展示时段计费（CPT）等广告计费方式。但随着广告主精准投放、优化广告投入产出、多屏联动等广告投放理念的强化，与电视广告一样的、单纯追求广告曝光量和曝光时间的广告评估体系已渐渐无法满足广告主的需求，这亦推动着视频网站广告评估体系的不断升级。例如，在传统的曝光量指标之外，视频网站和广告主在评估视频网站广告效果时还加入了互动率、点击率、转化率等更为讲求广告精准度和广告实效的指标；又如，业界一直持续关注如何建立不同类型的视频媒体之间、不同形式的视频广告之间可比较、可对接的广告评估标准，继而优化多个渠道上的广告费用配置。

第三节　电子商务网站广告

21 世纪以来，电子商务（简称“电商”）在我国得到了飞速的发展。为了拓宽盈利渠道以增加收入，各电子商务网站在积累了规模化的商户和用户流量之后，也开始创新其所经营的广告形式、广告计价方式与服务模式，使得电子商务网站广告收入份额不断增加，成长为我国网络广告市场的重要组成。

一、 电子商务网站概述

（一）电子商务的定义与类型

业界一般认为，“电子商务”是指利用计算机技术、网络技术和远程通信技术，实现整个商务（买卖）活动的电子化、数字化和网络化[①]，这包括网络广告、网上市场调查分析、网上订货、电子支付、货物递交、售前和售后服务等环节[②]。

根据不同的分类标准，可对电子商务做出多样的划分。

以电子商务交易主体为依据，电子商务分为 B2C（企业对消费者的交易，如当当网、亚马逊）、B2B（企业对企业的交易，如阿里巴巴）、B2G（企业对政府机构的交易，如政府进行的网上采购）、C2C（个人对个人的交易，如闲鱼）、G2B（政府机构对企业的交易，如电子采购与招标）、C2G（消费者对政府机构的交易，如政府在网上进行的福利费发放、自我估税及个人税款的征收等）。其中，B2C、B2B、C2C 是最常见的三类电子商

---

① 蔡小哩．电子商务基础与应用［M］．杭州：浙江大学出版社．2017：10.
② 杨顺勇，苑荣，徐睿．电子商务（第三版）［M］．上海：复旦大学出版社，2014：5.

务交易模式。

按照电子商务交易过程的差异，电子商务可分为完全电子商务和不完全电子商务两种。前者指代可以完全通过电子商务方式实现和完成整个交易过程的交易，如电子数字信息等无形商品的买卖；后者则指无法依靠电子商务方式实现和完成整个交易过程的交易，如需靠运输系统等来帮助完成交易[①]。

若以电子商务所交易的商品与服务的种类进行区隔，电子商务又有综合零售类电子商务（商品种类包罗万象，如淘宝/天猫、京东、唯品会）、垂直类电子商务（专注提供母婴、医疗、家装、酒类等某一类商品及服务，如贝贝网）、跨境电子商务、生活服务类电子商务（如美团、饿了么）之分。

（二）我国电子商务网站的发展特点

我国的电子商务网站出现于20世纪90年代末期。1997年，全国信息化工作会议召开，各省市地区相继成立信息化领导小组及其办公室，开始制定本省包含电子商务在内的信息化建设规划；1998年，国家经贸委与信息产业部（现工业与信息化部）联合宣布启动以电子贸易为主要内容的“金贸工程”，这为我国电子商务的发展制定了战略决策；1999年，8848网、易趣网、阿里巴巴、当当网等一批电子商务网站上线，使得我国电子商务真正进入了实质化商业阶段。[②]

进入2000年以后，得益于信息技术和经济的快速发展、消费者消费习惯的变化，以及国家政策的扶持、资本的注入，电子商务网站在用户规模和交易规模等方面实现了大的跨越。2020年新冠肺炎疫情爆发后，电商服务企业很好地发挥了其“非接触”的优势，运用5G、云计算和新一代视频技术为用户提供云逛街、云购物、云展览、云直播、云体验、云办公以及智能物流等在线数字服务，为无人超市、无人仓、无人配送、在线医疗、在线教育和社区团购等领域提供技术支撑，催生了更多在线化服务的新模式新业态，助力了中国数字经济快速复苏与社会数字化转型的步伐。[③] 仅以电子商务的代表性应用网络购物为例，发展至2021年6月，我国网络购物用户规模为8.12亿，较2020年12月增长2 965万（3.8%），占网民总体比例的八成（80.3%）。[④] 2021年网络零售全年交易额达到130 884亿元，比上年增长14.1%。其中实物商品网上零售额108 042亿元，增长12%，占社会消费品零售总额的比重为24.5%。[⑤]

总的来说，我国电子商务网站的发展呈现下述几个特征。

1. 竞争格局基本成型，市场主体日趋多元

在长期的发展过程中，我国电子商务市场虽然已经形成了综合电商平台占据绝对优

---

① 侯晓娜．电子商务概论［M］．北京：北京理工大学出版社，2016：16-17.

② 电子商务研究中心．盘点：中国电子商务发展的五个阶段［EB/OL］．（2016-07-04）［2018-03-26］．http：//b2b. toocle. com/detail—6341630. html.

③ 中华人民共和国商务部．中国电子商务报告2020［R/OL］．（2021-09-15）［2022-01-25］．http：//images. mofcom. gov. cn/dzsws/202110/20211022182630164. pdf.

④ 中国互联网络信息中心．第48次中国互联网络发展状况统计报告［R/OL］．（2021-09-15）［2022-02-14］．http：//www. cnnic. net. cn/hlwfzyj/hlwxzbg/hlwtjbg/202109/P020210915523670981527. pdf.

⑤ 国家统计局．2021年社会消费品零售总额增长12.5%［EB/OL］．（2022-1-17）［2022-01-25］．http：//www. stats. gov. cn/tjsj/zxfb/202201/t20220117＿1826591. html.

势的“马太效应”，但伴随电子商务应用的多元化，新型电子商务平台、垂直领域电子商务网站等多种类型的电子商务网站快速成长，为电子商务市场注入了新鲜的血液。

“十三五”期间我国电商服务业快速发展，营业收入从 2016 年的 2.45 万亿增长至 5.45 万亿，年平均增长 22.1%，截至 2020 年底，电子商务服务企业达 9.1 万家。[①]就竞争格局而言，电商平台行业集中度明显，总体呈“金字塔”式分布，以淘宝、京东为代表的传统综合型电商凭借资金、规模、技术、数据以及运营能力占据显著优势。据 eMarketer 发布的 2018 年中国电商零售市场份额报告，阿里巴巴以 58.2%占据首位，京东占 17.3%，两家电商合计占据了四分之三的市场份额。[②] 为求在持续增长的市场中分一杯羹，竞争者开始以垂直类商品、用户精细化运营、借势独有属性为策，形成品类垂直型电商（如每日优鲜、网易考拉），会员型、社区型等的私域电商（如云集、花生日记），以及内容型、拼团型等独特属性电商（如拼多多、小红书）来获取差异化竞争优势。不同电商间也在逐渐融合借鉴着其他电商的属性和优势，进一步加强了电商营销的丰富多变性。[③]自 2016 年之后，随着短视频及直播流量的持续攀升，互联网用户逐渐养成在观看短视频及直播时购物的消费习惯。2019 年后微信小程序商业生态也日趋完善，逐步形成综合型电商、垂直类电商、短视频及直播电商、微信小程序电商多元竞争的新格局。

2. 资本推动下电商企业加速整合

与电商市场日渐成熟、竞争愈发激烈相伴的是，资本方对电商领域的风险投资趋于谨慎，希望通过系列合并、重组等方式来获取收益。这使得 2015 年成为我国电商市场的“并购之年”[④]；之后在资本的推动下，电子商务企业间的收购合并和战略合作频频发生。如 2015 年就有滴滴与快的、58 同城和赶集网、艺龙和携程、美团和大众点评、携程和去哪儿等一批电子商务企业的合并；2016 年有蘑菇街和美丽说合并、京东旗下本地生活 O2O 平台到家与达达合并、国美在线与大润发飞牛网达成战略合作、滴滴和优步中国合并以及阿里与苏宁共同出资建立猫宁电商等重大事件[⑤]；2017 年苏宁物流与天天快递合并；2019 年阿里巴巴收购网易考拉，更名为考拉海购；2020 年京东全资收购五星电器；2021 年阿里巴巴领投乐言科技，进一步研发 AI 智能软件服务，为各大电商平台提供智能化营销助力。

对各电子商务企业而言，系列的并购与合作行为带来的变化是：一方面，通过合并同类竞争对手，停止“烧钱”、价格战等竞争行为带来的资金损耗，提升自身的市场份额和用户数量，巩固市场地位，可以应对更加强势的竞争对手；另一方面，电商企业也可以借此实现多元化经营和规模化运营，从而进入规模化发展的新阶段。而整合后的企业

---

① 中华人民共和国商务部．中国电子商务报告 2020［R/OL］．(2021－09－15)［2022－01－25］. http：//images. mofcom. gov. cn/dzsws/202110/20211022182630164. pdf.

② 东兴证券．电商 721 格局形成，细分赛道创新不断：电子商务行业深度报告［R/OL］．(2019－01－30)［2022－01－25］. https：//pdf. dfcfw. com/pdf/H3 _ AP201902011291232454 _ 1. pdf? 1549031211000. pdf.

③ 艾瑞咨询．2020 年中国电商营销市场研究报告［R/OL］．(2020－04－24)［2022－01－25］. https：//baijiahao. baidu. com/s? id＝1664816234284437634&wfr＝spider&for＝pc.

④ 经济参考报．资本引领电商并购潮［N/OL］. (2015－12－25)［2018－03－27］. http：//finance. sina. com. cn/roll/2015-12-25/doc-ifxmykrf2280590. shtml.

⑤ 中华人民共和国商务部．中国电子商务报告 2016［R/OL］. (2017－06－14)［2018－03－27］. http：//images. mofcom. gov. cn/dzsws/201706/20170621110205702. pdf.

由于具有较为明显的竞争优势和资本优势，成了市场上新的强势领导者（如出行领域的滴滴），继而进一步加剧了行业竞争格局中的“马太效应”。

3. 生态型电商平台成为发展新趋势

在移动互联网快速普及的背景下，用户的信息消费与购物场景发生了重大变化，他们对电商覆盖的服务领域、使用体验有了更高的要求，这使得仅仅依托线上网站售卖、以构建物流体系和价格低廉为特征的传统电商模式逐步受到挑战，继而推动着行业内的前沿企业逐步转型。此时，由马云提出的“生态系统”概念，引起了业界的关注——2013 年，马云在接受采访时提出阿里巴巴“不能做‘帝国’，我们要做的是‘生态系统’。任何一个‘帝国’都有倒台的时候，但‘生态系统’基本上是可以生生不息的……”①。

所谓的“生态系统”，指的是电商平台在经营中与用户、市场企业、供应商等利益相关者形成的经济联合体，电商平台通过在生态系统中激发各参与主体的活力、为消费者提供更好的产品和服务，来达到获取利益的目的。相应地，“生态型电商”，即是指依托于既有的生态系统，打通入口、产品、服务、线上线下渠道，并通过对生态体系内的资源重组，实现跨行业经营的电商平台。②

为了达到这一目的，我国电商网站着重从下述方面加以革新：

一是开展跨终端的融合。近年来，为了吸引更多的用户流量，电商网站结合用户媒体使用习惯、消费行为的变迁，打通各类用户的信息获取与消费渠道，在传统的线上 PC 网站外，还积极向移动端、线下渠道拓展。前者如淘宝推出 App，并向 UC 浏览器（智能手机浏览器）、优酷、微博等 App 开放营销工具的接口；后者如天猫于 2015 年发布天猫北京战略，借助 O2O 开启本地生活服务。

二是嵌套更多的社交元素。电商网站一方面通过与微博、微信、抖音、快手等社交媒体达成合作、开放信息分享或应用入口，从而为自身平台引入更多流量；另一方面也在自己的页面和交易过程中融入关注、分享、问答、评论等社交元素，以促进用户、供应商之间更好地进行沟通，从而提升平台的使用体验。这种以人际关系为纽带，借助社交媒体传播途径，运用用户裂变、粉丝种草、社交互动、用户生成内容等手段来辅助商品购买，同时将关注、分享等社交化元素应用于交易过程中的新业态模式被称为社交电商，囊括拼购类（如拼多多、苏宁拼购）、会员分销类（爱库存、花生日记）、社区类（小红书、得物）、导购类（什么值得买、返利网）、工具类（有赞、微盟）、内容类（抖音、快手）等领域。商务部的统计数据显示，2020 年社交电商销售额预计达 3.7 万亿元，市场规模占网络零售额比重已接近 30%。③ 例如拼多多，其将沟通分享和社交的理念融入电商运营中，通过提供更低的价格与更优质的商品，鼓励用户通过微信朋友圈等社交媒体发动亲友一起参与拼团活动。凭借此种方式，创立于 2015 年的拼多多，在不到

---

① 刘怡．马云谈阿里帝国：帝国是要倒台的 生态系统可以不亡［N/OL］．（2013－07－14）［2018－03－27］．http：//finance. ifeng. com/a/20130714/10161549 _ 0. shtml.

② 艾瑞咨询．中国生态型电商研究报告［R/OL］．（2016－11－2）［2018－03－27］．http：//www. 199it. com/archives/531400. html.

③ 中华人民共和国商务部．中国电子商务报告 2020［R/OL］．（2021－09－15）［2022－01－25］．http：//images. mofcom. gov. cn/dzsws/202110/20211022182630164. pdf.

三年的时间里，月流水就达到了400亿。[①]

三是搭建多元消费场景。与场景营销理念的兴起相伴，电商网站也开始强调“场景”的意义，通过搭建用户的购物场景和提升其购物体验来帮助用户更好地做出消费决策。这主要包括两方面的实践。其一，通过对用户行为数据的分析，洞察用户所处的场景特征及其需求，为其推送与之相匹配的产品或服务，如阿里于2016年底整合天猫电器城与天猫美家业务组成“电器家装事业组”，基于阿里所积累的用户数据及云计算技术，将“家”的场景、“人”（用户）的需求以及“货”（产品）的特征相融合，以求做到“千人千面”，向用户提供个性化体验[②]。又如2021年内容化电商平台抖音在其年度报告中首次提出“兴趣电商”的平台定位，也是希望通过推荐技术把商品内容与潜在海量兴趣用户连接起来，用内容激活用户的消费需求。[③] 其二，积极引入VR、AR等人工智能技术和直播、短视频等新型传播形式，搭建全新的线上消费“场景”，如唯品会借助VR技术打造的虚拟试衣间，天猫和淘宝增设了直播、短视频等内容形式，手机淘宝于2017年底推出“试妆魔镜”“夜操场”系列视频等新功能和新内容。

四是拓展产业链，实现多元化发展。这主要指以阿里巴巴、京东、亚马逊为代表的电子商务企业，通过投资、并购等行为，对其产业链进行横向、纵向的拓展，从而实现多元化发展。从产业链横向来看，电商平台逐步自建或联合外部投放平台，提高自身资源位的运转效率；还会选择投资或与营销服务商合作，提升平台商户和品牌主的服务体验。从产业链纵向来看，电商平台和内容平台的融合既深且广，电商平台的高用户交易活跃度和投放量有效拉动了合作平台上的广告位使用效率，而合作的内容平台也为电商提供站外流量触达点，为电商全域营销的实现带来更多可能。[④] 如阿里巴巴在做大做强电子商务、阿里云等核心业务的基础上，通过增加对金融、音乐、娱乐等外围业务的投资，打造电商平台、阿里云平台、金融平台、物流平台、数字娱乐、本地生活等多平台为一体的平台生态体系，继而达到增加用户的流量入口、拓展营销渠道、带动核心业务发展等目的；又如亚马逊以图书业务为切入口，同时对音乐、游戏、视频、媒体、影视和娱乐等内容持续渗透，扩展对在线内容领域的布局。[⑤]

二、 电子商务网站广告的类型和特点

（一）电子商务网站广告的类型

电子商务网站广告指的就是电子商务网站所运营的广告形式。与搜索引擎广告类似，

---

① 朱昂．社交电商拼多多为什么能爆红［EB/OL］．（2018－03－20）［2018－03－28］．http：//www.linkshop.com.cn/web/archives/2018/398911.shtml?sf=wd_search.

② 天猫升级：场景、品类、品牌以及内容电商［EB/OL］．（2017－10－12）［2018－03－28］．http：//www.sohu.com/a/197765694_803771.

③ 抖音电商&巨量算数．抖音电商生态发展报告［R/OL］．（2021－05－07）［2022－01－25］．https：//coffee.pmcaff.com/article/13704150_j.

④ 艾瑞咨询．2020年中国电商营销市场研究报告［R/OL］．（2020－04－24）［2022－01－25］．https：//baijiahao.baidu.com/s? id=1664816234284437634&wfr=spider&for=pc.

⑤ 艾瑞咨询．2016中国电商报告［R/OL］．（2017－01－10）［2018－03－26］．http：//www.sohu.com/a/123892876_479785.

电子商务网站广告也以搜索类广告、展示类广告、广告联盟为主要类型。

因为第六章搜索引擎广告和第十章短视频广告部分对这些广告形式已经进行了详细阐释，本节仅以阿里巴巴集团为例加以简要说明。2007年8月，阿里巴巴集团打造的网络广告交易平台阿里妈妈正式上线，首次引入“广告是商品”的概念，让广告第一次作为商品呈现在交易市场里，使买家和卖家都能清清楚楚地看到。在随后的发展过程中，阿里妈妈为450万商家提供数据和广告服务，为商家输送进店流量超过28万亿，促成了超过47亿笔成交订单。① 发展至今，阿里妈妈可提供直通车等效果营销产品，并结合阿里巴巴的最新发展趋势以及广告主品牌推广的需求，开设了如引力魔方、万相台、Uni Desk等其他类型的品牌广告产品及服务（见表11-4，图11-25）。

表11-4　阿里妈妈的广告类型

类型	产品名称	描述
搜索类广告	淘宝/天猫直通车	卖家设置与推广商品相关的关键词和出价，在买家搜索相应关键词时，于搜索结果页的底部、右侧以及淘宝网热卖页面等位置出现推广商品信息（图片、标题、价格、销量、掌柜热卖标识等），通常以CPC方式计费。
	品销宝	品牌搜索广告包含明星店铺（置顶展示，采用实时竞价、展现扣费获取淘宝优质展位）、品牌专区（包段计费流量全时段覆盖）、超级推送（位于搜索结果页第一资源位），用以展现店铺品牌调性，是搜索页面积最大、位置最靠前、互动形式最多的产品，计费方式以CPC为主。
展示类广告	Uni Desk	基于阿里巴巴的全网大数据，提供从认知、意向、购买、复购到忠诚等环节的数字营销投放及策略（如人群智能画像、媒介多维画像、媒介策略优化）的代理商工作平台。
	引力魔方	基于阿里巴巴大数据和智能推荐算法，融合“猜你喜欢”信息流和焦点图广告，以实现目标人群扩展、行业专属定向、创意库打造等功能，计费方式以CPC为主。
	全域星	利用阿里生态数据能力，赋能品牌在优酷投放广告的最佳落地，产品定向能力与达摩盘打通，实现对目标受众的触达。
	品牌特秀	展示类品牌广告，价格相对稳定，可精准定向并支持丰富的创意展现，满足种草、拉新等营销诉求，以CPM为主要计费模式。
	超级推送	手机淘宝官方消息推送，无须打开App即可主动发送消息触达消费者，使消费者营销更加简单高效。
	超级开屏	覆盖阿里生态开屏矩阵与全网优质场景，结合阿里数据赋能，占领目标用户第一视觉，原生体验多样触达（霸屏联投/全域投放/人群定向）。
	超级通告	阿里生态资源移动端直播间引流投放产品，能够实时引流、在短期内促进直播间人气聚集，以CPC或实时结算为主要计费方式。
互动类广告	超级互动城	在手机淘宝核心互动场景（天猫农场、金币庄园、省钱消消消）通过消费者15秒任务浏览机制的设计，帮助品牌/直播商家提升浏览、观看、互动量，以CPM为主要计费方式。
	超级直播	为淘宝主播和商家提供提升直播观看量、吸引关注互动的直播间推广工具。

① 王佳健．阿里妈妈变了 未来营销离不开这个铁三角［EB/OL］．（2017-08-11）［2018-03-29］．http：//www.100ec.cn/detail--6409954.html.

续表

类型	产品名称	描述
淘宝联盟	商家中心	联合5万多家媒体，服务商家站外全场景营销需求，助力流量与生意持续增长，以CPS为主要计费方式。
	生态伙伴	商业共创，开放共赢的商业合作平台。
一站式智投	万相台	提供一站式数智经营操作系统，从营销场景、投放策略、全域营销、底层数智经营指标体系四个层次的技术创新出发，提供店铺拉新、新品上新产品定制方案。

资料来源：阿里妈妈官方网站［EB/OL］.［2022-01-25］. https://www.alimama.com/index.htm?spm=a2e1u0.13920195.c74afb66f.d3fc32db6display_newmmh.1b484d63SGSCt6#!/products/index.

达摩盘是阿里妈妈基于商业化营销场景打造的人群精细化运营定向中台，涵盖消费行为、兴趣偏好、地理位置等海量数据标签，为商家提供个性化人群圈选、店铺高价值人群识别、人群画像洞察与偏好分析以及投放后的用户链路追踪等服务，以满足商家个性化精准营销需求。

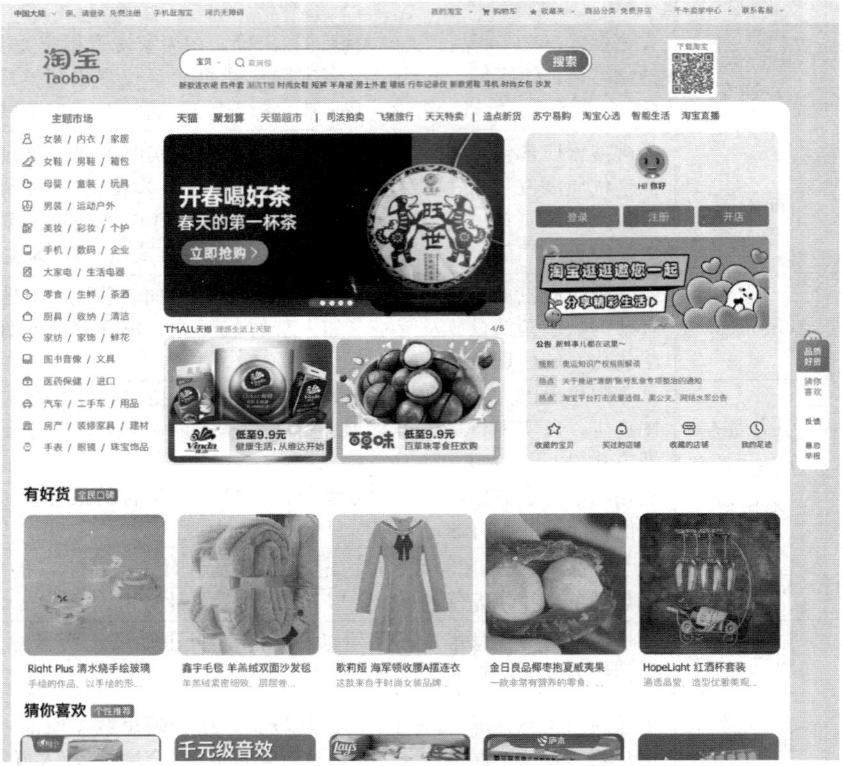

图11-25　淘宝网首页

因适配于电商平台“搜索—点击—购买”链条的天然属性，搜索类广告在电商营销细分构成中占比最高，在2015至2019年间维持着50%～70%的份额，展示类广告以30%左右的占比紧随其后。2018年起，电商平台的信息流广告得到进一步发展，短视频及直播广告成为电商营销的核心布局。不过，搜索广告因ROI（投资回报率）较高受到的影响较小。[①]

① 艾瑞咨询.2020年中国电商营销市场研究报告［R/OL］.（2020-04-24）［2022-01-25］.https://baijiahao.baidu.com/s?id=1664816234284437634&wfr=spider&for=pc.

（二）电子商务网站广告的特点

由于电子商务网站采用了跟搜索引擎相类似的广告形式和计费方式，这使得电子商务网站广告也具有投放精准、到达率和转化率较高，投放门槛低、投入可控，自主投放、操作简单且灵活度高等相关优势。

除此之外，依托电子商务的独特属性，电子商务网站广告又对广告主具有特殊的吸引力：（1）用户浏览传统门户网站和视频网站等网络媒体的目的是搜寻信息或进行娱乐，广告常被用户忽视，而过多的广告又会影响用户的体验；在电子商务平台，用户本身就是带着消费目的而来，广告的应需呈现不仅不会引起用户反感，反而可能刺激其消费欲望；（2）电子商务占据了营销的“最后一公里”，是引导消费者走向购买的最后一个环节，因而投放在该平台上的广告信息对于促进消费者购买有着直接的作用；（3）在电子商务平台上有着更多的用户购买信息，广告主不仅可从中洞察消费者的购物习惯和偏好，更可通过这些数据对消费者进行定位、投放更为精准的广告。

基于上述原因，加之得益于电子商务在我国的快速发展，电子商务网站广告的收入规模、在网络广告市场上所占据的份额逐年攀升：2016 年我国电商网站广告营收达到 877.1 亿元，同比增长 48.1%；在市场份额上，电子商务网站广告占比达到 30.0%，首次超过搜索引擎（占比为 27.2%），成为广告份额最大的媒体形式。[①]

伴随着新一代信息技术与电商平台的融合发展，社交电商、内容电商、兴趣电商等新业态不断涌现，而智能制造与数据赋能又催生出 C2M[②]（customer-to-manufacturer，用户直连制造）等新模式[③]。这使得电商平台的广告收入份额即便是在社交和短视频平台异军突起、持续飙升的情况下仍能连续数年位列第一。

三、电子商务网站广告的运作

与搜索引擎广告搜索关键词、展示广告等投放原理相似，广告主在投放电子商务网站广告时需要基于自身的营销计划、产品特征、目标人群属性等对关键词、关键词价格、广告图片及标题等基本广告运作事项加以综合考量；此外，广告主还需结合电商平台向内容化、社交化、场景化、智能化等方面演进的趋势，着力打造以技术为基础、以数据为抓手、以内容为导向、以场景覆盖和交互行为为关键的沉浸式消费体验，对广告形式和投放方式加以创新。

近年广告主在运作电子商务网站广告时，有以下三方面的特征值得关注。

---

① 艾瑞咨询．2017 年网络广告市场监测报告［R/OL］.（2017－04－27）［2018－03－29］. http：//report. iresearch. cn/wx/report. aspx?id＝2980.

② C2M 即消费者直达工厂，强调的是制造业与消费者去除中间流通加价环节，直接进行有效衔接，其三大特征是去库存、去中间商、以量定产，从消费者需求出发到制造业反向定制新品。

③ 中华人民共和国商务部．中国电子商务报告 2020［R/OL］．（2021－09－15）［2022－01－25］. http：//images. mofcom. gov. cn/dzsws/202110/20211022182630164. pdf.

（一）重视内容与社交，重聚碎片化用户

与电子商务快速发展相应，大量企业的入驻以及海量信息的全天候发布，成为电商网站的环境特征，这大幅提升了用户的商品选择成本，降低了他们的决策效率，继而影响了他们使用电商平台乃至网购的积极性。与此同时，电商用户既会因态度观念、生活方式的不同而呈现出小众化、碎片化特征，也会因心理、价值观、行为方式、消费需求等层面的近似而重新聚合，且依托新媒体平台的社交功能，具有类似属性的用户开始以“社群”“圈子”等形式聚集起来。这给广告主的启发是，若能针对目标群体的特征不断提供优质的、个性化、差异化的广告内容并主动借助意见领袖等加以传播，将使得电商平台上碎片化的用户得以重聚，还会渐渐改变他们的消费决策。

比如，森马的电商团队提出“网红、直播、VR才是未来的营销方向”。与传统的服装企业依靠明星做宣传不同，他们认为明星跟消费者“是有距离的，只能崇拜，不能很好地互动”，但他们面对的年轻消费群体却十分喜欢互动、追求新鲜的信息表现形式。因此，他们启动了时尚合伙人计划，跟“网红”和“达人”用直播的方式展开合作。其一，开设直播频道，在直播工厂生产、网红试穿等内容之外，不断创新直播内容。如2016年8月8日，森马与天猫合作推出《白日梦直播——七夕任意衣恋》，通过直播的方式将恋爱PK游戏搬到了现实之中，并在直播中全程融入了森马元素，设置了边看边买、整点秒杀、竞猜等环节。当天在线人数超20万，天猫直播页面观看18.2万，微淘直播互动点赞15.5万，共产生了超7 000条互动。其二，邀请网红以直播的方式来做客服。以前企业的客服是“旺旺”，一个客服最多也只能服务一两百人，而森马打造的网红客服，可在直播间内带动超过5 000位消费者前来咨询和围观。① 凭借此种方式，开设于2012年的森马电商业务，于2017年便获得了超过50亿的销售规模，大幅超过海澜之家、美邦服饰等竞争者。②

有研究预测，未来电商平台的内容化趋势会进一步加深，将着重通过打造供消费者推荐、测评、种草的分享社区，供广告主发布上新、优惠、潮流指引的资讯社区，供消费者动态、全景了解商品的短视频社区，以及供KOL或品牌直播带货的直播社区四个板块来自建其内容体系。因具有粉丝效应的KOL占据内容生态的重要地位，为最大化提升为品牌主和商户定制化产出营销内容的影响率和转化率，增强用户黏性，电商平台和MCN机构的合作关系会随内容化建设的加深而逐步强化。③

（二）运用VR/AR等新技术，增强用户沉浸式消费体验

在电子商务最初发展的时候，用户对商品和服务的选择空间较小、对价格更为敏感，因而彼时的广告主在投放电子商务网站广告时更注重强调其产品的特征以及低价促销等

---

① 森马“与彬任意恋”情侣系列首发 全店热销千万引爆七夕［N/OL］.（2018-01-26）［2018-03-31］. http://news.ifeng.com/a/20160819/49802003_0.shtml.

② 去年电商收入破50亿元！森马成国内服装集团最大黑马［EB/OL］.（2018-01-04）［2018-03-31］. http://news.winshang.com/html/063/2415.html.

③ 艾瑞咨询. 2020年中国电商营销市场研究报告［R/OL］.（2020-04-24）［2022-01-25］. https://baijiahao.baidu.com/s?id=1664816234284437634&wfr=spider&for=pc.

信息。但随着用户网络购物行为的不断成熟，他们对消费场景和消费体验的关注度日渐提升，甚至逐步超越了以往的“价格敏感”，这推动着电商平台迈入了通过 VR/AR 等新技术向消费者搭建消费场景、提升其消费体验的“场景化”时代，平台上的诸多广告主也有意识地在此方面做出改变。

例如海尔在 2017 年 4 月与天猫共同打造了“海尔天猫超级品牌日”。该活动以“智慧生活”为主题，不仅推出了能用智能手机操控的系列智能家电，还运用 VR 和 AR 相结合的技术，让用户可以进入虚拟的智慧家庭场景——天猫海尔官方旗舰店 5 000 多平方米的虚拟家电卖场，用户只需移动手机或者滑动屏幕，就可以身临其境感受家居场景中智慧家电的外观、构造和功能，通过手机为虚拟家电预选安装位置，提前了解该家电与家装风格的搭配效果。活动在推出当天就吸引了 60 万用户前来体验，并为海尔带来了过亿的销售额，刷新了天猫超级品牌日大家电类目的销售纪录（见图 11-26）。①

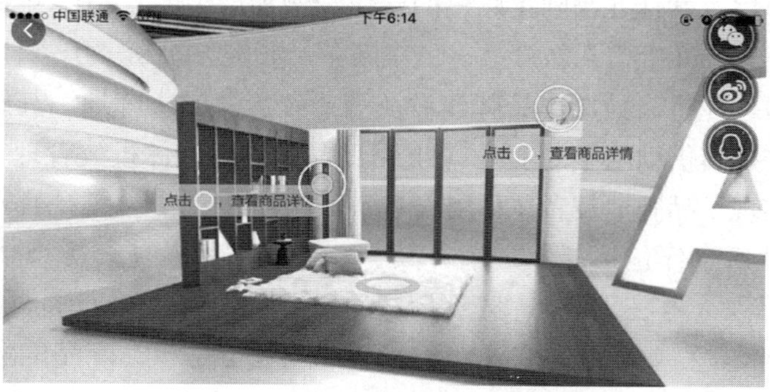

图 11-26　海尔在天猫上的智慧家庭场景

又如 2020 年“双十一”期间，小熊电器与阿里妈妈和聚划算团队联手，运用阿里巴巴达摩院推出的三维空间重建的 VR 技术“临云镜”设计了时光穿越互动小游戏，将故事模块、互动模块与卖货模块相组合，消费者可一站式完成游戏探索、商品浏览、兴趣关注、导购加购等行为（见图 11-27）。②

图 11-27　小熊电器奇妙小食光互动游戏截图

---

① 海尔天猫超级品牌日推出“未来商店”[EB/OL].（2017-04-13）[2018-03-31]. http://news.imobile.com.cn/articles/2017/0413/177585.shtml.

② 阿里妈妈电商营销．小熊电器×奇妙小食光 惊艳亮相聚划算欢聚日 [EB/OL]．（2020-12-16）[2021-01-25]．https://www.sohu.com/a/438637016_296480.

（三）基于数智化功能，实现精准投放和全域触达

在人工智能、大数据等技术的推动下，电子商务正从数字化向数智化转型①，基于大数据的精准营销应用场景更加广泛。电商平台在运营过程中积累了大量消费者的地域、年龄、性别、兴趣爱好、消费行为等数据，并通过开发出相应的数据产品（如阿里妈妈的Uni Desk）或广告投放系统（如京东的精准通）为广告主的广告投放提供参考。此外，将各类平台系统化地联合在一起的电商广告联盟，能够高效、全面地为品牌主与商户实现“破界触达”，消费者在多个平台上留存的行为数据的融合可使消费者画像更为立体；在此基础上，提升电商营销模式和各类平台属性的适配度，通过广告联盟实现数据整合与全域触达成为各电商平台全域化营销的努力方向。② 在实践过程中，诸多广告主也在精准营销方面积极与电商平台合作，不断优化其广告投放策略。

此处我们可以以美素佳儿与阿里妈妈的合作为例加以说明。2017年荷兰皇家菲仕兰公司旗下奶粉品牌美素佳儿上市了新产品——全新孕产妇配方奶粉“美素佳儿妈妈”。为了推广这款产品，美素佳儿将天猫选作品牌建设及消费者运营的主阵地，其媒介代理——电通安吉斯旗下的凯络媒体借助阿里的Uni Desk帮助品牌进行媒体投放管理，使得在新品上市期间，美素佳儿实现了品牌消费者总量增长3.8倍，对目标人群覆盖增长1.5倍。

具体而言，此次合作包括如下环节。其一，洞察“隐性”目标市场。凯络通过阿里大数据，分析了母婴人群在天猫、淘宝以及其他网络媒体上的使用状况，另外发现在妈妈、准妈妈与25～35岁女性群体之外，爸爸与准爸爸也是该类产品的潜在消费群体，这帮助品牌拓宽了对目标人群的理解，找到了隐性的消费人群。其二，创新广告评估指标。以往电子商务网站广告重点关注点击量，在这个指标之下，没有产生点击的流量往往被忽视。Uni Desk发现，与美素佳儿品牌发生互动的人群中有45%没有点击广告，搜索、关注了美素佳儿的消费者中没有点击广告的占比达到了98%。然而，对品牌和商品的浏览、搜索、关注等行为，更能直接体现消费者在被广告触达后是否产生了对品牌的兴趣，因此凯络重新针对这些非点击的品牌互动人群，制定了有针对性的重定向沟通策略。其三，优化广告投放管理。借助于Uni Desk，凯络发现了不同媒体环境中广告投放周期与有效频次的高效组合，切实优化了针对目标人群的有效到达率。③

第四节　户外新媒体广告

户外广告是最早的广告形式之一。在技术的推动下，户外广告不仅有了更多的展现形式、更强的参与感，还成为与移动新媒体联动、与营销场景融合的重要的营销传播组成。

---

① 中华人民共和国商务部．中国电子商务报告2020［R/OL］．（2021-09-15）［2022-01-25］．http：//images.mofcom.gov.cn/dzsws/202110/20211022182630164.pdf.

② 艾瑞咨询．2020年中国电商营销市场研究报告［R/OL］．（2020-04-24）［2022-01-25］．https：//baijiahao.baidu.com/s?id=1664816234284437634&wfr=spider&for=pc.

③ 搜狐．美素佳儿新品首战告捷 阿里全域营销打通消费者链路［EB/OL］.（2017-09-29）［2018-03-31］.http：//www.sohu.com/a/195519805_697527.

一、户外新媒体广告的兴起与发展

在数字技术广泛应用之前，户外广告的媒体形式主要有路牌广告、墙体广告、霓虹灯广告、灯箱广告、橱窗广告、车身广告等。步入 21 世纪以后，随着数字技术、通信技术、网络技术、信息技术的快速发展，楼宇视频广告、电梯数字广告、卖场视频广告、公交移动电视广告等如雨后春笋般纷纷出现、快速成长、广泛覆盖。2008 年后，LED 大屏研发与制造技术的发展又为户外广告拓展了全新的发展空间；近年，基于移动互联网的智能技术，如物联网、虚拟现实、LBS 位置服务、云计算，使户外新媒体广告在创意表现、受众范围、参与程度、效果反馈等多个方面实现了进一步的突破。户外广告渐渐由单一平面升级到多维数字化，由静态展示实现了双向互动，由广告信息“孤岛”成为与互联网、大数据相连接的融媒体的一员。

随着传播环境的变化，传统户外广告的市场竞争力逐渐减弱，但户外新媒体广告却凭借其传播优势保持着快速增长的态势，成为拉动户外广告市场发展的重要力量。与传统户外广告相比，户外新媒体广告有如下主要特点及趋势。

（一）技术成为关键要素

全息投影、触控、虚拟现实等技术的应用，丰富了广告的形式，为创意的实现奠定了基础，也为橱窗广告、灯箱广告、路牌广告等传统户外广告形式注入了新的活力。在技术的推动下，“户外广告将变成一个引流甚至交易的平台，被纳入一个全新的 O2O 传播生态系统之中”①。

案例链接

基于新技术的新媒体路牌广告

传统路牌广告以静态展示为主，各种新兴技术的加入拓展了广告创意的实施空间，使新媒体路牌广告具备更强的互动性、趣味性、创新性。

1. 潘婷：会掉头发的广告牌

作为全球最大的交通枢纽城市之一，曼谷的空气状况堪忧。为提醒人们空气污染对头发造成的影响，并强调“strong is beautiful”（美自强韧）的品牌观念，潘婷在街头制作了一块“长满头发”的广告牌。此广告牌的广告信息被一缕缕“头发”遮住，广告牌上安装了感应装置，只要污染指数超过 50PSI② 时，广告牌便会掉下一缕头发。仅用了 10 天，广告牌上的头发便掉完了，以此表明空气污染是导致脱发的主要原因，而上面隐藏的潘婷防脱发的广告文案也随之显现（见图 11-28）。

2. 西班牙交通局：咳嗽的小孩

2015 年的相关数据显示，马德里是欧洲第二大污染城市，有将近三分之一的市民呼

---

① 电通安吉斯集团．智汇前瞻［M］．上海：学林出版社，2017：57.

② PSI 即 pollutant standards index，空气污染指标。

吸着污染严重的空气。儿童罹患慢性疾病的概率增加，在西班牙每个月都有接近 400 位儿童被检测出哮喘疾病。西班牙交通局为了提醒司机们绿色出行，在交通要道竖立了一个装有空气质量监测装置的广告牌。当污染严重时，广告牌上的小孩就会开始咳嗽，同时显示广告语："并不是所有交通道路受害者都遭受了意外"（见图 11－29）。

3. 沃尔沃："被雷劈"的广告牌

为了推广环保的 S90 T8 插电式混合动力车，沃尔沃发起了"Pure Power"营销活动，展示汽车如何在排放为零的情况下发电。在泰国雷雨季节，沃尔沃于马路边设立了一块大型路牌，并在上面安装了避雷针，配合气象站收集的数据，预测雷电发生的时机。当打雷时，避雷针将雷电导到地面，触发广告牌控制板的电路，从而点亮广告牌。同时，广告牌上还安装了多台摄像机和红外线感应装置，用于捕捉雷电击中广告牌的瞬间，营销团队能够实时将拍摄到的视频和照片分享到沃尔沃的 Facebook 主页，这在社交网络上引发了热议（见图 11－30）。

图 11－28　潘婷曼谷街头广告牌

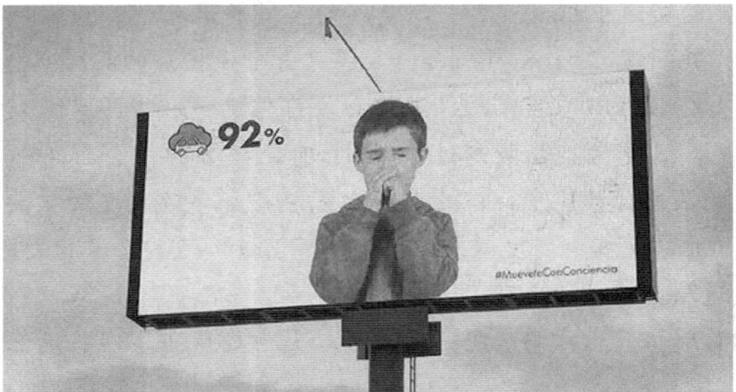

图 11－29　西班牙交通局设立的"咳嗽的小孩"广告牌

图 11－30　沃尔沃广告牌被雷电点亮

资料来源：潘婷的这个广告牌会掉头发［EB/OL］.（2017－10－24）［2018－03－15］. http：//www. c2cc. cn/news/100 00966. html；网络广告人社区．西班牙交通局互动广告牌 咳嗽的小孩［EB/OL］.（2016－12－05）［2018－03－15］. http：//iwebad. com/case/6110. html；SocialBeta. 沃尔沃借助雷神之力，点亮广告牌［EB/OL］.（2017－12－26）［2018－03－15］. http：//socialbeta. com/t/102075.

（二）互动体验越来越强

技术发展在带来广告形态变迁的同时，也推动了户外广告理念的变化。传统户外广告以信息展示为主，而户外新媒体广告不再是单向的传播推广工具，而是切入消费者的日常生活轨道，通过互动体验与消费者产生关联。互动体验不仅可以调动受众的积极性，强化品牌认知、促进购买行为发生，还有助于在社交媒体中形成病毒传播和口碑效应，扩大户外广告的传播力和影响力。

案例链接

Frivillig. no 公交车站广告：陪老人喝咖啡

为了呼吁更多的人能在空闲时间当志愿者，陪伴孤寡老人，挪威的一家公益组织 Frivillig. no 联合挪威知名的广告公司 Morgenstern 对奥斯陆一个分属于德高公司的公交候车亭做了改造，设立了一块数字互动广告牌。广告牌的上方是一块电子屏，屏幕里会出现一个老人的即时影像，当有人路过时，他会询问路人是否介意和他一起喝杯咖啡聊聊天，如果路人同意了，他会为路人倒上一杯咖啡。通过装置内的系统，老人远程倒咖啡，公交车站的咖啡机也会倒出咖啡，路人可以在等公交车的间隙，一边喝咖啡，一边陪老人聊天，甚至还可以一起唱首歌（见图 11－31）。

这一互动广告不仅实现了人与物的互动，更重要的是跨越了空间界限，让两个陌生人之间形成了暖心互动，突出了人与人的交流。

图 11－31　Frivillig. no 陪老人聊天喝咖啡广告牌

资料来源：CODC 户外广告研究．你会在公交车站陪一个老人喝咖啡吗？［EB/OL］．（2017－11－14）［2018－03－15］．http：//www. sohu. com/a/204409000＿260499；你愿意陪我一起聊会天吗？［EB/OL］．（2017－11－10）［2018－03－24］．http：//3g. 163. com/dy/article/D2SO5CH00514C4HK. html.

（三）实时数据采集和精准传播

与传统户外广告相比，户外新媒体广告能够依托大数据对目标受众进行深入洞察，进行针对性的广告投放。而与其他新媒体广告相比，户外新媒体广告精准传播的特征体现在户外数据的实时收集与分析，实现由数据源触发内容，即依据受众特征、时间、季节、天气等因素的变化，实时调整广告内容。这一特征使得户外新媒体广告能够精准捕捉到不同受众的状态差异，在时间、空间技术的催化下向其推送与其需求关联最紧密的内容，有效提升广告的传播效果。

案例链接

根据温度调整的感冒药广告

Beechams 是一家生产感冒药的医药企业，它在伦敦设置了 17 块大型电子户外屏幕，并配备了温度感应计。与其他广告牌不同的是，这个在 12 月推出的广告，只有当温度下降到 10 摄氏度以下时，Beechams 止咳药的信息才会在屏幕上显示。这种高度智能化的户外广告能够根据产品需求和受众特点，发布高相关度、匹配场景和需求的广告信息。

资料来源：吕辉．现代广告经典案例评述［M］．重庆：重庆大学出版社，2016：63.

（四）将场景与创意结合

户外新媒体广告将场景理念融入创意传播中，将场景识别与用户的日常行为、潜在需求结合，有助于实现在合适的时间、合适的地点，以合适的方式，让用户舒服地看到需要的信息，并参与互动和分享。在第一章提到的宿务航空“雨代码”营销就是比较典型的将场景与创意相结合的案例。另一个有趣的例子是麦当劳，其在加拿大的户外广告牌会随着太阳冉冉升起，出现早餐“麦满分”，提醒路人到店购买早餐（见图 11－32）。

图 11－32 广告牌上的“麦满分”随着太阳升起而呈现

（五）与其他营销手段关联

随着移动互联技术的发展，线上线下联动的多屏整合传播成为广告投放的重要趋势之一。户外新媒体广告也逐渐从一种独立的广告形态转变为与微博、微信等线上新媒体广告相连通的整合形式，被纳入 O2O 营销传播体系之中，在广告的基础价值之外，衍生出线下流量的导入、转化及场景创建等新的价值。

案例链接

可口可乐：“你名字里的故事”

在可口可乐“Share a Coke”营销活动期间，可口可乐利用美国纽约时代广场的户外大牌进行了一次主题为“说出你的名字”的线上线下结合的互动营销（见图 11－33）。

参与活动的受众可以向活动官方推特加上关键词发送自己的名字，可口可乐会找出名字背后的意义或者是有趣的小故事，写成文案（如图 11－33 中的“多数叫玛莉的人对男孩组合着迷”），发布到时代广场的户外大牌上。同时，屏幕还装有摄像头，会拍下每个参与者名字出现时刻的广告大牌，然后发送给对应者，以便参与者分享到社交媒体。

图 11-33　可口可乐“说出你的名字”户外广告现场

资料来源：CODC 户外广告研究．创意户外大牌：科技与互动正在改变广告形式［EB/OL］．（2018-01-12）［2018-03-16］．http：//www.010lm.com/redian/2018/0112/6182939.html.

二、户外新媒体广告的类型

根据现代都市人群的生活路线图，社区、城市公共交通、商圈等核心区域是他们重要的生活场景，据此我们也可以把户外新媒体广告划分为社区户外新媒体广告、交通户外新媒体广告和商圈户外新媒体广告等类型。

（一）社区户外新媒体广告

社区是以一定地理区域为基础形成的社会群体，包括学校、工厂、居民社区等。作为城市的微空间，社区中的公众难以被大众媒体直接、精准触达，于是电梯、路灯、社区灯箱、公益宣传栏、阅报栏、停车场媒体、社区道闸媒体等社区媒体就成为连接消费的“最后一公里”。[①] 这些媒体逐渐融入移动互联网元素，演化出多样化的户外新媒体广告。常见的社区户外新媒体广告有电梯视频广告、路灯广告、智能快递柜广告（屏幕广告、开箱广告）、闸道广告、小区停车场广告等。

案例链接

网易云音乐的“云村乐评路灯”活动

为了推动“乐评”优势的品牌化和场景化，2021 年网易云音乐联合复旦大学策划了“云村乐评路灯”线下活动，借助加装了文字投影装置的 24 盏校园路灯，将网易云音乐中的精选评论投射到路面上，实现线上文案与现实场景的连接、品牌与年轻人的对话（见图 11-34）。

① 电通安吉斯集团．智汇·创新［M］．上海：学林出版社，2016：83.

该系列活动与校园内的重要时间节点紧密关联——6月为毕业生离校的时节，路灯亮起时，24条精选的毕业主题乐评随之被投影在路面上，代表着对毕业生的寄语和祝福，诸如“我们开始于‘一二一’，结束于‘三二一’”“我想应该没有落下什么，因为这条路依然是通向前方”等乐评引起了毕业生的广泛共鸣；9月迎来新生入校，路灯投影的则是“路和未来，在你脚下”“放弃不难，但坚持一定很酷”等对新生的鼓励与期待。以校园路灯为载体，网易云音乐与学生群体完成了一次情感沟通，不仅彰显了自身的文案优势，也为品牌铺垫了一层“浪漫”的底色。

图11-34　网易云音乐毕业季“云村乐评路灯”主题海报

资料来源：数英．毕业季，网易云音乐做了24盏乐评路灯［EB/OL］．（2021-6）［2022-1-10］．https：//www.digitaling.com/projects/167495.html；网易．开学季，网易云又写了24句文案［EB/OL］．（2021-09-18）［2022-01-10］．https：//www.163.com/dy/article/GK5SE35N05118EO2.html.

（二）交通户外新媒体广告

随着人们出行需求的增加和机场、地铁、高铁、公交等交通基础设施的完善，交通户外新媒体广告也得到快速发展。以机场户外广告为例，其2013年广告投放额为77.98亿元，2015年便增长至98.94亿元。[①] 交通户外新媒体广告可进一步划分为两类：

一类是以公交、高铁、飞机等交通工具为载体的车身广告、车厢广告和移动视频广告。基于封闭空间的强制性传播本来是车厢广告和移动视频广告的优势之一，但近年随着人们在出行途中对智能手机使用的增加，这一优势逐渐丧失，该类广告的市场竞争力也随之减弱。

另一类是投放于机场、地铁站、高铁站、公交站点、公路等公共场所的户外广告。随着VR、AR、全息投影等新技术的运用，近年这类户外广告在形式与创意上实现了新的突破，有效提升了广告的传播效果。

例如，瑞典广告公司Akestam Holst在斯德哥尔摩的地铁站里为护发品牌apolosophy设置了广告牌，广告牌上有用来监测地铁进站的摄像头感应装置，每当有地铁进站，广告中预设的视频就开始播放，模特的秀发会随列车的驶入飞扬起来。这一广告引起很

① 电通安吉斯集团．智汇·创新［M］．上海：学林出版社，2016：80.

多行人关注，而当记录人们在广告牌前反应的视频被传到 Facebook 和 YouTube 之后，很快引发数十万次的播放（见图 11－35）。

图 11－35　广告模特的秀发随地铁驶入而飞扬起来

案例链接

瑞士苏黎世中央车站格劳宾登旅游广告：伟大的逃离

格劳宾登州（Graubünden）是瑞士著名的旅游度假区，有许多风景怡人的村镇，为了招揽游客，当地旅游局在苏黎世中央车站放置了一块广告牌。不同于录播广告，这一广告牌具有实时视频互动功能。广告牌中有一位和蔼的老爷爷，正悠然地在景色秀美的山上开着电脑，背倚格劳宾登的美景进行直播。

他不断地与车站来往的旅客打招呼和互动，并向他们发出前往格劳宾登旅游的邀请，鼓励他们来一次说走就走的旅行。如果对方同意，他就会直接为他们打印出即刻前往格劳宾登的车票，甚至还帮助犹豫的路人消除顾虑，如为一个难以抉择的女职员向老板请了假，代一个学生跟老师请了假（见图 11－36）。

这些受邀的路人会来到老爷子所在的山上一起赏景游玩。通过视频，受邀约并已到达现场的游客能加入老爷子的直播，向车站的行人打招呼，并向他们发出同样的邀请（见图 11－37、图 11－38）。

图 11－36　老人帮一位学生向老师请假

图 11－37　受邀而至的游客

图 11－38　受邀的游客和老人一起直播

资料来源：广告门．脑洞清奇的瑞士旅游局广告，让你死心塌地地好想旅个游！[EB/OL]．(2017－06－26) [2018－03－17]．http：//mobile. adquan. com/detail/2-39470.

（三）商圈户外新媒体广告

商业中心作为消费终端，为品牌与消费者的连接提供了多样化的场景。近年，我国购物中心总量以每年 21%的速度快速增长，并朝着吃、喝、玩、乐、购的“一站式”模式发展，具有庞大的人流量，成为众多户外广告的投放地。在技术的推动下，商业中心室外 LED 大屏、路演场地、室内美陈、地下停车场等均成了户外新媒体广告的投放载体。

案例链接

日本 Cross Space 运用裸眼 3D 技术创作 《新宿东口的猫》

技术的发展不仅丰富了广告的载体，也推动着户外广告朝着场景化、沉浸化、互动化发展，其中，无须借助外部工具就能实现立体视觉效果的裸眼 3D 技术是一股不可小觑的变革力量。

2021 年 7 月，为了鼓励日本群众从新冠肺炎疫情的打击下重新恢复活力，日本空间开发和设计公司 Cross Space 委托 MicroAd Digital Signage 和 YUNIKA VISION 设计了一个以猫为主角的 3D 视频广告（见图 11－39）。该广告投放在东京新宿车站外一个人流密集的 LED 巨型曲面屏幕上，以裸眼 3D 技术为主导，结合 4K 高清画质与高质量音响设备，在建筑上方呈现了一只栩栩如生的三花猫。这只三花猫或瞌睡，或撒娇，或玩耍，或与附近广告牌互动，吸引了往来路人的关注。Cross Space 还为这只猫开设了 Twitter 账号，以第一人称发布推文与关注者互动，又在 YouTube 上开通了直播渠道，供未能到现场的公众参观。目前，与三花猫相关的视频在 YouTube 上的播放量已经超过 30 万，该三花猫也被网友称为“新宿东口的猫”。

除了日本新宿的这只“巨猫”，韩国娱乐公司 SM 大楼顶部汹涌澎湃的《海浪》(Wave)、成都春熙路的《宇宙飞船》等，皆是裸眼 3D 技术在商业建筑外部投放广告时的典型应用，其创造的视觉震撼与沉浸体验革新了公众对户外广告的认知，也为商圈广告注入了新的活力。

图 11－39 《新宿东口的猫》户外广告现场图

资料来源：36 氪．“萌”化人心：巨型 3D 猫咪亮相日本街头［EB/OL］．（2021－07－12）［2022－01－10］．https：//www.36kr.com/p/1307624482032000.

三、 户外新媒体广告的互动策略

基于现实场景的互动体验是户外新媒体广告有别于传统户外广告与其他新媒体广告的重要特征。而体验通常是由直接参与或观察所得，通常涉及受众的感官、情感、情绪等因素，同时也有受众的知识、智力、思考的介入。①

① 何晶娇．互动户外广告的创意策略［J］．传媒，2013（12）：58－60.

具有互动特性的新媒体户外广告就是一种触发体验的典型传播形式，它通过互动刺激消费者的感官和情感，引发消费者的思考、联想，并促使其行动，最终通过消费者体验传递品牌信息。以实践观之，大量出色的户外新媒体广告运用了打造产品融入式的互动体验、个性化定制式的互动体验、活动参与式的互动体验等策略。

（一）产品或观念融入式的互动体验策略

媒介形态的数字化、技术的互动化、创意的场景化使得户外新媒体广告从信息传播的单一属性转变为受众在现实生活场景中切实感知产品或观念的体验平台。通过数据、创意与技术，营造巧妙融合产品或观念的互动体验是不少户外新媒体广告的常用策略。

例如，2018 年，以新产品 Galaxy 10 系列智能手机的十大新功能为基础，韩国三星集团在德国柏林一家大型百货公司的十个橱窗内设置了互动装置（见图 11－40），将抽象的功能亮点转化为具象的感知传达给公众——“无线共享充电”功能由两个人同时按住两端出现灯光传导效果的装置呈现，“多应用程序拖放”功能转化为娃娃机里对娃娃的抓取和转移，“AR 全身追踪”功能则体现为与橱窗外路人同步动作的虚拟玩偶等（见图 11－41）。三星的互动橱窗实现了新产品在当地的有效推广，德国柏林 Galaxy 10 的销售量较以往提高了 280%。

图 11－40　三星集团在德国柏林百货商场十个橱窗内设置的互动装置

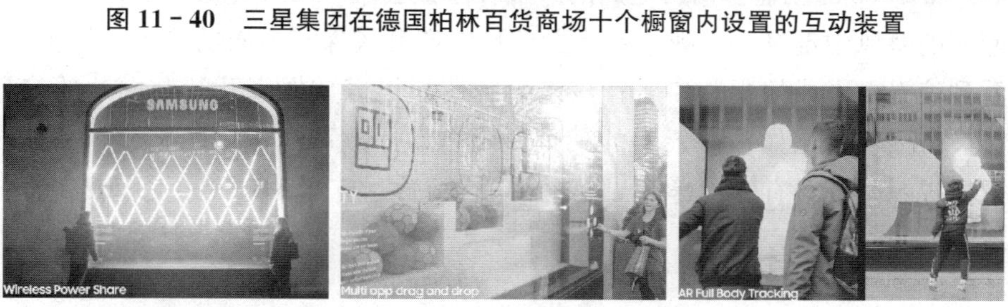

图 11－41　与“无线共享充电”“多应用程序拖放”“AR 全身追踪”相关的装置

又如，2016 年 2 月，阿迪达斯旗下的运动品牌锐步在斯德哥尔摩街头摆放了一个户外广告牌（或者说广告柜），广告牌的透明橱窗里摆放了多双锐步跑鞋。特别的是，这个柜子里内置了一个测速相机和追踪器，只要有人从广告牌前跑过且速度达到一定标准，广告柜就会自动解锁一双全新的 ZPump Fusion 2.0 跑鞋赠送给他。锐步希望通过这个创意去激励人们挑战极限（见图 11-42）。[①]

图 11-42　体验者在锐步的广告牌前跑过

（二）个性化定制式的互动体验策略

随着人工智能、人机交互及社交网络等数字技术的飞速发展，户外广告与受众间的互动方式也大大丰富。广告主能够实时采集、分析受众与户外环境的数据信息，制定更具针对性的广告策略，使户外广告能够精准识别投放环境，依据受众的需求及特征为其提供个性化、定制式的广告内容，从而提升广告效果及受众对广告的感知与评价。

在具体操作上，广告主可以通过追踪经过户外广告牌的路人的手机信号，从而分析他们未来一段时间内的行动，推算出路人的年龄、性别等特征[②]；还可以利用户外广告牌上安装的网络摄像装置和配套软件，借助人脸识别技术识别观看者的体貌特征、观看时长等信息，据此分析其消费需求，并按照匹配的百分比，为他们播放匹配度最高的广告，广告主也能通过这些数据衡量投放效果，进而选择更加合适的投放区域。如纽约一家名为 Immersive Labs 的创业公司所生产的广告牌已经实现了个性化的户外广告投放，比如有人在凛冽的寒风中走过广告牌，就能看到热饮产品或保暖内衣的广告，情侣在广告牌前则会看到浪漫电影或情侣装广告；该广告牌还能根据数据库及社交网站的信息资源，实时调整广告内容，比如在一天中的某一时段自动播放可口可乐的广告，又如 Twitter 等社交媒体提示附近会有体育赛事，该屏幕就会播放耐克运动鞋等相关度较高的广告。[③]

① 高璇．户外广告没意思？这 16 个创意绝对让你大开眼界 [EB/OL]．(2016-12-17) [2018-03-25]．http://www.adquan.com/post-2-35485.html.

② Maggie．机器战胜人类，但人工智能在营销界早已不是新鲜事了 [EB/OL]．(2016-03-10) [2018-03-25]．http://www.meihua.info/a/66221.

③ 文武赵．分享可能会改变户外广告的未来四个前沿广告技术 [EB/OL]．(2016-08-03) [2018-03-25]．https://baijia.baidu.com/s?old_id=564400.

（三）活动参与式的互动体验策略

在体验经济时代，调动用户参与的积极性，提高受众与广告间的互动，成为提升广告传播力和影响力的重要手段。数字化、智能化的户外新媒体广告与智能手机等结合，为广告的互动形式注入了更多新颖的元素，利于将创意与受众所在的环境紧密关联。户外广告在与受众产生深层次的交流的同时，还能把品牌或企业的核心理念生动形象地传递给消费者，进而影响他们的生活方式、消费观念，甚至是社会行为。① 比如，妇女节的时候，公益组织 Women's Aid 及一家户外广告公司做了一个反对家庭暴力的户外广告。户外广告牌上展现的是一张遭受家庭暴力的伤痕累累的女性的脸，当有路人停下来关注广告时，运用了人脸识别技术的广告牌便会进行捕捉，广告牌上脸上的伤痕就会减少一些。同时，依靠地理位置技术，路人的手机还会马上收到一条为减少家庭暴力而进行捐赠的短信息。当越来越多的路人注意到这个广告牌后，受伤的脸就会康复得越来越快，从而完美地表达出广告的诉求：一旦有更多的人关注家庭暴力，暴力就将消散得更快（见图 11－43）。②

图 11－43　请求路人关注的反家庭暴力广告

第五节　OTT 广告

网络视频兴起后，视频用户逐渐从电视端转向 PC 端和移动端。近年，随着 OTT 电视的普及，电视用户出现了一定的回流趋势，以 OTT 电视为载体的 OTT 广告也快速发

---

① 鹰目．如何让你的户外广告生动起来？［EB/OL］.（2014－09－23）［2018－03－25］. http://www.yingmoo.com/news_28538.html.

② 董正菲．2015 年，有哪些脑洞大开的户外广告？［EB/OL］.（2016－01－04）．［2018－03－25］. http://www.meihua.info/a/65753.

展起来。

一、 OTT 广告的发展

（一）OTT 广告兴起的背景

OTT 广告是以 OTT 终端为投放载体的广告。OTT 是英文 over the top 的缩写，OTT 终端是以公共互联网为传输介质，并由经国家相关行政部门批准的集成播控平台向全国范围内的用户提供视频点播为主的内容服务及其他相关增值业务的电视及盒子终端，目前在我国主要有 OTT TV（智能电视）和 OTT 盒子两种（见图 11－44）。

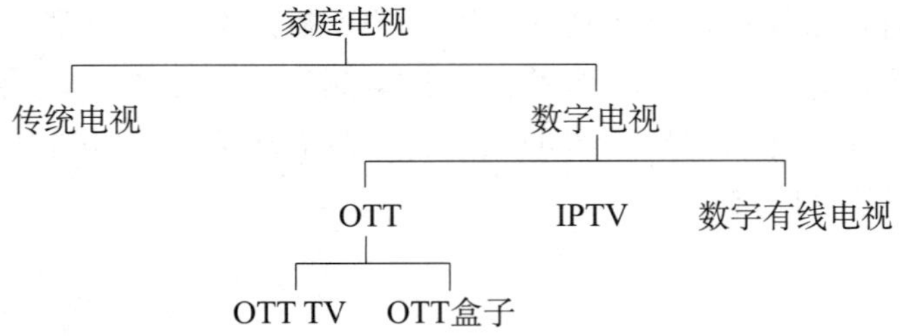

图 11－44　家庭电视类型

近年 OTT 广告的兴起与 OTT TV 产业的快速发展有着密切联系。相较于 IPTV 和数字有线电视的封闭网络和有限内容资源，OTT TV 容纳了海量的互联网视频内容，能够更好地满足观众个性而多样的需求；而与移动端视频相比，它具有的高清、大屏、曲面等特性又能够为观众提供更优质的视听体验。基于上述优势，加之宽带网络等技术的进步，OTT TV 在我国迅速普及，并培养了一众高度活跃的用户。2011 年至 2016 年，OTT TV 的保有量维持高速增长，复合年均增长率达 88.9%。截至 2016 年 12 月，我国 OTT 终端累计保有量为 2.1 亿台，其中激活终端达 1.15 亿台，日开机率为 50%，月开机率为 71%，日开机时长为 6.01 小时，覆盖了近 3.67 亿用户①，逐渐成为新的家庭娱乐中心。时至 2021 年上半年，OTT TV 的激活数接近 2.7 亿户，日均活跃规模达 1.27 亿台，同比涨幅 21%。②

在 OTT 终端普及的趋势下，各主流视频网站利用其内容优势相继进入 OTT 产业，进一步提升了 OTT TV 内容对用户的吸引力。典型的如优酷土豆借助天猫魔盒的大规模渗透在内容市场中形成一定的优势，芒果 TV 则背靠湖南广电强大的自制节目内容，以大量的独家视频内容在内容市场中独具特色。③ 在这一过程中，包含内容提供商、牌照

---

① 奥维云网．2016 年 OTT 广告价值蓝皮书［R/OL］．（2017－01－12）［2018－03－17］．http：//www. 199it. com/archives/557089. html.

② 勾正数据．“逆风远略”：2021H1 智慧屏行业发展白皮书．［R/OL］．（2021－09－23）［2022－02－09］．https：//mp. weixin. qq. com/s/tBrspEFszYeQA3m1r3LCRw.

③ 电通安吉斯集团．智汇·创新［M］．上海：学林出版社，2016：54.

商[①]、网络运营商、终端厂商等多类主体的完备产业链条逐步形成。

（二）OTT 广告的发展

2012 年，OTT 终端产品的推出奠定了 OTT 广告市场的发展基础。之后，OTT 广告的发展经历了广告代理商推动阶段、媒体资源方推动阶段和广告主推动阶段。

2013 年，代理商开始进入 OTT 广告市场，它们搭建广告系统、与媒体资源方展开合作、推动广告主尝试 OTT 广告。

2015 年，在代理商的推动下，媒体资源方获得了在原有的硬件收入之外，作为增量收入的广告收入，对 OTT 广告的重视也随之增加，开始主动寻求与代理商的紧密合作，开放更多的广告资源，OTT 广告进入由媒体资源方推动的发展阶段。

经过前两个阶段的探索，OTT 广告的投放方式、监测手段逐渐成熟，2016 年开始，OTT 广告进入广告主推动阶段，呈现爆发式增长。2015 年，OTT 广告主数量仅为 100 余家，2016 年数量增长至 500 多家[②]；2016 年，国内 OTT 广告市场规模达到 9.7 亿元，较 2015 年增长了 384%。广告主对 OTT 广告的投放逐渐从初期单一沿用在线视频广告的贴片广告形式发展为根据目标进行有针对性的资源组合投放。及至 2017 年，OTT 广告的市场价值更加凸显，包含广告主、广告资源方、广告代理方和第三方数据机构的 OTT 广告业务系统基本成形。其中，OTT 广告资源方包括 OTT 终端厂商运营平台和 OTT 内容运营方两类，前者主要提供大屏开机、关机广告以及运营平台衍生类广告资源，后者主要提供贴片广告、创可贴广告等内容植入广告。第三方数据机构主要服务于 OTT 广告业务系统中的其他主体，为广告提供数据支撑。产业链的日渐成熟使得 OTT 广告具有了更丰富的媒体资源、更透明高效的投放过程、更完备的效果监测，从而吸引了更多广告主的投放。2021 年，OTT 整体营收为 154 亿元，其中广告营收达到 103 亿元，占总营收的 63.6%。[③]

（三）OTT 广告的优势

基于投放载体的特征，OTT 广告与传统电视广告、IPTV 广告、网络视频广告均有所差异，形成了自己独特的优势。

与传统电视广告相比，其一，虽然 OTT TV 与传统电视共同具有面向多位家庭成员、广告位独占性强、视觉冲击力强等特征，但是依托于前者的 OTT 广告，用户更为年轻，现阶段主要集中于 26～45 岁，是消费的主力人群；其二，传统电视的广告受限于线性时间，资源有限，而 OTT 广告基于海量的视频内容，广告位资源更为丰富；其三，OTT 广告的互动性更强，不仅能够借助遥控器进行互动，也可以通过网络与智能手机等

---

① 牌照商指的是国家新闻出版广电总局下发的互联网电视集成业务牌照的拥有方，截至 2017 年 12 月，牌照方主要有中国网络电视台、上海广播电视台、浙江电视台和杭州市广播电视台（联合开办）、广东广播电视台、湖南广播电视台、中国国际广播电台和中央人民广播电台等 7 家。

② 奥维云网．2016 年 OTT 广告价值蓝皮书［R/OL］．（2017－01－12）［2018－03－17］．http：//www.199it.com/archives/557089.html.

③ 勾正数据．"逆风远略"：2021H1 智慧屏行业发展白皮书．［R/OL］．（2021－09－23）［2022－02－09］．https：//mp.weixin.qq.com/s/tBrspEFszYeQA3m1r3LCRw.

移动终端形成联屏互动，增强广告的吸引力和转化力。

与IPTV相比，IPTV是基于IP城域网的服务，因此广告也只能投放在特定区域。而OTT TV是基于开放的互联网服务，既可以进行全国性的投放，也可以依据目标受众实施分区投放与跨屏投放，实现广告联动效应。同时，OTT广告的内容资源不仅来源于牌照方，也来源于数量庞大的视频媒体和内容版权方，广告投放资源丰富。

与网络视频广告相比，OTT广告的优势一方面在于高清曲面大屏带来的优质视觉体验，有助于提升广告的接受度和记忆度，另一方面在于开机广告等系统层广告具有强制性，不会随时被关掉。

二、OTT广告的类型

根据依托资源的差异，OTT广告可分为系统层广告和内容层广告两个大类和数个子类。由于在形式上与视频广告相近，下面仅对OTT广告的形式做简要介绍（见表11-5）。

表11-5 OTT广告的主要形式

	系统层广告		内容层广告
依托资源	依托OTT系统		依托视频内容
资源所有方	终端厂商		终端厂商、牌照方、内容提供方等
收费方式	CPT、CPM	方案销售	CPM
主要形式	开机广告、关机广告、屏保广告	桌面推荐位广告、品牌专区广告	贴片广告、暂停广告、创可贴广告等
特点	触达率高、强制曝光	定制化程度高、互动性较强	与内容相关度高，情景化植入

资料来源：勾正数据.2017年OTT行业发展报告［R/OL］.（2017-12-27）［2018-02-01］. http://www.199it.com/archives/668181.html.

（一）系统层广告

OTT系统层广告是指依托OTT系统资源投放的广告，广告位独占性强，具有强制观看特征。主要包括开机广告、关机广告和屏保广告、品牌专区广告等形式。

1. 开机广告

开机广告是指开机后全屏显示的广告，一般有静态图片和时长为5～15秒的动态视频两种。这一形式的广告具有强制曝光效果，又由于广告位的独占性，干扰较小；但由于开机频次的限制，广告位资源较为稀缺。

案例链接

王老吉春节OTT开机广告

2017年1月16日至30日期间，王老吉在OTT TV上进行春节品牌广告的投放。广东、河南、浙江三个省属于王老吉的重点销售区域，因此也被确定为这次广告的定点投放区域。在广告形式上，王老吉采用了15秒的开机视频广告，以“过年吉祥，喝王老吉”的贺新春内容为创意素材。除夕前十天的时间内，开机广告主要表达人们对平安回家的期待；除夕至大年初三，开机广告以家庭团圆、欢聚过春节为主题。这一开机广告实际曝光量达到 9 400 多万次，触达3 000 多万目标用户（见图 11－45）。

图 11－45　王老吉春节 OTT 开机视频广告

资料来源：网易科技．过“吉”祥年，王老吉智能电视营销首战告捷［EB/OL］.（2017－02－09）［2018－03－17］. http：//tech. 163. com/17/0209/15/CCRGF2PF00094PRL. html.

2. 关机广告和屏保广告

关机广告和屏保广告以静态图片和动态视频为主，对用户体验的损害较小，但是由于投放于用户准备离开或已离开状态，所以广告的实际效果受到一定限制。图 11－46 是宝马为了提升 7 系旗舰车型 M760Li xDrive 的知名度而投放的业界首个视频屏保广告①——在屏保状态下播放品牌视频广告。

3. 品牌专区广告

品牌专区是独立于视频内容的区域，可展示品牌的相关信息，与开机、关机广告等相比，此类广告可定制展示内容，灵活度较高。2016 年 11 月，雷克萨斯为了推广其旗下的全混动科技车型，呈现“力美合一”的品牌特性，在 OTT 电视上投放了开机广告和品牌专区广告。其品牌专区广告结合产品定位，将品牌元素与当时热门的《速度与激情》和《变形金刚》等影视资源相结合，在开机后的桌面入口形成醒目的区域，吸引用户关注。在 20 天的投放周期内，广告覆盖了逾 7 000 万终端，曝光量超过 4 万次，品牌 TVC 播放量超过 20 万次（见图 11－47）。②

---

① 乐视超级电视 2016 年十大营销案例盘点［EB/OL］.（2017－01－05）［2018－03－31］. http：//tieba. baidu. com/p/4905613751?red _ tag=i2775913527.

② 玩转大屏时代 雷克萨斯携手 JoyPlus 秀视 OTT 创新营销案［J］. 声屏世界·广告人，2017（1）：83－85.

图 11－46　宝马动态屏保广告

图 11－47　雷克萨斯品牌专区广告

此外，随着人工智能、5G 等技术的高速发展，各终端厂商也在不断创新广告形式。例如，优酷 OTT 打通电视屏和移动屏推出投屏广告，即在用户使用移动端投屏播放视频的场景中，电视端的广告播放结束后仍会持续呈现在移动端上，点击即可跳转至购买界面。[①] 小米 OTT 则打造了 AI 开机广告和品牌号广告两种新形式。前者可在开机广告中引导用户与人工智能语音交互引擎“小爱同学”互动，通过语音唤醒进入其他广告界面；后者又被称为“品牌的电视公众号”，内容可长期留存，能在承载更多品牌信息的同时提高用户的卷入度。[②] 2020 年 9 月，奢侈品品牌蒂芙尼（TIFFANY）为推广其全新上线的 T1 系列产品，凸显“无可 T 代”的品牌特性，在小米 OTT 投放了 AI 开机广告、首页拼图广告和品牌号广告。除了常规的以首页拼图为广告入口之外，用户还可在开机视频广告结束后通过呼叫关键词直接跳转，进入以展示品牌视频为主，包括品牌故事、产品介绍等在内的品牌号页面（见图 11－48）。最终，该次营销活动的广告总计曝光量超 4.8

① 网易．当戴森遇上优酷 OTT 投屏广告，怎么给消费者吹“枕边风”？［EB/OL］（2021－08－19）［2022－02－09］．https：//www.163.com/dy/article/GHPHSPAP0511UKAG.html.

② 腾讯．小米营销开创 OTT 端 AI 广告新模式．［EB/OL］（2020－10－16）［2022－02－09］．https：//new.qq.com/omn/20201016/20201016A0FP6E00.html.

亿次，品牌号的视频播放量达 3 135 万次，获得了 2021 IAI 传鉴国际广告奖（IAI AWARDS）金奖。[①]

图 11－48　小米 OTT 中蒂芙尼的品牌主页

（二）内容层广告

OTT 内容层广告以 OTT TV 的视频内容资源为基础，形成了贴片广告、暂停广告、创可贴广告等常见形式。

1. 贴片广告

OTT 贴片广告指的是影视内容播放前呈现的广告，以动态短视频为主，广告效果受位序影响较大。

2. 暂停广告

OTT 暂停广告是指在影视内容暂停或结束时呈现的广告，一般有图片和动态短视频两种常见形式。

3. 创可贴广告

与视频网站的该类广告相仿，创可贴广告是依据剧情发展，以“创可贴”形式植入的与内容属性相契合的广告，如《人民的名义》中植入的洽洽瓜子、小狗电器，《老九门》中的东鹏特饮等品牌广告。创可贴广告能够通过情景式的植入，以贴合剧情、有趣而简短的文案实现品牌曝光，提高品牌认知度和好感度（见图 11－49）。

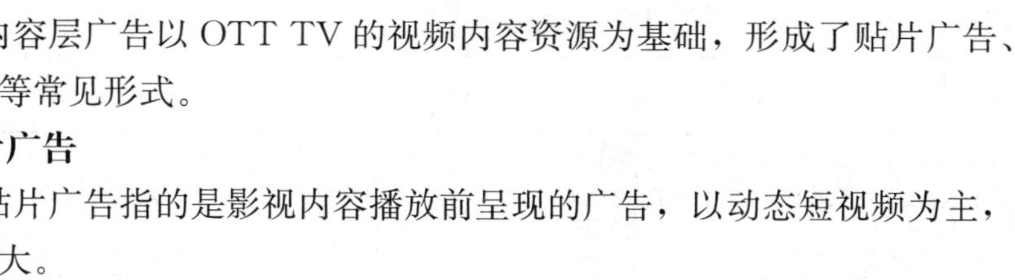

图 11－49　洽洽瓜子和东鹏特饮在影视剧中的创可贴广告

① IAI 传鉴国际广告奖．TIFFANY×小米，无可 T 代的“AI＋OTT”全链路营销．[EB/OL] [2022－02－28]．https：//www.iaiad.com/cn/award-case/2021/gold-award-21/2487.html.

三、 OTT 广告的运作策略

第一，与其他新媒体广告相同，海量的用户信息为 OTT 广告的投放提供了数据支撑，在提升广告投放精准性的同时，有助于增强与受众的沟通深度。因此，OTT 广告投放可以基于投放目的和目标受众特征，选择不同的属性加以定点投放，与重点受众进行精准的深度沟通（见表 11-6）。

表 11-6 OTT 属性维度表

属性	细分维度
人物属性	年龄、性别、地域、收入、职业等
硬件属性	品牌、尺寸、价格、系统、内存等
OTT 时间属性	观看时间、观看时段、观看频次等
OTT 兴趣属性	影视、体育、历史、财经等
广告覆盖属性	品牌类型、触达频次、触达形式等
行业属性	汽车、母婴、家电、厨卫、教育、奢侈品、旅游等

资料来源：艾瑞咨询．2017 年中国 OTT 广告市场研究报告［R/OL］．（2017-09-13）［2018-02-01］．http：//report.iresearch.cn/report/201709/3053.shtml.

第二，借势营销是广告运作的常用技巧之一，部分 OTT 广告也会借助热门事件、热门节点等目标受众关注度高或消费欲望强的时机进行广告投放，以实现优于平时投放的效果。

案例链接

《兽王争锋》暑期品牌专区广告

美泰玩具公司为了向 7 至 12 岁的儿童推广《兽王争锋》动画片及其衍生品，选择在暑期这一儿童接触广告机会多的时机与小米 OTT TV 平台进行合作，设立了 IP 品牌专区，并将人工智能语音功能融入 OTT 广告中，通过电商组件的跨屏互动形成了营销闭环。

小米 OTT 本身就设有儿童频道，有一定的目标受众基础。借助这一优势，美泰在儿童频道为《兽王争锋》开设了品牌专区对品牌信息进行推广（见图 11-50）。

推广期持续两周，第一周以推广动画片为主，在内容曝光的基础上形成用户黏性，第二周开始主推周边衍生产品，引导用户购买。在首页的入口处还设置了 4 个推广入口，加大了内容的曝光程度，吸引用户点击。

《兽王争锋》品牌专区广告除了选择暑期这一针对儿童的热门营销节点之外，还具有以下两方面的亮点：

第一，运用人工智能语音功能，创新互动方式，吸引儿童。用户对着小米智能语音遥控器说关键词“兽王争锋”，就可以直接进入品牌 OTT 互动页面，观看完整的玩具教学视频，视频结尾会出现二维码，手机扫码就能参与抽奖活动。语音互动的形式契合了儿童爱玩、好奇的特性，使参与方式更有趣，鼓励儿童观看玩具教学视频，从而进一步了解玩具，产生购买欲望。

第二，打通 OTT 大屏和手机小屏，形成营销闭环。该广告通过“电商组件”功能，为用户提供购买的通路。用户在品牌专区观看动画片和产品介绍，如有购买意愿，可以进一步点击产品详情进入购买界面，然后使用手机上的淘宝、天猫或支付宝 App 扫描二维码就可以在手机端查阅详情，购买产品。这一以内容 IP 为基础，结合 OTT TV 的功能特性的品牌专区广告，既推动了品牌和内容的曝光，吸引了目标受众的参与，也直接促进了销售的转化。

图 11－50　《兽王争锋》品牌专区

资料来源：小米智能生态营销．你家电视会“听话”吗？解锁OTT营销新姿势 [EB/OL]．(2017－08－24) [2018－03－17]．https：//weibo．com/ttarticle/p/show?id=2309404144312517543283＃_0．

第三，OTT 广告，特别是贴片广告、创可贴广告等内容层广告依托于 OTT 平台的视频内容资源，因此，OTT 广告的投放可以借助平台的优质内容，围绕一个或多个核心资源进行全方位的整合营销，这有助于将用户对内容的好感度转移到品牌上。例如宝洁旗下的汰渍通过冠名专题页面和 15 秒贴片广告的形式，将品牌与热门综艺节目《爸爸去哪儿》的节目内容相结合，通过节目的内容提升品牌知名度及好感度。

第四，与 OTT 平台进行深度合作，跨屏联动，打通线上线下资源，在互动过程中激发用户的消费欲望。

案例链接

奔驰双屏互动广告

奔驰为了推广其 AMG C63 S 车型，在乐视 OTT 电视上投放了业界首支电视大屏与手机小屏跨屏互动广告。用户点击屏保的广告海报，用手机扫描二维码就可以体验坐在客厅驾驶奔驰车的感觉。电视屏幕中，车辆在山路赛道上行驶，用户的手机端则同步方向盘、转速表和迈速表的急转和加速，用户可以听到油门的轰鸣声和刹车制动的震颤感，实现了双屏同步感应（见图11-51）。

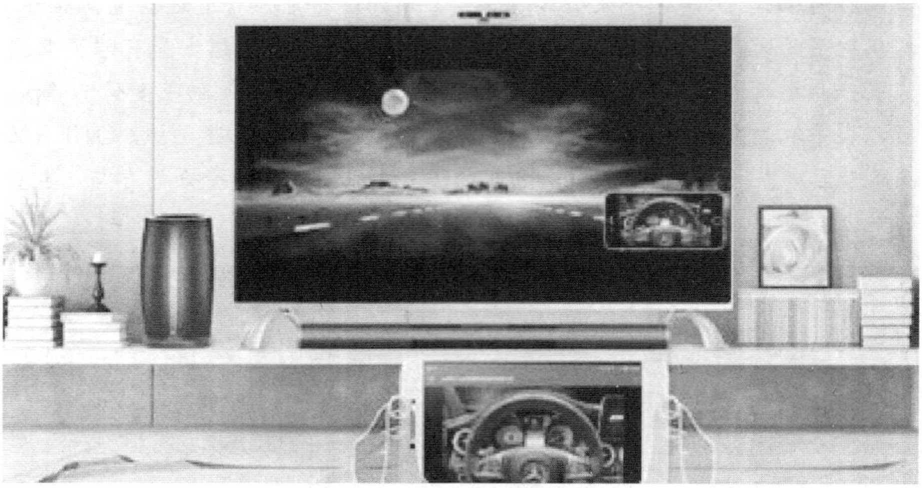

图11-51 奔驰双屏互动广告

资料来源：百家号．盘点：智能电视广告年度十大创新营销案例［EB/OL］．（2017-03-15）［2018-03-17］．https：//baijiahao.baidu.com/s?id=1561879102251291&wfr=spider&for=pc.

本章小结

本章介绍了几种持续时间久、市场规模比较大或发展势头强劲的新媒体广告：门户网站广告、视频网站广告、电子商务网站广告、户外新媒体广告和OTT广告。

门户网站是互联网上非常成功的媒体形态，作为Web 1.0时代的典型代表，虽然它的重要性已不复当年，但仍然以多样化的网络服务满足着大量用户的信息需求。传统的PC端门户网站广告多为品牌展示类广告，如旗帜广告、按钮广告、通栏广告、全屏广告、矩形广告、信息流广告、文字链广告、焦点图广告、视窗广告、魔图广告等，具有形式多样、受众群体广泛、信息容量较大、投放便捷、更加精准且能契合场景的特点。

目前，为了更好地应对移动互联网给自身营销模式带来的挑战，各门户网站纷纷基于自身的战略目标和优势资源做出营销策划的调整。例如网易坚持个性化的发展路线，强调专业编辑生产的有态度和有温度的内容，将营销与情感直接挂钩，基于用户“态度画像”开展“态度营销”；腾讯门户业务则走垂直精品路线，在发挥社交优势的同时以内容扶持计划打造精品内容；搜狐以视频为主要的营收增长点，将“娱乐”基因应用于品牌传播中，力推娱乐化营销。

我国视频网站在过去十余年内发展迅速，现今已经成为我国网民所使用的基础网络应用之一。除了与门户网站类似的页面广告，视频网站比较有特点的广告类型还有视频贴片广告、植入广告、定制内容、赞助/冠名广告、角标广告。其主要特点是广告与内容结合较为紧密，互动性强，以及有助于实现多屏联动式营销。

广告主在运作视频网站广告时，可结合视频网站广告的特性，依循广告投放的步骤，对广告投放环节、内容设计环节、互动与反馈环节和效果评估环节分别加以优化，运用新技术增强广告投放的精准度、将广告与视频内容深度融合、激发用户与广告的互动意愿、升级广告效果评估体系。

21世纪以来，电子商务在我国得到了飞速发展，电子商务网站广告也成长为我国网络广告市场的重要组成部分。电子商务网站广告与搜索引擎广告类似，以搜索类广告、展示类广告、广告联盟为主要类型，具有投放精准、到达率和转化率较高，投放门槛低、投入可控，自主投放、操作简单且灵活度高等优势。它在消费环境的应需呈现不仅不会引起用户反感，反而可能刺激其消费欲望，对于促进消费者购买有着直接的作用；广告主可通过平台上的用户消费信息，洞察消费者的购物习惯和偏好，并通过这些数据对消费者进行定位，投放更为精准的广告。

广告主在投放电子商务网站广告时需要基于自身的营销计划、产品特征、目标人群属性等，对关键词、关键词价格、广告图片及标题等基本广告运作事项加以综合考量；此外，还需结合电商平台向内容化、社交化、场景化等方面演进的趋势，对其广告形式和投放方式加以创新。如重视内容与社交，重聚碎片化用户；运用VR/AR等新技术，增强用户沉浸式消费体验；基于数智化功能，实现精准投放和全域触达等。

户外广告是最早的广告形式之一。在技术的推动下，户外广告由单一平面升级到多维数字化，由静态展示到实现了双向互动，由广告信息“孤岛”到成为与互联网、大数据相连接的融媒体的一员。技术是户外广告发展的关键要素，如今的户外新媒体广告互动体验越来越强，能够进行实时数据采集和精准传播，更多地将场景与创意结合，并与其他营销手段关联。

根据现代都市人群的生活路线图，我们可以把户外新媒体广告划分为社区户外新媒体广告、交通户外新媒体广告和商圈户外新媒体广告等类型。基于现实场景的互动体验是户外新媒体广告有别于传统户外广告与其他新媒体广告的重要特征。互动体验可从产品或观念融入、个性化定制、活动参与几个方面进行设计。

随着OTT电视的普及，以OTT电视为载体的OTT广告也得到了快速发展。OTT广告包括系统层广告和内容层广告，前者如开机广告、关机广告和屏保广告、品牌专区广告等；后者有贴片广告、暂停广告、创可贴广告等常见形式。与其他新媒体广告相比，OTT广告也有自身独特的优势：受众消费能力较强，广告位资源丰富，广告互动性、表现力强，具有一定的强制性。

OTT广告在运作中，需注意利用数据优势进行精准投放；利用借势营销提升广告效果；并可借助平台的优质内容，围绕一个或多个核心资源进行全方位的整合营销；还可与OTT平台进行深度合作，跨屏联动，打通线上线下资源，在互动过程中激发用户的消费欲望。

问题讨论

1. 选择你喜欢的一部网络剧，为其设计与相关品牌深度融合的广告方案。

2. 你在电子商务网站购物时会注意到电子商务网站广告吗？什么样的电子商务网站广告能吸引你的关注并促进你的购买行动？

3. 基于新媒体技术，自选品牌设计一则具有互动性的户外广告。

4. OTT 广告有什么缺点或局限性？

参考文献

阿伦斯 W，维戈尔德，阿伦斯 C. 当代广告学．丁俊杰，程坪，陈志娟，等译．北京：人民邮电出版社，2010.

阿伦斯 W，维戈尔德，阿伦斯 C. 广告：创意与文案．丁俊杰，程坪，陈志娟，等译．北京：人民邮电出版社，2012.

阿洛卡．刷屏：视频时代的疯传法则．侯奕茜，何语涵，译．北京：中信出版社，2018.

安德森．长尾理论．乔江涛，等译．北京：中信出版社，2012.

奥格威．奥格威谈广告．曾晶，译．北京：机械工业出版社，2003.

奥格威．一个广告人的自白．林桦，译．北京：中国物价出版社，2003.

巴尔．叙述学：叙事理论导论．谭君强，译．北京：中国社会科学出版社，1995.

百度营销研究院．百度推广：搜索营销新视角．北京：电子工业出版社，2013.

鲍曼．共同体．欧阳景根，译．南京：江苏人民出版社，2003.

本丁格尔．广告文案训练手册．谢千帆，译．北京：中国传媒大学出版社，2008.

伯彻．网红的秘诀：付费媒体、自有媒体、赢得媒体．伍家陞，译．北京：北京联合出版公司，2016.

博报堂生活综研（上海）．度物：生活者“动”察 2020．上海：文汇出版社，2021.

陈柳裕，唐明良．广告监管中的法与理．北京：社会科学文献出版社，2009.

陈培爱．广告文案创作．厦门：厦门大学出版社，2008.

陈绚．广告伦理与法规．北京：中国人民大学出版社，2015.

陈韵博．程序化广告的道与术：数据技术时代的营销变革．北京：社会科学文献出版社，2020.

陈正辉．广告伦理学．上海：复旦大学出版社，2008.

程东升．李彦宏的百度世界．北京：中信出版社，2009.

崔保国．中国传媒产业发展报告（2016）．北京：社会科学文献出版社，2016.

电通安吉斯集团．智汇·创新．上海：学林出版社，2016.

电通安吉斯集团．智汇·前瞻．上海：学林出版社，2017.

电通跨媒体沟通开发项目组．打破界限．苏友友，译．北京：中信出版社，2011.

丁邦清，程宇宁．广告创意：从抽象到具象的形象思维．长沙：中南大学出版社，2003.

丁邦清．广告策划与创意．北京：高等教育出版社，2011.

丁俊杰，陈刚．广告的超越：中国 4A 十年蓝皮书．北京：中信出版社，2016.

丁俊杰，康瑾．现代广告通论（第三版）．北京：中国传媒大学出版社，2013.

丁俊杰，李西沙，黄升民，等．广告作品与数字营销年鉴 2017. 北京：中国人民大学出版社，2017.

董天策．网络新闻传播学（第二版）．福州：福建人民出版社，2004.

方迎丰，余思慧，简予繁．视频广告概论．武汉：武汉理工大学出版社，2013.

费斯克，等．关键概念．李彬，译注．北京：新华出版社，2004.

盖兹．Google 广告高阶优化．官鑫，康宁，王娜，译．北京：电子工业出版社，2015.

高杉尚孝．麦肯锡教我的写作武器．郑舜珑，译．北京：北京联合出版公司，2013.

关键．品牌系统性建设：沿循消费心理与行为的轨迹．北京：企业管理出版社，2020.

官建文，唐胜宏，许丹丹．中国移动互联网发展报告（2015）．北京：社会科学文献出版社，2015.

官建文，唐胜宏．中国移动互联网发展报告（2013）．北京：社会科学文献出版社，2013.

郭靓，徐辉，苏欣，等．微营销．北京：电子工业出版社，2014.

海德格尔．海德格尔选集（下卷）．孙周兴，译．上海：上海三联书店，1996.

海涛．信息检索与利用．北京：北京航空航天大学出版社，2015.

汉德利，查普曼．内容营销：网络营销的杀手级武器．王正林，等译．北京：电子工业出版社，2011.

赫伯迪格．亚文化：风格的意义．陆道夫，胡疆锋，译．北京：北京大学出版社，2009.

洪京一．移动互联网产业发展报告（2015～2016）．北京：社会科学文献出版社，2016.

侯晓娜．电子商务概论．北京：北京理工大学出版社，2016.

胡百精．说服与认同．北京：中国传媒大学出版社，2014.

黄河，江凡，王芳菲．中国网络广告十七年（1997—2014）．北京：中国传媒大学出版社，2014.

黄河，刘琳琳，王芳菲．新媒体管理．北京：中国传媒大学出版社，2015.

黄河，刘琳琳．新媒体实务（第二版）．北京：中国人民大学出版社，2021.

黄河．新媒体实务．北京：中国人民大学出版社，2012.

黄建中．比较伦理学．北京：人民出版社，2011.

黄升民，杜国清，邵华冬．中国广告主营销传播趋势报告 No. 8. 北京：社会科学文献出版社，2015.

黄升民，段晶晶．广告策划．北京：中国传媒大学出版社，2013.

黄薇，罗晶，应花，等．实战第三屏：移动营销实务十讲．北京：电子工业出版社，2014.

霍金斯，马瑟斯博．消费者行为学（原书第12版）．符国群，等译．北京：机械工业出版社，2014.

卡斯特．网络社会的崛起．夏铸九，等译．北京：社会科学文献出版社，2003.

凯勒，斯瓦米纳坦．战略品牌管理：创建、评估和管理品牌资产（第 5 版）．何云，吴水龙，译．北京：中国人民大学出版社，2020.

科特勒，弗沃德．B2B 品牌管理．楼尊，译．上海：格致出版社，上海人民出版社，2021.

科特勒，凯勒，洪瑞云，等．营销管理（亚洲版·第 5 版）．吕一林，王俊杰，译．北京：中国人民大学出版社，2010.

科特勒，等．营销革命 3.0：从产品到顾客，再到人文精神．毕崇毅，译．北京：机械工业出版社，2011.

克洛，巴克．广告、促销与整合营销传播（第 8 版）．王艳，等译．北京：中国人民大学出版社，2021.

兰达．跨媒介广告创意与设计．王树良，译．上海：上海人民美术出版社，2019.

李斌．广告精准投放：移动互联网时代的广告投放策略．北京：中国经济出版社，2017.

李良荣．网络与新媒体概论．北京：高等教育出版社，2014.

李淑芳．广告伦理研究．北京：中国传媒大学出版社，2009.

林军．沸腾十五年：中国互联网 1995—2009. 北京：中信出版社，2009.

林升梁．美国伟大广告人．北京：中国经济出版社，2008.

卢泰宏，周懿瑾. 消费者行为学：洞察中国消费者（第 4 版）．北京：中国人民大学出版社，2021.

吕辉．现代广告经典案例评述．重庆：重庆大学出版社，2016.

罗丹丹．抖音短视频营销与推广．北京：清华大学出版社，2021.

罗钢，王中忱．消费文化读本．北京：中国社会科学出版社，2003.

马智萍．大数据移动营销创新研究．北京：中国轻工业出版社，2016.

莫里亚提，米切尔，伍德，威尔斯．广告学：原理与实务（第 11 版）．桂世河，汤梅，译．北京：中国人民大学出版社，2021.

南顿，迪克斯．故事营销有多重要：用终极故事和传媒思维打造独特品牌．闾佳，邓瑞华，译．北京：中国人民大学出版社，2016.

彭兰．社会化媒体理论与实践解析．北京：中国人民大学出版社，2015.

彭兰．网络新闻编辑教程．武汉：武汉大学出版社，2007.

彭兰．中国网络媒体的第一个十年．北京：清华大学出版社，2005.

秋叶，刘勇．新媒体营销概论．北京：人民邮电出版社，2017.

秋叶，萧秋水，刘勇．微博营销与运营．北京：人民邮电出版社，2017.

邵华冬，陈怡，等．广告主数字媒体营销传播．北京：中国传媒大学出版社，2016.

舍费尔．热点引爆内容营销的 6 个密码．曲秋晨，译．北京：中国人民大学出版社，2017.

史密斯．关系营销 2.0：社交网络时代的营销之道．张猛，于宏，赵俐，译．北京：人民邮电出版社，2013.

斯考伯，伊斯雷尔．即将到来的场景时代．赵乾坤，周宝曜，译．北京：北京联合出版公司，2014.

斯特劳斯，弗罗斯特．网络营销．时启亮，等译．北京：中国人民大学出版社，2010.

所罗门．消费者行为学（第12版）．杨晓燕，等译．北京：中国人民大学出版社，2018.

谭天．新媒体新论（第二版）．广州：暨南大学出版社，2013.

唐波拉尔．超级品牌管理（第三版）．刘慧，译．北京：中国大百科全书出版社，2020.

唐维红，唐胜宏，刘志华．移动互联网蓝皮书：中国移动互联网发展报告（2021）．北京：社会科学文献出版社，2021.

佟力强．中国微博发展报告（2012）．北京：人民出版社，2013.

佟力强．中国微博发展报告（2013—2014）．北京：人民出版社，2014.

佟力强．中国微博发展报告（2015—2016）．北京：人民出版社，2017.

王海明．伦理学方法．北京：商务印书馆，2003.

维尔斯，伯奈特，莫里亚提．广告学原理与实务（第6版）．张红霞，主译．北京：北京大学出版社，2007.

维曼，多米尼克．大众媒介研究导论（第七版）．金兼斌，等译．北京：清华大学出版社，2005.

沃泰姆，芬威克．奥美的数字营销观点：新媒体与数字营销指南．台湾奥美互动营销公司，译．北京：中信出版社，2009.

吴俊．程序化广告实战．北京：机械工业出版社，2017.

希夫曼，维森布利特．消费者行为学（第12版）．江林，张恩忠，等译．北京：中国人民大学出版社，2021.

许正林．新媒体新营销与广告新理念．上海：上海交通大学出版社，2010.

扬．创意的生成．祝士伟，译．北京：中国人民大学出版社，2014.

阳翼．数字营销．北京：中国人民大学出版社，2015.

杨顺勇，苑荣，徐睿．电子商务（第三版）．上海：复旦大学出版社，2014.

叶茂中．叶茂中的营销策划．北京：中国人民大学出版社，2007.

余清楚，唐胜宏．中国移动互联网发展报告（2017）．北京：社会科学文献出版社，2017.

詹金斯．融合文化：新媒体和旧媒体的冲突地带．杜永明，译．北京：商务印书馆，2012.

周丽玲，刘明秀．新媒体营销．重庆：西南师范大学出版社，2016.

朱贻庭．伦理学大辞典．上海：上海辞书出版社，2011.

图书在版编目（CIP）数据

新媒体广告 / 黄河等著. --2版. --北京：中国人民大学出版社，2022.7

新编21世纪新闻传播学系列教材

ISBN 978-7-300-30671-1

Ⅰ.①新… Ⅱ.①黄… Ⅲ.①传播媒介-广告-高等学校-教材 Ⅳ.①F713.8

中国版本图书馆CIP数据核字（2022）第092064号

新编21世纪新闻传播学系列教材

新媒体广告

第2版

黄河 等 著

Xinmeiti Guanggao

出版发行	中国人民大学出版社		
社　　址	北京中关村大街31号	**邮政编码**	100080
电　　话	010－62511242（总编室）		010－62511770（质管部）
	010－82501766（邮购部）		010－62514148（门市部）
	010－62515195（发行公司）		010－62515275（盗版举报）
网　　址	http://www.crup.com.cn		
经　　销	新华书店		
印　　刷	天津鑫丰华印务有限公司	**版　　次**	2019年1月第1版
开　　本	787 mm×1092 mm　1/16		2022年7月第2版
印　　张	25.75 插页1	**印　　次**	2025年7月第6次印刷
字　　数	570 000	**定　　价**	68.00元

关联课程教材推荐

书号	书名	第一作者	定价（元）
978-7-300-26146-1	广告创意概论（第二版） 四色印刷	刘建萍	78.00
978-7-300-26001-3	新媒体艺术导论 四色印刷	童岩	59.80
978-7-300-21414-6	广告伦理与法规	陈绚	35.00
978-7-300-32870-6	中外广告史（第 3 版）	何玉杰	69.80
978-7-300-20943-2	广告调查：理论与实务（第 2 版）	［美］乔尔·J·戴维斯	69.80
978-7-300-27053-1	广告文案写作教程（第四版）	郭有献	65.00
978-7-300-19360-1	广告学教程（第四版）	倪宁	39.80
978-7-300-13768-1	广告策划与创意（第二版）	蒋旭峰	35.00
978-7-300-28093-6	广告效果测评	杨雪睿	39.90
978-7-300-25598-9	克莱普纳广告学（第 18 版） 四色精装	［美］罗纳德·莱恩	498.00
978-7-300-29480-3	商业摄影实训教程（第 3 版） 四色印刷	杨莉莉	69.80

配套教学资源支持

尊敬的老师：

衷心感谢您选择人大版教材！相关的配套教学资源，请到中国人民大学出版社官网（www. crup. com. cn）下载。部分教学资源需要验证您的教师身份后，才可以下载。请您登录出版社官网后，点右上角“注册”，填写“会员中心”的“我的教师认证”项目，等待后台审核。我们将尽快为您开通下载权限。

如您急需教学资源或教材样书，也可以直接与我们的编辑联系。

联系人：龚洪训　　电话：010-62515637　　电子邮箱：6130616@qq. com

欢迎加入全国新闻教师 QQ 群（群号：723715191），开展学术讨论，交流教学心得。

群名称:全国新闻教师2群
群　号:723715191

俯仰天地　心系人文

www. crup. com. cn

中国人民大学出版社

欢迎登录浏览，了解图书信息，下载教学资源